Oriana Fallaci:
Nichts und Amen

Aus dem Italienischen von
Heinz Riedt

Deutscher
Taschenbuch
Verlag

dtv

Dieses Buch erschien erstmals 1970 auf deutsch.

Von Oriana Fallaci
sind im Deutschen Taschenbuch Verlag erschienen:
Inschallah (11806)
Penelope im Krieg (11897)
Wenn die Sonne stirbt (30364)

Ungekürzte Ausgabe
1. Auflage Januar 1974 (dtv 10259)
unter dem Titel: Wir, Engel und Bestien
7. Auflage Juli 1995
Deutscher Taschenbuch Verlag GmbH & Co. KG,
München

Titel der italienischen Originalausgabe:
Niente e così sia

ISBN 3-462-02139-7
Umschlaggestaltung: Dieter Brumshagen
Gesamtherstellung: C. H. Beck'sche Buchdruckerei,
Nördlingen
Printed in Germany · ISBN 3-423-30477-4

Das Buch

»La vita cos'è?« – »Das Leben, was ist das?« Am Anfang des ungewöhnlichen Buches von Oriana Fallaci stellt ein kleines Mädchen diese Frage, die auch das Thema des Buches ist. Oriana Fallaci mußte sie wieder und wieder stellen, als sie erlebte – während der Mensch auf dem Mond landete –, wie die Menschen sich gegenseitig töteten, so wie sie es schon seit Tausenden von Jahren tun. Bei ihrer Ankunft in Vietnam fand sie sich in Saigon sofort mit dem Drama einer Exekution konfrontiert und dem der offenen Schlacht von Dak To. Die Geschichte, die sie im Verlauf der Wochen erzählt, entwickelt sich fast zu einem Roman – aber mit realen Figuren: den GIs, den Vietkong, den Journalisten, vor deren Augen das groteske Schauspiel des Krieges – die Tet-Offensive und die Belagerung von Saigon – abläuft. Nach dieser ersten Reise nach Vietnam fuhr Oriana Fallaci nach Mexiko-City, um über die Studentendemonstrationen gegen das Olympische Jahr zu berichten. Und dort, mit dem Massaker vom 2. Oktober, bei dem Oriana Fallaci von einer Maschinengewehrsalve schwer verletzt wird, endet ihr Bericht. ›Nichts und Amen‹ ist sehr viel mehr als ein historisches Dokument. Das Buch selber ist eine mutige Tat, geboren aus Mitleid und Zorn.

Die Autorin

Oriana Fallaci stammt aus Florenz und lebt in New York. Ihre Bücher wurden in 31 Sprachen übersetzt. Bei der Verleihung der Ehrendoktorwürde beschrieb der Rektor des Columbia College of Chicago sie als »eine der am meisten gelesenen und geliebten Autorinnen der Welt«. Als Kriegsberichterstatterin hat Oriana Fallaci von Vietnam bis Nahost alle Konflikte unserer Zeit verfolgt.

Erstes Kapitel

Mit zaudernden Schrittchen war sie hereingekommen, Vorsicht der Kinder, wenn sie etwas wollen. An einen Koffer gelehnt, hatte sie mich angesehen und dabei mit dem Fuß hin und her gewippt. Draußen herrschte November, der winterliche Wind fuhr eisig in die Wälder meiner Toscana.

»Ist es wahr, daß du wegfährst?«

»Ja, Elisabetta.«

»Dann will ich bei dir schlafen.«

Ich hatte ihr gesagt, es ist gut so, und da war sie hinausgelaufen, um ihren Pyjama und ihr Buch ›Das Leben der Pflanzen‹ zu holen; und dann hatte sie sich neben mich ins Bett gelegt, winzig, schutzlos, befriedigt. In einigen Monaten würde sie fünf Jahre alt sein. Ich hielt sie umarmt und las ihr aus dem Buch vor. Und da hatte sie ihre Augen plötzlich in meine gesenkt und mich gefragt:

»Das Leben, was ist das?«

Mit Kindern habe ich kein großes Geschick. Ich verstehe es nicht, auf ihre Ausdrucksweise, ihre Fragelust einzugehen. Eine dumme Antwort hatte ich ihr gegeben, die sie unbefriedigt ließ.

»Das Leben ist die vorübergehende Zeit zwischen dem Augenblick, wo man geboren wird, und dem Augenblick, wo man stirbt.«

»Sonst nichts?«

»Aber nein, Elisabetta, sonst nichts.«

»Und der Tod, was ist das?«

»Tod ist, wenn es zu Ende geht und wir nicht mehr da sind.«

»Wie wenn der Winter kommt und ein Baum kahl wird?«

»So ungefähr.«

»Aber ein Baum geht nicht zu Ende, oder? Da kommt der Frühling, und er wird wieder lebendig, oder?«

»Bei den Menschen ist das anders, Elisabetta. Wenn ein Mensch stirbt, ist das endgültig. Und er wird nicht wieder lebendig.«

»Eine Frau auch nicht? Ein Kind auch nicht?«

»Eine Frau auch nicht und ein Kind auch nicht.«

»Das gibt's nicht!«

»O doch, Elisabetta.«

»Das ist aber ungerecht.«

»Ich weiß. Schlaf jetzt.«

»Ich will schlafen, aber ich glaub nicht, was du sagst. Ich glaub, wenn einer stirbt, dann macht er's wie die Bäume, die im Winter kahl werden, und dann kommt der Frühling, und sie werden wieder lebendig, das Leben muß also was anderes sein.«

»Es ist auch was anderes. Und wenn du jetzt schläfst, erzähl ich's dir mal.«

»Wann?«

»Morgen, Elisabetta.«

Am nächsten Tag war ich unterwegs nach Vietnam. In Vietnam wurde Krieg geführt, und als Journalist kam man früher oder später unweigerlich einmal dorthin. Entweder weil man hingeschickt wurde oder weil man darum gebeten hatte. Ich hatte darum gebeten. Um mir die Antwort zu geben, die ich Elisabetta nicht hatte geben können, was das Leben sei, und um jene Tage wieder wachzurufen, in denen ich allzufrüh gelernt hatte, daß die Toten niemals wieder lebendig werden im Frühling. Und nun war ich in Saigon, und meine Augen schweiften erstaunt umher, ohne den Krieg zu sehen. Wo war er, der Krieg? Auf dem Flugplatz von Than Son Nhut standen aufgereiht die Düsenjäger, die Hubschrauber mit den Bordkanonen, die Tieflader mit den Napalmbomben, Soldaten mit trauriger Miene. Aber das war noch nicht der Krieg. Entlang der Straße, die in die Stadt führte, gab es massenhaft Stacheldrahtsperren, Sandsackbarrikaden und Wachttürme, wo die Soldaten ihr Gewehr im Anschlag hielten. Aber das war noch nicht der Krieg. In der Stadt fuhren Jeeps mit bewaffnetem Militär, Lkws mit auswärts gerichteten kleinen Kanonen, Lastzüge mit Munitionskästen. Aber das war noch nicht der Krieg. Was hatte schon der Krieg zu tun mit den Rikschas, die leichthin, beim Treten der Pedale, mitten in den Verkehr tauchten, was hatte er zu tun mit den rasch dahintrippelnden Wasserverkäuferinnen, die ihre Ware auf Waagschalen an einer Bambusstange balancierten, was mit den zierlich-kleinen Frauen in ihren langen Gewändern und mit dem aufgelösten Haar, das ihnen hinten wie schwarze Schleier schaukelnd über die Schultern fällt, was mit den Fahrrädern, den Motorrädern, den Kindern, die Schuhcreme und Bürsten bei sich haben, um dir die Schuhe zu putzen, was mit den dreckigen schnellen Taxis? Im November herrschte in Saigon ein beinahe lustiges Chaos, weißt du. Im November 1967 kam man nach Saigon, weißt du, und merkte nicht viel vom Krieg. Es sah dort allenfalls wie Nachkriegszeit aus, die Geschäfte voller Lebensmittel, die Juwelierläden voller Gold, geöffnete Restaurants, Sonne. Wenn du ins Hotel kamst, funktionierten sogar der Aufzug und das Telefon und der Ventilator an der Zimmerdecke, die vietnamesische Bedienung kam auf jeden Wink von dir herbei, auf dem Tisch stand immer eine Schale mit frischen Ananas und Mangonen, und du dachtest nicht ans Sterben.

Dann, plötzlich, es war nachts, zerriß mir der Krieg die Ohren. Mit einem Kanonenschuß. Und noch einem und noch einem. Die Wände bebten unter den Einschlägen, die Fenster klirrten, daß sie fast zerbarsten, die Lampe in der Zimmermitte schwankte gefährlich. Ich stürzte ans Fenster, der Horizont war rot, und ich erkannte den Krieg wieder, der mich zu früh gelehrt hatte, daß man nicht wieder lebendig wird im Frühling. Und ich dachte, daß in diesem Augenblick in der übrigen Welt mit Erbitterung über die Herzverpflanzungen polemisiert wurde, in der übrigen Welt fragte man sich, ob es Rechtens sei, einem Kranken, der noch zehn Minuten zu atmen hatte, das Herz wegzunehmen, um es einem andern Kranken zu geben, der noch zehn Monate zu leben hatte, aber hier fragte keiner, ob es Rechtens sei, einem ganzen Volk von jungen und gesunden Menschen mit normalen Herzen die ganze Existenz zu nehmen. Mich packte die Wut, drang mir unter die Haut bis hinein ins Hirn, und ich faßte den Entschluß, diesen Nonsens aufzuschreiben, und aus diesem Nonsens erwuchs ein Tagebuch für dich, Elisabetta. Du, die du nicht weißt, warum ich so laut lache, wenn ich lache, so heftig weine, wenn ich weine, mich mit so wenig zufriedengebe, wenn ich mich zufriedengebe, und so viel fordere, wenn ich fordere. Du, die du nicht weißt, warum das Leben viel mehr ist als der Zeitraum zwischen dem Augenblick, da man geboren wird, und dem Augenblick, da man stirbt, auf diesem Planeten, wo die Menschen Wunder tun, um einen Sterbenden zu retten, und dabei die Gesunden hundert, tausend, eine Million auf einmal umbringen.

18. November, nachmittags. Mittags platzte die Nachricht herein, als ich mich in den Büros der Agence France Presse befand. Man hatte mir gesagt, um Nachrichten zu bekommen, sei die France Presse die richtige Stelle, und der Mann, den man kennenlernen müsse, sei ihr Direktor François Pelou, so bin ich schon vor zwölf zu ihm hingegangen, und das ist er: ein hübscher junger Mann, graues Haar, athletischer Körper, hartes, aufmerksames Gesicht und zwei Augen, denen nichts entgeht, zugleich schmerzlich und ironisch.

Am Anfang hat er gerade deswegen auf mich Eindruck gemacht. Weißt du, der Typ, nach dem du dich mehr als einmal umdrehst, weil er so anders ist als die andern, weil irgend etwas von ihm zurückbleibt. Nachher hat er mich beeindruckt mit seinen unvermittelten, schroffen Bewegungen, Vertrauen brachte er dir keines entgegen und wollte auch keines für sich. Und schließlich beeindruckte mich auch das, was geschah.

Es geschah, als ein Vietnamese in Tarnuniform hereinkam, ihm einen Zettel überreichte und ihm etwas zuflüsterte, was, habe ich nicht verstanden. Aber es durchzuckte ihn augenblicklich, seine Linke schlug schwer auf den Telefonhörer und riß ihn wütend hoch, und sein rechter Zeigefinger wählte grimmig eine Nummer, während die andern alle wie gebannt auf ihn starrten. Ich fragte, was es denn gäbe, doch ich erhielt keine Antwort, erst nach einigen Minuten erfuhr ich's. Morgen früh um fünf wird man drei Vietkong im Zentralgefängnis erschießen. Sie heißen Bui Van Chieu, Le Minh Chau, Troung Thanh Danh, und sie wurden im vergangenen Sommer zum Tode verurteilt. Der erste wegen Verrats und illegalen Waffenbesitzes und die andern beiden, weil sie eine Handgranate in eine Bar geworfen hatten.

»Du weißt doch, was das heißt«, zischte Pelou und warf den Hörer hin.

Er versuchte, den Polizeichef General Loan zu erreichen, er wollte eine Bestätigung haben.

»Nein. Was heißt das?«

»Es heißt, daß es nicht drei, sondern sechs und vielleicht auch neun Tote geben wird.«

»Wieso?«

Dann erklärte er mir das Wieso. Werden die drei Todeskandidaten von den Saigoner Machthabern hingerichtet, werden als Repressalie von der Nationalen Befreiungsfront mindestens drei amerikanische Gefangene exekutiert. Das wird jetzt immer so gehandhabt seit Juni 1965, nachdem die Erschießung von Tram Van Dang angekündigt worden war, des Vietkong, der den Anschlag auf das Hotel Metropol verübt hatte. Die Saigoner Regierung hatte sie angekündigt, und folgende Erwiderung kam von Radio FLN: »Wird Tram Van Dang hingerichtet, werden wir einen amerikanischen Gefangenen hinrichten.« Tram Van Dang wurde erschossen, und noch am selben Tag, nach einem Schnellverfahren, fiel der Soldat George Bennett unter den Schüssen eines Exekutionskommandos der Vietkong. Die amerikanische Botschaft protestierte, die südvietnamesische Regierung versprach, die Erschießungen zu suspendieren, aber noch waren keine drei Monate seitdem vergangen, da erschoß im Morgengrauen des 22. September General Thi ohne Prozeß drei Vietkong-Studenten im Stadion von Danang, Huyn Van Lam, Huyn Van Chou und Pha Van Cau. Die beiden ersten waren Brüder. Und am 26. September unterbrach Radio FLN seine Sendungen mit der Sondermeldung: »Wie uns das Militärkommando mitteilt, wurden als Antwort auf die Ermordung unserer Patrioten in Danang zwei amerikanische Gefangene durch Erschießen hingerichtet. Es sind dies Unteroffizier Kenneth Dorabach und Hauptmann Humbert Varsace.« Hauptmann Varsace geriet in Gefangenschaft kurz vor Ende seiner Dienstzeit, und er wollte Geistlicher werden. Er war gegen den Krieg in Vietnam.

Pelou brauchte mindestens eine halbe Stunde, um General Loan zu erreichen, und der bestätigte ihm die Nachricht. Man hatte bereits Schutzmaßnahmen getroffen gegen einen eventuellen Sturm auf das Gefängnis. Daraufhin langes Schweigen. In diesem Schweigen legte Pelous Hand den Hörer auf; aber dann hob sie ihn wieder ab, und der Zeigefinger wählte, diesmal in Ruhe, eine neue Nummer; alle sahen schweigend hin; Pelou sprach mit einem gewissen Barry Zorthian von der amerikanischen Botschaft.

»Ja, Barry, eine Erschießung ... Ja, Barry, morgen früh um fünf ... Doch, Barry, das ist sehr wohl möglich ... Ich weiß, die Regierung müßte euch das mitteilen, aber sie hat's nicht getan. Barry, das ist es ja. Und jetzt ist keine Zeit mehr zu verlieren, Barry!«

Während er sprach, schien es, als würden sein Gesicht hohl und seine Pupillen zu Stein, und mit solch steinernen Pupillen erzählte er mir, auf welche Weise und nach welchem Kriterium man in Saigon die Vietkong erschießt. Auf dem Marktplatz erschießt man sie, vor dem Postministerium. Und vor Morgengrauen erschießt man sie, wenn noch Ausgangssperre ist, im Scheinwerferlicht der Jeeps. Man steckt Pfähle in die Sandsäcke, man bindet sie an diese Pfähle, und so erschießt man sie in aller Heimlichkeit, mehr den Amerikanern zum Hohn als den Vietkong. Vor allem, wenn es sich gar nicht um Vietkong handelt. Nach dem Tod des Hauptmanns Varsace ging den Amerikanern nämlich die Geduld aus: »Wir schicken unsere Soldaten für euch in den Tod, und zum Dank vergrößert ihr jetzt noch die Zahl der Opfer!« Und sie verlangten, daß General Thi geschaßt wurde, und ließen sich versprechen, daß derartige Vorkommnisse sich nicht wiederholen würden. Aber eine Woche darauf fielen weitere fünf auf dem Marktplatz. Gewöhnliche Verbrecher, als Vietkong etikettiert, Leute, die normalerweise mit drei oder vier Jahren davongekommen wären, von der südvietnamesischen Regierung geopfert, um nicht das Gesicht zu verlieren, sich den Befehlen aus Washington nicht zu beugen. Aus dem nämlichen Grund wurde vor Monaten der reiche Chinese Ta Vinh Geschäfte wegen mit den Vietkong exekutiert, diesmal gar nicht in aller Heimlichkeit und im Scheinwerferlicht der Jeeps, am hellichten Tage, und sie schleppten seine Familie mit hinzu, seine Frau, seine Eltern, seine Kinder. Die Kinder schrien Papa, Papa! Er weinte. Radio FLN kommentierte: »Die Farce geht weiter. Es wurde keine Vergeltungsmaßnahme ergriffen, weil auch dieses Opfer kein Genosse gewesen ist. Aber die südvietnamesische Regierung weiß, für jeden erschossenen Vietkong erschießen wir zwei oder auch drei amerikanische Gefangene!«

»Sag mal, François: Wieviel Prozent Wahrscheinlichkeit gibt es denn, daß die Hinrichtung verschoben wird?«

»Wenn die Amerikaner sehr rasch handeln, fünfzig Prozent.«

Später bin ich dann zum Juspao gegangen, dem amerikanischen Informationsdienst. Die Beamten vom Juspao machen den Mund nicht auf. Daß ihnen ein Journalist die Sache gemeldet hat, ausgerechnet ein französischer, können sie nicht verwinden; und die Gewißheit, daß die Hinrichtung nicht suspendiert wird, bedrückt sie. Allem Anschein nach ist der amerikanische Botschafter persönlich zu Präsident Van Thieu gegangen, um ihn zu überzeugen. Ob ihm das gelingt, weiß keiner zu sagen. Und keiner glaubt es. Auch nicht Pelou, der doch alles ins Rollen gebracht hat. Nach Juspao wieder zurück in der France Presse überraschte ich ihn bei einem erneuten Telefongespräch mit General Loan. Der gibt einem Aufschub nicht mehr als fünfzig, eigentlich nur fünfundvierzig Prozent Wahrscheinlichkeit, vor Mitternacht jedenfalls werden wir nichts erfahren. Und jetzt ist es erst sechs Uhr nachmittags, so eine lange Agonie. Es ist wie ein Zurückfallen um dreiundzwanzig Jahre, als der Exekutionsaufschub meinem Vater und zwei andern galt. Wer von den drei Vietkong ähnelt meinem Vater? Alle drei. Alle drei sind sie mein Vater. Ich kann nicht mehr hierbleiben. Ich verstehe Pelou nicht, wie er arbeitswütig von einem Telefon zum andern und vom Fernschreiber zur Schreibmaschine stürzt, ich verstehe auch die andern nicht. Felix Bolo mit seinem beherrschten Gesicht, das sich allenfalls zu einem kurzen Ausdruck der Bestürzung verzieht. »Je crois qu'on va les tuer«, ich glaube, man wird sie umbringen; und Claude Lorrieux mit seinem runden Gesicht und seinem Sparbüchsenmund. »Ma chère, c'est la guerre!« Meine Liebe, so ist der Krieg. Ich gehe jetzt hinaus, um elf bin ich wieder da. Verstehst du, eines ist es, die Leute im Kampf sterben zu sehen, wenn auch du dein Leben mit aufs Spiel setzt. Und ein anderes ist es, hier tatenlos zu sitzen und daran zu denken, daß über das Leben von neun Menschen entschieden wird durch das Ja oder das Nein einiger weniger Idioten, die sich gegenseitig verhöhnen wollen. Sieben Uhr abends. Zu wem diese neun

Menschen wohl beten? Wen sie wohl verfluchen? Abends ist es heiß in Saigon. Und die Luft hat sich gestaut in einer Schwüle, die einem den Atem abschneidet.

Abends. Um zehn Uhr war ich wieder da, ich konnte nicht mehr allein sein. Ich sagte guten Abend, aber fast keiner hat meinen Gruß erwidert. Auch hier waren sie jetzt nervös und stumm. In der nur von den Fernschreibern unterbrochenen Stille dröhnte das Rücken eines Stuhles wie Kanonendonner. Lorrieux kaute an seinen Fingernägeln. Pelou saß regungslos auf einem Sessel, die Füße auf dem Schreibtisch, die Arme verschränkt, den Mund zusammengekniffen. Mehr als eine Stunde haben wir so verbracht. Dann, es war elf Uhr vorbei, klingelte das Telefon. Zwei, vier, sechs Hände streckten sich nach dem Hörer aus. Pelou hob ihn ab, wie eine Katze war er in die Höhe geschnellt: »Hallo! France Presse!« Mir zog sich der Magen zusammen, ich sah ihm aufs Gesicht, ein Aufblitzen seiner stechenden Augen sagte mir, was er hörte. Mehr war nicht nötig. Ich begriff sofort, daß die Hinrichtung suspendiert worden war. Und ich lachte und lachte. Und sagte immer wieder: Danke, François, danke!

19. November. Dauernd heißt es, man soll nach Dak To, wo dieser erbitterte Kampf im Gang ist. Also haben ich und Moroldo uns heute früh Uniformen gekauft und haben ein Papier unterschrieben, das Armee und Regierung der Vereinigten Staaten von jeder Verantwortung an unserm möglichen Tod freispricht. Wir haben auch unsern Spaß gehabt, denn ganz unten auf dem Papier stand die Frage: »Wem soll gegebenenfalls Ihr Leichnam ausgehändigt werden?« Überhaupt nicht gefaßt auf diese Frage, haben wir geschrieben: »Italienische Botschaft, Saigon«; und als wir uns dann Botschafter Tornettas Gesicht bei der Aushändigung der beiden Pakete vorstellten, mußten wir laut herauslachen. Moroldo ist hier, um Fotos zu machen. Vor zwei Jahren war er schon einmal in Vietnam, das gibt ihm eine Unbefangenheit, die ich nicht besitze, aber mitten im Kampf ist er noch nie gewesen, und wenn er von der Fahrt nach Dak To spricht, wird er ebenso unruhig wie ich. Dauernd wiederholt er, daß wir Freitag den 17. angekommen sind, die siebzehn ist eine Unglückszahl. Spaß beiseite. Im Verlauf von wenig mehr als zwei Jahren sind in Vietnam zehn Journalisten ums Leben gekommen. Wollen wir sie in Erinnerung bringen, weil es sonst doch keiner tut. 1965 Pieter Ronald Van Thiel, von den Vietkong im Süden Saigons erschossen; Juni 1966 Jerry Rose, im Flugzeug abgeschossen von der Flak in Quang Ngai; Oktober 1966 Bernard Kolenberg, mit einem Jagdflugzeug abgestürzt in der entmilitarisierten Zone; Oktober 1966 Huynh Than My, beim Kampf in Can Tho ums Leben gekommen; November 1966 Dickie Chapelle, in die Luft gegangen durch eine Mine im Süden Da Nangs; November 1966 Charlie Chellapah, zerfetzt von einem Mörser in Cu Chi; Dezember 1966 Sam Castan, beim Kampf auf der Zentralebene ums Leben gekommen; Februar 1967 Bernard Fall, von einer Mine im Wald von Hué zerfetzt; März 1967 Ronald Gallagher, durch einen Irrtum der amerikanischen Artillerie in der Nähe von Saigon ums Leben gekommen; Mai 1967 Felipha Schuler, im Hubschrauber, der sie nach Da Nang bringen sollte, durch MG-Beschuß ums Leben gekommen.

Verletzte hat es dieses Jahr an die dreißig gegeben. Vorgestern lernte ich in der Bar des Hotels Continental die französische Fotografin Catherine Leroy kennen, die letzten Mai beim Kampf am 17. Breitengrad von achtzehn Mörsersplittern getroffen wurde. Eine dreiundzwanzigjährige Blondine mit dem Körper eines Jungen und dem Gesicht einer alten Frau. Ihr rechter Arm, ihr rechtes Bein, ihre rechte Wange sind übersät von Narben, und sie hinkt, weil ihre Verwundung am Fuß immer wieder aufbricht. Ich fragte sie: »Warum fährst du nicht nach Hause, Catherine?« Sie zuckte die Achseln, als hätte ich einen dummen Witz gemacht. Was für sonderbare Menschen sind doch diese meine Kollegen in Vietnam! Einige, wie zum Beispiel Pelou, sind ganz hervorragende Journalisten und könnten in London oder in Paris sitzen, sie fluchen und bleiben. Und viele andere, wie zum Beispiel Catherine, sind improvisierte Berichterstatter und wären von niemandem hergeschickt worden, hätten sie sich ihre Reise nicht selber bezahlt. Was suchen sie denn hier? Ein Ziel, das sie zuvor nicht hatten? Eine Kugel, die sie von einem Schmerz befreit? Eine Nachfolge Hemingways? Ich habe versucht, das herauszufinden. Einer gab mir die Antwort: »Ich will meinem Vater beweisen, daß ich nicht der Trottel bin, für den er mich hält.« Ein anderer gab mir die Antwort: »Es ist aufregend, und wenn du den richtigen Schnappschuß machst, hast du für immer ausgesorgt.« Catherine gab mir die Antwort: »Ich wollte sehen, wie der Krieg wirklich ist, ich hatte immer nur davon gehört.«

So gut wie keiner hat mir die Antwort gegeben, die mir einzig und allein die richtige zu sein scheint: Ich bin hier, um die Menschen zu begreifen, um zu begreifen, was ein Mensch denkt und will, der einen andern Menschen umbringt, der ihn seinerseits umbringt. Ich bin hier, um etwas zu beweisen, woran ich glaube, daß der Krieg unnütz ist und dumm, daß er der tierischste Beweis ist für die Idiotie der Erdenbürger. Ich bin hier, um zu erklären, wie scheinheilig die Welt ist, wenn sie sich für einen Chirurgen begeistert, der ein Herz mit einem anderen Herzen vertauscht; und die dann zuläßt, daß für die Fahne Tausende junger Menschen mit gesundem Herzen sterben gehen wie Rinder zum Schlachthof. Von Kind an haben sie mich schon immer verrückt gemacht mit Fahne und Vaterland, sie erzwingen von mir im Namen dieser sublimen Dummheiten den Kult des Tötens und Getötetwerdens, und noch kein einziger hat mir gesagt, warum Raubmord eine Sünde, der Mord in Uniform aber ehrenvoll ist. Sie ist mir lästig, diese Uniform, die ich heute morgen gekauft habe. Und sie ist lächerlich, ich mag sie nicht anziehen. Und dann tun mir die Stiefel weh. Und dann will ich nicht sterben, ich habe Angst. Es ist gar nicht leicht, den Rat zu befolgen, den mir François mit diesem Briefchen gegeben hat.

Heute abend, als ich ins Hotel zurückkam, fand ich ein Briefchen von ihm. Es war nur mit den Initialen unterzeichnet, und auf den ersten Blick habe ich die Initialen nicht erkannt. Aber daß es von ihm war, das erkannte ich an der herzlichen, unverschämten Art: »Amuse-toi à Dak To. N'aie pas peur. FP.«

20. November, morgens. Es ist nicht leicht. In mir ist die Angst, ich habe eiskalte Hände und Füße, und sie läßt nicht von mir ab. Sie war fast weg, als wir zum Flugplatz gingen, vielleicht weil ich da erregt war, doch sie kehrte augenblicklich zurück, als wir den Militärtransporter bestiegen hatten, der uns nach Pleiku flog: erste Etappe, um nach Dak To zu kommen. Es war ein Großtransporter, eine C 130. Er brachte achtzig Soldaten in die Feuerzone, sie saßen da mit dem Gewehr zwischen den Beinen, die Gesichter verschlossen in resignierter Traurigkeit, nicht einmal ein Lächeln hatten sie für dich übrig, nicht einen neugierigen Blick. Einige schliefen, hatten den Helm über die Augen gezogen. Später, wir flogen schon eine Stunde, hat ein Unteroffizier den Mund aufgemacht.

»Jungs, wißt ihr auch, daß gestern zwischen Pleiku und Saigon eine C 130 abgestürzt ist?«

»Maul halten!« sagte einer.

»Warum denn?«

»Also, warum?«

»Sabotage oder auch Flak. Keiner hat Zeit gehabt, mit dem Fallschirm abzuspringen, und was nutzt einem schon der Fallschirm? Sagen wir, jetzt passiert das gleiche, während du herunterschwebst, schießen sie dich doch ab.«

»Maul halten!«

Da wandte er sich an Moroldo.

»Ihr zwei, seid ihr Journalisten?«

»Ja.«

»Geht's nach Dak To?«

»Ja.«

»Idioten, wer zwingt euch denn dazu?«

Das frage ich mich jetzt auch, wo wir in Pleiku sind in diesem Zelt und auf den Hubschrauber warten, der uns nach Dak To bringen soll, und der Krieg kein Wort, kein Zeitungs- oder Fernsehbild und kein Fensterklirren mehr ist, sondern etwas, das du, mitten in dieser Ebene, wo es nichts gibt außer einem Zelt und einer Erwartung, gleich aus nächster Nähe sehen und berühren kannst, ein Name, den sie alle wiederholen: Dak To, Dak To, Dak To. Dak To ist eine Ortschaft, zehn Meilen weit von der laotischen und von der kambodschanischen Grenze, genau an der Stelle, wo der Ho-Tschi-Minh-Pfad endet, die Nachschubstraße aus Hanoi für die Vietkong-Formationen und die nordvietnamesischen Truppen, die nach Südvietnam eingesickert sind. Ende Oktober gab es in Dak To ein einziges Bataillon Amerikaner, einen kleinen Luftstützpunkt. Dann verriet ein Überläufer des Vietkong, daß es die Nordvietnamesen fertiggebracht hatten, auf den Höhen sage und schreibe siebentausend Soldaten zu konzentrieren, und daß sie einen Angriff vorbereiteten. Um ihn zu vereiteln, zog Westmoreland zehntausend Fallschirmjäger und Marines dort zusammen, und am 1. November begann die bisher blutigste Schlacht in Vietnam. In Saigon sagt man: »Entweder die Amerikaner siegen innerhalb von acht Tagen, oder Dak To wird zu ihrem Dien Bien Phu.«

Nein, leicht ist es nicht, keine Angst zu haben.

Nachmittags. Und doch ist es leicht. Die Angst vergeht dir ganz plötzlich bei der Angst der andern. Im Hubschrauber, den wir in Pleiku bestiegen hatten, war Platz für vier Personen, die beiden Piloten und die beiden MG-Schützen nicht mitgezählt. Einer von diesen vier Menschen war ein frisch aus New York eingetroffener Fernsehreporter. Er bekam einen Zitterkrampf, wurde kreidebleich im Gesicht, rutschte unruhig hin und her, biß sich in die Finger, stöhnte, dann stand er sogar auf und beschwor den Piloten zur Umkehr, aber der hat ihm gar keine Antwort gegeben. Ja, und da habe ich mich so geschämt, daß ich augenblicklich eine andere wurde. Ruhe, klarer Kopf, Aufmerksamkeit. Er stöhnte, und ich konnte mich sogar zum Hubschrauber hinauslehnen und mit kühlem Blick links auf die Hügel sehen, von denen sich schwarze Rauchschwaden erhoben, Napalm, das die amerikanischen Jäger auf die Nordvietnamesen warfen, und dann rechts auf die Hügel, von denen sich weiße Rauchschwaden erhoben, Raketen, die von den Nordvietnamesen auf die Amerikaner abgefeuert wurden, und daß wir da mitten hindurch flogen, beeindruckte mich nicht einmal. Denk dir, ich bin sogar ruhig geblieben, als der rechte Bordschütze sich über sein MG beugte und zwei Salven in ein Dickicht feuerte, das sich bewegt hatte; der Dschungel wimmelt hier von Vietkong; und in dieser meiner Ruhe habe ich begriffen, warum man sagt, daß der Krieg hier anders ist als alle andern Kriege, daß er keine eigentliche Front hat, daß die Front überall ist. In Vietnam unterhalten die Amerikaner nur wenige befestigte Lager, das sind die Luftstützpunkte, und um von einem befestigten Lager zum andern zu kommen, haben sie nur die Hubschrauber beziehungsweise andere Flugzeuge. Bist du in einem dieser Flugzeuge oder Hubschrauber, bist du schon an der Front und kommst dir vor wie der weiße Mann, der in geschlossenem Waggon durch ein von Navajo- oder Cherokee-Indianern besetztes Territorium fährt.

Dak To. Ein Militärlager, in der Mitte ein Rollfeld, durchlöchert vom nächtlichen Mörserbeschuß. Dutzende von Flugzeugen starten oder landen mit ohrenbetäubendem Lärm in einem Wirbelsturm aus rotem Staub. Hunderte von Lkws und Jeeps befördern Soldaten mit müdem Blick und langem Stoppelbart. Aus den Geschützstellungen schießt es alle dreißig Sekunden und wühlt die Erde auf und dir den Magen. Dreckige, triste Baracken. Doch wie schön und heiter muß Vietnam gewesen sein, als es noch keinen Krieg gab. Die Berge, auf denen jetzt gestorben wird, sind Blöcke aus Jade und Smaragd, der Himmel, von dem jetzt die Bomben fallen, ist eine kornblumenblaue Kuppel, der Fluß, mit dem man jetzt die Brände löscht, hat klares, frisches Wasser. Wie leicht muß es gewesen sein, sich in dieser Gegend wohl zu fühlen, wenn man an den Ufern fischte oder in den Wäldern spazierenging. Warum muß das Schöne immer in den Schmutz gezogen werden? Auch er hat es in den Schmutz gezogen, während ich gerade dies Blau und dies Grün bewunderte. Er ist auf uns zugekommen mit seinem Dienstgrad eines Oberleutnants und hat jedem von uns eine Pistole angeboten.

»Nein, danke«, sagte Moroldo.

»Nein, danke«, sagte ich.

»Ich rate euch aber dazu, ihr seid in Uniform, und wer eine Uniform trägt, ist Zielscheibe. Die Nordvietnamesen machen keine Gefangenen.«

»Nein, danke.«

»Fast alle Berichterstatter haben eine Waffe. Wenn ihr schon krepieren müßt, könnt ihr wenigstens eure Haut so teuer wie möglich verkaufen.«

»Nein, danke.«

Er schien aus der Fassung gebracht durch unser »Nein, danke«. Armer Oberleutnant. Er trägt einen dämlichen Mäuseschnurrbart auf einem dämlichen Gesicht, und einen Helm, mit dem er schon auf die Welt gekommen zu sein scheint. Vielleicht schläft er auch damit. In der Hosentasche hat er ein Schächtelchen mit Farbfotos, die er jedem Neuankömmling zeigt: sein Mädchen mit

Nachthemd, sein Mädchen ohne Nachthemd, Aufnahmen von einem Urlaub in Honolulu. Wenn er das Mädchen ansieht, kratzt er sich, und die Vorstellung ist deprimierend, daß er uns fast immer vor den Füßen herumlaufen wird. Er ist der Presseoffizier. In dieser Eigenschaft hat er uns zum Journalistenzelt gebracht, und da sitze ich jetzt und schreibe. Aber diese Pritsche ist nicht meine Pritsche. Sie sind alle schon besetzt, heute nacht werde ich auf der Erde schlafen müssen. Jedenfalls werde ich immer noch besser schlafen als der kleine nordvietnamesische Soldat, den ich vor fünf Minuten gesehen habe. Plus minus achtzehn, auf der Höhe 1383 gefangengenommen, halb verhungert und verdurstet. Die Hosen voller Blut, die Augen geschlossen; er keuchte, konnte nicht laufen. Zwei MP hielten ihn unter den Achseln gefaßt und schleiften ihn vorwärts.

»Oberleutnant, wohin bringen sie den? Ins Krankenrevier?«

»Ach was! Zum Verhör, und dann eine Platte besprechen, die wird dann über Lautsprecher auf den Hügeln abgespielt.«

»Und was wird er auf diese Platte sprechen?«

»Die Aufforderung an seine Kameraden, sich zu ergeben.«

»Und wenn er nicht will?«

»Er wird schon wollen, er wird schon wollen.« Der kleine Soldat war barfuß, strauchelte über einen Stein. Die beiden MP zogen ihn hoch, und einen Augenblick lang baumelten seine nackten Füße auf groteske Weise wie die Füße eines Erhängten. Der Oberleutnant lachte: »Look, how funny!« Sieh mal, wie komisch! Der kleine Soldat öffnete ein Auge und starrte ihn an mit diesem einen Auge.

Vielleicht hat er sich die bestickte Bluse ausgedacht, die in vielen Geschäften Saigons verkauft wird. Die Bluse ist wasserdicht, auf dem Rücken steht gestickt: »Wenn ich sterbe, komme ich ins Paradies, denn auf dieser Erde lebte ich in der Hölle.« Aber die Bluse ist amerikanisch und die aufgestickten Worte sind englisch: »When I shall die I shall go to Paradise because on this Earth I have lived in the Hell. Vietnam 1967.«

Nachts. Alarm wurde gegeben, als die ersten Mörsergranaten schon Brücke und Rollfeld getroffen hatten. Ich war gerade mit Moroldo beim Essen im Offizierskasino. Sie liefen alle weg, warfen Teller und Gläser um, und auch ich bin weggelaufen auf der Suche nach einem Bunker. Aber es war so dunkel, und man konnte keinen Bunker sehen, nur rennende Schatten, die in einem fort riefen: »Die Mörser! Die Mörser!« Ich fragte: »Wo ist denn der Bunker?«, aber keiner gab mir eine Antwort. Wie man doch im Krieg zum Egoisten wird! Die amerikanische Artillerie hatte inzwischen ein wildes Raketenfeuer eröffnet, der Himmel brannte, Fluchtlohen auf den Hügeln, man konnte die abgehenden Salven von den ankommenden nicht mehr unterscheiden, und in diesem Durcheinander verlor ich Moroldo. Ich rief: »Moroldo, wo bist du? Moroldo !« Wer weiß, wo er war. Auf einmal glaubte ich, seine Stimme zu hören, doch in dem Augenblick packte mich jemand am Handgelenk, und eine Stimme sagte: »Viens avec moi«, komm mit! Dann spürte ich einen kräftigen Stoß im Rücken und landete kopfüber in einem Bunker voller Soldaten, während die Stimme auf mich herabfiel: »Ça va?«

»Oui ...«

»Mit den Mörsern bist du aber nicht gerade auf du und du!«

»Nein ...«

Die Stimme war schon sanfter geworden.

»François Mazure. Agence France Presse. Pelou hat mir aus Saigon telefoniert, daß du kommst und daß du einen Anstoß brauchst. Wo steckt dein Fotograf?«

»Ich habe ihn verloren.«

»Keine Sorge. Der Beschuß ist nicht der Rede wert.«

So hat er gesagt, aber wir sind doch über eine Stunde im Bunker geblieben, betäubt von dem höllischen Lärm. Selbst den Soldaten wurde es zuviel, und um auf andere Gedanken zu kommen, zündeten sie Streichhölzer unter meinem Gesicht an: »Tatsächlich eine Frau!« Bei einem dieser Streichhölzer konnte ich Mazure erkennen, ein hübscher Junge mit übergroßer Nase und tiefblauen Augen. Dann hörte ich, und er ebenfalls, auf die Reden der Soldaten.

»Verstehst du, mit dieser Geschichte der Mutter, für die er aufkommen muß, ist er in Los Angeles geblieben und hat sich einen Swimmingpool gebaut.«

»Na, Jack ist aber noch schlauer gewesen!«

»Was hat der gemacht?«

»Gesoffen hat er, und solange gesoffen, bis er ein Magengeschwür bekam, und wegen des Magengeschwürs haben sie ihn freigestellt.«

»Bekäm ich doch auch eines!«

»Aber der Allerschlaueste ist doch Howard gewesen.«

»Warum?«

»Als sie ihn gefragt haben, ob ihm die Frauen gefallen, hat er gesagt: ›Ogottogott, bewahre, alle Welt weiß doch, daß ich's mit Jungs habe!‹«

»Hat er das?!?«

»Nein, bestimmt nicht, bist du verrückt? Aber wenn du sagst, daß du schwul bist, schicken sie dich augenblicklich weg. Hast du das nicht gewußt?«

»Nein, verdammt! Und wenn ich's jetzt sage?«

»Zu spät, mein Lieber! Das hättest du dir eher überlegen müssen, und ich genauso!«

Als der Alarm vorbei war, sagte man uns, daß die Brücke fast zerstört sei; und sieben Leute seien gefallen. Mazure ging sie sich ansehen, und ich bin ins Zelt zurückgekehrt, wo ich Moroldo wiederfand. Hinter ein paar Sandsäcken war er gelandet, zusammen mit dem Angsthasen aus dem Hubschrauber. Er war wütend auf mich.

»Wohin hast du dich denn verdrückt?«
»Und du erst?«
»Der Trottel! Vollgekotzt hat er mich auch!«
»Na und? Bin ich vielleicht daran schuld?«
»Natürlich! Ich hab' dich doch gesucht!«
»Und ich hab' dich gesucht!«
»Geh zum Teufel!«
»Geh du doch zum Teufel!«

Wie komisch. Es war noch nie vorgekommen, daß ich mich mit Moroldo zerstritten hatte. Wird man denn auch irgendwie erbärmlich im Angesicht des Todes? Hier auf diesem Flugplatz hat man das Empfinden, in einem Brunnen, also in einer Falle zu stecken. Wir sind tatsächlich eingekreist von den Hügeln der Nordvietnamesen, nur drei Hügel sind in der Hand der Amerikaner: die Höhen 1383, 1124 und 1089. Tag und Nacht ist man den Mörsern, den Raketen ausgesetzt, das Loch vor unserm Zelt ist erst vorhin durch Mörserbeschuß entstanden. Anscheinend kam der Beschuß diesmal von der Höhe 875, die sie nicht einnehmen können. In der vorigen Nacht hatte das 173. Airborn den Auftrag, um jeden Preis den Gipfel zu erreichen, aber der Angriff wurde abgeschlagen. Jetzt sind die Männer auf einem engen Umkreis zusammengedrängt, können nicht vor und nicht zurück, und hinter jedem Baum stehen Nordvietnamesen. In diesem Haufen Menschenfleisch befinden sich mindestens hundert Tote und ebenso viele Verwundete. Die Sonne bringt die Leichen zur Verwesung, die Verwundeten verbluten, sie auszufliegen ist unmöglich. Zehn Hubschrauber haben den Versuch gemacht, acht davon wurden abgeschossen. Die Soldaten auf dem Flugplatz sind deprimiert. Ich bin der Bewachung des Oberleutnants entwischt, und so konnte ich zu einigen von ihnen hingehen; ein Puertoricaner schrie und schrie . . .

»Aber das hat uns Onkel Sam vorher nicht gesagt! Du mußt den Kommunismus bekämpfen, das krächzt er daher. Was dieser Kommunismus ist, weiß ich nicht, ist mir scheißegal, wie mir auch diese verdammten Vietnamesen scheißegal sind. Sollen sie ihren Kommunismus allein bekämpfen. Aber kein einziger Südvietnamese ist bei uns!«

Ein Gefreiter stürzte auf ihn zu.

»Maul halten, Hector!«

Aber er hielt es mitnichten.

»Mein Vater hat ganz recht gehabt, als er wütend wurde, weil ich mich freiwillig gemeldet hatte. Dummkopf, hat er gesagt, laß doch die Herrensöhnchen gehen! Aber die gehen ja nicht. Mein Vater ist nämlich ein Arbeiter. Und weißt du, was ich dir jetzt sage? Immer sind's Arbeitersöhne, die in den Krieg gehen zum Sterben!«

»Beruhige dich doch, Hector!«

Es geht das Gerücht um, daß man auf der Höhe 1383 einen Gegenangriff erwartet. Morgen wollen wir dorthin. Aber erst muß geschlafen werden, und es ist kalt. Am Tag ist es heiß, und in der Nacht ist es kalt. Gottlob hat mir Mazure seinen pelzgefütterten Schlafsack abgetreten. Moroldo hat sich ein paar Decken organisiert. Er liegt schon auf der Erde und will schlafen. Aber wenige Schritte entfernt ist eine Artilleriestellung, und die Salven sind nicht gerade dazu angetan, seine schlechte Laune zu verbessern. Er dreht sich um, schnaubt, brummt: »Schießen, schießen, immer schießen! Was kostet denn jeder Schuß? Eine halbe Million? Wie reich doch die Amerikaner sind. Ich würde niemals gegen die Amerikaner Krieg führen!«

21. November, morgens. Pip heißt er und ist dreiundzwanzig Jahre alt, hat ein gutmütiges und pfiffiges Gesicht, ein Gewehr, eine Leica, Notizblock und Bleistift. Er gehört zum Informationsdienst der vierten Infanteriedivision, er begleitet uns auf die Höhe 1383. Wir erwarten einen Hubschrauber, hier auf dem Rollfeld.

Er meint: »Du schreibst und schreibst und schreibst!

Schreibst du immer? Darf man eigentlich wissen, was du schreibst?«

»Ein Tagebuch für Elisabetta, meine kleine Schwester.«

»Wie alt ist denn deine kleine Schwester?«

»Fünf.«

»Und da liest sie dein Tagebuch?«

»Wenn sie groß ist, liest sie's, Pip.«

Er glaubt mir nicht. Und lacht.

Moroldo lacht auch, ich lache auch. Wir sind froh aufgewacht. Wie schön ist es, am Leben zu sein! Könnten wir doch lernen, uns schon allein darüber zu freuen, daß wir am Leben sind! Dann würden wir auch begreifen, daß es eine Freude ist, sich mit einem Glas Wasser das Gesicht zu waschen, und würden darüber hinwegsehen, daß man in der Uniform geschlafen und geschwitzt hat, daß der pelzgefütterte Schlafsack gestunken hat, daß es ein dramatisches Unternehmen gewesen ist, ein Klo zu finden. General Peers hat mir die Benutzung seines Klos angeboten, ein hölzerner Kasten mit der Aufschrift *Privat,* aber jedesmal, wenn ich hinwollte, war er dort. Beim vierten Versuch war die Toilette frei, doch er stand unter der Dusche. »Oh!« rief er und errötete. Sodann entfloh er nackt und barfuß, mied alle Steinchen, als seien sie spitze Nadeln. Der arme General. Wenn man ihn so nackt und barfuß vor sich sieht, scheint er wahrhaftig nicht der Teufel zu sein, der während des Zweiten Weltkriegs den Japanern in Burma solchen Schrecken eingejagt hat. Und noch weniger scheint er der große Stratege zu sein, der seit zwanzig Tagen die Jungs auf die Höhe 875 zum Sterben schickt und jeden Abend wiederholt: »Heute nacht bekommen wir die Höhe 875 in unsere Hand!«

Ich habe das auch Pip erzählt, der immer wieder sagt: »Das mußt du Hauptmann Scher berichten!«

Hauptmann Scher hat die drei Hügel erobert, und Pip behauptet, daß nicht passiert wäre, was im Morgengrauen passiert ist, hätte man Hauptmann Scher die Höhe 875 zugeteilt. Weißt du, was passiert ist? Der Kommandeur der 875 hat Phantoms angefordert, damit sie die Bunker der Nordvietnamesen bombardieren. Aber die Bunker liegen zu nahe bei der Stelle, wo man die Verwundeten zusammengezogen hat, und eine Bombe der Phantoms fiel mitten unter die Verwundeten. Eine 300-Kilo-Bombe. Sie hat ein Blutbad angerichtet.

Mittags. Pips wegen, der gerade weggegangen war, haben wir den ersten Hubschrauber verpaßt. Als dann der nächste da war, fragte uns der Pilot: »Wer von euch bringt Glück? Der Hubschrauber, den ihr verpaßt habt, ist abgestürzt. Vietkong-Beschuß in den Rotor.« Mehr als ein flüchtiges Schaudern habe ich dabei nicht empfunden. Es ist schon wahr, man gewöhnt sich an alles. Man gewöhnt sich daran, ohne Verwunderung zur Kenntnis zu nehmen, daß der Tod an dir vorbeigegangen ist und dich nicht gesehen hat. Man gewöhnt sich daran, ganz dicht über den Wäldern zu fliegen, aus denen die Vietkong auf die Rotoren schießen. Man gewöhnt sich daran, zur Seitenöffnung hinauszusehen, während der Bordschütze das Feuer erwidert. Man gewöhnt sich daran, beim Anblick von Verzweiflung und Grauen mit keiner Wimper zu zucken. Nichts mehr, außer verkohlten Baumresten, auf dieser Höhe 1383. Sie ragen zum Himmel empor in tausend verdrehten Zacken, ringsum siehst du nichts als Löcher, Gräben, Zelte, die mit Sandsäcken abgedeckt sind, Männer mit erstauntem Blick und unsicherem Schritt. Ich sitze auf dem Stumpf eines Kastanienbaums, den eine Rakete mitten durchgebrochen hat. Daneben die Mörserstellung. Ein blutjunger Kerl mit traurigen Augen schießt auf die Höhe 875.

»Larry, ich hab' dir ein Paket mitgebracht«, sagt Pip. »Gleich komm ich«, erwidert Larry. Dann steckt er eine neue Granate in die Mündung, kniet hin, legt seinen blonden Kopf ans Rohr und schreit mit Stentorstimme: »Dreitausendachtundvierzig, eins, zwei, Feuer!«

»Larry!« wiederholt Pip.

»Moment! Dreitausendneunundvierzig, eins, zwei, Feuer!«

Jetzt läßt er sich ablösen, nimmt das Paket in Empfang; es kommt von seiner Tante Dolores aus Kansas City und enthält Popcorn, Erdnußbutter, Mandelkonfekt und vor allem Bonbons, weil Larry so eine Vorliebe für Bonbons hat.

»Larry, wie lang bist du jetzt hier?«

»So lange, wie meine Dummheit groß ist.«

»Wieso?«

»Ich bin Freiwilliger.«

»Warum hast du dich denn freiwillig gemeldet?«

»Weißt du, da hab' ich drei Jahre lang dieses Vietnam mit mir herumgetragen. Und dann hab' ich mir gesagt: besser, ich geh als Freiwilliger hin, soll's sein, wie's will, wenn ich zurückkomme, krieg ich jedenfalls als Abfindung meine hundertfünfzig Dollar im Monat. Meine Eltern haben sich schrecklich geärgert, meine Mama hat geweint. Schon deshalb hab' ich's gleich bereut. Aber da war's schon passiert.«

»Wann hast du das getan, Larry?«

»Ich glaub, vor einem Jahrhundert. In Wirklichkeit sind's erst drei Monate her. Neun Monate muß ich noch hierbleiben. Glaubst du, ich komm wieder nach Haus?«

»Gewiß, Larry.«

»Manchmal glaub ich's nicht. Und ich bete, weißt du, ich bete nur immer. Auch, wenn keine Zeit dazu ist. Zum Beispiel, wenn's zum Angriff geht. Dann sag ich ganz schnell: Gott, laß mich nicht sterben!«

Von drüben wird er mit Geheul gerufen.

»Also, Larry, willst du endlich dieses verdammte Ding wieder übernehmen!«

Und Larry geht, kaut die Bonbons von Tante Dolores, wird wieder Schüsse abfeuern, die einen andern töten werden. Der ist ebenso blutjung wie er und hat Mandelaugen und ist gelb.

»Nicht wahr, George?«

George ist der Soldat, der Larry mit diesem Geheul gerufen hat. Vierundzwanzig Jahre, Mechaniker, Sohn von Italienern, die 1926 nach New York emigriert sind. Einen Monat verheiratet, als sie ihn hierherschickten.

»Woran denkt man eigentlich, George?«

»Töten. Nicht getötet werden. Nicht zuviel Angst haben. Als ich zum Angriff ging, habe ich so große Angst gehabt. Das war das erste Mal, daß ich zum Angriff ging, verstehst du, und meine Frau hatte geschrieben, daß sie schwanger ist, und ich habe so große Angst gehabt. Ich bin ganz dicht bei Bob geblieben. Bob war mein Freund. Wir sind zusammen eingerückt, und wir sind immer zusammen gewesen, weil er ein stiller Mensch war, und ich bin eben einer, der viel redet. Wir waren ein Herz und eine Seele, wie zwei Verliebte. Und ... kann ich dir was sagen?«

»Gewiß, George.«

»Ich hab's aber noch keinem gesagt.«

»Sag's mir.«

»Ja ... es betrifft Bob. Als die Rakete gekommen ist. Ich sah sie kommen und habe Bob nichts gesagt. Mich selbst habe ich zu Boden geworfen, und ihn habe ich nicht zu Boden geworfen. Verstehst du? Nur an mich habe ich gedacht. Und da sah ich Bob explodieren. Richtig explodieren, mitten in die Brust getroffen. Das erste Mal habe ich einen Menschen sterben sehen, und dieser Mensch war Bob. Ich schrie: Bob! Aber er war schon tot. Und dann, Gott soll mir verzeihen, und dann ... Auch das habe ich noch keinem gesagt ...«

»Sag's mir, George.«

»Ich muß es dir sagen, weil ich sonst wahnsinnig werde. Und dann, ja, dann war ich plötzlich froh und glücklich, daß die Rakete ihn und nicht mich erwischt hat. Kannst du das glauben?«

»Ja.«

»Ich schäme mich. Gott, wie ich mich schäme. Aber es

ist so. Und ich sage dir auch noch mehr. Weißt du, was ich dir sage? Wenn in diesem Augenblick noch so eine Granate kommt, dann hoffe ich, daß sie dich und nicht mich erwischt. Kannst du das glauben?«

»Ja.

»Und dann ... dann habe ich einen Menschen umgebracht. Auch das war das erste Mal, daß ich einen Menschen umgebracht habe. Einen kleinen Viet. Er rannte und rannte, und alle schossen sie auf ihn, als wär's beim Scheibenschießen auf dem Jahrmarkt. Aber er fiel nicht. Dann habe ich geschossen, und dann ist er gefallen.«

»George, was hast du empfunden, als er fiel?«

»Nichts. Es war, als hätte man auf einen Baum geschossen und einen Baum getroffen. Nichts habe ich empfunden. Das ist häßlich, nicht wahr?«

»Ich weiß es nicht, George. Das ist der Krieg.«

»Das sagt auch mein Oberleutnant: Das ist der Krieg. Aber häßlich ist es trotzdem, nicht wahr, Herr Oberleutnant?«

»Ruh dich jetzt aus, George«, gibt ihm der Oberleutnant zur Antwort.

Anscheinend ist heute ein ruhiger Tag hier auf der 1383. Keine Rakete ist auf uns zugekommen, nicht einmal eine Granate. Die Sonne scheint warm und mild, die Jungen waschen ihre Wäsche, hängen sie dann an den zerborstenen Bäumen zum Trocknen auf. Pip hat mir eine C-Ration gebracht, Hühnerfleisch mit Bohnen, beim Essen kam es mir gar nicht so vor, als hätte sich an dieser Stelle ein erbitterter Kampf abgespielt. Beim Anblick der verkohlten Bäume dachte ich, ja, ich dachte an einen jener sommerlichen Waldbrände in der Toscana, wenn die Bäume durch einen unglücklichen Zufall Feuer fangen. Aber dann fällt mir ein, ich könnte mit dem Oberleutnant reden, der einsam auf einem Baumstumpf hockt und unverwandt auf irgend etwas zu seinen Füßen starrt und ein Häufchen Erde und Laub darüber errichtet. Bedächtig und geduldig mit den Stiefelspitzen, weißt du, wie einer, der dösend am Strand sitzt und auf seine Füße sieht und eine kleine Pyramide aus Sand formt.

»Guten Tag, Oberleutnant.«

»Tag.«

»Dieser Soldat ... George. Er ist noch ganz durcheinander. Es muß schrecklich für ihn gewesen sein. Nicht wahr, Oberleutnant?«

Er nickt, ohne seinen Blick von dem Häufchen zu nehmen, das tatsächlich wie eine kleine Pyramide aussieht. Und oben auf diese Pyramide legt der Oberleutnant ein schönes rotes Blatt.

»Schrecklich. Ich hatte den Krieg auch nur im Kino gesehen, sonst nichts, und ich habe ihn mir so nicht vorgestellt. Heute morgen habe ich meinem Bruder geschrieben, dem achtzehnjährigen. Zwei Brüder habe ich, in Massachusetts, einen vierzehnjährigen und einen achtzehnjährigen. Und dem droht Vietnam. Ich habe ihm geschrieben: ich will nicht, daß du siehst, was ich gesehen habe. Laß dich nicht für dumm verkaufen mit diesem Vietnam. Melde dich als Freiwilliger zur Marine, so entgehst du Vietnam.«

Er bückt sich, um noch ein rotes Blatt aufzuheben. Behutsam legt er es auf das Häufchen. Ganz so, als wäre es ein winziges Grab.

»Die Kugeln flogen dir über den Kopf und trafen den Baum. Und da hast du den Baum geliebt, daß du ihn hättest umarmen können und nie mehr loslassen. Du hast ihn nicht umarmt und bist vorwärts gegangen, hast die Männer vorwärts gebracht, hast deinen Kopf geschützt, als wäre er das einzige, was es zu schützen gegeben hätte. Vielleicht, weil der erste, den du hattest sterben sehen, seinen Kopf verloren hatte, er war ihm weggeflogen wie ein Luftballon.«

Sinnend betrachtete er das Häufchen, es sah wirklich so aus wie ein winziges Grab.

»Ich will nicht, daß mein Bruder so etwas sieht, ich will nicht, daß er stirbt. Wenn Amerika verlangt, daß ich hier sterben soll, bitte. Aber mein Bruder nicht. Ein Toter in einer Familie ist schon ein sehr hoher Tribut. Und wenn ich auch ein ziemlich pflichtbewußter Staatsbürger bin, wenn ich auch mit unserer Präsenz in Vietnam ziemlich einverstanden bin: Wer will schon hier sein? Wer ist schon stolz darauf?«

Jetzt versetzt er dem Häufchen einen grimmigen Fußtritt, zerstört es ganz und gar. Darunter liegt eine kleine gelbe Hand mit ausgestreckten Fingern, Überbleibsel von vorvorgestern.

Nachmittags. Der Kampf fand vor drei Tagen statt. Er fing um neun Uhr morgens an und dauerte bis sechs Uhr nachmittags, ohne eine Minute Unterbrechung. Der Hügel 1383 ist steil und spitz und dicht bewachsen mit Bäumen, Lianen und Bambus, und Hauptmann Scher trieb seine Kompanie zur Eile, aber die Soldaten kamen nur langsam vorwärts, denn nach jedem Schritt stießen sie auf einen nordvietnamesischen Graben. Sie waren gut angelegt, die Gräben, mit großem strategischem Verstand. Sie zogen sich spiralenförmig herunter, in der Art, wie man eine Orange rundum zu einem Band abschält. Diese konzentrischen Ringe waren durch Unterführungen miteinander verbunden, die ältesten waren nicht mehr als sechs Monate alt. Seit Juni hatten die kleinen gelben Soldaten vor den Augen der Amerikaner heimlich gegraben, und die Amerikaner hatten nichts davon gemerkt. Die Gräben waren nicht tief, denn die Vietnamesen sind klein und benötigen ein Minimum an Raum. So konnte man sie noch schwerer ausmachen. Unvermutet standest du davor, im Feuer, und dann war es zu spät. In dieser Furcht rückten Hauptmann Scher und seine Leute vor, klammerten sich an jeden Busch, an jeden Strauch, rutschten aus, fielen hin, ein eroberter Baum war schon ein Sieg. Wieviel Meter sind es wohl bis zu dem Bambus dort, höchstens fünfzehn, sie brauchten eine Stunde, zwei Stunden, bis sie ihn erreichten. Gegen fünfzehn Uhr meinte der Hauptmann, er würde es allein nicht schaffen, und forderte Flugzeugunterstützung, bei allem Risiko, selbst mit bombardiert zu werden. Die Phantoms kamen und warfen zentnerweise Napalm über den Gräben ab, als lebende Fackeln schossen die kleinen gelben Soldaten mit ihren Gewehren auf die Flugzeuge. Aber danach kam der Angriff schneller voran. Und zwei Stunden später stand der Hauptmann hier auf dem Gipfel.

Es ist der höchste von allen Hügeln im Umkreis. Von hier aus beherrscht man das ganze Tal, dort unten befinden sich das Rollfeld und das Lager, und der Fluß windet sich dahin wie auf einem chinesischen Aquarell. Mit Hauptmann Scher bin ich im Hubschrauber hergekommen, zu Fuß wären wir auf Minen und Vietkong gestoßen. Der Hubschrauber hat gar nicht aufgesetzt, und wir mußten hinabspringen. Bevor ich sprang, sagte der Hauptmann zu mir: »Vorsicht, nicht dorthin fallen!« Aber ich verschätzte mich und fiel genau dorthin, sank in etwas Weiches, die Leiche eines Nordvietnamesen, nur knapp mit Erde bedeckt. Leichen lagen hier überall herum, in drei Tagen haben sie ungefähr sechzig begraben können. Bei denen, die in den Gräben geblieben sind, ist die Sache nämlich einfach, du nimmst einen Spaten, und fertig. Aber bei denen, die überall herumliegen, dauert das schon seine Zeit.

»Hauptmann, wie viele Tote hat dieser Hügel gekostet?«

»Viele. Zu viele. Hundertfünfzig, zweihundert. Aber genau kann man das nie feststellen, weil sie die Toten wegschaffen. Vor dem Kampf richten sie lange Seile her, und wenn sie sich dann zurückziehen, binden sie die Gefallenen mit den Füßen daran und schleifen sie weg. Die Sie hier sehen, gehörten zur Nachhut.«

»Und die Gefangenen, Hauptmann?«

»In Vietnam macht man keine Gefangenen. Nicht auf der einen und nicht auf der anderen Seite. Von ganz wenigen Ausnahmen abgesehen. Wer traut sich schon, Gefangene zu machen? Wenn du dich näherst, läßt der Kerl eine Handgranate explodieren und bringt dich und sich zusammen um.«

Ich deute auf die Leiche, auf die ich gefallen bin. »Auf die Weise ist der umgekommen?«

Er zuckt die Achseln.

»Wahrscheinlich.«Dann packt er meinen Arm.

»Nicht hinsehen. Kommen Sie hier weg!«

Der Hauptmann ist sechsunddreißig und schön wie Tyrone Power, als Tyrone Power noch schön war. Seit Monaten hat er keine Frau mehr gesehen. Ich glaube, aus dem Grund hat er sich auch die Mühe gemacht, mich hier herauf zu begleiten. Und er sieht mir geradein die Augen, und bei jedem Hindernis ist er mir behilflich mit unsagbarer Zärtlichkeit, und seine Finger verharren ein paar Augenblicke länger als nötig an meinem Ellenbogen. Aber unbewußt. Wüßte er's, würde er erröten. Ebenso unbewußt ist seine Freude über den kurzen Urlaub, den ihm unsere Ankunft verschafft hat. Und so wandern wir über den Hügel, ich und der Hauptmann, klettern über Granathülsen, verbogenes Blech, treten auf blutige Bandagen, auf Geschosse, doch er ist so glücklich, eine Frau neben sich zu haben. Er merkt gar nicht, daß diese Frau übel riecht nach Schweiß, ein verdrecktes Gesicht hat, wie ein Soldat gekleidet ist. Er wähnt sie in blauem Kleid, parfümiert und sauber, und er geleitet sie durch diese Leichen hindurch, alsgeleite er sie durch eine Wiese voller Margeriten. Müßte ich heute abend sterben, ja, dann würde ich sterben mit dem Bewußtsein, diesem Mann eine Illusion geschenkt zu haben: drei Tage nach dem Inferno habe ich ihm einen Spaziergang geschenkt durch eine Wiese voller Margeriten.

»Vorsicht . . . geben Sie mir die Hand . . . Ja, so. Hier läuft man besser . . .« Und unter seinen Füßen erblühen die Margeriten der Phantasie. Oder der Verzweiflung? Hauptmann, das hier ist nämlich keine Margerite. Das ist, nein, das war ein Mensch. Hauptmann, betrachte ihn dir genau. Zusammengekrümmt liegt er im Bambusröhricht, und sein gelbes Gesicht wird schon grün. Schwarze Flecken besudeln seine khakifarbene, an der Brust durchlöcherte Uniform. Eine Eidechse läuft auf ihm herum, schwänzelt über seinen Hals, setzt sich auf sein Auge, die Füßchen genau auf der Pupille.

»Hauptmann . . .«

Der Hauptmann läßt meinen Arm. Er lüftet seinen Helm, fährt sich mit den Fingern durchs Haar, setzt sich den Helm wieder zurecht, seufzt.

»Gott, ist der Krieg ekelhaft! Lassen Sie sich das von einem Soldaten sagen. Irgend etwas muß da verkehrt sein im Hirn dieser Leute, die mit Freuden Krieg führen, die ihn rühmlich oder auch spannend finden. Gar nichts Rühmliches und gar nichts Spannendes ist an diesem schmutzigen Trauerspiel, über das du nur weinen kannst. Du weinst über den, dem du eine Zigarette verweigert hast und der von seinem Patrouillengang nicht mehr zurückgekehrt ist, du weinst über denjenigen, den du gescholten hast und der vor deinen Augen in die Luft gegangen ist, du weinst über denjenigen, der deine Freunde umgebracht hat . . .«

Er deutet auf die Leiche.

»Drei hat er mir umgebracht. Mit einer Handgranate. Dort hinter dem Busch war er versteckt, und sie haben ihn nicht gesehen. Er aber, er konnte ihnen bis in den Hals hineinsehen.«

»Wer hat ihn getötet, Hauptmann?«

»Ich.«

»Sie?«

»Ich . . . Mit einem Feuerstoß, gleich darauf. Und wäre ich ihm vielleicht in einer New Yorker Bar begegnet, hätte ich ihn sympathisch gefunden, mit ihm über Kommunismus und Kapitalismus diskutiert und zu mir nach Hause eingeladen. Gott, ist dieser Krieg ekelhaft! «

»Warum machen Sie ihn dann mit, Hauptmann? Warum haben Sie ihn sich als Beruf gewählt?«

»Weil . . . wenn du Soldat wirst, denkst du doch nicht daran, daß dein Beruf das Töten wird. Ich habe immer gern mit den Leuten gearbeitet, ich kam mir wie ein Lehrer vor. Früher bin ich auch Lehrer gewesen. Ans Töten denkst du nicht. Und wenn dann der Augenblick des Tötens kommt, bist du wie vor den Kopf geschlagen. Und dann ist es zu spät.«

»Als Sie ihn töteten, was haben Sie da empfunden, Hauptmann?«

»Angst.«

»Sie und Angst?«

Er macht einen so kriegerischen, so sicheren Eindruck, der Hauptmann.

»Angst«, wiederholt er. Und lächelt bitter.

»Von neun bis sechs habe ich an dem Tag Angst gehabt. Und vorher auch schon. Vorher habe ich immer Angst, weil ich denke, daß ich nicht sterben will. Ich rücke vor und rufe meinen Leuten zu, sie sollen keine Angst haben, und dabei habe ich selber so große Angst. Wissen Sie, was ich Ihnen sage? Daß dich in diesen Augenblicken weder das Pflichtgefühl leitet noch der Mut, die Angst leitet dich!«

Und solcherart verschwindet die Wiese, weißt du, die Margeriten verschwinden, seine Freude verschwindet, der Urlaub verschwindet, und es bleibt in diesem geborstenen, verbrannten Wald nur noch der Leichengestank dieses gelben Jungen, der drei weiße Jungen umbrachte, und dem man deshalb das Herz durchschoß. Die Lippen des gelben Jungen sind ein wenig geöffnet, es sieht aus, als lächle er. Aber, mein Gott, worüber nur? Das letzte, was er sah, war der Hauptmann, der mit seiner Angst und mit seinem Schnellfeuergewehr gegen ihn anging. Und vorher war diese Agonie von Raketen, Mörsern und Napalm gewesen, und vorher noch das Warten in der Kälte, die Seile, um die gefallenen Kameraden daran zu knüpfen, das monatelange Ausheben der Gräben in Heimlichkeit und Dunkel. Und was noch? Seit dem Tag seiner Geburt, vielleicht vor achtzehn, neunzehn Jahren, hatte er immer nur Krieg gesehen. Krieg gegen die Franzosen, Krieg gegen die Amerikaner, Krieg gegen jemanden, der hier nichts verloren hatte, in seinem Land gab es ja immer jemanden, der hier nichts verloren hatte, denn zum Teufel Kommunismus oder Nichtkommunismus, dieser Hügel war doch seiner und ebenso die andern Hügel und die Ebenen und die Flüsse, und die drei weißen Jungen waren doch gekommen, sie ihm zu stehlen. Daran hast du wohl nicht gedacht, Hauptmann Scher? Denkst du nicht daran? Nein, er denkt nicht daran. Trotz all seiner Humanität ist er davon überzeugt, im Recht zu sein, wenn er auf diesem Hügel steht, der ihm ebensowenig gehört wie die andern Hügel und die Ebenen und die Flüsse, ist überzeugt, im Namen von Recht und Freiheit getötet zu haben, und er würde mich unschuldigerstaunt ansehen, sagte ich ihm: Was für ein Recht, was für eine Freiheit?

PS Ich mache diese Aufzeichnungen im Hubschrauber, der uns ins Lager zurückbringt. Wir sind unter Beschuß abgeflogen, vielleicht der befürchtete Gegenangriff. Rasch wie die Hasen sind wir zum Hubschrauber gerannt, ich zog mir den Helm so fest über den Kopf, daß er mich fast erdrückt hätte. »Der Kopf, der Kopf, du schützt deinen Kopf, als wäre er das einzige, was es zu schützen gäbe.« Aber Joe Tinnery aus Philadelphia, den man aus der Mittelschule herausgeholt hatte, stand da mit unbedecktem Kopf und rief: »He! Beinahe hätte ich's vergessen, du bist doch Journalistin, tust du mir einen Gefallen? Schickst du mir ein Foto mit Autogramm von Julie Christie? Aber nicht vergessen! Joe Tinnery! Drittes Bataillon! Zwölftes Infanterieregiment! Ja, Julie Christie!« Für ihn war das ein Spaß. Doch der Hauptmann war traurig. Es schien, als wollten ihm die Augen überlaufen.

Abends. Wir sind wieder im Lager. Wir kamen gerade zurecht, um noch die Verwundeten vom Hügel 875 zu sehen. Heute früh hat eine Kolonne des 173. Airborn eine Verbindung zum Vorgelände des Massakers hergestellt, und jetzt ist es möglich, die Verwundeten mit Hubschraubern auszufliegen. Sie landeten wie ein Schwarm Hummeln, blendeten uns mit Böen roten Staubes. Vor ihrer Landung rannten schon die Sanitäter mit den Tragbahren los. Aber nur Sterbende kamen auf die Bahren. Die andern sprangen selbst auf die Erde und liefen abgerissen, blutend, hinkend, lachend, weinend auf uns zu. Einer, der hysterisch lachte, stürzte sich auf mich und schrie: »Nehmt den Hügel, so war der Befehl. Nehmt den verdammten Hügel! Aber das konnten wir nicht, verstehst du, das konnten wir nicht!« Dann hörte er unvermittelt zu lachen auf. Er trat von mir weg, sah mich ernst an und fragte: »Wer bist du eigentlich? Was willst du?« Ein anderer, halbnackt, wurde von einer heftigen Krise geschüttelt. Er stampfte mit den Füßen auf, schlug sich an die Stirn und schluchzte: »Ich hasse sie! Ich hasse sie! Verfluchte Dreckschweine!« Man versuchte, ihn zu beruhigen und ins Krankenrevier zu schaffen, aber es gelang nicht. Ein anderer, ein Neger, hatte sich mit einem Napf Suppe hingehockt und weinte friedlich vor sich hin, die Tränen liefen ihm in die Suppe. »Diese Handgranate. Ein Haufen Toter wegen dieser Handgranate. Und du hast nicht mehr gewußt, wohin du rennen sollst, wo du dich verkriechen sollst. Hast unter Leichen geschlafen. Ich habe unter Joe geschlafen. Er war tot, aber er hat gewärmt. Gib mir eine Zigarette. Hast du schon mal unter einem Toten geschlafen, der gewärmt hat?«

Dann kam der dämliche Oberleutnant und verscheuchte schreiend die Journalisten und nannte sie schamlos, her mit den Filmen, ihr Schamlosen! Wir mußten weglaufen, damit er uns nicht die Filme abnahm. Hier herrscht eine sonderbare Auffassung von Schamlosigkeit. Während der Pressekonferenz erklärte der General in gebügelter Uniform und mit frisch rasiertem Gesicht: »Ich hasse es, als Optimist zu gelten, aber ich glaube doch, Ihnen diesmal mit Sicherheit voraussagen zu können, daß der Hügel 875 noch in dieser Nacht in unserm Besitz sein wird!«

22. November, morgens. Der Hügel 875 ist keineswegs im Besitz des Generals, der sich nach wie vor unter der Dusche im Klosett erfrischt und mich daran hindert, dort mein Wässerchen zu lassen. Überdies ist es für uns Journalisten jetzt vollkommen unmöglich, zum Hügel 875 zu kommen: die Hubschrauber transportieren nur die Soldaten dorthin zum Sterben. Im Morgengrauen habe ich's versucht, aber es war vergebens. Sie verluden gerade eine frisch aus den Staaten eingetroffene Kompanie. Sogar die Militärfotografen wurden abgewiesen. Bei dieser Kompanie war ein Rotschopf. Er fragte mich mit gepreßter Stimme: »Madam, ist es wirklich da droben so scheußlich?«

»Aber nein, Soldat, aber nein. Du wirst schon sehen, heute ist es ruhig«, antwortete ich ihm.

Und er glaubte es.

Wir sind hier im Lager blockiert. Hie und da ein Mörsereinschlag, aber keiner achtet darauf. Wenn es nicht zum massierten Beschuß kommt, wird gar nicht erst Alarm gegeben. Wen's trifft, den trifft's. Wenn du nicht so denkst, kannst du dauernd geduckt in einem Loch sitzen. Es ist ein schöner Tag, und ich und Moroldo haben zwei Freundschaften geschlossen, mit dem Unteroffizier Norman Jeans und dem Gefreiten Bobby Janes. Beide sind dreiundzwanzig Jahre alt, der erste schwarz wie die Nacht, der zweite blond wie die Sonne, und wo der eine hingeht, geht auch der andere hin, sie sind unzertrennlich. Das kommt daher, daß Norman im Kampf Bobby das Leben gerettet hat und umgekehrt. Seit vorigem Mai haben sie zusammen an sieben Kämpfen teilgenommen. Ich und Moroldo lernten sie am Fluß kennen, wo sie gerade Wasser holten. Während Bobby die Kanister mit Wasser auf den Lkw lud, sprach ich mit Norman, der seit elf Monaten in Vietnam ist, aber er sagt elf Monate, als wären es elf Jahre.

»Weißt du, ich hatte eben erst geheiratet, als ich einrücken mußte. Sie hat nicht sehen wollen, wie ich fortging, und hat geweint und geweint. Da bin ich fort, als sie noch schlief. Ich bin ganz vorsichtig aufgestanden und habe mich in Strümpfen aus der Wohnung geschlichen. Sie war so schön im Schlaf. Ich konnte ihr nicht mal einen Kuß geben. Und wenn ich sie nie wiedersehe?«

»Du wirst sie wiedersehen, Norman. In einem Monat.«

»In einem Monat kann man hundertmillionenmal sterben. Heute früh hat der Hauptmann Freiwillige für den Hügel gesucht. Ich habe nein gesagt, aber wenn sie wollen, können sie mich trotzdem schicken. Bobby meint: Du bist immer traurig, lächle doch mal! Früher bin ich nie traurig gewesen, sondern immer fröhlich und ausgelassen. Weil ich jung war. Jetzt bin ich alt. Weißt du, daß ich ein weißes Haar gefunden habe? Schau nach, hier auf der linken Seite, es ist wirklich weiß.«

»Ich sehe keines.«

»Du siehst es nicht, aber es ist da. Vielleicht habe ich's bekommen, als ich den Brief meines Bruders Charlie las. Da steht drin, daß sie ihn einberufen haben und nach Vietnam schicken. Ich habe ihm geantwortet, versuch zum Nachschub zu kommen, Charlie, und nicht zur Infanterie. Charlie ist ein so guter Junge, er hat noch keinen umgebracht, aber ich ja, und wenn einer von unserer Familie sterben muß, dann ist es nur gerecht, wenn's mich trifft, findest du nicht auch? Das habe ich auch Kaplan Waters gesagt, manchmal tut's mir richtig gut, mit Kaplan Waters zu sprechen, ich habe ihm gesagt: Wenn schon, dann soll's mich treffen. Aber er hat gesagt: Ach, mein Sohn, dann schon lieber mich!«

»Auch dich wird's nicht treffen, Norman.«

»Das sagt man so. Aber meine Angst, daß ich dran glauben muß, wird immer größer. Zum Beispiel das zweite Mal, als ich im Gefecht war. Da hatte ich noch mehr Angst als das erste Mal. Und beim dritten Mal hatte ich noch mehr Angst als beim zweiten Mal und beim vierten noch mehr als beim dritten. Und immer, weißt du, immer bin ich verwundet worden. Und das nächste Mal legen sie mich um!«

»So etwas darfst du nicht sagen, Norman!«

»Warum nicht, wenn ich's doch denke? Und außerdem, weißt du, mag ich nicht töten. Ich kann nicht einsehen, warum man sich gegenseitig töten soll. Von mir aus sollen alle leben und glücklich sein; und dabei habe ich schon so viele umgebracht. Im Moment denkst du nicht daran. Du hast eine Wut, weil deine Freunde tot sind, und hast einen Haß auf die Welt, und der Feind ist für dich die Welt. Aber nachher bereust du's und sagst: Guter Gott, verzeih! Guter Gott! Aber wann ist denn dieser Krieg zu Ende?«

»Das weiß ich nicht, Norman. Einmal muß er ja zu Ende gehen.«

»Ja, aber dann machen sie wieder einen neuen. Das ist doch immer so gewesen. Weil diejenigen, die den Krieg wollen, in Sicherheit sind und die andern sterben schikken, also uns. Weißt du, ich will nicht reich sein, ich will auch kein Held sein, ich will nur leben, das ist alles. Das Leben ist nämlich schön, weißt du. Früher wußte ich das nicht, aber jetzt weiß ich's, und seitdem ich's weiß, bin ich ein besserer Mensch. Aber kannst du wirklich mein weißes Haar nicht sehen? Du siehst es nicht, aber es ist da.«

Dann lud Norman an Stelle von Bobby die Kanister mit Wasser auf den Lkw, und Bobby kam zu mir und setzte sich an Normans Platz und erklärte, warum er ihn gern hatte.

»Zum Beispiel, weil heute früh ein Transistor-Radio für ihn gekommen ist, weil er weiß, daß mir so was gefällt, hat er's mir geschenkt. Nein, aber das ist es nicht mal. Es ist die Art und Weise, wie er mich aufgenommen hat, als ich hierher kam. Nicht wie ein Unteroffizier, weißt du, die Hautfarbe hat hier sowieso nichts zu sagen, sondern wie ein Bruder. Wir sind auf Patrouille gegangen, am Pfad waren Minen, und er wollte unbedingt vorangehen. Er befahl mir, Abstand zu halten. Und dann der erste Kampf, den wir zusammen mitgemacht haben. Norman wurde verwundet. Ich bin hingelaufen, um ihm zu helfen, und da bin ich auch verwundet worden. Und in Ohnmacht gefallen. Als ich wieder aufwachte, sah ich Norman über mir. Er hatte sich zu mir geschleppt, ein Bein voller Splitter und einen Arm voller Splitter, und zog mich weg. Kannst du das glauben? Du mußt es glauben, weil das nämlich Freundschaft ist. Und Freundschaft ist schön, noch schöner als Liebe. Und das ist das einzig Positive am Krieg, daß du manchmal einen Freund findest. Alles andere ist Mist. Ich bin als Freiwilliger hier, weißt du. Aber jetzt habe ich einen solchen Haß auf diesen Krieg, daß ich's gar nicht sagen kann. Vielleicht kann ich's so sagen: Ich möchte gar nicht erst gekommen sein, ich schäme mich, daß ich gekommen bin.«

»Wie lang bleibt dir noch, Bobby?«

»Drei Monate. Weißt du, wie oft ich da noch sterben kann? Bis heute bin ich ja im Lager geblieben wegen der Verwundungen, aber jetzt bin ich wieder geheilt, und ich warte jeden Tag darauf, daß sie mich in den Kampf schicken. Aber ich will nicht, verdammt noch mal! Ich bin noch so jung und habe noch so lang zu leben, und schließlich kommt man nicht auf die Welt, damit man mit zwanzig Jahren im Krieg stirbt. Man kommt auf die Welt, damit man im Bett stirbt, wenn man alt ist.«

Es war wirklich ein schöner Tag, mit diesen grünen Bäumen und diesem klaren Fluß, und eine Gruppe vietnamesischer Kinder, ihre spitzen Hüte auf dem Kopf, kam singend auf uns zu. Sie waren von einem Bauernhof in der Nähe, und eigentlich stellte das nichts Außergewöhnliches dar, doch mir schien es als etwas Außergewöhnliches, und das sagte ich Bobby. Bobby gab mir keine Erwiderung, seine Augen standen voller Tränen und sahen keine grünen Bäume, keine klaren Flüsse und keine Kinder, die unter spitzen Hüten sangen, sie sahen überhaupt nichts. In diesem Zustand verließ ich ihn und begab mich zum Lkw, und da fiel mein Blick auf den Außenspiegel. Seit drei Tagen hatte ich mich nicht mehr im Spiegel gesehen. Fast schüchtern ging ich auf ihn zu und suchte mich darin und starrte dann entsetzt auf ein fremdes Gesicht. Kann man sich denn in nur drei Tagen so verändern? Bobby hat recht. Hier gibt es keine grünen Bäume, keine klaren Flüsse, keine singenden Kinder.

Abends. Bei Sonnenuntergang hörte man ein Schreien: »Die Toten! Die Toten!« Wir liefen aufs Rollfeld, die Hubschrauber hatten sie schon ausgeladen. Einhundertzehn waren es, und sie kamen vom Hügel 875. Sie befanden sich in silbrigen Plastiksäcken mit Reißverschluß in der Mitte, lagen ausgerichtet in weiten Reihen, als sollten sie noch vor dem General paradieren. Einige hatten menschliche Konturen bewahrt, andere waren unförmige Pakete, alle waren sie in Verwesung, und der dämliche Oberleutnant kreischte: »Weg von hier, weg!«

Ich ging und hielt den Atem an, hinter einer Reihe von Lkws traf ich Bobby und Norman. Aufrecht, regungslos, die Arme verschränkt, die Augen starr auf die Rollbahn gerichtet. Schließlich sagte Bobby: »Charlie Waters ist auch dabei. Aber sie haben nur den Kopf gefunden.« Waters, der Kaplan, der zu Norman gesagt hatte: »Wenn's einen treffen soll, mein Sohn, dann lieber mich.« Und Norman stammelte mit belegter Stimme: »Nein!«

Ich gehe jetzt schlafen, man hat mir eine Pritsche zugeteilt. Das ist schon bedeutend besser, denn am Boden spürst du die Kanonenschüsse wie Schläge im Leib. Und dann ist es irgendwie tröstlich, bei den andern zu sein.

Auf der Pritsche nebenan liegt Mazure. Er wiederholt dauernd, daß es morgen einen neuen Angriff auf den Hügel 875 gibt und daß ihn die Amerikaner diesmal erobern.

23. November, abends. Der Hügel 875 ist von den Amerikanern erobert worden. Ich mache diese Notizen im Flugzeug, das uns von Pleiku nach Saigon zurückbringt. Ich mache sie ungern, weil ich mich nicht erinnern will, ich glaube, keiner will sich erinnern. Zudem ist in meinem Kopf ein großes Durcheinander, es ist alles so schnell gegangen. Plötzlich erschien der dämliche Oberleutnant, klatschte in die Hände und verkündete: »Hubschrauber zur Verfügung! Feuerzone! Feuerzone!« Als verteilte er Freikarten für eine Theateraufführung. Längs des Rollfelds bildete sich die bekannte Schlange, und als die Hubschrauber starteten, stiegen vom Hügel schwarze Rauchwolken auf, der letzte Napalmteppich, um den Widerstand der Nordvietnamesen auf ein Mindestmaß zu reduzieren. Keiner wechselte ein Wort mit dem andern, Mazure hatte einen verschlossenen, angespannten, fast bösen Gesichtsausdruck. Die Hubschrauber landeten dicht am Vorgelände des Massakers, wo die Infanteristen zusammengezogen waren und die Fallschirmjäger des 173. Airborn, bereit zum Sturmangriff. Auch hier redete keiner, sie hatten alle den leeren Blick von Menschen, denen keine Wahl bleibt. Vor zwei Stunden hatte Kaplan Roy Peters, der an die Stelle von Kaplan Waters getreten war, die Messe gelesen. Viele waren zur Kommunion gegangen. Das Vorgelände lag noch voller blutiger Bandagen, leerer Arzneischachteln, geschwärzter Patronenhülsen und durchlöcherter Helme. Jack Russell von der NBC war der einzige, der es fertigbrachte, herumzugehen und Fragen zu stellen; und allen stellte er dieselbe Frage: »Glaubst du, daß es sich lohnt?« Die meisten antworteten: »Ja, wir haben zu viele Jungs verloren, wir müssen diesen verdammten Hügel einnehmen.« Andere sagten »Nein!« und wollten dem nichts hinzufügen. Ein Neger antwortete, ohne sein Gesicht zu heben: »Laßt mich doch in Ruhe, mir ist alles egal, mir ist es auch egal, wenn ich sterbe.« Dann vernahm man eine Stentorstimme: »Und jetzt will ich, daß ihr da raufkommt und diesen Hundesöhnen eine Lektion verpaßt!« Allen gab es einen Ruck, und sie begannen den Aufstieg. Fünf Minuten lang rückten sie vor, ohne daß etwas geschah, es war wie eine Bergbesteigung. Dann hörte man ein Pfeifen und noch ein Pfeifen, und die Hölle brach aus. Raketen, Mörser, Granaten, eine Feuerlawine, die niedergeht und sich dabei aufbläht, vergrößert und auseinanderbricht in tausend andere Feuerlawinen inmitten des Geschreis. Sie schrien alle. Die einen: »Vorwärts! Vorwärts!« Die andern: »Tragbahren! Tragbahren!« Wieder andere die abscheulichsten Flüche. Ein Raketenvolltreffer erreichte den Neger, der gesagt hatte: »Laßt mich doch in Ruhe, mir ist alles egal, mir ist es auch egal, wenn ich sterbe.« Von ihm blieb nur ein Schuh übrig. Eine andere Rakete traf einen rotschopfigen Soldaten, von ihm blieb nicht einmal ein Schuh übrig, es blieben nur diese rostbraunen Flecken, die nun Mazures Hemd verunzieren. Es war der Soldat, der gefragt hatte: »Madam, ist es wirklich da droben so scheußlich?« Und dem ich geantwortet hatte: »Aber nein, Soldat, aber nein. Du wirst schon sehen, heute ist es ruhig.« Der Angriff dauerte sechzig Minuten, und anscheinend erreichte Eurate Kazikas als erste den Gipfel des Hügels, ein Mädchen, eine Fotografin. Tatsache ist, daß niemand auf dem Gipfel war, die Nordvietnamesen hatten sich in der Nacht abgesetzt und auch den letzten Toten mitgeschleift. Als die Amerikaner hinaufkamen, fanden sie dort nur Eurate, Steine, verkohlte Baumstümpfe und Körperteile. »Sir«, meldete der Funker dem Kommandanten, »im Lager fordern sie die Zahl der nordvietnamesischen Gefallenen.« – »Sag ihnen, daß ich nur die Zahl der unsern durchgeben kann«, erwiderte der Kommandant. »Einhundertfünfzig.«

Oder zweihundertfünfzig? Ich erinnere mich nicht mehr, ich müßte Mazure fragen, der hier neben mir schläft mit seinem blutverschmierten Hemd, und den hie und da ein Schauder schüttelt. Ich möchte auch schlafen, aber nicht hier. Ich möchte in einem Bett schlafen. Ich möchte ein Bad nehmen. Ich möchte diese Uniform ausziehen.

Zweites Kapitel

Weißt du, ich habe oft ein brennendes Verlangen, wieder nach Saigon zurückzukehren. Aber nicht in das Saigon, das ich während und nach der Tet-Offensive kennenlernte, im Februar und im März 1968, sondern in das meiner ersten Reise, verstehst du. Und von den grünen Palmen träume ich, den Straßen voller spitzer Hüte, den Militär-Lkws, den Rikschas, der drückenden Hitze, die dich einlullt in geheimnisvolle Mattigkeit und wiedererlangte Weisheit. Saigon steckt wie ein Messer in meinem Leben. Vielleicht weil im Angesicht des Todes jede Stunde, jedes Ding, jedes Gefühl kostbar wird, das Essen besser, die Freundschaft stärker, die Liebe tiefer, die Fröhlichkeit fröhlicher ist. Aber in meinen Heimwehträumen, die mich dorthin zurückversetzen, steht zuallererst die Erinnerung an jene Nacht, als ich von Dak To gekommen war. Ich habe mir oft das Warum zu erklären versucht. In der Nacht geschah nichts Außergewöhnliches. Ich ging ins Hotel, zog die Uniform aus, badete, ging ins Bett und schlief sofort ein. Doch, da war etwas, abgesehen von der Erleichterung, mich an fast sicherem Ort zu befinden, in einer bequemen Wanne baden zu können, in sauberer Bettwäsche schlafen zu können, da war, daß ich die Uniform auszog und wegwarf. Ich sehe sie noch am Boden liegen, feucht, übelriechend, verdreckt. Und ich fühle jetzt noch, wie froh ich war, als ich sie ausgezogen und weggeworfen hatte. Weißt du, es war geradeso, als würde man sich mit diesem Hemd und diesen Hosen auch den Abscheu, den Schrecken, den Schmerz vom Leibe reißen. In der Folgezeit zog ich sie dann noch andere Male an. Und andere Male, mit Haß, wieder aus. Aber ein derartiges Gefühl wiederholte sich nie wieder, auch nicht eine derartige Gewißheit, daß Uniformen zum Wegwerfen sind und alles Übel auf der Welt überwiegend von ihnen herrührt.

Und schließlich die Tage nach jener Nacht. Auch sie tragen zu meinem Heimweh bei. Die Sabotageakte, die Monate vorher die Stadt erschüttert hatten, waren vorbei, die Kämpfe, die sie Monate nachher in ein Schlachtfeld verwandeln würden, waren noch nicht ausgebrochen. In der Zeit konntest du durch die Straßen gehen, ohne Angst zu haben, von einer Gewehrsalve getroffen oder von einer Clymore in die Luft gejagt zu werden. Wenn du nicht gerade arm warst, führtest du ein fast normales Leben. Sonntag morgens Wasserski auf dem Fluß oder auf den Kanälen, Sonntag nachmittags die Reitbahn, um Traber oder Galopper zu sehen. Bei Tag konntest du am Schwimmbad des Club Nautique und abends in den Restaurants essen, denn Ausgangssperre war erst ganz spät. Die Restaurants boten ein hervorragendes und reichliches Menü, etliche hatten sogar ein kleines Orchester. Auch Tanzlokale gab es, die Nightclubs. Von meinem Hotelfenster in Tu Do, der ehemaligen rue Catinat, konntest du schon in der Dämmerung ihre Lichtreklamen flimmern sehen, und bei Einfallen der Dunkelheit drängte sich auf den Bürgersteigen eine fast unbekümmerte Menschenmenge, Verliebte, die spazierengingen, Prostituierte im Minirock, Ausländer, Zuhälter. Freilich gingen um Mitternacht auch in Tu Do die Lichter aus. Die Bürgersteige leerten sich, und die eingetretene Stille wurde nur unterbrochen von den Jeeps der Militärpolizei oder vom Grollen eines Bombenangriffs in weiter Ferne. Und am Morgen fing alles wieder ohne Probleme an, ungläubig gingst du an den Juweliergeschäften vorbei, die von Gold und Elfenbein und Silber strotzten, an den Schneiderläden, wo du binnen vierundzwanzig Stunden eine Maßkleidung bekamst, an den Friseurläden, die jeden Kosmetikartikel hatten. Und nie und nirgends etwas Unheildrohendes. Hie und da kam ein Leichenzug vorüber; wenn du in jenen Tagen in Saigon starbst, richteten sie noch einen Leichenzug für dich aus. Ein vietnamesischer Leichenzug aber ist das farbigste Schauspiel der Welt. Der Verstorbene liegt auf einem Wagen, der mit Luftschlangen geschmückt ist und bunten Drachen, die Angehörigen geben ihm ohne Tränen das Geleit und in weißer Kleidung, Musiker eskortieren ihn trommelschlagend, um die bösen Geister zu vertreiben. Du sahst hin wie auf einen Karnevalszug, und deine Augen nahmen keine Tragödie wahr. Die Tragödie lag tiefer, verborgen in den Herzen des gedemütigten Volkes, wohlverschlossen in den Gefängnissen, wo die Vietkong umgebracht oder gefoltert wurden, und du mußtest schon hineingehen in diese Gefängnisse und diese Menschen kennenlernen wie Nguyen Van Sam, den Terroristen, um die Tragödie mit Händen zu greifen.

Und schließlich der Beginn meiner schönen Freundschaft mit François. Auch sie gehört zum Saigon meines Heimwehs. Nach Dak To war es mir nämlich gelungen, den Panzer seiner Schroffheit zu durchdringen, und mich bestach die Freizügigkeit seines Denkens. So hatte sich ein Einvernehmen hergestellt, das zunehmend wichtiger und nützlicher wurde. Meine Niederfahrt in die Hölle hatte er schon hinter sich, nicht allein in Vietnam, auch in Korea, wo er während des ganzen Konfliktes gewesen war; mit den Menschen im Krieg hatte er sich schon vor mir beschäftigt, die Fragen, die ich mir stellte, hatte er sich mit der gleichen Heftigkeit gestellt, und nicht genug damit, in Saigon war ihm keine Tür verschlossen, und nie wurde ihm etwas abgeschlagen, und er machte Gebrauch davon für jeden, der dessen bedurfte. So besuchte ich ihn oft in seinem Büro in der rue Pasteur, um Rat oder Hilfe von ihm zu bekommen oder auch einen Zuspruch in meiner Verwirrung. Und obwohl er in dieser Zeit sozusagen am Rande meiner Nachforschungen blieb, gab er ihnen doch ohne Zweifel die Richtung und wurde nach und nach zum Wegweiser, zum guten Gewissen.

25. November. Und doch gibt es eines, was ebenso grauenhaft ist wie das Massaker auf einem Hügel und wie der Tod, das ist die moralische Auflösung, die jeden Glauben und jede Hoffnung tilgt. Das innere Schweigen, das du wahrnimmst, wenn du dich mit gewissen Vietnamesen in Saigon unterhältst. Das lange Warten auf das, was sie nie kennenlernten, nämlich auf den Frieden, hat sie zu einer Willenlosigkeit verkrüppelt, in die kein Traum, keine Großmut mehr auszusäen ist, und wunderst du dich darüber, reagieren sie ebenso wie die Soldaten in Dak To: »Wenn jetzt eine Rakete kommt, dann hoffe ich, daß sie dich trifft und nicht mich.«

»Laßt mich doch in Ruhe, mir ist alles egal, mir ist es auch egal, wenn ich sterbe.«

Heute lernte ich den Doktor Khan kennen, einen sechsundzwanzigjährigen vietnamesischen Bereitschaftsarzt. Wegen einer Bronchitis lernte ich ihn kennen, die ich mir im Lager geholt hatte. Als er mich untersuchte, sagte er: »Seit sechs Tagen sind Sie mein erster Patient, der keine Schußverletzungen hat oder sich nach einem Selbstmordversuch in komatösem Zustand befindet. Nichts als Selbstmorde hier in Saigon, Gifte, Barbiturate, Erhängen. Innerhalb von vierundzwanzig Stunden bekam ich achtzehn Selbstmörder. Nur zwei habe ich durchgebracht.« Nachher lud er mich und Moroldo zum Abendessen ein. Er wählte ein Restaurant auf der anderen Seite der Brükke, die während des McNamara-Besuchs von den Vietkong gesprengt worden war. Jetzt hat man sie aus stählernen Pontons neu errichtet. Das Essen war hervorragend, Vogelnester, frisch geschlüpfte Krebse, Erbsenkeime. Doch das Restaurant, eine Art Pfahlbau auf dem Fluß, am Rande eines Waldes voller Vietkong, war nicht gerade ruhig. Flugzeuge überflogen es in einem fort und ließen Leuchtkugeln fallen, Militärstreifen auf Erkundung schossen ohne Unterlaß, während des Essens warst du darauf gefaßt, daß dir eine Kugel in den Teller fiel.

»Doktor Khan«, rief Moroldo schließlich aus, »konnten wir uns denn nicht einen weniger gefährlichen Platz aussuchen?«

Khan zuckte nur die Achseln.

»Ich bin's gewöhnt. Seit ich auf der Welt bin, kenne ich nichts anderes. Ich bin geboren aus dem Tod. Und was dieser Frieden sein soll, von dem Sie so viel reden, weiß ich wahrhaftig nicht.«

»Aber Sie können ihn sich doch vorstellen, Doktor Khan?«

»Nein. Sehen Sie, als der Krieg in Israel ausbrach, hat es mich sonderbar berührt, Ihre Zeitungen zu lesen. Ich begriff nicht, warum sie sich so darüber aufregten. Für mich war Israel ein Land, das zur Normalität, also zum Krieg zurückkehrte.«

»Und die Freiheit? Können Sie sich die wenigstens vorstellen, Doktor Khan?«

»Nein. Ich habe bei Pascal und Sartre darüber gelesen. Aber ich weiß nicht, was das ist. Was ist es denn?«

Nachher fragte ich ihn, wo er stünde, auf der Seite der Vietkong oder der Amerikaner. Die Antwort kam trokken:

»Weder auf der einen noch auf der anderen. Haben Sie Camus gelesen? Ich fühle mich wie ›Der Fremde‹. Mich läßt alles gleichgültig und kalt. Den Krieg betrachte ich ohne Verdammung, als ein Dauergewitter, gegen das man nicht an kann. Oder, wenn Ihnen das lieber ist, wie ein Eskimo den Schnee betrachtet, als eine Naturgegebenheit, mit der man lebt.«

»Doktor Khan, aber dem ›Fremden‹ wird der Kopf abgeschlagen!«

»Auch diese Möglichkeit läßt mich vollkommen kalt. Der Wert des Todes, wissen Sie, ist nur relativ. Trifft er wenige, zählt er. Trifft er viele, zählt er nicht mehr. Stirbt ein Kind in Rom oder Paris unter dem Auto, weint alle Welt über das große Unglück. Sterben hier hundert Kinder auf einmal durch eine Bombe oder eine Mine, vernimmt man nur spärliches Mitleid. Eines mehr, eines weniger, was tut's? Du siehst auf sie wie auf die Leichen der Juden in Deutschland. Bekomme ich einen ins Krankenhaus, der ganz schwer krank ist, gebe ich mir erst gar keine Mühe, ihn zu retten. Ich verpasse ihm Morphium und lasse ihn krepieren.«

»Aber Sie dürfen sich doch nicht so der Resignation überlassen!«

»Das ist nicht einmal Resignation, es ist Schweigen. Wenn der Augenblick kommt, werde ich Schweigen bewahren. Allenfalls werde ich denken, bis heute habe ich eben Glück gehabt. So verhalten sich viele in Vietnam. Schmerz ist für uns eine Selbstverständlichkeit, über den Schmerz regen wir uns nicht auf. Wir versuchen nur, darüber hinwegzukommen, das ist alles. Wir tanzen und feiern Feste, und wer stirbt, hat eben Pech. Verstehen Sie?«

»Nein, das verstehe ich nicht.«

»Sie können das nicht verstehen. Sie sind mit Ihrer westlichen Logik hierhergekommen, mit Ihrer humanitären Schulweisheit: Alle Menschen sind gleich, das Leben ist schön, man darf sich nicht umbringen lassen und anderes mehr. Albernes Gewäsch. Hier verfängt das nicht, meine Liebe. Denken ist hier nicht gleichbedeutend mit Logik. Leben und Tod sind hier eins. Liegt es vielleicht an mir, ob gestorben oder gelebt wird? An meiner ärztlichen Kunst, wenn ein Deutscher namens Karl Marx ein Buch geschrieben hat und wenn wegen dieses Buches jetzt ein ideologischer Krieg von Analphabeten geführt wird?«

»Sie meinen, man muß Karl Marx die Schuld geben?«

»Nicht mehr und nicht weniger als eurem Geschwätz von Demokratie und Freiheit. Verlangen Sie nicht von mir, daß ich Stellung beziehe, ich kann es nicht und will es nicht. Mein Land betrachte ich wie einen Kranken, den irgend jemand angesteckt hat, aber da es nicht meine Sache ist, es wieder gesund zu bekommen, und da es vielleicht auch nie wieder gesunden wird, ist mir auch egal, wer es angesteckt hat.«

Während er so sprach, aß er gierig und unbeherrscht. Auch wir aßen, die Schüsse störten uns jetzt nicht mehr und auch nicht die Leuchtkugeln. Schließlich meinte Moroldo: »Eigentlich ist das hier schon beinahe wie beim Piedigrotta-Fest in Neapel.« Und wir empfanden nicht mehr als einen Schauder, einen winzigen Schauder, als eine Gewehrkugel nur wenige Meter entfernt in den Fluß schlug. Klatsch! Wie ein Steinchen. Ich beugte mich über die Brüstung und sah hin. Auf dem Wasserspiegel bildeten sich hübsche konzentrische Kreise, die ein Hund ankläffte. Und wenn Doktor Khan doch recht hätte? Einst, im Weltkrieg 1914–1918, sagte ein zum Tode Verurteilter zu einem andern zum Tode Verurteilten: »Was flennst du eigentlich? Das Leben und die Zeitung kosten ja nur einen Soldo!«

26. November. Bei der France Presse gibt es einen Vietnamesen, Than Van Lang. Er führt die Buchhaltung und das Archiv, sein Arbeitstisch steht im Zimmer von François Pelou. Von morgens bis abends sitzt er da so still und unbeweglich, daß du ihn gar nicht wahrnimmst. Fällt dein Blick dorthin, und du siehst ihn, bist du fast verblüfft und würdest sagen, er habe sich in diesem Augenblick aus Nichts verstofflicht. Er steht nie auf, sagt nie ein Wort, er schreibt, sonst nichts. Mit seinen langen schmalen Fingern und mit einer altertümlichen Feder, die er in die Tinte taucht. Aber die Bewegung, mit der er diese Feder zum Tintenfaß führt, erfolgt so langsam, daß es scheint, als erfolge sie überhaupt nicht. Gar nichts bringt ihn aus der Fassung, gar nichts irritiert ihn. An dem Nachmittag, als die Hinrichtung der drei Vietkong erwartet wurde, gab er als einziger kein Entsetzen zu erkennen. Um seinen Arbeitstisch ist eine unsichtbare Wand, die ihn vor uns abschirmt, und innerhalb dieser Wand bewegt er auch seine Augen nur, um François anzusehen. Insgeheim allerdings und mit undurchdringlicher Miene. Sein Gesicht ist hager, gelb, ohne Alter.

Mit der Welt ist er da drinnen einzig und allein durch François verbunden. Und in der Tat herrscht zwischen den beiden ein Einverständnis ganz besonderer Art, das die so seltenen Male, wenn er den Mund aufmacht, schon am Ton der Stimmen erkennbar ist. Die von François, sonst immer barsch, wird zu einem herzlichen Flüstern. Und die seine, sonst inexistent, nimmt Form an und verdichtet sich zum Piepsen eines beglückten Vögleins. »Monsieur Pelou ... « – »Monsieur Lang ...« Bis heute früh war mir das Warum unbegreiflich gewesen, und ich muß auch zugeben, daß ich mir die Frage danach gestellt hatte. Monsieur Lang hat meine ganze Neugierde, seitdem ich weiß, daß er keineswegs eine Mumie ist. Um damit anzufangen, er hat drei Frauen, soviel ihm die buddhistische Religion erlaubt, und er liebt sie gleichermaßen, obwohl er nur mit der letzten zusammenlebt. Aber die Feiertage beispielsweise verbringt er mit allen dreien in der Wohnung der ersten Frau, und lädt er einen Freund zum Abendessen ein, findet dieses in der Wohnung der zweiten Frau statt, in Gegenwart der ersten und dritten Frau, und sie alle leben in bestem Einvernehmen. Kurzum, er liebt Gesellschaft, und es ist weder Willenlosigkeit noch Verächtlichkeit, wenn er sich in dieses regungslose Schweigen hüllt. Außerdem müßte ich bemerkt haben, daß er niemals seinen Rücken zur Tür wendet und stets unter seinen Wimpern hervor genau beobachtet, was geschieht und wer hereinkommt, meint François.

»Nein, François, das habe ich nicht bemerkt.«

»Dann sage ich ihm, er soll mit dir sprechen.« Und heute früh spricht Herr Lang mit mir, mit diesem seinem Stimmchen, das wie das Piepsen eines Vögelchens ist; und während er spricht, bemerke ich, daß er tatsächlich unter seinen Wimpern hervor beobachtet, was geschieht und wer hereinkommt, und seine Ohren lauschen auf das geringste Geräusch.

»Aber was befürchten Sie denn, was erwarten Sie, Herr Lang?«

»Daß man mich wieder verhaftet, Madame.«

»Waren Sie schon einmal verhaftet, Herr Lang?«

»O ja, Madame.«

Und er erzählte mir den Hergang. Ein Vietkong hatte eine Handgranate in eine Bar geworfen; die Polizisten des Generals Loan umstellten das Wohnviertel und nahmen irgendeinen Mann fest, der nichts damit zu tun hatte. Dann fragten sie die Nachbarn: »Kennst du ihn, wie? Du kennst ihn doch!« Weil er hoffte, ihm helfen zu können, antwortete Herr Lang mit ja. Da stürzten sie sich auf ihn, schleppten ihn ins Zentralgefängnis und warfen ihn in eine Zelle, wo er einen Monat lang vergessen wurde. Das geschieht sehr oft nach einer Razzia, sie werfen dich in eine Zelle und erinnern sich dann nicht mehr an dich. An ihn erinnerten sie sich nur, weil François von seiner dritten Frau um Hilfe gebeten wurde und sofort zu seinem Bewacher eilte. Hauptmann Pham Quant Tan.

»Und, Madame, das war sehr schön, weil sie mich gerade an dem Tag verhören wollten und vorher in ein Zimmer neben dem Büro des Hauptmanns Tan gebracht hatten. Als Herr Pelou mit Hauptmann Tan redete, hörte ich alles. Er weiß es nicht, aber ich hörte alles.«

»Und da hat man Sie weggeschickt, Herr Lang?«

»Ja. Fast sofort.«

»Warum sollte man Sie also noch einmal verhaften, Herr Lang?«

»Weil das ihre Art ist, Madame. Hat man dich einmal verhaftet, ist dein Urteil gefällt. Nehmen Sie an, Hauptmann Tan setzte sich in den Kopf, einen Fehler begangen zu haben, als er Herrn Pelous Bitte erfüllte und mich freiließ. Ich habe gegen die Franzosen gekämpft, Madame. Und ich mag die Amerikaner nicht, Madame.«

»Haben Sie einen großen Haß auf sie, Herr Lang?«

»O ja, Madame. Die Amerikaner sind an allem schuld, Madame. Als sie noch nicht da waren, zur Zeit des Präsidenten Diem, war's gar nicht so schlecht, wissen Sie. Zum Beispiel hast du da ein vollständiges Essen für fünf

Piaster bekommen, heute reichen dafür keine zweitausend. Damals gab's kein Wohnungsproblem, heute findest du als Vietnamese nur noch Elendsquartiere. Die besseren Wohnungen haben sich alle die Amerikaner geholt, weil sie astronomische Summen dafür bezahlen. Und alles Gemüse essen die Amerikaner weg, weil sie einen Exklusivvertrag mit dem zuständigen Syndikat gemacht haben. Wissen Sie, daß man in ganz Saigon keine Erdbeeren mehr auftreibt? Die Amerikaner können ohne Erdbeeren nicht leben, und da beschlagnahmen sie alle. Was ich sagen will, die Wirtschaft ist auf den Kopf gestellt. Mit einer Lambretta-Rikscha kann man vierzigtausend Piaster im Monat verdienen, ein Arzt verdient fünfzehntausend. Eine Dirne verdient sogar ihre hunderttausend Piaster im Monat, ein Ingenieur nur zehntausend. Und der Schwarzhandel ist zum normalen Handel geworden. Antibiotika bekommst du nicht mehr in der Apotheke, du bekommst sie auf dem Hehlermarkt, zusammen mit amerikanischen Uniformen, amerikanischen Decken, amerikanischen Revolvern . . .«

»Daher der Haß auf die Amerikaner, Herr Lang?«

»O nein, Madame. Aber auch daher.«

Er sprach leiser, mit einem Blick auf die Tür.

»Weil sie Feinde sind, die es nicht fertigbringen, ihren Feind zu achten. Sie nennen uns Barbaren, Bummler, Trottel. Sie demütigen uns bei jeder Gelegenheit, sie sind überheblich. Die Welt sieht die Amerikaner immer noch so, wie sie im Zweiten Weltkrieg gewesen sind: harmlose, gutmütige große Jungen. In Vietnam sind sie gar nicht so. Da sind sie erbarmungslos. Sie sollten einmal mit ansehen, wie sie ein Dorf evakuieren. Sie nehmen sich eine Kompanie Koreaner mit, das sind die Grausamsten, dann verkünden sie über Lautsprecher: ›In fünfundvierzig, in dreißig Minuten stecken wir das Dorf in Brand. Aufstellen zum Abtransport mit den Lkws!‹ Was kannst du schon in fünfundvierzig, dreißig Minuten machen? Die Bewohner versuchen, ihren Hausrat zusammenzuraffen, aber die Koreaner lassen ihnen keine Zeit dazu. Sie stoßen sie mit Gewehrkolben und treten sie mit Füßen. Die Frauen weinen, die Kinder schreien. In den Dörfern ist der Totenkult tief verwurzelt, das Totentempelchen zu verlassen, ohne eine geweihte Kerze anzuzünden, ist Sakrileg. Ehe der Lkw abfährt, läuft also oft noch einer hin, um die Kerze anzuzünden. Während er sie anzündet, erschießen ihn die Koreaner mit dem Schnellfeuergewehr. Wenn dann die Flammen über dem Dorf zusammenschlagen, gibt es immer schon ein paar Erschossene.«

»Das ist der Krieg, Herr Lang.«

»Nein, das ist nicht der Krieg. Das ist die Hypokrisie der Amerikaner, die sich nachher mit sauberen Händen präsentieren. Die Amerikaner wissen genau, was die Koreaner machen. Zum Beispiel, wenn sie Gefangene verhören. Sie verfrachten jeweils zwei zusammen in den Hubschrauber, dann binden sie den einen an ein Seil und lassen ihn hinunter. Er pendelt hin und her, dreht sich um sich selber, schreit, und wenn er halb tot ist, schneiden sie das Seil durch. Um nicht auf die gleiche Weise zu enden, sagt der andere alles. Hat er alles gesagt, werfen sie ihn hinunter.«

»Auch die Vietkong sind nicht gerade zimperlich, Herr Lang.«

»Nein, sicher nicht. Aber haben Sie unter der deutschen Besatzung vielleicht Zimperlichkeit gekannt? Ich bin nicht böse gewesen, ich bin's erst im Gefängnis geworden. Tag und Nacht habe ich meine Mitgefangenen schreien hören unter der Folter. Tag und Nacht. Und wie schreien! Und wissen Sie, was für eine Reaktion ich da hatte? Ich litt, aber nicht für sie, sondern für mich. Ich dachte, gleich wirst du aufgerufen. Und ich dachte auch, eines Tages werden die Rollen vertauscht sein.«

»Werden sie denn vertauscht sein?«

»Das weiß ich nicht. Wir sind alle so entmutigt, so gelähmt in unserer Ohnmacht. Sehen Sie, in Saigon gibt es keine Sabotageakte mehr, weil wir überall Spitzel vermuten müssen. Jeder kann ein Spitzel sein, die Ehefrau, der Bruder, der Sohn. Ich habe einen achtzehnjährigen Sohn, den ich in einem Internat versteckt habe, damit er der Einberufung entgeht. Als er mir sagte, daß er nicht damit einverstanden ist, daß er meine Ansichten nicht teilt und daß er einrücken wird, wenn er den Gestellungsbefehl bekommt, habe ich fast Angst gehabt. «

»Vor Ihrem eigenen Sohn?«

Da senkte er den Kopf und weinte. Große stille Tränen tropften auf seine gekreuzten Hände. Und mit diesen Tränen verschloß er sich in sein gewohntes Schweigen und sagte nichts mehr.

29. November. In aller Herzen blicken, aller Geschichten kennenlernen, alle Warum verstehen können in dieser Stadt. Pelou hat mir zugesagt, bei General Loan zu intervenieren, damit ich die Erlaubnis erhalte, einen gefangenen Vietkong zu sprechen, den er vor fünf Monaten kennengelernt hat. Er sagt, dies sei die beste Art, in das Innere dieser Menschen einzudringen. »Aber wenn ich Menschen sage, meine ich nicht so infizierte Typen wie deinen Doktor Khan, sondern gesunde Typen wie meinen Herrn Lang.« Vielleicht gibt Loan morgen die Erlaubnis. Und was Pelou betrifft: Moroldo hat entdeckt, daß er der François Perrin ist, von dem Han Suyin in dem Buch ›Love Is A Many Splendoured Thing‹ spricht. 1950 war er als Journalist in Hongkong tätig gewesen und gut bekannt mit Han Suyin und auch mit Elliott. So habe ich seinen Namen in dem Buch gesucht und fand einen Satz . . . Denjenigen, den Mark Elliott in einem Brief aus Korea Han Suyin berichtet: »Die Soldaten sind unzufrieden. Sie fragen: Bekommt man denn nicht zu wissen, warum wir eigentlich kämpfen? Soll mir doch jemand erklären, warum wir diesen verdammten Krieg führen! Wie François meinte: ›Il faut dire aux hommes pourquoi ils doivent se faire tuer.‹«

Man soll den Männern sagen, warum sie sich umbringen lassen müssen.

Nachts. Es war schon spät, im Büro saß nur noch François, weil er auf eine Durchsage von Claude aus Pleiku wartete. Da klingelte das Telefon, er stürzte hinzu, dann setzte er sich den Kopfhörer auf und nahm Platz vor der Schreibmaschine: »O.k., Claude. Je suis pret.« Claude sagte irgend etwas, und François' Miene drückte Erstaunen aus: »Bist du auch ganz sicher?« Dann wandelte sich sein Erstaunen zu einer verächtlichen Grimasse, und die Finger schlugen eilig auf die Tasten. Als er fertig war, warf er das Blatt dem Mann am Fernschreiber zu. Ich ging hin, um es zu lesen, und das stand darauf geschrieben: »Achtung, Paris/ Paris via Manila/ 11900 AFP/ Dringend stop/ Hügel 875 von den Amerikanern aufgegeben stop amerikanische Fallschirmjäger, die den Gipfel sieben Kilometer vor kambodschanischer Grenze beherrschten, haben Explosivmaterial sowie vietnamesische Befestigungen durch Sprengung vernichtet und sind nach Dak To abgestiegen stop amerikanische Militärstellen geben keine Erklärung für diesen Rückzug stop als Grund nur möglich, daß Amerikaner nicht in der Lage, Hügel 875 auf die Dauer zu halten stop andere Hügel ebenfalls aufgegeben mit Ausnahme Hügel 1383, der Lager Dak To unmittelbar beherrscht stop in Dak To alles ruhig stop.«

Also. Man soll den Männern sagen, warum sie sich an einem Novembermorgen hatten sammeln müssen auf halber Höhe eines Hügels namens 875, dann die Messe anhören, dann die Gewehre packen, dann auf einen Idioten hören, der da schrie: »Und jetzt will ich, daß ihr da raufkommt und diesen Hundesöhnen eine Lektion verpaßt!«, und dann aufsteigen unter einer Feuerwalze und sterben mit achtzehn, zwanzig Jahren auf ein paar Metern Erde, die einige Tage danach doch wieder aufgegeben werden.

Man soll ihnen den Grund sagen, vorausgesetzt, daß es einen gibt. Nicht wahr, François?

Er überlas noch einmal Claudes Durchsage auf dem Fernschreiber. Und schüttelte langsam den Kopf:

»Man soll ihnen noch mehr sagen. Man soll ihnen auch sagen, warum sie sich überhaupt umbringen lassen müssen. Zwischen den beiden Dingen gibt es keinen großen Unterschied. «

»Doch. Da ist noch das Mitleid, zum Beispiel.«

»Der Begriff Mitleid hat im Krieg allen Sinn verloren. Du hast ein Gewehr, er hat ein Gewehr. Er legt an, du legst an. Der Schnellere trifft. Bringt er dich um, ist es auch nicht anders, als hättest du ihn umgebracht. «

»Aber es gibt doch Menschen, die gern Krieg führen.«

»Ja, sicher. Wie sehr du auch den Krieg ablehnst, wie sehr du ihn auch verurteilst, am Ende bist du dann doch mit Leidenschaft dabei. Das ist unausbleiblich. Siehst du, mit dem Krieg ist es wie mit dem Boxen. Das Boxen ist ein brutales, abscheuliches Spiel, die Menschenbestie prügelt sich selbst. Aber wenn du dich vor dem Ring befindest, packt dich doch nach und nach die Leidenschaft. Du ertappst dich selber dabei, wie du daran teilnimmst, wie du anfeuerst. Vom Boxen geht ein ungeheurer Zauber aus.«

»Der Grund?«

»Der Mensch auf seinem Höhepunkt. Eine Viertelstunde oder auch nur eine Minute, damit er sein Äußerstes hergibt. An Mut und an Angst. An Intelligenz und an Schmerz. Bis zur Schmach der Niederlage oder zum Frohlocken des Sieges. Mit dem Krieg verhält es sich ebenso. Auch vom Krieg geht ein ungeheurer Zauber aus. Du kannst ihn hassen, soviel du willst, schließlich wirst du doch von ihm angezogen und sogar verführt.«

»Ich nicht.«

»Du auch. Wenn die Soldaten vorgehen, um den Hügel zu erobern, zwölf Stunden, vierundzwanzig Stunden, zwei Wochen unter dem Feuer, bei ihrer Angst ... Im

Leben eines Menschen gibt es keine Bewährungsprobe, die auch nur annähernd so endgültig ist. Bewährungsprobe seines Muts, seiner geistigen Fähigkeiten, seiner Leidensfähigkeit. Man könnte meinen, daß der Mensch in der Gewalttätigkeit seine Intensität wiederfindet, das heißt eigentlich erst findet. «

Er hatte sich auf einen Stuhl fallen lassen, die Füße auf dem Schreibtisch, und hie und da sah er zum Fernschreiber hin, mit einem eigenartigen Aufleuchten der Augen. Um die »Brücke« mit Manila nicht zu verlieren, legte der Mann den bereits übermittelten Streifen immer wieder ein, und so klapperten die Tasten des Fernschreibers immer wieder dieselbe Nachricht herunter: »Hügel 875 von den Amerikanern aufgegeben ... Hügel 875 von den Amerikanern aufgegeben ... Hügel 875 ... «

»Natürlich ist es grotesk, mit anzusehen, wie sich diese Idioten gegenseitig unter Feuer nehmen. Natürlich ist das zum Heulen. Ich habe oft geheult über den Krieg. Über die Amerikaner, die Vietkong, die Südkoreaner, die Chinesen. Krieg ist auch moralisches Leid. Aber seien wir ganz ehrlich, dieser Feuerstoß von einem MG auf den Hubschrauber, in dem du gerade sitzt, verschafft dir doch ein recht interessantes Gefühl.«

»Und wenn du stirbst?«

»Wenn du stirbst ... merkst du nichts mehr und denkst an nichts mehr. Aber wenn du nicht stirbst und landest nachher mit dem Hubschrauber und überlegst dir, daß du ja lebst, fühlst du dich sehr glücklich. «

»Und darum akzeptierst du den Krieg?«

»Ich akzeptiere ihn nicht. Oder auch ich akzeptiere ihn, sagen wir, als unvermeidliches Übel. Im übrigen hat es keine Kultur gegeben, keine einzige, die imstande gewesen wäre, den Krieg aus der Welt zu schaffen. Nimm doch die letzte, die berühmte, wunderbare, auf Liebe gegründete christliche Kultur. Sie hat mehr Kriege zustande gebracht als alle anderen zusammengenommen. In Christi Namen segnen die Geistlichen Fahnen und Truppen vor dem Kampfeinsatz. Wird einer standrechtlich erschossen, sind sie wieder dabei, damit das Zeremoniell auch vollständig sei. Ich kenne keinen Geistlichen, der jemals versucht hätte, eine Erschießung oder einen Kampf zu verhindern.«

»Es wird der Tag kommen, wo es keine Kriege mehr geben wird.«

»Unsinn. Auch der Marxismus hat die Kriege nicht aus der Welt geschafft. Ja, er bedient sich ihrer ebenso wie das Christentum. Es gibt kein Prinzip, keine Philosophie, die den Krieg aus der Welt schaffen könnten. Nur die Hippies lehnen ihn heute ab, und nachher triffst du sie in Uniform wieder. Gib dich keiner Illusion hin, Kriege werden immer sein.«

Der Mann am Fernschreiber schlief jetzt, eingewiegt vom Rattern der Tasten. Und der lange Papierstreifen des Fernschreibers lag aufgewickelt am Boden und erinnerte uns alle zehn Zentimeter an diesen Alpdruck: »Hügel 875 von den Amerikanern aufgegeben . . . Hügel 875 von den Amerikanern aufgegeben . . . Hügel 875 . . .« Der Hügel 875 hat hundertfünfzig Tote, dreihundert Tote, fünfhundert Tote für nichts und wieder nichts gekostet. Und weiß Gott, wie viele Krüppel noch für nichts und wieder nichts, und Kriege werden immer sein. Dann kam Felix und hat François abgelöst, und François brachte mich zum Hotel. Beim Verabschieden sagte er, daß nun das Interview mit dem gefangenen Vietkong bald stattfinden wird. General Loan hat die Genehmigung dazu erteilt. Morgen müssen wir sie uns abholen.

1. Dezember. Wir haben sie uns abgeholt. Weißt du, wer dieser Vietkong ist? Nguyen Van Sam, er hat vor zwei Jahren das Restaurant My Canh in die Luft gehen lassen. Moroldo ist ganz aufgeregt, damals befand er sich gerade in Saigon und hat eine Menge Aufnahmen gemacht. »Dieser Hundskerl!« sagt er immer wieder. »Dem will ich wirklich ins Gesicht sehen!« Und vergebens erklärt ihm François, daß dieser Hundskerl ein Menschenschicksal darstellt, dem man mit sehr viel Respekt zu begegnen hat, und daß seine Geschichte ... Also, hier ist sie, seine Geschichte, wie François sie uns erzählte, ganz schnell, damit wir im Bilde wären, mit wem wir es zu tun haben.

Ein Junimorgen im vorigen Jahr. Am Zoo kommt einer mit dem Motorrad vorgefahren, er trägt einen Schnurrbart. Er begegnet einem andern, sagt ihm: »Morgen gebe ich dir den Sprengsatz. Für übermorgen ist alles gerichtet.« Ein V-Mann der Polizei hört das aus purem Zufall. Schleunigst ruft er das erste Arrondissement an, und noch vor Mittag ist der Mann mit Schnurrbart gestellt, es gibt nicht viele Vietnamesen mit Schnurrbart. Er heißt Nguyen Van Tam, sechsundzwanzig Jahre alt, trägt in der Tasche fünf Uhren mit Zünder für die Zeitbomben. Die Vietkong basteln das alles selbst, sie machen ein Loch in das Glas, führen einen Draht durch das Loch und verbinden ihn mit einem der Zeiger, um im gewollten Augenblick die Zündung auszulösen. »Was ist das?« wird er im ersten Arrondissement gefragt. Er bleibt stumm. Sie verhören ihn die ganze Nacht, elektrische Schläge auf die Genitalien, Fausthiebe auf die Augen, nasse Handtücher auf Nase und Mund, um ihn zu ersticken. Er bleibt stumm. Da geben sie sich geschlagen und holen Hauptmann Pham Quant Tan, den Chef der Sonderpolizei. Der befiehlt: »Bringt ihn nur her!«

Sie bringen ihn im Morgengrauen.

»Setz dich auf den Stuhl«, sagt Hauptmann Tan.

Er bleibt stehen.

»Eine Zigarette?« fragt Hauptmann Tan.

Er schüttelt den Kopf. Er könnte auch gar nicht rauchen, seine Lippen sind ebenso wund wie sein Gesicht und sein Körper.

»Bravo! Du bist vom Pferd gefallen, aber ich habe Respekt vor dir. Ich verstehe nämlich, daß du ein echter Anführer bist.«

Er bleibt stumm.

»Du bist ein Anführer, ich bin ein Anführer. Also verstehen wir uns. Ich selbst verhöre dich.«

Er bleibt stumm. Aber Hauptmann Tan gibt es nicht auf. Er hat so viel Zeit, wie er will, er kann so lange weitermachen, bis die Lippen des Nguyen Van Tam sich endlich bewegen werden. Am nächsten Tag um zehn Uhr bewegen sich die Lippen des Nguyen Van Tam.

»Was werdet ihr mit mir machen?«

Hauptmann Tan breitet die Arme aus und seufzt.

»Selbstverständlich wirst du sterben.«

Nguyen Van Tams Gesicht erhellt sich, seine verschwollenen Augen leuchten auf.

»Also bekomme ich einen Prozeß und werde erschossen?«

Und Hauptmann Tan:

»Nein, mein Lieber. Da brauchst du dir gar keine Hoffnung zu machen. Du wirst nicht als Held in die Vietkong-Geschichte eingehen. Du wirst unter einem amerikanischen Lkw enden, ohne daß jemand etwas davon erfährt, den Unfall organisiere ich dir. Auch das Motorrad lege ich dir daneben. Und tags darauf erscheint dann in den Zeitungen nur eine kurze Notiz: ›Ein Unbekannter wurde Opfer eines tödlichen Verkehrsunfalls. Ein Lkw überfuhr ihn im Morgengrauen. Die Polizei ermittelt.‹«

»Neiiin!« schrie Nguyen Van Tam.

»Oder du sprichst«, erwiderte Hauptmann Tan.

»Wenn ich spreche, bekomme ich dann einen Prozeß? Werde ich dann erschossen?«

»Gewiß.«

»Ich bin jetzt bereit.«

Er sprach bis drei Uhr morgens ohne Unterbrechung. Er offenbarte die ganze Planung des Anschlags, der auf dem Platz der Unabhängigkeit mit drei Clymore-Minen auf das Gebäude des Juspao verübt werden sollte. Eine Sprengladung auf die Bank neben dem Gefallenendenkmal. Eine andere auf eine Terrasse gegenüber. Die dritte unmittelbar an das Juspao. Die ersten beiden sollten um die Mittagszeit explodieren, wenn die Angestellten zum Essen herauskommen würden, die dritte ein paar Minuten später, wenn Polizei und Sanitäter damit beschäftigt sein würden, die Toten und Verwundeten wegzuschaffen. Er sagte, wo die Clymore zu finden seien, nannte die Namen aller Zellenleiter, nannte schließlich auch den Anführer, der fast den gleichen Namen hatte wie er selbst, nämlich Nguyen Van Sam, und meinte, daß es nicht schwer sein würde, ihn aufzuspüren, er benutze ein Leichtmotorrad, das ganz angeschlagen war, weil er nicht fahren konnte und fortwährend an Autos und Wände stieß. Jetzt konnte Hauptmann Tan sich mit Sam beschäftigen, erst Sams Verhaftung würde ihn in die Lage versetzen, den Sabotagering in Saigon zu sprengen. Wie? Mit Geduld. Hauptmann Tan hat viel Geduld. Er stellt seine Falle und wartet ab.

Daß es da eine Falle geben müsse, ahnte auch Nguyen Van Sam, als er an der verabredeten Stelle vergeblich auf Nguyen Van Tam wartete, um mit ihm die letzten Einzelheiten für den Anschlag auf das Juspao zu besprechen. Aber er verlor die Ruhe nicht. Es gelang ihm sogar, seine Frau in Sicherheit zu bringen, die gerade nach einer Fehlgeburt im Krankenhaus war. Er ging hin, holte sie heraus und gab ihr Anweisung, sich in die Geheimzone zu begeben. Er suchte sich einen verläßlichen Stellvertreter und hinterließ ihm eine Menge Aufträge. Mit dem Autobus fuhr er in die Provinz Long An, versteckte sich bei seiner Schwester. Dann beging er den Fehler. Wenn er nicht in die Stadt zurückführe, sagte er, würde er zu allem Übel auch noch den Hauptbestand an Munition verlieren, der in der rue Bay Coc gelagert war. So kehrte er nach Saigon zurück und ging in die rue Bay Coc. Nicht ganz eine halbe Stunde später stand er mit gefesselten Händen im Büro des Hauptmanns Tan und hatte Nguyen Van Tam vor sich.

»Verräter! Schuft!« rief er und spuckte ihm ins Gesicht.

Wortlos ließ Hauptmann Tan den Schuft hinausbringen. Und blieb mit seiner neuen Beute allein. Er löste ihm die Handfesseln, forderte ihn auf, Platz zu nehmen, bot ihm eine Zigarette an.

»Bravo. Du bist vom Pferd gefallen, aber ich habe Respekt vor dir.«

Schweigen.

»Du bist ein Anführer, ich bin ein Anführer. Also verstehen wir uns. Ich selbst verhöre dich.«

»Wir verstehen uns überhaupt nicht! Ich rede nicht!«

»Du wirst reden, du wirst reden!«

»Ich habe keine Angst vorm Sterben. Ich will sterben.«

»Du wirst sterben, du wirst sterben.«

»Bekomme ich einen Prozeß? Erschießt ihr mich?«

»Nein, mein Lieber. Da brauchst du dir keine Hoffnung zu machen. Ich kann dir sagen, was passieren wird . . .«

Und wieder kam der übliche Trick mit dem Lkw. Nur dauerte es diesmal nicht fast zwei Tage. Im Tausch für die Erschießung erzählte Nguyen Van Sam alles. Wirklich alles. Die zehn Jahre in Hanoi, der Sabotagelehrgang, die neunundzwanzig Anschläge vom 1. März 1965 bis zum 10. Juli 1967, der Anschlag auf das Restaurant My Canh inbegriffen. Fünfundzwanzig Tote in wenigen Sekunden, achtundfünfzig Tote und hundertsechsundneunzig Verwundete in kaum mehr als zwei Jahren.

»Verstehen Sie, Hauptmann Tan, meine Vorgesetzten verlangen mindestens zehn Aktionen im Monat, manchmal auch zwanzig, meine Genossen sind nicht ausgebildet, also muß ich alles allein machen.«

»Ich verstehe, mein Lieber, ich verstehe. Aber erzähle weiter.«

»Ich erzähle schon weiter, Hauptmann. Aber Sie müssen auch Ihr Wort halten. Werde ich wirklich erschossen?«

»Ich schwör's, mein Lieber. Du wirst erschossen.«

François wird den Hauptmann Tan nachher anrufen. Dann erfahre ich, wann ich ihn sehen kann.

2. Dezember. Nachts haben sie ihn mich sehen lassen. Für zehn Uhr abends haben sie mich bestellt, eine Stunde vor Ausgangssperre. Als das Taxi am Gebäude der Sonderpolizei vorfuhr, stürzten acht Polizisten herbei und rissen Türen, Motorhaube, Gepäckraum auf, sie suchten Sprengladungen. Der Taxifahrer bekam einen fürchterlichen Schrecken und schrie. Dann mußten wir uns hintereinander aufstellen, ich, Moroldo und der Dolmetscher, und so gingen wir in die Hölle hinein, unter einer Eskorte von Schnellfeuergewehren. Die Hölle war ein Hof, ein Korridor, dann eine Treppe, die zum Büro des Hauptmanns Tan führte. Er erwartete uns hinter seinem Schreibtisch, er ist der größte Vietnamese, den ich je gesehen habe, fett wie ein Schwein und hat Hände wie ein Würger. Er trug einen Bürstenhaarschnitt nach amerikanischer Art und hatte ein kariertes Hemd an. Sein Aussehen verblüffte mich, denn ich hatte ihn mir klein vorgestellt und spitzfindig und eiskalt. Eiskalt ist nur sein Lachen, es klingt wie Husten. Und dieses sein Lachen hustend, bot er uns Bier und Kaffee an, sagte uns, daß er siebenunddreißig Jahre alt sei und acht Kinder habe, und berichtete uns schließlich, daß er der Erfinder des psychologischen Verhörs sei.

»Ich weiß nicht, ob Sie mich verstehen. Wenn der Vietkong gefoltert wird, spricht er nicht, weil er vor körperlichem Schmerz keine Angst hat. Aber bei der Psychologie spricht er, weil er fast immer ein unwissender Bauer ist.«

»Was verstehen Sie unter Psychologie, Hauptmann?«

»Was ich bei Nguyen Van Tam und Nguyen Van Sam anwandte, als ich gemerkt habe, daß ihnen der Tod egal ist, aber daß es ihnen nicht egal ist, wenn sie auf unrühmliche Art sterben.«

»Was verstehen Sie unter Folterung, Hauptmann?«

»Den dritten Grad. Elektroschocks auf die Geschlechtsteile, allmähliches Ersticken mit einem nassen Handtuch, das ihnen Nase, Mund und Ohren verschließt, und so fort.«

»Nehmen Sie nie Folterungen vor, Hauptmann?«

»Nur wenn es gar nicht anders geht. Zum Beispiel, wenn keine Zeit ist. Nehmen wir an, mir ist bekannt, daß ein Anschlag verübt werden soll, aber mir ist nicht bekannt, wo. Da brauche ich doch die Information in aller Eile, nicht wahr? Und um die Information in aller Eile zu bekommen ...«

»Sind Sie bei den Folterungen anwesend, Hauptmann?«

»Warum nicht?«

»Haben Sie jemals Mitleid empfunden?«

»Was heißt Mitleid?«

»Haben Sie jemals ... Verlegenheit empfunden?«

»Verlegenheit?«

Er sagte mir, daß er seine Arbeit über alles liebe, für ihn ist das schon nicht mehr eine Arbeit, es ist ein Spaß. Ja, es macht ihm Spaß, seine Gefangenen zu verhören. Besonders mit der Milde, die ja keine Anstrengungen erfordert wie die Folterungen. Denn Folterungen, also die starke Methode, sind ja anstrengend, die Leute wehren sich, fliehen ... Milde ist doch viel praktischer. »Geht's dir heute gut, mein Lieber? Ein bißchen blaß siehst du aus.« Oder: »Willst du nichts zu dir nehmen? Etwas Milchkaffee, eine kleine Brioche?« Oder: »Du siehst abgespannt aus. Du solltest Vitamine bekommen. Hier habe ich Tabletten, siehst du. Davon nimmst du morgens eine und abends eine, aber vergiß es nicht!« Er hat das Röhrchen mit den Vitamintabletten auf dem Schreibtisch liegen, das funktioniert immer. Und wie es funktioniert! Nur einmal hat es nicht funktioniert, das war mit dieser verstockten Huyn Thi An, einem zweiundzwanzigjährigen Mädchen, das er im vorigen

Mai verhaftete. Durch einen Zufall, weißt du. Eine Bombe war ihr beim Herrichten in der Wohnung explodiert. Er hätte sie sterben lassen sollen, das perfide Ding, schwer verletzt wie sie war. Statt dessen vertraute er sie der Kunst tüchtiger Chirurgen an und rettete diese Undankbare. Damit es kein Mißverständnis gibt, geredet hat sie schon. Aber mit der starken Methode; und er, der Hauptmann Tan, hat sich furchtbar darüber geärgert. Die Kollegen haben ihn verspottet. »Siehst du jetzt, wie man's macht?«

Ich bat Hauptmann Tan, vor Nguyen Van Sam die Bekanntschaft von Huyn Thi An machen zu dürfen. Er sagte, es ist gut, und bald darauf kamen zwei Polizisten zur Tür herein, in ihrer Mitte ein barfüßiges Kind in schwarzer Kleidung und mit einer schwarzen Binde vor den Augen. Im Gehen streckte sie die Hände vor.

»Nehmt ihr die Binde ab!« befahl Hauptmann Tan.

Man nahm ihr die Binde ab. Sie hatte ein ovales, wunderschönes Gesicht, darin zwei Augen, die Haß schleuderten. Und mit diesem Haß musterte sie Hauptmann Tan, dann mich, aber nur kurz, dann Moroldo, noch kürzer, und schließlich wieder Hauptmann Tan.

»Setz dich!« befahl ihr Hauptmann Tan.

Sie setzte sich, die Hände auf den Schoß gelegt, die Füße überkreuz. Ganz Würde und Anstand, und schön wie eine Madonna, die ein Wahnsinniger verunstaltet hat. Denn Wangen, Kinn, Stirn waren von Narben übersät, Hinterlassenschaft der Explosion und der Schläge dritten Grades.

»Die Dame hier möchte mit dir sprechen«, sagte Hauptmann Pham Quant Tan.

Sie regte keinen Muskel. Ihre Lippen blieben geschlossen. Sie nahm ihren Blick nicht von ihm.

»Verstanden?« schrie er sie fast an.

Wieder regte sie keinen Muskel, ließ ihre Lippen geschlossen. Und nahm ihren Blick nicht von ihm.

Da machte ich dem Dolmetscher ein Zeichen und trat zu ihr hin.

»Mit ihm habe ich nichts zu tun, Huyn Thi An. Ich bin eine Journalistin. Und ich bin hergekommen, um dir ein paar Fragen zu stellen.«

Der Dolmetscher übersetzte. Sie musterte fortwährend Hauptmann Tan, mich würdigte sie keines Blickes.

»Ich weiß, du hältst mich für deine Feindin. Aber ich bin nicht deine Feindin. Das mußt du mir glauben, Huyn Thi An.«

Nur ganz allmählich nahm Huyn Thi An ihren Blick von Hauptmann Tan und wandte ihn mir zu, teilnahmslos. Dann sprach sie mit einem kaum hörbaren Stimmchen.

»Ich glaube dir. Aber du kannst mich nicht verstehen, wer auch immer du bist.«

»Und doch verstehe ich dich, Huyn Thi An. Weil ich keine Amerikanerin bin, weil ich aus einem Land komme, das keinen Krieg führt gegen das deine, und weil ich Gutes über dich schreiben will. Glaub mir, Huyn Thi An.«

»Ich glaub's dir. Aber ich will nicht, daß du Gutes über mich schreibst, daß du mich als Heldin hinstellst. Ich habe geredet.«

»Warum hast du geredet, Huyn Thi An?«

»Weil ich unter diesem Handtuch erstickte. Weil sie mich geschlagen haben und weil es mir sehr weh tat. Weil ich feige bin. Frag mich nicht noch mehr. Ich rede nur zu denen, die mich foltern.«

»Das ist töricht, Huyn Thi An. Du begreifst nicht, daß die Welt von dir Kenntnis haben muß und dies für dein Land von Nutzen ist.«

Es war alles vergeblich. Aus ihrer Gleichgültigkeit wurde sogar Verachtung.

»Die Welt braucht überhaupt nichts von mir zu erfahren. Und um mein Land ist es dir auch gar nicht zu tun. Du willst doch nur ein Interview für deine Zeitung. Meinen Namen in deiner Zeitung habe ich nicht nötig. Ich habe es nur nötig, hier herauszukommen, damit ich wieder kämpfen kann.«

»Es tut mir leid, Huyn Thi An. Ich wollte dir helfen.«

»Man kann mir nur damit helfen, daß man mich hier herausbringt. Kannst du das?«

»Nein, Huy Thi An. Das kann ich nicht.«

»Dann interessierst du mich auch nicht. Adieu.«

Sie stand auf. Hauptmann Tan schrie sie an, sie solle sich wieder hinsetzen. Sie setzte sich wieder hin. Hauptmann Tan schrie sie an, sie verdiene überhaupt nicht, daß man sich um sie kümmere, sie sei gemein und böse. Sie hörte ihn schweigend an, warf ihm nur ihren haßerfüllten Blick zu. Sonst nichts. Da hat man ihr wieder die Augen verbunden und sie hinausgebracht. Doch bevor sie über die Schwelle trat, drehte sie sich noch einmal um.

Und sagte: »Verzeih mir, weißt du.«

Ich fand keine Antwort darauf, fast schämte ich mich. So blieb ich stumm sitzen in Erwartung des schrecklichen Nguyen Van Sam. Und dann kam er, und er war dieses barfüßige Männchen, ebenfalls schwarz gekleidet, ebenfalls eine Binde vor den Augen, und hatte schmächtige Schultern und hagere kleine Hände. Man nahm ihm die Binde ab, unter der Binde war dies schmale verlorene Gesicht, waren diese glänzenden traurigen Pupillen. Weißt du, was jetzt geschah? Es geschah, daß seine Augen den meinen begegneten und er mich anlächelte. Auch nachdem er sich zwischen den Dolmetscher und mich gesetzt hatte, lächelte er mich noch an und wußte doch gar nicht, wer ich bin. Und ich faßte gleich Zuneigung zu ihm, obwohl er hundertfünfzig Menschen in neunundzwanzig Attentaten umgebracht hatte, ausgerechnet ich, die ich nie den Sinn von Attentaten begriffen habe, auch damals nicht, als wir sie auf die Nazis verübten. Ich gab ihm das Lächeln zurück, meine Kehle war wie zugeschnürt, und sie blieb es auch, als ich gewahr wurde, daß er mich nur deshalb anlächelte, weil er jetzt alles und jeden anlächelt, den Hauptmann Tan, die Polizisten des Hauptmanns Tan, die Fliege, die sich ihm auf den Fuß setzt, den Tod, der auf ihn wartet.

Von elf Uhr nachts bis zwei Uhr morgens waren wir zusammen. Ich habe das Gespräch auf Band aufgenommen. Ich schreibe es nieder, wie es gewesen ist, Wort für Wort.

»Es ist schon recht spät, Nguyen Van Sam. Hat man dich geweckt?«

»Nein. Ich habe noch nicht geschlafen, es ist zu warm in meiner Zelle. Ich hatte die Jacke ausgezogen und mich auf die Strohmatte gelegt und dachte nach. Weißt du, manchmal kann ich bei der Hitze nicht einmal nachdenken, dann liege ich da wie ein Wurm, der in seinem Schweiß ertrinkt, und alles ist mir egal, ich sehne mich nur nach etwas Kühle. Andere Male träume ich, während ich die Decke anstarre, und weißt du, wovon ich träume? Von meinem Sohn und den Kameraden meiner Einheit. Aber gestern habe ich geträumt, daß ich in einem Wald gestorben bin. Da waren Kokospalmen und Ananasbüsche, und endlich habe ich richtig atmen können. Wie hier. Hier ist einem wohl. Hier ist es kühl.«

»Eine Zigarette, Nguyen Van Sam?«

»Ja, danke. Ich rauche gern, und wenn man richtig atmen kann, hat man auch Lust auf eine Menge Dinge. Rauchen zum Beispiel. In der Zelle darf man nicht. Man darf nicht einmal ein Buch oder eine Zeitung lesen oder mit jemandem sprechen, um zu hören, ob er gestanden hat und weshalb. Aber in meiner Zelle ist ja niemand, und aus meiner Zelle komme ich nur heraus, wenn mich Hauptmann Tan holen läßt. Scheußlich. Das Schweigen meine ich. Als wäre man schon erschossen und auf dem Friedhof, du kommst dir unnütz vor wie ein Toter. Man wird mich erschießen, weißt du, aber zu sterben ist kein Unglück. Nutzlos zu werden, das ist wahrlich ein Unglück. Das treibt dich fast zur Verzweiflung.«

»Ich muß dir sagen, wer ich bin, Nguyen Van Sam. Ich bin eine Journalistin, und ich bin hergekommen, um über dein Leben zu berichten. Ist dir das unangenehm?«

»Warum sollte es mir unangenehm sein? Ich habe

schon soviel gesagt, was ich nicht hätte sagen sollen, da kann ich dir auch mein Leben erzählen. Gut, ich weiß, du bist eine Journalistin, schon recht. Außerdem ist es hier kühl, und deine Zigaretten schmecken gut. Mein Leben ist aber ein armseliges Leben, ich weiß nicht, ob es dir gefallen wird. Ich bin nämlich ein Bauer, ich kann nicht gut erzählen. Ich bin in der Provinz Binh Duong geboren, dreißig Kilometer von Saigon entfernt, vor sechsunddreißig Jahren. Ich habe den Boden meiner Väter bearbeitet bis zu dem Tag, wo ich kämpfen gegangen bin. Drei Morgen Land, Reisbau und Viehzucht. Ich habe die Büffel gehütet.«

»Und gefiel es dir, Nguyen Van Sam?«

»O ja, es war schön! Es war schön, weil es so schön ist, ein freier Mensch zu sein auf den Feldern und in den Wäldern. Und wenn du mich jetzt fragst, was ich mir vom Leben wünsche, ich möchte wieder Bauer sein und Büffel und Hühner heranziehen und einen Obstgarten haben, denn von einem Obstgarten hat man am meisten, und überhaupt ist das Land das schönste von allem. Das Meer ist auch schön, weißt du. Das Meer habe ich gesehen, als sie mich in den Norden schickten; ich fuhr mit dem Schiff und habe den Strand gesehen, er ist ganz weiß und glatt. Aber vorm Meer bekomme ich fast Angst, weil es da keine Bäume gibt, und eine Welt ohne Bäume ist in meinen Augen keine Welt. Vor meinem Tod möchte ich noch einmal einen Sonnenuntergang inmitten der Bäume sehen. Weißt du, wenn die Sonne rot wird und herunterfällt, verschluckt von den Bäumen, und die Reisfelder grün sind und ein leichter Wind die Spitzen der Reispflanzen umbiegt.«

»Sam, wie kam es eigentlich, daß du aufgehört hast, ein Bauer zu sein und ein Vietkong geworden bist?«

»Das war so. Ich hatte keine Lust, in die Schule zu gehen, viel lieber wälzte ich mich mit den Büffeln im Schlamm, und als ich sechzehn war, sagte mein Onkel zu mir: ›Du mußt in die Schule!‹ Und schickte mich in eine

Schule der Vietminh, der Vietkong von damals, die gegen die Franzosen kämpften. Und er sagte: ›Du wirst sehen, die lassen dich studieren.‹ Mein Onkel war Leiter der Sektion Finanzen in einer Vietminh-Einheit. Die Schule befand sich auf der Ebene der Binsen. Wir waren dreißig Jungen und dreißig Mädchen, und zuerst fand ich die Schule langweilig, weil man Grammatik lernen mußte und Rechnen und Diktat, aber später merkte ich, wie schön es ist, wenn man schreiben kann. Weißt du, meine Mutter hat nie lesen und schreiben gelernt und auch mein älterer Bruder nicht und auch meine beiden verheirateten Schwestern nicht und keiner von meiner Familie, nur mein Vater konnte recht und schlecht die sinovietnamesischen Schriftzeichen lesen. Und am Samstagabend war Militärkursus, wo wir Jungen für den Krieg gegen die Franzosen ausgebildet wurden. Da wurde marschiert und rechts- und linksum gemacht und zum Schein gekämpft mit hölzernen Waffen, wie ein Kriegsspiel unter Kindern war das.«

»Sam, hattest du einen großen Haß auf die Franzosen?«

»O nein! Man hat uns nie gelehrt, die Franzosen zu hassen! Den Patriotismus hat man uns gelehrt, das heißt, dem Beispiel des großen Königs Quang Trung nachzueifern und dem des Königs Le Loi, die vor vielen Jahrhunderten den chinesischen Eindringling schlugen, und das war schön, weil man zum erstenmal von einem Vaterland zu mir sprach. Vorher wußte ich gar nicht, daß ich eines habe, weil ich nicht wußte, was es bedeutet. Mache ich mich verständlich?«

»Was bedeutet es denn, Sam?«

»Ja, das Vaterland ist nämlich wie deine Mutter, die du achten und sogar unter Einsatz deines Lebens verteidigen mußt. Das Vaterland ist wie deine Hütte, und wenn sie dir einer wegnehmen will, mußt du ihn unter Einsatz deines Lebens verjagen. Ganz egal, wer dieser Jemand ist, Russe, Chinese, Franzose, Amerikaner. Also, um wieder von der Schule zu sprechen, ich bin drei Jahre in dieser Schule geblieben, aber jedes Jahr hatte ich einen Monat Ferien, die ich bei meinen Eltern verbrachte. 1952 machte ich dann die Examen der Widerstandsbewegung, wurde in die Einheit 309 aufgenommen, ging zum letztenmal nach Hause und blieb da nur einen Tag, und meine Mutter hat geweint und gesagt, daß sie mich nie wiedersehen wird. Sie hat mich wirklich nie wiedergesehen. An dem Tag jedenfalls schlachtete meine Mutter eine Ente und drei Hühner, und es war ein großes Fest, und es wurde viel gegessen.«

»Sam, kannst du dich noch an dein erstes Gefecht erinnern?«

»O ja! Es war gleich nachdem ich meine Mutter gesehen hatte, im April 1952, und in meiner Kompanie gab es drei Tote und sechs Verwundete, mit diesen meinen Augen habe ich sie gesehen und mit diesen meinen Händen ihnen die Uhren abgenommen. Weißt du, am Schießen hatte ich mich nicht beteiligt, meine Aufgabe war es, den Toten die Uhren und Gewehre abzunehmen. Auch viele Franzosen sind da gefallen, es war scheußlich. Ich will sagen, ich hatte keine Angst während des Kampfes, weil da die Trompeten bliesen und weil wir sehr erregt waren. Aber nachher verstummten die Trompeten, und ich war bei diesen Toten, und ich hatte doch noch nie einen Toten gesehen. Und ich dachte daran, wie meine Mutter immer gesagt hatte, die Toten würden nachts wiederkehren und uns an den Füßen ziehen, und ich erschauerte. Und ich beweinte meine Kameraden; und wie ich nachts auf meiner Pritsche lag und nachdachte über Dinge, an die ich während des Gefechts nicht gedacht hatte, da fragte ich mich, warum müssen die Menschen sich umbringen lassen?«

»Hast du eine Antwort gefunden, Sam?«

»Nein, ich habe keine Antwort gefunden.«

»Und nachher?«

»Nachher habe ich nicht mehr daran gedacht, mit den

Jahren gewöhnte ich mich an den Anblick des Sterbens. An vieles gewöhnte ich mich. Zum Beispiel Hunger zu haben und ohne Schuhe zu sein und im Regen zu schlafen und zu leiden. Man mußte viel leiden, weißt du, auch wenn es ein paar schöne Augenblicke gegeben hat. Nach dem Kampf zum Beispiel war es schön, wenn uns der Kommandant sagte, wir sollten tanzen und singen, um die Toten zu vergessen. Und schön war es, wenn uns die Bauern fette Enten schenkten, um uns zu beglückwünschen. Und schön war es, wenn ich als Verbindungsmann herumging und haltmachte an den Flüssen, um zu angeln und vom Frieden zu träumen. Auch wenn ich ihn mir nicht vorstellen konnte, den Frieden, weil ich ihn ja nie kennengelernt hatte. Ich habe immer nur den Krieg gekannt. Aber den Frieden stellte ich mir so vor, keine Toten mehr, und mein Land ist blühend und glücklich, und ich bin mit einem hübschen Mädchen verheiratet.«

»Und du hattest dieses Mädchen, Sam?«

»Nein.«

»Sam, wann hattest du dein erstes Mädchen?«

Ich erinnere mich, wie er an dieser Stelle sein Gesicht mit den Händen bedeckte. Dann nahm er die Hände herunter und wandte sich Hauptmann Tan zu, als wollte er ihn um Hilfe bitten, aber Hauptmann Tan sagte: »So antworte doch! Los! Sag ihr, wann du dein erstes Mädchen hattest!«

»Ja ... also ... ich hatte mein erstes Mädchen mit dreiundzwanzig. Als ich schon jahrelang im Krieg gewesen war. Aber so klingt das nicht richtig. Ich hatte sie, weil ich sie liebte und heiraten wollte, und nicht, um mich zu amüsieren. Die Frauen achten wir nämlich, Hauptmann Tan, weil sie mit uns kämpfen und weil sie jahrhundertelang von uns schlecht behandelt worden sind, um gar nicht erst davon zu reden, daß sie den Männern gleich sind. Also, jetzt will ich von diesem Mädchen erzählen. Ich hatte sie kennengelernt, als meine Einheit im Distrikt Cho Gey haltmachte, in der Provinz Nhi To.

Es war der 2. Februar 1954, und ich liebte sie gleich, weil sie gut war und schön, sie war das schönste Mädchen, das ich je gesehen habe. Im Dezember wollten wir heiraten. Aber im Juli kam das Genfer Abkommen, und ich wurde in den Norden geschickt. Ich sagte, warte auf mich, es dauert bestimmt nicht lange, aber es dauerte zehn Jahre lang. Verstehst du? Das war schlimm. Und weißt du, ich bin ihr die zehn Jahre lang treu geblieben und habe keine andere angesehen. Als ich zurückkam, liebte ich sie noch wie an dem Tag, als ich sie verlassen hatte.«

»War es denn wirklich notwendig, sie zu verlassen, Sam?«

»Notwendig vielleicht nicht, aber Pflicht. Wir Vietkong sind Soldaten und müssen gehorchen. Der Befehl lautete: nach Hanoi. Weißt du, warum ich in Hanoi mich zu den Sabotage-Lehrgängen meldete? Weil ich nur so die Möglichkeit hatte, wieder in den Süden zurückzukommen und mein Mädchen zu heiraten. Die Lehrgänge waren schwer, weißt du. Richtige Schule, wer durchfiel, mußte das Jahr wiederholen. Wir haben gelernt, wie man mit Minen und Nitroglyzerin umgeht und wie man Anschläge in Häfen, auf Flugplätzen und in Städten macht. Ich war so traurig. Nicht weil's einem im Norden schlecht geht, so meine ich das nicht. Man hatte wieder Reisfelder angelegt und den Boden der Reichen an die Armen verteilt, und ich wurde gut bezahlt. Stell dir vor, hundertvierundzwanzig Piaster im Monat und ein Kilo Fleisch in der Woche. Da habe ich sogar Geld zurückgelegt, um mein Mädchen heiraten zu können. Aber ich war immer allein, wir vom Süden waren nämlich nur wenige, und die vom Norden hielten sich nicht viel bei uns auf. Stell dir vor, sie erlaubten uns nicht mal, eine vom Norden zu heiraten, hätte ich also mein Mädchen betrügen wollen, ich hätte es gar nicht gekonnt. Ach, ich habe richtig aufgeatmet, als sie mich 1964 zur Sabotage wieder in den Süden schickten.«

»Und hast du dein Mädchen wiedergesehen, Sam?«

»Nein. Da ist was sehr Häßliches passiert. Ich schrieb ihr, daß ich wieder da sei und daß wir endlich heiraten könnten, und sie antwortete, daß sie jetzt schon mit einem anderen verheiratet sei und zwei Kinder habe.«

»Hast du sehr darunter gelitten, Sam?«

»Sehr. Vielleicht hat sie's gar nicht böse gemeint, weißt du. Vielleicht hat sie sich eingeredet, ich sei tot. Vielleicht hat man sie auch überredet, mich aufzugeben, weil ich Bauer bin, sie ist von Beruf Schneiderin, verstehst du. Aber ich habe sie nie mehr sehen wollen.«

»Und danach hast du gleich eine andere geheiratet, Sam?«

»Nein, gleich nicht. Es mußten so viele Dinge getan werden. Den Stadtplan von Saigon mußte ich auswendig lernen, Straße um Straße, den anderen mußte ich beibringen, wie eine Zeitbombe gemacht wird und wie man sie anbringt, die ersten Anschläge mußten vorbereitet werden. Außerdem hatte ich mir geschworen, nie zu heiraten. Ich war auch fest entschlossen, diesen Schwur zu halten, aber da kam ich zu meiner Einheit ins Geheimgebiet von Cu Chi.«

»Erzähl mir von der Frau, die du geheiratet hast, Sam.«

»Ein Mädchen aus meiner Einheit, also eine Partisanin. Aber erst muß ich dir etwas anderes erklären. In unseren Einheiten gibt es meistens alle fünf Mann eine Frau. Diese Frauen darfst du nicht anfassen, wenn du sie nicht heiratest, du darfst nicht einmal mit ihnen durch die Wälder gehen, es sei denn auf Patrouille, um den Feind aufzuspüren. Dieses Mädchen war immer mit mir auf Patrouille, und ich dachte nicht daran, sie anzufassen. Aber eines Tages, als wir gemeinsam auf Patrouille waren, schien mir, als sähe ich sie zum erstenmal, und es überkam mich wie ein Glücksgefühl. Im gleichen Augenblick merkte ich, daß ich mir gar nichts mehr aus der machte, die mich betrogen hatte, und daß dieses Mädchen hier hundertmal besser war. Und so rief ich: ›Heiratest du mich bitte?‹ Und sie antwortete: ›Ja, danke.‹ Dann gingen wir ins Lager zurück, und ich sagte meinem Kommandanten, daß wir heiraten wollten, und er gab uns die Erlaubnis. Meine Frau kann ich nicht gut beschreiben. Sie ist ein Jahr jünger als ich und größer und dicker. Ein rundes Gesicht hat sie und eine dunkle Haut, und sie ist überhaupt nicht schön, schön sind nur ihre reizenden, lustigen Augen. Aber sanft ist sie und tugendhaft, und im Kampf ist sie mutig, und ich liebe sie, weil sie mich liebt. Und weil sie mir einen Sohn geschenkt hat. Und weil sie ihr Land liebt. Und weil sie vom Leben auch so wenig gehabt hat wie ich.«

»Sprich mir von deiner Heirat, Sam.«

»Wir hatten im Geheimgebiet geheiratet. In einem Bauernhaus mitten in einem Kautschukwald. Wir heirateten am 1. Mai 1965 vor dem Kommandanten, der ja die Vollmacht dazu hat. Es war eine ganz einfache und schnelle Zeremonie. Er sagte: ›Ich erkläre euch zu Mann und Frau.‹ Dann wurden die Papiere unterschrieben, und es gab ein kleines Fest. Sie hatte ihre Uniform mit der traditionellen Kleidung vertauscht, schwarze seidene Hosen und weißes seidenes Hemd. Ich trug eine saubere und gebügelte Uniform. Auch ein paar Geschenke bekamen wir, Zigaretten, Süßigkeiten, gestickte Taschentücher und Glückwunschkarten. Aber noch am selben Abend gab es ein Gefecht, wir mußten zusammen ins Gefecht, und das war unsere Hochzeitsnacht. Es war alles andere als lustig, verstehst du, aber wir hatten ja dieses Leben gewählt. Weißt du, daß wir nie eine Wohnung hatten bis zu dem Tag, wo unser Kind geboren wurde?«

»Erzähl mir von deinem Kind, Sam.«

»Ach, als sie schwanger wurde, da sagten ein paar Genossen: ›Warum denn noch ein Kind in diese dreckige Welt setzen?‹ Und ich antwortete ihnen: ›Damit es einmal ein besseres Leben haben soll als ich. Damit es fröhlich sein kann in einem unabhängigen Vietnam, wenn der Krieg zu Ende ist. Wir sterben doch alle einer nach dem andern, und nur wenige von uns werden das Kriegsende erleben, wir müssen Kinder in die Welt setzen, damit wir den Lohn unseres Schmerzes ernten.‹ Und als dann mein Sohn geboren wurde, war ich so glücklich, daß ich weinte. Ich bin keiner, der weint, weißt du. Ich habe auch nicht geweint, als ich im Norden war und man mir den Tod meiner Mutter mitteilte. Und ich habe auch nicht geweint, als ich in den Süden zurückkam und man mir den Tod meines Vaters mitteilte. Aber als mein Sohn geboren wurde, da habe ich geweint.«

»Wo ist dein Sohn, Sam?«

»Das weiß ich nicht. Bei meiner Frau im Geheimgebiet; und das Geheimgebiet wechselt ständig. Aber ist das nicht egal? Ich kann ihn doch nie wiedersehen. Und ich habe so ein Verlangen, ihn zu sehen und anzufassen. Ich möchte, daß er das weiß. Ich möchte, daß er eines Tages liest, was du schreiben wirst, und daß er erfährt, was ich ihm wünsche. Ich wünsche ihm, daß er intelligent ist und Dinge lernt, die ich nicht gelernt habe. Ich wünsche ihm, daß er Pilot wird. Kein Pilot von Kriegsflugzeugen, sondern von Flugzeugen, die ganz normale Menschen befördern. Ich wünsche ihm, daß ihm nie geschieht, was mir geschehen ist, daß man ihn nicht zwingt, zu töten und getötet zu werden, ohne daß er seinen Sohn noch umarmen kann. Weißt du, er fehlt mir so. Er fehlt mir mehr als alles andere. Er fehlt mir mehr als die Freiheit.«

Jetzt mischte sich Hauptmann Tan ein, der bis dahin geschwiegen und Papiere bekritzelt hatte. Er legte die Feder hin, lachte sein eiskaltes Lachen und sagte zu Nguyen Van Sam, daß er genau wisse, wo sich seine Frau und sein Sohn aufhielten, er könne sie jederzeit festnehmen, und vielleicht werde er es auch tun. Nguyen Van Sam rauchte gerade, um seine Fassung zu bewahren. Oder um die Tränen zu unterdrücken. Er ließ die Zigarette fallen, schlug die Hände vors Gesicht und stammelte: »Neiiin!« Dann fuhr ihm die eine Hand verschreckt nach oben und raufte seine Haare, die andere glitt hinab zu den Knien und preßte sie zusammen, damit sie nicht zittern sollten. Sein Gesicht war weiß, ganz und gar weiß geworden, seine Lippen mühten sich vergebens um ein Lächeln.

Ich verlor die Nerven und schrie, Hauptmann Tan solle das sein lassen. Ich glaube, ich schlug sogar mit der Faust auf seinen Schreibtisch. Hauptmann Tan erwiderte, ich sei eben zu empfindlich, aber er wolle es mir nicht nachtragen, weil mich General Loan empfohlen hatte. Dann entließ er Sam mit der Bemerkung, ich würde ihn vielleicht in einer dieser Nächte noch einmal sehen wollen, um das Interview fortzusetzen. Sam ging ohne ein Wort der Erwiderung und stolperte wegen der Binde vor den Augen.

3. Dezember. Aber du hast ihn nicht nach dem Anschlag auf das My Canh gefragt, sagt mir Moroldo in einem fort. Nein, das habe ich nicht. Irgend etwas, ich weiß nicht was, hat mich daran gehindert. Und der Gedanke, daß ich das nächste Mal davon sprechen muß, ist mir höchst zuwider. Vielleicht, weil mir François erzählt hat, daß er vier von den Opfern gut kannte. Zwei waren Filippinos, beim Pressefunk beschäftigt, und zwei waren Franzosen, Mann und Frau, Angestellte im Grall-Krankenhaus. Die Filippinos hätten eigentlich an dem Abend abfliegen sollen, aber das Flugzeug hatte Verspätung. Die Franzosen waren erst vor einem Monat nach Saigon gekommen, zusammen mit ihren Kindern. Und sie hatten schreckliche Angst, besonders die Frau. In diesem ganzen Monat war sie erst einmal durch das Tor des Grall-Krankenhauses gegangen, ihre fixe Idee waren die Attentate. Die beiden Filippinos hatten sie überredet und ins My Canh mitgenommen: »Ach was, Attentate, es passiert gar nichts, wir gehen alle vier zum Abendessen und feiern gleichzeitig Ihre Ankunft und unsere Abreise.« Nguyen Van Sams erste Clymore platzte auf der anderen Seite des Restaurants, sie traf die vier nicht. Alle vier sprangen auf und rannten zum Steg, der das My Canh mit dem Bürgersteig verbindet. Ich weiß nicht, ob ich schon gesagt habe, daß das My Canh so etwas wie ein großes Boot ist, das auf dem Fluß liegt. Gerade hatten sie den Steg erreicht, als die zweite Clymore genau in Richtung auf den Steg explodierte. Als erste starb die Frau, zerfleischt von ungezählten Stahlsaiten-Stückchen. Denn die beiden Clymore hatte Nguyen Van Sam selbst gebastelt und mit Stahlsaiten gefüllt, weißt du, wie man sie zum Bau von Stahlsaitenbeton verwendet. Geduldig hatte er sie in drei, vier Zentimeter lange Stückchen zerschnitten.

»Aber du hast ihn nicht nach dem Anschlag auf das My Canh gefragt«, sagte Moroldo immer wieder. Und François: »Frag ihn, wie ihm zumute gewesen ist, nachdem er alle diese Menschen im My Canh umgebracht hatte.« Ja, das werde ich tun mussen.

4. Dezember. Gestern nacht sah ich ihn wieder. Diesmal war die Zusammenkunft um Mitternacht. Hauptmann Tan bot mir ein Bier an, und wenige Minuten später kam Nguyen Van Sam. Als sie ihm die Binde abgenommen hatten und er mich sah, schien es mir, als freute er sich sehr. Dann streckte er gierig die Hand aus und bat mich um eine Zigarette. Ich gab ihm das ganze Päckchen, und weil er es nicht in seine Zelle mitnehmen durfte, rauchte er es innerhalb von zwei Stunden auf. Zwei Stunden waren wir zusammen. Hier ist das neue Gespräch. Auch dieses habe ich aufgenommen.

»Sam, ich hätte gern, daß du mir von dem Anschlag auf das My Canh erzählst. Ich möchte wissen, wie dir zumute gewesen ist, nachdem du alle diese Menschen umgebracht hattest.«

Er wurde rot. Aber er gewann gleich seine Fassung wieder.

»Mir war zumute, wie ich mir eben denke, daß einem amerikanischen Piloten zumute ist, nachdem er über einem wehrlosen Dorf seine Bomben abgeworfen hat. Mit dem einzigen Unterschied, daß er weiterfliegt und nicht sieht, was er angerichtet hat. Ich habe es gesehen. In Stücken sind sie dagelegen, Männer, Frauen und Kinder. Wie auf einem Schlachtfeld nach einer Schlacht. Und ich hielt mir die Augen zu. Und ich habe es nicht glauben können, daß dies alles mein Werk gewesen ist und nur dadurch, daß ich die Minen gezündet hatte. Der Anschlag auf das My Canh war mein erster, weißt du.«

»Und nachher?«

»Nachher ging's vorbei. Nachher dachte ich an meine getöteten und gefolterten Genossen, dachte an die Vietkong; wenn die Südvietnamesen sie fassen, schlagen sie ihnen den Kopf ab und stecken ihnen die Dinger in den Mund ... die Dinger ... Und das hat mir Kraft gegeben, denn daran mußt du denken, wenn dich Zweifel überkommen. Ich habe die Verpflichtung, gegen die Amerikaner zu kämpfen und alle, die mit ihnen sind. Dabei mußt du manchmal auch Unschuldige umbringen. So ist der Krieg. Unschuldige Opfer im Krieg, das ist ein Schmerz, der nicht zu vermeiden ist. Du mußt begreifen, daß es kaum einen Unterschied macht, ob du eine Kanone abschießt oder vom Flugzeug eine Bombe wirfst oder auch eine Mine unter einem Restaurant zündest, wo die Leute essen. Es ist die gleiche Schweinerei.«

»Sam, bist du jemals fromm gewesen?«

»Ja. Als ich Kind war, haben mich meine Eltern im Buddhismus unterwiesen, weil sie Buddhisten waren. Ich habe auch vom Konfuzianismus reden hören und vom Katholizismus, und ich bin bei einer Weihnachtsfeier gewesen. Und ich habe auch von dem Gott mit dem blonden Bart gehört, von Jesus Christus, der Flügel hat und über den Wolken schwebt. Er ist auf grausame Weise umgekommen, mir scheint wie ein Vietkong. Aber wenn die Leute böse sind, dann ist er es, der die Leute in den Tod und in die Hölle schickt, damit sie in Ölkesseln sieden. So hat der Geistliche gesagt. Und wenn die Leute gut sind, hat er gesagt, schickt er sie ins Paradies, wo getanzt und gesungen wird. Ich glaube das nicht. Ich weiß, daß nachher gar nichts ist, wenn du stirbst, und daß alle Tränen nur auf Erden vergossen werden. Es ist kindisch, auf ein Nachher zu hoffen oder davor Angst zu haben.«

»Sam, ist das Mitleid auch kindisch?«

»O nein! Mitleid ist Männertugend. Weißt du, wenn einer Gemeinheiten begeht, wie den Vietkong den Kopf abschneiden und ihnen die Dinger in den Mund stecken, dann bin ich im Augenblick voller Wut. Und ich glaube auch im Augenblick, daß ich ihn hasse. Aber dann vergeht der Haß, vergeht genauso schnell, wie er gekommen ist, und mich ergreift großes Mitleid. Mit den Amerikanern ebenso. Im Kampf habe ich sie gehaßt, aber nach dem Kampf habe ich sie nicht mehr gehaßt und gedacht, die sind auch unschuldig, denn die sind auch nur Menschen. Und ich habe gedacht, daß einige von ihnen sich wohl freiwillig gemeldet hatten, die andern aber gezwungen worden waren, ohne zu wissen warum. Und das muß sehr häßlich sein. Ich meine kämpfen und sterben, ohne zu wissen warum. Weißt du, es ist so, ich könnte mit jedem gut Freund sein, wenn es keinen Krieg gäbe und wenn mein Land nicht unterdrückt wäre. Mein armes Land, das immer von irgend jemand in den Staub getreten wird, zuerst von den Chinesen, dann von den Franzosen und jetzt von den Amerikanern, und für uns heißt es töten, töten, töten.«

»Sam, was weißt du von den Amerikanern?«

»Ich weiß, was man im Norden über sie sagte. Im Norden sagte man, daß der erste Mai in Amerika zum Feiertag gemacht worden ist, wo man ihn Labour Day nennt. Aber warum sind dann die Amerikaner so wütend auf diejenigen, die den ersten Mai feiern? Im Norden sagte man auch, daß Amerika erst zu einem Land geworden ist, als es nicht mehr Kolonie Englands sein wollte. Aber warum begreifen dann die Amerikaner uns Vietnamesen nicht, die wir doch nur Vietnam für uns allein haben wollen? Ich glaube ja nicht, daß die Amerikaner böse sind, weißt du, die Menschen sind überall gleich. Ich glaube nur, daß ihre Regierenden böse sind, weil sie reich sind und nie erlebt haben, daß ihre Häuser durch Napalmbomben brennen, und weil sie die andern in den Krieg schicken und selber abends in ihre Betten gehen.«

»Sam, bist du Kommunist?«

»O ja! 1964 bin ich in die Partei eingetreten, wie meine Frau auch. War das ein schöner Tag! Weißt du, es ist nämlich gar nicht einfach, in die Partei zu kommen. Und dann mag ich auch Herrn Ho Tschi Minh so sehr. Verzeihung, Hauptmann Tan, ich weiß, Sie haben es nicht gern, daß ich ihn nenne, aber Herr Ho Tschi Minh ist es, der uns Mut macht und uns führt. Außerdem ist Herr Ho Tschi Minh ein Mann von großer Tugend, der nie an sich selbst denkt und nicht einmal geheiratet hat, um sich voll und ganz dem Vaterland zu widmen.«

»Sam, jetzt muß ich dich etwas Häßliches fragen. Nämlich, warum du nach der Verhaftung gesprochen hast. Sam, die Geschichte mit dem Lkw kenne ich, aber es ist trotzdem häßlich von dir gewesen.«

»Ich weiß. Meine Schuld ist Wut und Eitelkeit, das ist sehr häßlich. Aufs Sterben war ich nämlich gefaßt, es ist das Schicksal eines jeden Vietkong, nicht aber auf ein schlechtes Sterben, nein, darauf war ich nicht gefaßt. Und wie ich erfuhr, daß Tam gesprochen hatte, überfiel mich eine große Mattigkeit. Und so habe ich's bestätigt und noch mehr gesagt. Du solltest das verstehen. Wenn du schon verstehst, daß einer redet, weil er den körperlichen Schmerz nicht aushält, solltest du auch verstehen, daß einer redet, weil er den seelischen Schmerz nicht aushält. Weißt du, da gibt es einen Augenblick, wo die Seele genauso weint wie der Körper, und dem Körper nur noch der Stolz bleibt, gut zu sterben. Diesen Stolz haben sie mir geraubt, also habe ich geredet. Ich schäme mich dessen, weißt du. Aber im gleichen Augenblick denke ich auch: Armer Sam, du hast in deinem Leben so wenig glückliche Tage gehabt. Du warst glücklich, als du deine Eltern wiedergesehen hast und deine Mutter die Ente geschlachtet hat, du warst glücklich, als dein Sohn geboren wurde. Und dann? Dann ist Schluß. Schon als Jugendlicher hast du immer darauf gewartet, daß sie dich gefangennehmen oder töten würden, schon als Jugendlicher hast du immer nur Entbehrungen und Schmerzen erlitten, also verdienst du einen stolzen Tod und die Genugtuung, erschossen zu werden.«

»Sam, glaubst du, daß dich das zum Helden macht?«

»Nein. Um ein Held zu sein, reicht es nicht, erschossen zu werden, ein Held ist etwas anderes. Ein Held ist tugendhaft, mutig und weise, ein Held gibt seine Wahrheit nie auf. Ein Held kann auch unter einem Lkw sterben, ohne daß jemand etwas davon erfährt. Nicht wahr, Hauptmann Tan?«

Hauptmann Tans Erwiderung war ein Gähnen und ein Blick auf die Uhr, um damit auszudrücken, daß er müde sei, wir sollten uns beeilen. Ich beruhigte ihn mit einer Handbewegung und zündete Sam die letzte Zigarette an.

»Wir haben nur noch wenig Zeit, Sam. Sie werden dich bald in deine Zelle zurückschicken, und dann sehen wir uns nie wieder. Und so will ich dir nur noch eine Frage stellen, und verzeih mir, falls sie dir einfältig erscheint. Sam, hast du dich eigentlich jemals amüsiert?«

»Laß mich nachdenken. Als Kind habe ich mich mit meinem Hund amüsiert. Ich liebte ihn, weil er weise war. Wenn ein Fremder an unsere Hütte kam, hat er ihn nicht gebissen, er hat gebellt, um uns aufmerksam zu machen, und basta. Dann war ich 1948 einmal im Kino und habe mich recht amüsiert, obwohl es ein Kriegsfilm war, wo die Amerikaner auf die Japaner schossen und immer siegten. Danach habe ich noch einen Film gesehen. Aber das war kein Unterhaltungsfilm, sondern einer, um Sabotageakte zu lernen. Danach war ich einmal in Saigon im Zirkus. Kurz vor dem Anschlag auf das My Canh. Ich bin ganz allein hingegangen, weil ich traurig war, aber ich sah wunderschöne Dinge, die mich sehr amüsiert haben. Ich sah einen Motorradfahrer, der um einen Brunnen fuhr, ohne hineinzufallen, ich sah auch drei Männer auf einem Fahrrad, das nur ein Rad hatte und trotzdem fuhr, und auch sie sind nie gefallen. Das ist alles. Beim Tanzen bin ich nie gewesen, und ich habe auch nie ein lustiges Lied gelernt. Das einzige Lied, das ich auswendig kann, ist ein Kriegslied. Es lautet: ›Bruder, du mußt kämpfen, du mußt den Süden befreien. Alle Hindernisse und alle Schmerzen mußt du überwinden, auch wenn's dir schwer erscheint‹ . . .«

»Aber du hörst doch gern Musik, Sam?«

»O ja. Besonders, wenn Wiegenlieder für Kinder gespielt werden. Dann mache ich die Augen zu und lausche, und es kommt mir vor wie eine Liebkosung.«

»Liebst du Gedichte, Sam?«

»Sehr! Im Norden las ich viele Gedichte, und eines Tages entdeckte ich in einem Buch ein so schönes, daß ich die Seite herausgerissen habe und es immer bei mir trug. Jetzt habe ich's nicht mehr. Ich muß es bei der Verhaftung verloren haben. Oder man hat's mir abgenommen. Aber ich kann es noch auswendig. Willst du's hören?«

»Ja, Sam.«

Er sagte es mir auf. Und das war der Text:

Ein Leben ohne Liebe
ist wie ein Leben in der Wüste,
ist wie sterben vor Hunger und Durst,
ist wie tausendmal größeres Leid.
Ist wie Weinen in Einsamkeit und Dunkel,
wie Unwissen über den Grund unsrer Geburt.
Liebe heißt eigentlich vernünftiges Denken.
Viele Lieben gibt es, du weißt es, Freund.
Es gibt die Liebe zur Demokratie
und die Liebe zu deinen Regierenden,
die Liebe zu deiner jungen Frau und den Kindern,

die Liebe zu deinen Genossen in Waffen.
Und all diese Lieben sind schön, denn
sie kommen aus dem Gedanken der Liebe.
Und man liebt, damit man den Kampf besteht,
Blumen zur Blüte bringt, das Leben
weitergibt an unsere Kinder.
Doch vergiß nicht zu kämpfen, Freund,
vor zuviel Denken an Liebe, sonst
wird auf Erden keine Liebe mehr sein.

»Danke, Sam. Was kann ich dir wünschen, Sam?«

»Wünsche mir einen guten Tod. Damit ich den Männern, die mich erschießen werden, ins Gesicht sehen und sagen kann, ich bin überzeugt, daß ich das Rechte getan habe für mein Vaterland und für Ho Tschi Minh. Deinem Land wünsche ich Frieden und Gedeihen, möge es nie wieder vom Krieg getroffen werden. Dir selbst wünsche ich Gesundheit und Glück und einen sehr späten Tod.«

Er verschränkte die Hände über dem Herzen und verneigte sich vor mir. Man legte ihm die schwarze Binde über die Augen und führte ihn weg. Tan gähnte noch einmal und ließ dann eine Begleitung für mich kommen, die mich ins Hotel zurückbrachte. Auf den menschenleeren Straßen war es sehr heiß, und das Schweigen wurde zerrissen von den Einschlägen eines nächtlichen Luftangriffs. Aber am Himmel strahlte der Mond, dieser Mond, den die Menschen betreten wollen, um ihre Größe noch größer zu machen. Und ich dachte an die Worte, die mir gestern François gesagt hatte: »Der Mond ist ein Traum für den, der keine Träume hat.«

Drittes Kapitel

Weißt du, es ist schwer zu sagen, wann ein Verdacht entsteht oder eine Liebe oder ein Gesinnungswandel. Das steckt schon in dir wie eine Krankheit, die du ja erst bemerkst, wenn sich die Symptome zeigen: Schwindel zum Beispiel. Deshalb kann ich beim besten Willen nicht sagen, wann ich vom Krieg gepackt wurde und zu begreifen begann, wieviel Wahres an François' Behauptung war, im Krieg läge ein wundersamer Zauber. Sicherlich war es nicht an dem Abend, als wir darüber diskutierten: ich weiß noch genau, wie sehr mich seine Worte überraschten. Und sicherlich auch nicht vorher in Dak To. Und sicherlich auch nicht nachher mit Nguyen Van Sam. Oder vielleicht gerade mit Nguyen Van Sam? Oder vielleicht gerade drunten in Dak To? Oder war es doch François gewesen, der mir gewisse in Dak To unterdrückte Intuitionen deutlich ins Bewußtsein brachte und mich vorbereitete, sie bei Nguyen Van Sam zu akzeptieren? »Im Leben eines Menschen gibt es keine Bewährungsprobe, die auch nur annähernd so endgültig ist. Man könnte meinen, daß der Mensch in der Gewalttätigkeit seine Intensität wiederfindet, das heißt eigentlich erst findet.« Ich weiß es nicht. Ich kann nur sagen, daß ich ein erstes Anzeichen von Gesinnungswandel nach dem Abschied von Nguyen Van Sam merkte, als der Jeep durch die ausgestorbenen Straßen fuhr in dieser Stille, die von den Einschlägen eines nächtlichen Luftangriffs zerrissen wurde. Ich weiß noch, daß ich sie ansah, meine bewaffneten Begleiter, die auf das geringste Geräusch achteten, gespannt jeden Schatten verfolgten, und daß ich ihre Gesichter über Nguyen Van Sams Gesicht setzte, der Minen legt, der im Walde schießt, der vor dem Hinrichtungskommando steht, und daß mich plötzlich eine schreckliche Ahnung überfiel, sodann schwindelnde Erregung, und daß ich froh war, in Vietnam zu sein. Es war der Schwindel, der einen angesichts dessen ergreift, was man Heldentum nennt.

Niemand kann dem Heldentum gegenüber gleichgültig bleiben, und Lebenselement des Heldentums ist der Krieg. Es kann auch ein Liebesverhältnis sein, ein gefährliches Abenteuer, eine unmöglich erscheinende Arbeit. Ich will das gewiß nicht bestreiten. Aber nirgendwo anders erfährt das Heldentum eine so explosionsartige Zunahme wie im Krieg mit seinem unersetzlichen Preis: dem Tod.

Als François den Krieg mit einem Boxkampf verglich, vergaß er zu sagen, daß der Kulminationspunkt, an dem der Mensch sein Äußerstes erreicht, eben der Tod ist. Und so erregte er mich plötzlich. Ich sah ihn nicht mehr als Delikt an, das zu verurteilen sei, sondern als Heldentum, über das man berichten müsse. Und in all seinen Erscheinungsformen studierte ich ihn, einschließlich des Selbstmordes eines Bonzen.

Ich suchte ihn auch für mich selbst, in der Herausforderung eines Luftkampfes. Und gerade in der Periode lernte ich den Mann kennen, der dem allem einen Sinn geben würde: General Nguyen Ngoc Loan.

6. Dezember. Auf der Terrasse der Pagode Tu Nghien befindet sich ein schwarzer Brandfleck, und er hat die Form eines Menschen, der mit gekreuzten Beinen dasitzt, dem Altar zugewandt, wo der große Buddha thront. Vergeblich hat man versucht, den Fleck abzuwaschen, abzuscheuern; auch der Stein ist vom Feuer angefressen.

Wenn die Bonzinnen vorbeikommen, verharren sie eine Weile mit verschränkten Händen: hier hat sich im vergangenen Jahr Huyn Thi Mai aufgeopfert, eine junge Lehrerin aus Saigon. An einem Sommersonntag um fünf Uhr morgens. Sie kam in die Pagode mit einem Benzinkanister, einer Schachtel Streichhölzer, einem Korb voller

Obst. Niemand hat sie bemerkt. Die alte Bonzin, die zum Gebet nachts im Tempel bleibt, war eingenickt, den Kopf an die Glocke gelehnt. Die anderen befanden sich in ihren Zellen. Schließlich hätte sich auch keine gewundert, Huyn Thi Mai zu begegnen. Sie kam sehr oft, auch im frühesten Morgengrauen. Man kannte sie gut.

Leise stellte Huyn Thi Mai den Korb mit Obst vor die Füße Buddhas: Mango, Bananen und Ananas. Und legte einen Brief darauf. Dann ging sie auf Zehenspitzen an der schlafenden Bonzin vorbei, öffnete die Glastür, die auf die Terrasse führt, übergoß sich dort mit Benzin und zündete sich an. Im Nu loderten die Flammen empor und so blendend hell, daß die Bonzin aus ihrem Schlaf auffuhr. Bei dem Ruck läutete die Glocke. Man hörte einen Schrei. Wenige Sekunden später waren die Nonnen zur Stelle, mit ihrer ehrwürdigen Mutter, die kalten Bluts befahl: »Nasse Handtücher!« Die Flammen schlugen in die Höhe und waren durchsichtig, man konnte Huyn Thi Mai leiden sehen: die Augen aufgerissen, den Mund so schmerzhaft verzogen, als könne sie es kaum aushalten. Aber sie hielt es aus, den Blick auf die ehrwürdige Mutter gerichtet, und hob die Hand, um sie zu bitten, nicht einzugreifen. Dann verschränkte sie ihre Hände, wie auch wir das in der Kirche tun, und rührte sich nicht mehr, bis sie vornüberfiel, das Gesicht zur Buddha-Statue gewandt.

»Nasse Handtücher!« wiederholte die ehrwürdige Mutter, diesmal ungeduldig. Die Handtücher kamen. Und fielen zischend auf diesen Körper. Vergebens jetzt. Huyn Thi Mai hatte ihre Finger verloren, einen Teil ihres rechten Arms, Teile ihres Gesichts. Sie atmete nicht mehr. Da murmelte die ehrwürdige Mutter: »So sei es!« Und ging zum Altar, nahm den Brief, der dort auf dem Obst lag. Er lautete:

»Ich bin weder verrückt noch unglücklich. Das Leben ist schön, und ich hätte es ganz und gar lieben mögen. Doch ist es nicht mehr als recht, daß ich es hingebe für unser Vaterland und unseren Glauben. Die Verantwortung an meiner Tat soll die Leute voller Falsch treffen, die in Vietnam noch an der Macht sind.«

Thich Nhu Hué, die ehrwürdige Mutter, erzählte mir dies alles mit beherrschter Stimme, aber mit Augen voller Schmerz. Ihr Kopf ist kahlgeschoren, sie trägt das blaue Gewand, das jetzt in vielen Pagoden an die Stelle des orangefarbenen Peplons getreten ist. Schweißtropfen gleiten ihr die Wangen hinab, wie lange Tränen. Es ist ein schwüler Nachmittag. Vom Tempel kommt der Singsang der Alten, die neben der Glocke betet und nach jedem Vers mit einem Hämmerchen daran schlägt. Die Glocke hat einen dumpfen, feierlichen Klang. Die ehrwürdige Mutter Thich Nhu Hué, so unbeweglich auf ihrem Stuhl, sieht aus wie eine Königin auf ihrem Thron. Sie ist vierundfünfzig Jahre alt, seit fünfunddreißig Jahren Bonzin, herrscht über alle Bonzinnen in Vietnam: an die sechstausend. Darum ist es an ihr, die Erlaubnis zur Selbstaufopferung zu erteilen; hundertfünfzig Gesuche von Schwestern, die Selbstmord begehen wollen, hat sie in Verwahrung. Zehn sind allein von dieser Pagode. Eine von diesen zehn Bonzinnen ist gerade hereingekommen, um ihr mit dem Fächer Kühlung zu verschaffen. Nun sind es die Frauen, die sich verbrennen, erklärt die ehrwürdige Mutter. Von Jahr zu Jahr sind es mehr geworden. Unter der Regierung Diem waren es insgesamt sieben: sechs Bonzen und eine Bonzin. Unter der Regierung Ky waren es dreizehn: neun Bonzen und vier Bonzinnen. Unter der Regierung Van Thieu waren es acht: ein Bonze und sieben Bonzinnen. Doch die letzten vier taten es ohne die Genehmigung der ehrwürdigen Mutter. Die erste am 3. Oktober in Can Tho, die zweite am 8. Oktober in Sa Dek, die dritte am 4. November in Saigon, die vierte am 22. November in Na Trang. Die ehrwürdige Mutter erfuhr es, als man sie rief, die Körper abzuholen und zu beerdigen. Auch diese Aufgabe steht nur ihr zu. Aber sie konnte nur zwei Körper holen, die anderen zwei hatte schon die Regierung geholt, der es nicht recht ist, wenn der Totenritus Menschenansammlungen bewirkt, wenn das Grab Wallfahrtsort wird. Im übrigen hüteten sich die Zeitungen, dies zu verbreiten, und die Leute, die es erfuhren, reagierten gleichgültig oder gelangweilt. »Schon wieder eine? Anscheinend brennen Frauen besser.« Als Huyn Thi Mai sich umbrachte, hat jeder sie sehen können: die Terrasse geht hinaus auf eine Straße voller Häuser. Doch an den Fenstern standen höchstens dreißig Menschen, auf den Bürgersteigen spielten die kleinen Jungen Haschen und sangen dabei: »Sie brennt! Brennt! Breeennt!«

»Ehrwürdige Mutter, was nützt es dann?«

»Es nützt, gegen eine Regierung zu protestieren, die nicht vom Volk, sondern nur von den Amerikanern gewollt ist, die an unserem Unglück die Hauptschuld tragen. Wir haben die schmerzliche Erfahrung des Kolonialismus schon unter den Franzosen gemacht, jetzt machen wir sie noch einmal unter den Amerikanern, die sich wie die Franzosen benehmen. Sie dringen in unser Land ein, behandeln uns als minderwertige Geschöpfe, schüren den Krieg um ihrer eigenen Interessen willen. Die Selbstverbrennung ist eine wertvolle Waffe gegen sie, denn sie ruft Mitleid und Entsetzen hervor und bringt die Schuldigen zum Nachdenken.«

»Ehrwürdige Mutter, wie lang werden denn diese Selbstmorde noch anhalten? Wie viele von den hundertfünfzig Gesuchen werden genehmigt?«

»So viele wie nötig, alle, wenn nötig. Wenn ich manchmal zögere, die Genehmigung zu erteilen, so hat das nur den Grund, daß man das Martyrium kontrollieren muß, und es sind in der Hauptsache die Jungen, die es wollen. Es ist nicht richtig, daß immer nur sie sterben. Im übrigen darf das Martyrium keine Affekthandlung sein, getragen vom Mut und von der Begeisterung eines Zwanzigjährigen. Es soll eine bewußte Tat sein, wohlüberlegt von Erwachsenen, die das Leben begriffen haben. Für mich ist es sehr schmerzlich, wenn die Jungen sich ohne Erlaubnis verbrennen. Also sage ich zu den zehn Schwestern, die in unserer Pagode so ungeduldig danach sind, ihr Leben zu opfern: seid geduldig, wartet, der rechte Augenblick wird kommen. Aber ich lebe in ständiger Sorge, daß sie es ohne mein Wissen tun werden wie Huyn Thi Mai.«

»Ehrwürdige Mutter, Sie waren Zeugin von mehr als einer Selbstaufopferung. Was für einen Eindruck macht das auf Sie?«

Sie lächelt mit großer Milde.

»Oh, Sie müssen verstehen, daß ich nicht so reagiere wie irgendeine andere: ich bin keine Frau mehr, ich bin eine Bonzin. Für uns ist der Tod keine Tragödie. Einen toten Körper verbrennen wir oder werfen ihn für die wilden Tiere in den Wald oder für die Fische ins Meer. Damit sie sich davon ernähren. Nur wenn kein Feuer da ist, um ihn zu verbrennen, und keine wilden Tiere und keine Fische, um ihn zu fressen, beerdigen wir ihn. Wir haben keine Furcht vor körperlichem Leid, wir können es bezwingen, und wenn es noch so groß ist. Denn die körperliche Realität zählt nicht.«

»Ehrwürdige Mutter, glauben Sie, daß man sehr leidet, wenn man bei lebendigem Leib verbrennt?«

»O ja! Denn es stimmt nicht, daß man da erstickt oder keinen Schmerz spürt. Im Gegenteil, das Opfer bleibt bis ans Ende bei vollem Bewußtsein, und nur eine außergewöhnliche Willenskraft kann es regungslos ausharren lassen, ohne um Hilfe zu bitten. Ich denke an Huyn Thi Mai: sie litt sehr. Die nassen Handtücher kamen nicht, und sie litt sehr.«

»Ehrwürdige Mutter«, frage ich sie zum Schluß, »sind Sie bereit, sich selbst zu opfern?«

»O ja! Ja, gewiß. Es gehört zu meinen Pflichten. Und dann sehen Sie, ich verehre diese Tat. Wenn ein Bruder oder eine Schwester sich verbrennt, fühle ich nicht Mitleid oder Grauen. Ich fühle eine unaussprechliche Bewunderung, eine unaussprechliche Achtung und auch ein wenig Neid. Wissen Sie: gut sterben ist besser als schlecht leben. Schlecht leben ist das größte aller Opfer.«

Ich möchte teilnehmen an der Selbstverbrennung eines Bonzen oder einer Bonzin. Es muß recht interessant sein.

7. Dezember. François sagt nein. Er sagt, es ist ekelhaft, und basta. Er hat das einmal gesehen, im Juli 1966, und er war so entsetzt, daß er es mit Gewalt verhindern wollte. »Ich bin unterwegs zu einer Pressekonferenz des ehrwürdigen Tam Chau und fahre gerade durch die rue Con Li«, erzählt er mir, »als ich eine Lohe neben dem Bürgersteig sehe. Da brennt schon wieder einer, sage ich mir. Ich steige aus und trete hinzu. In der Lohe steht ein Bonze. Daneben ein paar Halbwüchsige, die ihre Witzchen machen, ein paar Frauen, die seufzen, und ein paar Bonzinnen. Die Passanten sehen kaum oder gar nicht hin. Autos und Fahrradrikschas achten nur darauf, nicht zu nahe an die Flammen zu kommen: der Verkehr wird nicht im mindesten behindert, verstehst du? Der Bonze fängt gerade erst an, schwarz zu werden, vor allem sein Gewand brennt, es ist mit Watte gefüttert, damit es mehr Benzin aufsaugen kann. Ein breiter Fetzen Stoff fällt zu Boden, ich springe hin, stoße ihn mit dem Fuß weg. Das Gesicht des Bonzen zeigt Erleichterung, einen Augenblick lang habe ich den Eindruck, er will sich auch den Rest vom Körper reißen. Aber da beugt sich eine Bonzin über den brennenden Lappen, hebt ihn auf, wobei sie sich nicht einmal die Finger zu verbrennen scheint, und legt ihn dem Bonzen auf den Kopf. Der verzerrt sein Gesicht. Wieder springe ich hinzu und nehme ihm den Fetzen vom Kopf: und wieder hebt ihn die Bonzin auf und legt ihn an seine Stelle zurück. Die Geschichte ist nachgerade grotesk-makaber: mit diesem Fetzen auf und ab. Der arme Kerl gestikuliert, offensichtlich hat er wenig Lust zu sterben und wohl auch nie welche gehabt; doch die Feuersäule ist jetzt von Bonzen umringt, die mich am weiteren Eingreifen und ihn an der Flucht hindern. Ich stürze zum Telefon, rufe die Polizei, als die Wagen eintreffen, lebt er noch. Im Krankenhaus stirbt er dann sechsunddreißig Stunden später, und die Ärzte stellen Rauschgift fest.«

»Ist das oft der Fall, François?«

»Ich bin davon überzeugt. Sieh mal, nirgends auf der Welt gibt es einen so starken Willen, der einen festhalten könnte, während man brennt. Um gar nicht erst von einer anderen Art Rauschgift zu reden, die wir Gehirnwäsche nennen. Du brauchst nur einem siebzigjährigen Bonzen oder einer siebzehnjährigen Bonzin einzubleuen, daß Vietnams Schicksal von deren Opfer abhängt: er oder sie wird sofort damit einverstanden sein, sich braten zu lassen. Und wenn sie noch so genau wissen, daß ihre Selbstverbrennung überhaupt keinen Menschen auch nur im mindesten beeindruckt.«

Das ist seine These. Denn er sagt, die Buddhisten seien nicht mehr gefragt. In weniger als vier Jahren sind sie zu einem Ruhm gekommen, den sie nie zu erhoffen gewagt hätten, und in eine Tiefe gestürzt, die sie nie zu befürchten gewagt hätten. Politisch haben sie kein Gewicht, sie haben die einmalige Gelegenheit verspielt, die ihnen vom Zufall oder von der Geschichte geboten wurde: die Rolle einer dritten Kraft in Vietnam zu übernehmen und sich in der Macht festzusetzen, wie dies die Katholiken in vielen europäischen Nationen getan haben. Warum, ist leicht zu sagen: Vietnam war nie ein buddhistisches Land. Zweieinhalb Millionen gehören zur Sekte der Cao Dai, zwei Millionen zur katholischen Kirche, eine halbe Million zu den Animisten, die zu den Göttern der Erde, der Wildbäche und Berge beten. Die anderen sind indifferent und pflegen den Kult der Vorfahren und zünden Kerzen auf den Altären der Toten an. Erst 1963 begann man in Vietnam von den Buddhisten zu sprechen, als ein aufgeweckter und ehrgeiziger Mönch, Tri Quang, eine regierungsfeindliche Ansprache in der heiligen Stadt Hué hielt. In Hué gibt es viele Buddhisten: eine Revolte war die Folge. Die Polizei machte von der Schußwaffe Gebrauch, acht Bonzen wurden getötet, und Tri Quang benutzte die Gelegenheit, um Diem den Krieg zu erklären. Die erste Selbstverbrennung fällt in diese Zeit. Es war ein Mönch aus der Pagode Xa Loi in Saigon, und Tri Quang hatte gewiß Kenntnis davon: am Vorabend war ein Fotograf telefonisch informiert worden, und man sagte, Tri Quang habe das veranlaßt. Die Fotografie ging um die ganze Welt. Und die Welt weinte. Und die Amerikaner, die mit Diem unzufrieden waren, beschlossen, den Buddhisten eine Rolle zuzuspielen, die sie nie innegehabt hatten, sie machten sie zu Fahnenträgern der nationalen Idee. Damit begann die Farce.

Eine makabre Farce, gegründet auf verkohlten Körpern. Noch einer und noch einer und noch einer und noch einer und wieder einer. Das sechste Opfer war ein achtzehnjähriges Nönnlein. Und allemal wurde fotografiert, dramatisiert und veröffentlicht von den Korrespondenten der ›New York Times‹, der Associated Press und der UPI, so behauptet François. Alle drei Amerikaner, alle drei jung und clever, wenn auch beruflich noch ein wenig grün. Sie begriffen nämlich nicht, daß ihre Veröffentlichung die Bonzen genauso lancierte, wie ein Produzent ein Starlett lanciert. Sie begriffen nicht einmal, daß die Mehrheit bei den Demonstrationen gar nicht aus Buddhisten bestand, sondern aus waschechten Vietkong. Madame Nu, perfide, aber wahrlich nicht dumm, hatte gar nicht unrecht, als sie ausrief: »Die Buddhisten sind Rote im gelben Kleid!« So, in dieser Zwielichtigkeit, konnten die Buddhisten die Unzufriedenheit des Volkes ausnutzen, sie gewissermaßen symbolisieren und schließlich das Verdienst für sich in Anspruch nehmen, Diem gestürzt zu haben. Was nämlich die Militärs mit Hilfe der Amerikaner bewerkstelligten. Das alles dauerte nicht lang. Die Realität stufte sie bald wieder auf ihre wahre Bedeutung zurück. Und es mangelte ihnen vollkommen an klaren Motivierungen, an Rückhalt im Volk, an intelligenten Anführern. Die Amerikaner, die ihren Fehler begriffen hatten, warfen sie weg wie ein Paar alte Schuhe, die man nicht mehr braucht. Untereinander zerstritten, auf der einen Seite Tri Quang und auf der anderen Tam Chau, stürzten sie sich von neuem in einen Kampf, der keinen Menschen mehr interessierte, und von neuem brannten diese armen, gelb und blau gewandeten Körper, ohne diesmal von den Korrespondenten fotografiert zu werden.

»Was Neues heute?«

»Nein, nur wieder ein Braten.«

»Mann oder Frau?«

»Keine Ahnung!«

François geht recht hart mit den Buddhisten um, vielleicht spielt er ihre Bedeutung zu sehr herunter. Immerhin ist es eine Tatsache, daß Selbstverbrennungen heutzutage Braten genannt werden. Wenn General Loan von einem Braten hört, schickt er seine Leute mit Feuerlöschern hin – welches Schauspiel! Erst die Feuersäule mit dem Märtyrer, dann Polizeisirenen und kreischende Autobremsen, und wenige Sekunden später ist der Bonze mit weißem Schaum bedeckt wie ein Clown mit Schlagsahne. Sieh ihn dir an unter seiner Schlagsahne! Da kann sogar etwas den Tod töten, die Lächerlichkeit. Dennoch erzwingt sich selbst die Lächerlichkeit vor dir Respekt, weil ein Mensch, der sich mit Benzin übergießt und dann ein Streichholz anmacht und sich selbst anzündet, ein Mensch, der sich ohne einen Schrei und ohne Bedauern verbrennen läßt, ein Mensch, der dies aus einem Ideal und nicht aus persönlicher Enttäuschung heraus tut, nun, weil in meinen Augen dieser Mensch ein Held ist. Wie ein Vietkong und wie ein Soldat im Schützengraben.

Ich nannte die Astronauten Helden. Aber was ist denn das für ein Heldentum, auf dem Mond zu landen mit einem Sicherheitsfaktor von neunundneunzig Komma neunundneunzig Prozent, mit einem bis zur letzten Verschraubung überprüften Raumschiff und beobachtet von Tausenden von Technikern, Wissenschaftlern, unfehlbaren Instrumenten, die alle bereit sind, dir Hilfe zu geben? Und geht es trotzdem schief, und du stirbst auf dem Mond, was ist denn das für ein Heldentum, vor den Augen der ganzen Welt zu sterben, die dich bewundert und verherrlicht und beweint? Nein, das Heldentum begreife ich erst hier, und es ist nicht das eure, meine Freunde Astronauten. Es ist das Heldentum des Vietkong, der ausgeht zu töten und sich töten zu lassen, barfuß und im Namen eines Traums. Es ist das Heldentum des Soldaten, der verlassen wie ein Hund in einem Wald krepiert, während er einen Gipfel stürmt, der ihm ganz und gar egal ist. Es ist das Heldentum eines Mädchens oder eines Bonzen, die sich selber anzünden und dabei noch in Kauf nehmen, mit einem Feuerlöscher lächerlich gemacht zu werden.

8. Dezember. Um so beachtlicher, als nichts an diesen Pagoden dich zum Heldentum ermutigt. Sie sehen nicht einmal nach Pagoden aus, an ihnen ist weder Feierliches noch Tragisches. Keinerlei suggestive Schönheit, wie du sie von den Tempeln in Bangkok und im übrigen Asien her kennst. Nein, es sind ärmliche Bauten am Stadtrand, versteckt in schmutzigen Sträßchen, übelriechenden Gassen. Zunächst entdeckst du sie gar nicht, weil sie sich von den anderen Häusern nicht unterscheiden. Erst nach wiederholtem Suchen merkst du, daß da ein Schild hängt mit der Aufschrift »Pagode Tun Nghien« oder »Pagode Xa Loi«. Um sie herum lärmendes, aggressives Leben, klingelnde Fahrräder und Rikschas, schreiende Ladenbesitzer, bellende Hunde, lachende Kinder, die sich haschen oder ihr Pipi an die Hauswand machen. Weißt du, das alte Saigon, das es zur Zeit der Franzosen gab, ärmliches Volkstreiben, das den reichen europäischen Touristen so gut gefällt. Hier sind keine Panzerwagen, Jeeps mit Maschinengewehren, Sandsackbarrikaden, dafür eine dichtgedrängte, offenbar glückliche Menschenmenge unter ihren spitzen Hüten, und stehst du etwas erhöht, siehst du einen Strom spitzer Hüte, der ruckend dahingleitet. Jedes Gäßchen ist ein winziger Markt, wo dir auf der Erde hockende Verkäuferinnen auf der Erde ausgebreitete Waren anbieten, frische zuckende Fische, gebratene Hühner, gekochten Reis, gesottene Eier, Ananas; beachtest du sie nicht, klammern sie sich an deine Kleider mit fröhlicher Beharrlichkeit. Inmitten dieser Orgie von Nahrungsmitteln und Fröhlichkeit denkst du nicht an den Tod. Hier scheinen Tod und Krieg dich vergessen zu haben.

Heute früh bin ich zu Tri Quang in die Pagode gegangen. Dazu mußt du erst über Bettler, streunende Hunde, Kehrichthaufen und ein Loch steigen, das von einer Mine aufgerissen wurde. Wo jetzt dieses Loch ist, hatte vor zwei Jahren der ehrwürdige Tienh Minh, Adjutant von Tri Quang, sein Auto geparkt. Als er es wieder bestieg und den Motor anließ, explodierte die Mine und riß ihm die Därme heraus. In der Tat lebt er wunderbarerweise mit einem künstlichen Darm. Selbstverständlich war das keine Vietkong-Mine. Tienh Minh, erbitterter Gegner der Amerikaner und der von ihnen gewollten Regierung, hatte schon zusammen mit den Kommunisten gegen die Franzosen gekämpft; heute wird er beschuldigt, den Vietkong in den Pagoden Unterschlupf zu gewähren. Auch in der Pagode Xa Loi? Warum eigentlich nicht? Sie ist wie dazu geschaffen: voller Treppen, Korridore, Ausgänge in geheime Höfe, Balkons, Zellen, von wo aus ungesehene Augen dich mustern, dir folgen, dich vielleicht aufs Ziel nehmen. Tri Quangs Zelle hat zwei Türen, eine jede wird von drei, vier raschen, entschlossenen Mönchen beschützt: man kann sich schwerlich einbilden, dies sei das Hauptquartier einer Opposition, die auf Selbstmorden beruht.

Wie ein Selbstmörder sieht wahrlich auch Tri Quang

nicht aus, der 1966 wie eine Gemse die Mauer der amerikanischen Botschaft überkletterte, um der Verhaftung und dem Tod zu entgehen. Sein rundliches, verschmitztes Gesicht, sein listiger, unsteter Blick und dann dieses Lächeln einer Bestie, die wer weiß was im Schilde führt, verraten einen starken Lebenswillen. Sieh ihn dir an, während er sich vergewissert, daß uns keiner gefolgt ist. Sieh ihn dir an, während er seine Zelle verschließt, in der sich nichts als ein Bett, ein Tisch mit der Fotografie Gandhis, ein Stuhl und ein Nachttopf befinden, aber ebenso ein Radio allerneuesten Typs, eine Klimaanlage und eine Schachtel Pralinen, für die er eine wahre Leidenschaft hat. Hör ihn dir an, während er sein Programm auseinandersetzt, die Funktion einer dritten Kraft in Vietnam zu übernehmen, während er mich zu überzeugen versucht, er stehe weder auf der Seite der Kommunisten noch auf der Seite der Kolonialisten. Du glaubst doch nicht, daß dies ein Mann ist, der ans Sterben denkt! Wer den Tod sucht, springt nicht ins Hoheitsgebiet fremder Botschaften, schließt sich nicht in sein Zimmer ein, macht keine langfristigen Programme, vertut keine Zeit damit, Pralinen zu essen. Wer sterben will, schwebt in einem Zustand strahlender Abgeklärtheit, die aus Verzicht und Schweigen besteht, abseits von jeder Art von Freude und Polemik und Vorsicht. Doch jetzt stelle ich die Frage: »Ehrwürdiger Tri Quang, werden die buddhistischen Selbstverbrennungen noch andauern? Glauben Sie, es bringt irgendeinen Nutzen, so viele Leute zu opfern?«

Er gibt mir folgende Antwort:

»Die Selbstverbrennungen der Buddhisten werden so lange andauern wie das Volksgemetzel. Ich selbst bin unbedingt bereit, mich anzuzünden. Noch in diesem Augenblick, wenn es notwendig oder wenigstens von Nutzen ist. Jeder wahre Buddhist ist zur Selbstaufopferung bereit, man braucht nur zwanzig Liter Benzin; und eine Qual von zehn Minuten ist leicht zu ertragen, wenn sie dazu dient, einen Glauben und ein Volk zu verteidigen. Die Katholiken müßten das doch verstehen. Ich weiß nicht, was sich die Katholiken denken, wenn sie ihre Märtyrer auf den Altären verehren, aber ich glaube zu wissen, was ihre Märtyrer dachten, als sie sich kreuzigen oder von Löwen zerreißen ließen. Die erhabenste Tat, die ein Geschöpf vollbringen kann, ist diejenige, in schmerzhafter Weise auf das Leben zu verzichten.«

Genau das sagte er.

Zum Mittagessen war ich auf der Terrasse des Continental, mit Mazure, Catherine und noch anderen Korrespondenten. Es war eine drückende, stockende Schwüle, ein feuchter, milder Sonnenschein, und alle gaben sich einer Muße hin, die sich in Banalitäten und Witzchen ausdrückte. Ich hatte keinen Sinn dafür. »Was ist mit dir los? Woran denkst du?« rief schließlich Mazure. »An nichts«, erwiderte ich. Aber natürlich dachte ich, und ob ich dachte, nämlich an jene Antwort und das, was nachher geschah. Nachher hatte Tri Quang mich um einen Gefallen gebeten, ob ich bei meiner Rückkehr einen Brief nach Rom mitnehmen könne? Selbstverständlich hatte ich ja gesagt, und er hatte sich hingesetzt und diesen Brief geschrieben. Langsam, hie und da etwas streichend, mit Überlegung. Dann schrieb er ihn ins reine und übergab ihn mir mit spitzen, traurigen Fingern.

»Wem soll ich ihn übergeben, ehrwürdiger Tri Quang?«

»Dem Papst, wenn es geht.«

»Dem Papst?«

»Gewiß. Der Papst ist ein mächtiger Herrscher. Er kann sich sowohl bei den Kommunisten als auch bei den Kolonialisten Gehör verschaffen. Er kann Geheimverhandlungen aufnehmen zur Beendigung dieses Krieges, er kann verlangen, daß die Kampfpause an Neujahr und zum Tet-Fest verlängert wird. Unserer Verzweiflung ist nur geholfen, wenn wir denken können, daß uns jemand versteht und hilft.«

Ich hatte Tri Quang versprochen, diesen Brief dem Papst zukommen zu lassen, und wir hatten einen langen Händedruck getauscht. Im Hotel hatte ich den Brief unter einem Stoß Papiere versteckt und alles in einer Kassette verschlossen.

»Ich behaupte aber, daß dir irgend etwas widerfahren ist.« Mazure ließ nicht locker.

»Aber nein«, erwiderte ich, »gar nichts.«

»Woran denkst du dann?«

»Aber an gar nichts, Mazure.«

Ich möchte diesen General Loan kennenlernen, der sie mit den Feuerlöschern lächerlich macht. Schon von dem Tag an, da die Hinrichtung der drei Vietkong suspendiert wurde, verfolgt mich sein Name. Wohin du auch immer gehst, was auch immer geschieht, stets kommt der Augenblick, wo du den Namen hörst: General Loan. Sie heißen ihn den Terror von Saigon, den grausamsten Menschen in ganz Vietnam.

10. Dezember. Heute haben ich und Moroldo wieder die Uniform angezogen und sind mit Barry Zorthian im Mekong-Delta gewesen. Ein äußerst lehrreicher Tag. Besonders, was Herrn Zorthian betrifft, der zur amerikanischen Botschaft gehört, das Juspao leitet und als einer der wichtigsten Männer in Saigon gilt. Herr Zorthian ist ein Vierundfünfzigjähriger armenischen Ursprungs mit großer Nase, dickem Bauch, großem Vertrauen in diesen Krieg und der felsenfesten Überzeugung, daß »die Vereinigten Staaten diesen armen Teufeln, die noch nie etwas von Demokratie und technologischem Fortschritt gehört haben, die Zivilisation beibringen müssen«. Mit anderen Worten, Herr Zorthian ist der Meinung, Amerika erweise Vietnam einen ungeheuren Gefallen, und zwar nicht nur vom militärischen, sondern auch vom wirtschaftlichen Standpunkt aus. »Wenn dieser Krieg gewonnen ist«, sagt er, »wird Vietnam reich wie Japan, modern wie Japan und geachtet wie Japan, weil wir ihnen beibringen, seine

Reichtümer auf industrieller Basis auszubeuten. Allerorts werden Fabriken entstehen, Wolkenkratzer, Autobahnen, das Mekong-Delta wird mit Florida wetteifern.« Auf den Gedanken, daß die Delta-Bauern vielleicht gar nicht mit Florida wetteifern und nur in Frieden leben wollen mit ihrem handgepflanzten, handgepflückten, mit Stäbchen gegessenen Reis, auf diesen Gedanken würde er niemals kommen. Oder er kommt vielleicht doch darauf und schenkt ihm nur keine Beachtung, weil er sie für zu große Ignoranten hält, um selber wissen zu können, wo das Gute und wo das Schlechte ist. Die Einzelheit, daß sie dies hypothetische Paradies mit der Vernichtung ihres Landes und mit dem Massaker ihrer Söhne bezahlen, übersieht er dabei völlig. Oder er übersieht es auch nicht, aber es ist ihm gleichgültig. Denn er braucht die Rechnung nicht zu begleichen. Er lebt ja in einer herrlichen Villa mit vielen wohleingerichteten Zimmern und einer Dienerschaft. Zu Tisch hat er alles, was er sich wünscht, ja, er muß sogar auf seine Diät achten. Und Gefahren drohen ihm nur wenige, für ihn ist das größte Risiko so ein Ausflug wie heute mit seinem kleinen sechssitzigen Flugzeug.

Gegen zehn Uhr sind wir mit der kleinen Maschine gestartet. Eine knappe Stunde lang flogen wir über leuchtendgrünen Reisfeldern, dann landeten wir in Quang Nqai. Hier mußte Herr Zorthian die Hamlets besuchen, wo die Vietkong-Deserteure mit ihren Familien leben. Ein Jeep wartete schon auf uns. Über eine sonnenverbrannte Ebene fuhr er uns gleich zu den Hamlets. Das heißt Dörfer. Doch als wir hinkamen, sah ich keine Dörfer. Ich sah nur Stacheldrahtumzäunungen, von innen konntest du nicht hinaus und von außen nicht hinein, dazu Wachttürme mit Maschinengewehren. Innerhalb der Umzäunungen Baracken, in den Baracken zweistöckige Betten oder Matratzen auf dem Fußboden, vor den Baracken standen Männer mit verschlossenem Gesicht und Frauen, die Säuglinge auf dem Arm hielten. Bei diesem Anblick mußte man an ein Konzentrationslager denken. Ich sagte Herrn Zorthian, daß mir dies wie ein Konzentrationslager vorkäme, und Herr Zorthian war ehrlich beleidigt. Dann erklärte er mir guten Glaubens, daß dem nicht so wäre, die Maschinengewehre auf den Türmen dienten nur dazu, die Vietkong-Deserteure zu schützen, und der Stacheldraht, um die Vietkong-Terroristen abzuhalten, die Strafexpeditionen gegen ihre ehemaligen Kameraden ausschicken würden. Er war ganz wie ein liebevoll besorgter Vater, der sich seiner naiven Tochter zuwendet, und mit dem nämlichen Gehabe eines besorgten Vaters ging er auch in den Hamlets umher, streichelte die Köpfe der Kinder, lächelte selbst die häßlichsten Frauen an. Den Vietkong-Deserteuren ließ er durch den Dolmetscher sagen: »Ich beglückwünsche Sie, ich weiß, daß Sie im Kampf ein guter, ein tapferer Soldat gewesen sind.« Die Deserteure sahen ihn mit einem unsicheren, erstaunten Blick an, verzogen ihren Mund in einem plötzlichen Gefühl der Scham. Sie waren alle zwischen fünfunddreißig und vierzig, hatten rund zwanzig Jahre lang den Krieg mitgemacht und waren am Ende schwach geworden.

Gewiß, ein sehr aufschlußreicher Tag. Besonders, als uns ein Amerikaner sagte, daß es hier gar nicht leicht sei. Die Provinz Quang Nqai wimmelt von Vietkong, die Straßen sind immer vermint. Die Suchtrupps beseitigen tagsüber die Minen, die Vietkong legen nachts wieder neue, und ... In dem Augenblick bremste unser Jeep, und der Fahrer schrie, fünf Meter weiter vorn sei unter einem frischen Erdhaufen eine Mine verborgen. Er hatte sich nicht geirrt, und so kehrten wir um, peinlich bemüht, in derselben Spur von vorhin zu fahren, für den Fall, daß wir vielleicht vorher einer anderen Mine knapp entgangen wären. Dem Fahrer war der Schweiß ausgebrochen. Uns ebenso. Wir verließen dann Quang Nqai, um uns in den äußersten Süden, nach An Xuyen, zu begeben, und wir flogen über den Mond. Meilenweit unter uns eine Öde aus Kratern und Löchern, ähnlich der Mondoberfläche, und das war alles, was noch übriggeblieben war nach den Bombardierungen durch die Phantoms, auf daß Vietnam reich und modern und geachtet wie Japan werde. Dann verließen wir den Mond und flogen über den Mars, eine Fläche mit kahlen Baumstämmen und Zweigen wie im Winter, die Reste eines entlaubten Waldes, auf daß Vietnam Fabriken, Wolkenkratzer und Autobahnen bekomme und mit Florida wetteifern und reich und modern und geachtet wie Japan werde. Herr Zorthian deutete mit seinem dicken Finger durch die Scheibe und erklärte, daß man die Entlaubungsmittel nur deshalb einsetze, damit sich die Vietkong nicht unter den Bäumen verstecken könnten, doch er vergaß zu sagen, daß nach einer solchen Verbrennung mindestens zwanzig Jahre lang keine Bäume mehr wachsen können, daß das arsenige Anhydrid, die Arsenate von Blei und Mangan, das Kalziumzyanamid und so weiter auch die Kühe und Büffel umbringen und beim Menschen Verbrennungen, hämorrhagische Diarrhöe oder gar den Tod bewirken. Dann ließen wir auch den Mars hinter uns und flogen über einen Wald, der noch ein Wald war, und auf einmal tauchten am Himmel, schwarz wie Fledermäuse, zwei amerikanische Jagdbomber auf. Sie flogen eine Kurve, gingen im Sturzflug herunter und warfen Napalmbomben ab. Aus dem Wald stieg schwarzer, dikker Rauch.

»Herr Zorthian, was bombardieren die?«

»Ach, sie vermuten einen Vietkong-Reistransport. Sie kennen doch die Geschichte?«

»Ja, ich kenne sie, Herr Zorthian.«

Die Reisernte in Vietnam beginnt im Dezember und dauert bis in den Januar, darum dringen in dieser Zeit die Vietkong aus dem Norden in das Delta ein, um den Reis zu holen. Für sie ist Reis wichtiger als Munition, ohne Reis haben sie nichts zu essen. Munition schickt ihnen Hanoi, aber keinen Reis. Der ganze Reis ist hier im Delta. Zwanzigtausend Vietkong werden zum Reis abkommandiert. Sie kommen ohne militärischen Schutz und ohne Gewehr, haben nur die leeren Reissäcke bei sich und gehen auf Geheimpfaden durch die Wälder. Im September brechen sie auf, und im März kehren sie zurück, und ihr Marsch heißt die Reisschlacht. Eine poetische Schlacht, die jedoch mit wissenschaftlichen Methoden geführt wird. Denn die Vietkong bitten nicht um den Reis wie um ein Almosen, sie fordern ihn wie eine Steuer. Jeder Bauer im Delta muß den Vietkong eine gewisse Menge Reis abtreten, die dreißig bis sechzig Prozent der gesamten Ernte ausmacht. Dafür übergeben die Vietkong vorgedruckte Formulare der Nationalen Befreiungsfront, eine Art Berechtigungsscheine, mit denen die Bauern nach dem Krieg ihr Guthaben einfordern können. Manchmal reichen die Säcke für den Reis nicht. Dann verlangen die Vietkong für den zurückbleibenden Reis den entsprechenden Betrag in Geld, achtzehntausend Piaster für den Doppelzentner. Der Bauer gehorcht. Aus Patriotismus oder Angst. »Ich habe nur einen Kopf, und den will ich behalten.« Aber besonders grausam wird die Sache dadurch, daß nicht nur der Vietkong, sondern auch die südvietnamesische Regierung den Reis requiriert, zwanzig bis dreißig Prozent. So wird in bestimmten Gebieten der Bauer vom einen wie vom andern ausgeplündert, so daß ihm nicht einmal für sich und seine Familie Reis übrigbleibt. Um solches zu verhüten, untersagen die Amerikaner den Reisanbau und geben den Bauern dafür kalifornischen Reis. Er kommt in Kisten mit dem Aufdruck: *Rice From Los Angeles.* Aber die Bauern wollen nicht Reis von Los Angeles, sie wollen Reis von ihren eigenen Reisfeldern. Weil er besser und lockerer, weil die Reisfelder zum Reisanbau da sind und weil es in den kultivierten Reisfeldern auch Fische gibt, wie zum Beispiel Aale, und weil sie sich fast ebenso von Aal wie von Reis ernähren. Also rebellieren sie. Und bauen ihren Reis an und ernten ihren Reis. Und werden außerdem noch bestraft. Die Strafen sind von Provinz zu Provinz verschieden. In einzelnen Provinzen werden die Bauern, die Reis anbauen und ernten, von Jagdfliegern oder Hubschraubern beschossen. Und wenn ein Jagdflieger oder ein Hubschrauber sich auf ein Reisfeld senkt, weißt du, was die Bauern dann machen? Sie tauchen unter Wasser und halten den Atem an. Manchmal kommen sie auf diese Weise davon. Manchmal auch nicht. So kannst du nach dem Beschuß immer einen Toten oder zwei oder drei Tote auf dem Wasser zwischen den Reispflänzchen treiben sehen. Aber die Bauern schaffen sie fort, ohne eine Träne zu vergießen, und dann kehren sie wieder, um den Reis zu ernten.

»Ja, Herr Zorthian, ich kenne die Geschichte.«

In An Xuyen gab es eine ganz kleine Landepiste und einen noch kleineren Stützpunkt. In diesem Stützpunkt lebten sechs verschreckte Amerikaner. Der Prozentsatz der Vietkong in diesem Gebiet beträgt achtundneunzig Prozent, und die sechs Amerikaner können nicht verstehen, aus welchen unerfindlichen Gründen sie noch nicht umgebracht wurden. »Gehen Sie jetzt wieder?« sagten sie in einem fort. »Es ist gleich dunkel, und im Dunkeln greifen sie oft an.« Herr Zorthian hörte ihnen wohlwollend zu und präsentierte ihnen seine große Nase, seinen großen Bauch und seine felsenfeste Überzeugung, daß die Vereinigten Staaten die Zivilisationsbringer sein müssen, und so fort. »Reden Sie in aller Ruhe!« Herr Zorthian ist ein hartgesottener Soldat von echtem Schrot und Korn, im Zweiten Weltkrieg hat er im Pazifik gekämpft. Auch aus diesem Grund hat er sein Lächeln nicht verloren, selbst nicht, als es schon dunkel wurde. Und er setzte mir auseinander, warum die Vereinigten Staaten aus Vietnam nicht fort dürfen. »Fällt Vietnam, dann fällt auch Laos, Kambodscha, Thailand, Indonesien . . .«

Das bekannte Lied. Ich hatte es schon so oft gehört. Zum erstenmal vor vielen Jahren. Auf französisch. Vor Dien Bien Phu.

11. Dezember. Jeden Nachmittag um fünf ist Pressekonferenz im Juspao. Die Journalisten versammeln sich in einer Art kleinem Theaterraum, und die Offiziere besteigen eine Art kleine Bühne, um die Nachrichten bekanntzugeben. Die wichtigste Nachricht von heute betraf das Mekong-Delta. Sie besagt, daß eine Kompanie des 25. Infanterieregiments auf eine Vietkong-Kompanie gestoßen ist, die mit den Reisträgern gekommen war. In dem Kampf fielen siebzehn Amerikaner und achtundvierzig Vietkong, die Reisträger konnten flüchten. Aber später fand man auch sie. Getötet unter einem Napalm-Teppich. Verkohlt unter Haufen von verkohltem Reis.

Ich möchte wirklich wissen, was ein Mensch empfindet, wenn er von einem mächtigen Flugzeug aus Bomben auf einen Reisträger wirft. Deshalb habe ich gebeten, bei einem Lufteinsatz mitzufliegen. Oberleutnant Peters, Verbindungsoffizier zur Luftwaffe, will mir Bescheid geben, sobald sich etwas machen läßt.

12. Dezember. Er hat mir Bescheid gegeben. Morgen früh ist es soweit. Mit einem Jet, neuestes Modell, das sie erst seit einigen Monaten in Vietnam benutzen, eine A 37. Zielgebiet ist das Delta. Doch keine Jagd auf Reisträger, eine Zusammenballung von Vietkong soll vernichtet werden, um einen Brückenkopf zu errichten.

»Ist Ihnen das auch recht?«

»Ja, Peters.«

»Selbstverständlich lehnt die Luftwaffe jede Verantwortung für einen eventuellen Unglücksfall ab.«

»Selbstverständlich.«

Er sagte, ich solle mich um sieben Uhr im Stützpunkt Bien Hoa einfinden. Und dann fragte er mich, von plötzlichem Skrupel ergriffen, ob ich denn auch wirklich mitwolle. Und schien ganz überrascht, als ich erwiderte: ja, natürlich. Moroldo aber wiederholte in einem fort, ich sei verrückt und ich würde es mit dem Leben bezahlen, und er müsse dann herhalten, weil er mich nicht daran gehindert habe. Er wurde erst ruhig, als François ihm erklärte, daß dies ziemlich ungefährlich sei, daß er schon viele ähnliche Einsätze mitgeflogen habe und auch schon mit dem Fallschirm abgesprungen sei, man brauche nur zu wissen, wie der Fallschirm funktioniert. Die A 37 hat einen Schleudersitz. Auf beiden Seiten des Sitzes befinden sich zwei Hebel. Auf ein Zeichen des Piloten betätigt man den rechten Hebel. Erst nach unten, dann nach oben. Danach die beiden Hebel zusammen. Die Flugzeughaube öffnet sich, man wird hinausgeschossen. Der Fallschirm öffnet sich von selbst.

»Und wenn er sich nicht öffnet?« fragte Moroldo mißtrauisch.

»Wenn er sich nicht öffnet, zieht man an einer Schnur, die vorn herunterhängt.«

»Und wenn er sich trotzdem nicht öffnet?«

»Dann beschwerst du dich, wenn du unten bist, und läßt dir einen andern geben, der besser funktioniert.«

Das ist ein alter Witz, über den ich immer lache, nur nicht heute abend. Nicht daß ich mehr oder weniger Angst hätte als bei meinem Flug nach Dak To, aber wenn ich an die Ängstlichkeit von Peters denke, bekomme ich eine Art Kribbeln in den Knien.

»François, was für ein Einsatz wird das sein?«

»Irgendein Bombenabwurf. Du sitzt hinter einem Trottel, der auf einen Knopf drückt, und siehst die Bomben fallen. Sie nennen das Horizontaleinsatz. Es gibt auch Vertikaleinsätze, das sind die Sturzflüge. Aber ich kann mir nicht denken, daß die da eine Frau mitnehmen.«

»François, ich habe so eine Art Kribbeln in den Knien.«

»Warum machst du's dann?«

»Ich will wissen, was ein Mensch empfindet, wenn er auf einen anderen Menschen Bomben wirft.«

»Was soll er denn empfinden? Gar nichts.«

»Das kann doch nicht sein.«

»Du wirst schon sehen. Jedenfalls werde ich morgen verdammt früh aus den Federn kriechen und dich nach Bien Hoa bringen.«

Das war so seine Art, mir Sympathie auszudrücken. Und plötzlich wurden sie alle nett zu mir. Mazure nahm mich zum Abendessen mit, um mir gute Ratschläge zu geben, und berichtete von seinen Flügen und seinen Abenteuern in einem Hubschrauber, der die Vietkong mit Bordwaffen beschoß. Wir waren in einem chinesischen Restaurant, und er hatte ein wunderschönes neues Hemd an. Felix lud mich für den übernächsten Tag zum Essen ein, und Vincenzo Tornetta bat mich, gleich nach meiner Rückkehr in die Botschaft zu kommen. »Aber mit heiler Haut, bitte sehr!« Wie absurd ist doch der Menschen Sinn. Jeder von ihnen dachte, ich könnte ums Leben kommen, aber keiner dachte, daß ich gewissermaßen andere ums Leben bringen würde.

13. Dezember, mittags. Ich will alles und jedes rekonstruieren. Ganz von Anfang an. Also ab heute früh sechs Uhr. Um sechs Uhr kam François, noch halb verschlafen. Gähnend machte er mir die Autotür auf und ließ mich einsteigen. Unterwegs sprach er von allem möglichen, nur nicht von Vietkong und Flugzeugen, und bemühte sich in der Hauptsache, seinen Schlaf zu überwinden. In Bien Hoa merkte er dann, daß ich die Soldatenstiefel nicht anhatte, und wurde augenblicklich wach. Wenn ich mit dem Fallschirm abspringen müsse, schrie er mich an, würde ich mir die Beine in hundert Stücke brechen. Frauen und Idioten dürfe man eben nicht in den Krieg lassen, jetzt hätte ich keine Zeit mehr, noch einmal zurückzufahren und die Stiefel an Stelle der Mokassins anzuziehen, und so weiter. Und er ging schimpfend fort, ohne sich von mir zu verabschieden. Ich betrat das Building 54 wie verabredet, und hier waren zwei Offiziere, die mich mit durchaus unbegründeter Begeisterung empfingen und zum Kaffee einluden. Dann baten sie mich zu warten und setzten ihre Unterhaltung fort.

»Also, ich sage zu ihm, mein Lieber, hast du nicht bemerkt, daß es Vietnam gar nicht gibt. Ich will's dir beweisen. Wenn dir deine Frau aus San Francisco schreibt, wohin adressiert sie dann ihren Brief? Nach Saigon, nach Vietnam? Nein. Sie schreibt *Apo Mail* auf den Umschlag und dazu noch eine Nummer. Warum wohl? Weil das die Feldpostnummer ist, sagt er. Nein, sage ich. Weil Saigon nicht existiert und Vietnam nicht existiert. Denn wenn sie Saigon und Vietnam schreibt, kriegst du die Post gar nicht.«

»Gut gesagt«, meinte der andere.

»Was jetzt kommt, ist noch besser. Ich sage, ich will dir einen noch überzeugenderen Beweis geben. Du nimmst heute, den 12. Dezember, mittags um zwölf ein Flugzeug in San Francisco und fliegst nach Saigon. Du fliegst vierundzwanzig Stunden lang, und wieviel Uhr ist es, wenn du in Saigon ankommst? Zwölf Uhr mittags. Und was für ein Datum? Der 12. Dezember. Warum wohl? Wegen der Zeitzonen, sagt er. Nein, sage ich. Du bist nie abgeflogen und nie angekommen, weil nämlich Saigon gar nicht existiert. Das ganze Vietnam existiert nicht, mein Lieber.«

»Sehr gut gesagt«, meinte der andere. »Und was nachher?«

»Nachher habe ich ihn zu seinem PQB gebracht und bin weg, und da kam diese Rakete, und er war tot. Auf der Stelle. In Saigon und in Vietnam, die es gar nicht gibt.«

»Beim PQB sind gestern abend noch zwei draufgegangen.«

»Ja.«

Er sah mich an, sein Blick fiel auf meine Mokassins. »Mit diesen Schuhen wollen Sie zum Einsatz?«

»Ja, ich . . .«

»Sind Sie verrückt? Und wenn Sie abspringen müssen?«

»Ich ...«

»Unteroffizier! Suchen Sie für diese Verrückte ein paar Stiefel!«

Ich glaube, sie haben sogar im Zimmer des Generals nach diesen Stiefeln gesucht. Jedenfalls gab es keine in meiner Größe. Sie rutschten mir alle von den Füßen, da konnte ich schon ebensogut meine Mokassins anbehalten. Und in diesen Mokassins folgte ich dem Unteroffizier in eine Baracke. Er war freundlich und machte nicht viel Umstände.

»Bitte nehmen Sie hier Platz. Das ist eine genaue Kopie des Sitzes in der A 37. Den Fallschirm haben Sie in der Maschine. Hebel, Hebel, ach, Sie wissen? Gut, dann sparen wir Zeit, der Kommandant möchte starten. Ziehen Sie die Jacke an. Schwer? Natürlich ist sie schwer. Greifen Sie in die Taschen, jawohl. Da ist alles für den Fall, daß Sie abspringen müssen. Hier der Radiosender. In Betrieb setzen, sobald Sie auf der Erde sind. Knöpfchen, Knöpfchen. Und hier die Taschenlampe. Da ist rot, da gelb, da blau. Hier das Verbandzeug für die Erste Hilfe. Und hier ein kleines Fischnetz.«

»Ein Fischnetz?«

»Natürlich. Falls Sie in Flußnähe zu Boden kommen und wir Sie nicht gleich finden und Sie Hunger haben. Damit können Sie fischen. Es ist an alles gedacht. Aber die Schuhe?«

»Ich habe keine anderen ... Muß man denn unbedingt abspringen, Unteroffizier?«

»Vielleicht auch nicht. Andy ist okay. Zweihundertfünfundachtzig Einsätze. Es ist sein Beruf. Andy, das ist der Hauptmann, mit dem Sie fliegen werden. Er ist Fluglehrer. Es ist schon ein harter Einsatz. Vertikal natürlich. Da kommt Andy.«

Ein hochgeschossener, gutgewachsener junger Mann mit karottengelbem Haar und ebensolchem Schnurrbart kam schlurfenden Schrittes auf uns zu. Er hatte einen graublauen Overall an und hielt in der rechten Hand eine halb aufgerauchte Zigarre.

»Vertikal sagten Sie, Unteroffizier?«

»Vertikaler geht's gar nicht mehr. Sie werden Ihren Spaß daran haben. Wirklich aufregend. Nehmen Sie die Dinger hier, Sie werden sie brauchen können.«

Und er reichte mir fünf oder sechs Plastiktüten, zu benutzen beim Übergeben. Inzwischen war der junge Mann zu uns getreten, nahm seine Zigarre in die andere Hand und wartete mit sanfter Geduld, daß er vorgestellt würde. Der Unteroffizier tat es.

»Hauptmann Andy von der 604. Squadron Fighters. Hauptmann, Ihr Passagier.«

»Guten Tag.«

Auch seine Stimme war sanft; mit einem Anflug von Schüchternheit. Seine Augen waren auch sanft; von einem schönen Wassergrün. Und sein ganzes Gesicht war sanft, die Form der schmächtigen Wangen ebenso wie sein Teint, dieses sommersprossige Rosa, das karottenblonde Menschen so oft haben. Er schien kaum älter als dreißig.

»Also ... wenn wir aufbrechen wollen ...«

»Ja, Hauptmann.«

Doch vorher stellte er mir noch einen anderen Piloten vor, der hinzugekommen war. Dunkles Haar und dunkle Augen, wortkarg.

»Major Martell, der die zweite Maschine fliegen wird. Es ist ein Einsatz mit zwei Maschinen. Aber er fliegt allein.«

Martell lächelte.

Die beiden A 37 waren startklar, die Bomben eingeklinkt. Es schien, als bestünden die Maschinen einzig und allein aus Bomben. Sie hingen unter den Flügeln, auf jeder Seite zwei Napalm à siebenhundertfünfzig Kilo und eine normale à fünfhundert Kilo. Die Napalm-Bomben waren etwa drei Meter lang und hatten einen Durchmesser von einem halben Meter. Sie berührten fast das

Rollfeld; wo sie am tiefsten hingen, waren sie vielleicht zehn Zentimeter über der Piste. So kam einem unwillkürlich der Gedanke, daß sie beim ersten Schwanken des Flugzeugs den Boden berühren und explodieren würden.

»Oh, da besteht keine Gefahr«, meinte Andy freundlich.

Wir kletterten hinein und setzten uns zurecht auf unseren Sitzen, die sich nebeneinander befanden. Meiner rechts, seiner links. Wir schnallten uns an, befestigten besonders sorgfältig die Riemen des Fallschirms, setzten den Helm auf, nahmen das Atmungsgerät vor den Mund. Ich kam mir irgendwie lächerlich vor und dachte: Gott sei Dank sieht mich hier keiner. Und dann dachte ich, was für ein schöner Tag, es ist heute der schönste Tag, seit ich in Vietnam bin, an so einem Tag soll man keine Menschen umbringen.

Im Innern meines Helms krächzte es. »Hören Sie mich? Do you hear me?«

»Yes, Sir, jawohl.«

»Das Zielgebiet befindet sich südlich von My Tho. Ein Rest Vietkong soll vernichtet und gleichzeitig ein Landegebiet vorbereitet werden.«

»Jawohl.«

»Wenn wir im Sturzflug getroffen werden, versuche ich, die Maschine in die Horizontale zu bringen, und dann hebe ich einen Finger, und Sie schleudern sich als erste. Ich will sehen, daß ich Ihnen gleich folgen kann. Okay?«

»Okay.«

»Wenn wir uns verlieren sollten, brauchen Sie keine Angst zu haben. Den Piloten von gestern hat man in weniger als zehn Minuten gefunden.«

»Von gestern?«

»Ja. Bei diesem Einsatz haben wir schon zwei Maschinen verloren. Eine gestern, eine vorgestern. Aber ein Pilot hat sich retten können.«

»Und der andere?«

»Der nicht.«

Er warf einen Blick auf meine Schuhe und ließ die Motoren an. Die Motoren dröhnten, die Napalm-Bomben schwankten, die Rollbahn schnellte davon, und wir befanden uns in einem kornblumenblauen Himmel.

»Schön, nicht wahr?«

»Ja, Hauptmann.«

»Ich mag diese Maschine. Ein Pilot fühlt sich damit wie ein Autofahrer mit einem Ferrari. Haben Sie schon etwas über die YAT 37 gehört?«

»Nein.«

»Also, die ist noch besser. Stellen Sie sich vor, die kann mit nur einem einzigen Motor einen Einsatz fliegen. Angenommen, ein Motor fällt beim Start aus: Sie steigen, als ob nichts wäre.«

»Ach, ja?«

»Aber die A 37 ist beinahe so gut wie die YAT 37.«

Er war fast redselig geworden, seine Stimme hatte sich verändert, sie war gar nicht mehr sanft. Und eine ermüdete Gruppe von Vietkong suchte irgendwo im Süden von My Tho den Himmel ab. Und wartete.

»Hauptmann, wie lange brauchen wir, bis ... bis wir am Einsatzpunkt sind?«

»Ungefähr dreißig Minuten.«

Noch dreißig Minuten, dann würden sie sterben. Oder wir würden sterben. Oder wir und sie. Dreißig Minuten, nicht mehr, und der Himmel war kornblumenblau, und Martell flog neben uns und winkte uns zu. Wir konnten seine Hand genau erkennen. Wie lange dauern dreißig Minuten?

Sie dauern gar nicht.

Plötzlich befanden wir uns über dem Zielgebiet, und Andy sagte: »Wir sind da.« Und es ging alles so rasch. Die Maschine tauchte im Sturzflug steil und sicher in die Tiefe, das heißt in Richtung auf die Bäume, die immer größer wurden, immer näher kamen, jetzt konnte ich die Zweige erkennen, jetzt die Blätter, sie zogen uns an, kamen uns heulend entgegen, vielleicht heulte auch die Bombe, sie ging auf meiner Rechten nieder, er hatte sie ausgelöst, und sie stürzte parallel zu uns, ganz lang und schwarz: Napalm. Ich sah sie und verlor sie aus den Augen. Sie entschwand, als die Bäume uns schon packen wollten, ich spürte ein Reißen, eine angenehme Leichtigkeit, den Sturz haben wir hinter uns, auch die Bäume haben wir hinter uns, statt dessen fiel eine unsichtbare, unfaßbare Riesenbürde auf uns herab, es war der kornblumenblaue Himmel, und er lastete, lastete, als wollte er uns erdrücken, uns lähmen, indem er uns Augen, Arme und Verstand stillegte, der nichts anderes mehr als diesen Gedanken hatte, o Gott, ich wußte ja nicht, daß der Himmel schwer ist, o Gott, mache ihn wieder leicht! Er wurde wieder leicht, als Andy freudig rief: »Phantastisch! Sie halten das hervorragend aus, bravo! In neun Sekunden sind wir von dreitausend auf zweihundert Meter gestürzt, wir haben 6g gemacht, und das haben Sie ausgehalten!«

»Danke, Hauptmann.«

»Was macht die Sicht, haben Sie das Sehvermögen verloren?«

»Nein, Hauptmann.«

»Beim nächstenmal spannen Sie kräftig die Magenmuskeln und auch die Armmuskeln. Und drücken Sie rechts den Knopf. Reiner Sauerstoff. Atmen Sie reinen Sauerstoff.«

»Ja, Hauptmann.«

Kein Wort über das abgeworfene Napalm.

»Ist alles gutgegangen, Hauptmann?«

»Natürlich. Volltreffer. Sehen Sie da unten den Rauch? Jetzt ist Martell an der Reihe.«

Auch Martell stürzt hinunter, blauer Punkt in all dem Blau, und warf seine Bombe ab.

Und auch Martells Bombe fiel dahin, wohin sie sollte, und schwarzer Rauch stieg auf. Und er kam zurück und flog wieder oben, blauer Punkt in all dem Blau, Schmetterling ohne Gewissen. Sag mir, Nguyen Van Sam, wie dir zumute gewesen ist beim Anblick der vielen Toten! Mir war zumute, wie ich mir eben denke, daß einem amerikanischen Piloten zumute ist, nachdem er eine Bombe abgeworfen hat. Mit dem einzigen Unterschied, daß er wegfliegt und nicht sieht, was er angerichtet hat. Wer hat mir denn vor Jahren schon einmal dasselbe gesagt? Ach ja, ein Astronaut, Wally Schirra. An dem Tag in Cape Kennedy, als er von Korea erzählte. »Wir Piloten töten, ohne uns die Hände zu beschmutzen, ohne uns die Augen zu beschmutzen, ohne uns auch nur irgend etwas zu beschmutzen.«

Ohne auch nur irgend etwas?

»Achtung, wir stürzen wieder!« sagte Andy. »Jetzt klinke ich auf meiner Seite aus.«

So gab es ein zweites Mal. Und noch ein drittes. Und noch ein viertes, fünftes, sechstes. Stets von dreitausend Metern auf zweihundert in neun Sekunden, mit dem Gefühl, daß wir uns nie wieder aufrichten, sondern in die Tiefe stürzen und ein großes Loch machen und dort bleiben würden, und mit dem Leiden, uns wieder in Sicherheit zu bringen, um vom Himmel zermalmt und geblendet zu werden. Das zweite Mal hatte ich Angst. Ich sah, daß die Vietkong schossen, und wäre am liebsten geflohen, aber wohin? Bist du auf der Erde, kannst du fliehen und dich verstecken, aber im Flugzeug steckst du in einer Falle wie sonst nirgends. Das dritte Mal hatte ich mich mit der Sache abgefunden und war nur darauf bedacht, den Augenblick nicht zu verpassen, wenn Andy die Bombe ausklinken würde, wiederum auf meiner Seite. Ich habe ihn nicht verpaßt, ich habe alles genau verfolgt. Er drückte auf den Knopf, die Bombe schüttelte sich wie in einem Schauder, dann löste sie sich leicht und blieb dort schweben, und dann neigte sie sich vor und begleitete uns, bis wir steil in die Höhe gingen. Das vierte, fünfte, sechste Mal war ich schon daran gewöhnt. Ich konnte das Schauspiel mit einem gewissen Abstand verfolgen, und das Schauspiel bestand aus kleinen Gestalten, die aus den Bunkern und Sandsackbarrikaden flohen, mit den Armen schlugen, um sich von den Flammen zu befreien; und einer erstickte in den Flammen. Ich müßte lügen, wollte ich behaupten, daß ich dabei Schuld oder Mitleid gefühlt hätte. Ich war viel zu befangen in dem Wunsch, Andy möge tun, was er zu tun verstand, also töten, um nicht getötet zu werden. Ich hatte keine Zeit, um sie zu trauern. Und auch keine Lust. Erst in dreitausend Meter Höhe, als ich wußte, daß ich in Sicherheit war, und sah, wie Martell im Sturzflug hinunterging, da spürte ich so etwas wie einen Stich. Aber kaum der Rede wert, schwächer als einen Nadelstich. Und die Nadel war nicht etwa mein Gewissen, sondern ein intellektualistischer Wille zum Gewissen.

»Hauptmann, sind wir jetzt fertig?«

»Aber nein! Jetzt gehen wir hinunter und kümmern uns mal um ihr MG. Können Sie's sehen?«

Abends. Ich mußte heute meine Niederschrift wegen einer Herzattacke unterbrechen. Nichts Schlimmes, ein wenig Erstickungsgefühl, ein wenig Herzklopfen. Der Arzt meinte, es ginge schnell vorüber, es sei von der Schwerkraft, die heute früh auf mir gelastet habe. Er ist der Ansicht, man müsse vor jedem Sturzflug ein Elektrokardiogramm machen. »Les américains! Ah, les américains!« sagte er immer wieder. »Ils se préoccupent des chaussures, ils ne se préoccupent pas du coeur!« Der Doktor ist Franzose.

Immerhin ist es jetzt vorüber, und ich fahre fort, wo ich stehengeblieben war. Also, ich muß mich erinnern, was ich empfand, als Andy mir eröffnete, daß wir ein siebtes Mal im Sturzflug hinuntergehen würden. Ich glaube, ich war erst einmal zutiefst entmutigt. Dann überkam's mich wie eine Erregung, wie eine krankhafte Begierde, dem Tod entgegenzutreten. Denn ich wußte sehr wohl, was es bedeutet, im Sturzflug ein MG anzugreifen, es bedeutet, sich in eine Zielscheibe zu verwandeln, die leicht zu treffen ist, es bedeutet, sich auf eine extreme Wette einzulassen. Was ich sonst noch empfand, nun, das weiß ich nicht mehr. Vielleicht jenen Nadelstich. Vielleicht.

»Also, diesmal kommt's dick, beten Sie zu Gott!« lachte Andy.

»Für die nächsten zwanzig Sekunden sind Sie mein Gott«, gab ich ihm zurück.

Und wir stürzten uns hinunter.

Und im Sturzflug sah ich sie ganz deutlich. Es waren nicht viele, vielleicht fünf oder sechs. In khakifarbenem Zeug wie die Leichen von Dak To, und auch sehr klein wie die Leichen von Dak To; doch sie trugen keinen Helm wie die Leichen von Dak To. Sie standen in einer Gruppe zusammen, zwei am MG, die andern hatten Gewehre, wie mir schien, und sie erwarteten uns. Unbeweglich. Ich weiß noch, daß ich dachte, wieviel Mut dazu gehört, unbeweglich auf ein Flugzeug zu warten, das auf dich herunterstürzt. Und daß ich große Bewunderung für sie empfand. Noch schossen sie nicht. Später schossen sie dann. Das waren diese Glühwürmchen, die rasch zu uns aufflogen, erst dicht zusammen und nachher einzeln. Und nun bewunderte ich sie nicht mehr, nun haßte ich sie. Und mit diesem Haßgefühl betete ich stumm zu Gott, den ich mit Andy vertauscht hatte, und sagte: Gott, mach, daß Andy sie umbringt. Und in diesem Augenblick, da ich so beschämend betete, merkte ich, daß Andy bereits schoß. Er drückte mit dem Daumen auf einen kleinen roten Knopf, und aus dem Lauf seines 7,62 sprühten ähnliche Glühwürmchen wie diejenigen, die zu uns aufflogen. Ein Vietkong mit Gewehr fiel um. Und dann der Vietkong am MG. Und dann die andern zusammen. Und bei jedem Toten empfand ich Erleichterung, ja sogar Freude, und daß es sich um einen Menschen handelte, war mir ganz egal. Um einen Menschen, für den ich doch eine Stunde vorher oder eine Stunde nachher Partei ergriff. Es war mir auch egal, daß ich so sehr unter der Rückkehr in den Himmel litt, vom Dunkel erdrückt wurde, denn die Schwerkraft wirkte noch mehr auf mich ein und erdrückte mich und nahm mir das Augenlicht. Es war mir ebenfalls egal, noch ein achtes Mal hinunterzustürzen, um nachzusehen, ob sie auch wirklich tot waren, und schließlich und endlich die Glückwünsche eines stolzen, frohlockenden Andy zu erhalten.

»Einfach phantastisch! Fast 8g dieses Mal! Bravo und noch mal bravo!«

Auf dem Rollfeld erwartete uns eine Menge Leute. Sie empfingen uns mit großer Begeisterung, als wir ausstiegen, und schwenkten meine leeren Plastiktüten, um hervorzuheben, daß ich mich kein einziges Mal hatte übergeben müssen. Andy war wieder schüchtern, hatte wieder seine sanfte Stimme und seine guten Augen, nichts an ihm erinnerte an den Scharfrichter, der mit solcher Kaltblütigkeit die Vietkong umgelegt hatte. Wir gingen einen Kaffee trinken, und ich fragte ihn, wie oft er solche Einsätze fliegen müsse. Er antwortete: »Durchschnittlich zweimal am Tag.« Dann erzählte er mir, daß er 1962 in die Air Force eingetreten und Anfang 1967 als Freiwilliger nach Vietnam gekommen sei. Und er sagte mir auch, daß sein Bruder Wally, dreiundzwanzig Jahre alt, in Pleiku beim 4. Infanterieregiment sei, der arme Wally. »Wie er das nur aushält! Ich kann den Schlamm in den Schützengräben nicht ausstehen. Ich will in einem sauberen Bett schlafen.«

»Hauptmann, warum sind Sie eigentlich nach Vietnam gekommen?«

»Ich wußte, daß ich die A 37 fliegen würde, und außerdem wird man gut bezahlt. Zweihundertfünfundsechzig Dollar im Monat ohne die Zulagen. Für jeden Einsatz bekommt man eine Zulage.«

»Und an den Tod denken Sie nie?«

»Der Tod stört mich nicht. Er gehört zu meiner täglichen Arbeit, er gehört zu meinem Leben.«

»Ihr Tod oder der Tod der andern?«

»Das ist ein und dasselbe. Im Krieg ist der Tod unpersönlich.«

Dann kam noch Martell, und wir tranken einen zweiten Kaffee. Martell ist kanadischer Abstammung. Er war in Korea und ist seit anderthalb Jahren in Vietnam als Freiwilliger.

»Warum, Major?«

»Weil sie mich doch hergeschickt hätten. Als Freiwilliger werde ich besser bezahlt.«

»Und Sie denken nicht an den Tod?«

»Wer denkt schon da droben an so etwas. Man tut seine Arbeit, wissen Sie!«

»Major, welchen Beruf übten Sie aus zwischen Korea und Vietnam?«

»Ich war in einer Büha-Fabrik beschäftigt. Ich stand an einer Maschine und schnitt Büstenhalter zu.«

Ich aber sitze mit meinem kleinen Herzanfall hier in meinem Zimmer im Hotel Astor in Tu Do und mache meine Aufzeichnungen über den Tag, als ich an der Tötung von einem halben Dutzend Menschen teilnahm. Im übrigen zerstörten wir noch drei Bunker und vier befestigte Stellungen. Auf dem Zeugnis, das mir Andy ausgestellt hat, steht: »This is a true certified copy to confirm ...« Und da steht auch, daß wir fast 8g erreicht haben, damit ich's meinen Astronauten-Freunden zeigen und mich damit brüsten kann. In der France Presse habe ich mich schon damit gebrüstet, und Mazure beglückwünschte mich mit einem herzlichen Lächeln, während Moroldo mir neidisch zu sein schien: »Das will ich auch versuchen.« Nur François sagte nichts. Bei seiner Art, Leben und Leute einzustufen, hier die Mutigen und dort die Feigen, hat mein Bravourstückchen nicht den mindesten Eindruck auf ihn gemacht.

»Hm. Es tut mir leid wegen heute morgen, aber diese Mokassins waren mir nicht ganz geheuer.«

»Ich weiß, François.«

»Also, dein Andy schneidet Büstenhalter zu, nicht wahr?«

»Andy nicht. Der andere.«

»Und bei jedem Einsatz bekommt er eine Sonderzulage?«

»Ja.«

»Und du hast dich davon überzeugt, daß sein Gewissen eines guten Jungen nie unter dem Handwerk leiden wird, das er verrichtet, und daß er nichts, aber auch gar nichts empfindet, bei seiner Art und Weise, Menschen umzubringen?«

»Gewiß. Im Grunde genommen war ich doch etwas naiv, mir das Gegenteil einzubilden.«

»Hm. Ich war auch einmal naiv. Als Kriegsberichterstatter in Korea, weil ich noch so jung war. Und gerade in Korea erlebte ich etwas Ähnliches. Ziel war eine Gruppe von Nordkoreanern. Mit Ausnahme eines einzigen hat mein Andy sie alle umgebracht. Und da ging er nur seinetwegen noch einmal im Sturzflug herunter. Der Mann lief rückwärts und sah uns dabei an und bedeckte sich das Gesicht mit der einen Hand, und die andere hatte er erhoben, wie um uns abzuwehren. Er fiel, durchsiebt von wer weiß wie vielen Geschossen, und als wir dann wieder zurück waren, fragte ich meinen Andy: ›Hast du gesehen, wie er sich geschützt hat?‹ Und der antwortete: ›Wer?‹ Er hatte es gar nicht gemerkt.«

»Ja.«

»Für ihn war das ein Auftrag gewesen. Und er hatte den Auftrag ausgeführt und stellte sich keine weiteren Probleme. Der Himmel war ihm trotzdem sicher, denn er liebte Frau und Kinder und ging sonntags immer zur Messe.«

»Gewiß.«

»Manchmal möchte ich kein Journalist sein, sondern Rechtsanwalt. Weißt du, ich hatte immer den Wunsch, Rechtsanwalt zu werden. Um für jedermann eine Ausrede zu finden und um jedes Warum zu erfahren.«

15. Dezember. Es sind meine letzten Tage in Vietnam, jetzt bin ich schon über einen Monat hier, und doch ist alles für mich noch so überraschend wie in einem verrückten Schauspiel. Gestern ließ General Loan, schon wieder der General Loan, zwei Abgesandte der Befreiungsfront verhaften, die mit der amerikanischen Botschaft Verbindung aufnehmen wollten. Ein Universitätsprofessor und sein Assistent. Allem Anschein nach sind sie nicht einmal Kommunisten. Man verhaftete sie, ehe sie das Tor der Botschaft durchschritten. Dabei war die Begegnung von der CIA organisiert worden. Die Botschaft ist eine richtige Festung, umschlossen von einer Mauer. Für eine derartige Begegnung der denkbar beste Ort, nur schade, daß General Loan jetzt alles verdorben hat. Einen gewissen Beamten des Juspao hättest du sehen sollen, er schien verrückt geworden zu sein. Er schlug mit den Fäusten auf den Tisch und schrie: »Dieser Hundesohn, son of a bitch!« Und bei jedem Fausthieb klingelte das Telefon. Um einen Skandal zu verhindern, machte seine Sekretärin die Tür zu, aber trotzdem hörte man das Telefonklingeln und immer wieder seine wütenden Worte: »Hundesohn, son of a bitch!« Völlig klar, jetzt wird die Nationale Befreiungsfront die Amerikaner für die Verhaftung verantwortlich machen und vielleicht sogar von Verrat sprechen, und jede weitere Kontaktaufnahme wird ausgeschlossen sein. Um so mehr, als Barry Zorthian zu wiederholten Malen sagt: »Ich kann Ihnen versichern, daß Botschafter Bunker nichts davon wußte. Die amerikanische Regierung arbeitet mit der vietnamesischen Regierung eng zusammen und würde nicht im Traum daran denken, ohne deren Zustimmung mit einem Vietkong zu reden.« Was für ein Mensch, dieser Barry Zorthian.

Fast wie dieser vietnamesische Funktionär, den ich jetzt vor mir habe, Nguyen Ngoc Ling. Informationsminister, Besitzer der Vietnam Presse, Freund von General Loan, stinkreich. Weißt du, seine Anzüge kauft er nur in der Via Condotti oder in der Bond Street, und wenn er sonntags Wasserski betreibt auf den Kanälen, die von den Vietkong kontrolliert werden, trägt er nur Badehosen von Cardin. Die gefallen nämlich den Frauen, und Frauen gefallen ihm. Sehr, allzusehr, in allen Sprachen, denn er spricht Französisch wie ein Franzose, Englisch wie ein Engländer, Deutsch wie ein Deutscher und auch ein wenig Italienisch, Spanisch, Chinesisch und Russisch. Hat er mich nicht aus dem Grund zum Abendessen eingeladen? Seit einer halben Stunde essen wir und seit einer halben Stunde sagen wir uns nicht gerade viel, ich studiere ihn, und er studiert mich mit asiatischer Umsicht. Doch als ich die Rede auf die beiden Abgesandten des FLN bringe, öffnet sich sein Gesicht in einer Freude, die kein Geheimnis mehr hat, und seine Augen funkeln mit einem Vergnügen, das fast schon Ekstase ist.

»Die Verhaftung der beiden Vietkong, die sich zur amerikanischen Botschaft begaben, ist nur das Resultat des letzten von den Vereinigten Staaten begangenen Fehlers. Sie wird dazu dienen, ihnen ein wenig gutes Benehmen beizubringen. Ja, ihnen klarzumachen, daß wir nicht die Dominikanische Republik sind.«

»Und Sie meinen nicht, Herr Ling, daß Sie sich undankbar zeigen?«

Er verjagt eine Fliege und erwidert mit untadeligem Lächeln: »Zwischen Mann und Frau kann nicht von Undankbarkeit die Rede sein.«

»Sie wollen damit sagen, Herr Ling, daß die Vereinigten Staaten und Vietnam eine Ehe eingegangen sind?«

Wieder verjagt er die Fliege mit seinem kleinen Finger.

»Oh, gewiß. Eine Vernunftehe, aber jedenfalls eine Ehe. Sehen Sie, wir Vietnamesen sind nicht an Liebesehen, sondern an Vernunftehen gewöhnt. Sie halten lange, und das Glück kommt immer, auch wenn es spät kommt. Was natürlich Streitigkeiten nicht ausschließt.«

»Herr Ling, wer ist in dieser Ehe die Frau und wer der Mann?«

Er hat ein teuflisches Lächeln.

»Natürlich ist Vietnam die Frau. Aber in Vietnam, müssen Sie wissen, haben die Frauen immer die Hosen an, und eine Frau hat das Recht zu wissen, was in ihrem Hause vorgeht. In Vietnam lädt man nie einen Gast zum Abendessen ein, ohne vorher die Frau zu fragen. Erst recht nicht, wenn dieser Gast ein Feind ist.«

»Deshalb hat General Loan die beiden Abgesandten der Befreiungsfront vor dem Tor der Botschaft verhaften lassen? Wegen des guten Benehmens?«

»General Loan hat sehr, sehr gute Manieren, Madame.«

Allem Anschein nach haben die Amerikaner von der vietnamesischen Regierung den Kopf des Generals Loan gefordert, und Loan hat seinen Rücktritt erklärt. Und allem Anschein nach hat Vizepräsident Ky den Rücktritt mit folgender Begründung nicht angenommen: »Man braucht dich viel zu sehr, General Loan.«

Ich muß diesen General Loan unbedingt kennenlernen. Auch wenn es ein recht schwieriges Unterfangen ist. Journalisten aus aller Herren Länder haben es schon versucht. Und er hat sie alle mit diesem Spruch abblitzen lassen: »Le silence est d'or, Monsieur.«

16. Dezember. Ich suchte nach einem Weg zu Loan und merkte gar nicht, daß dieser Weg vor mir lag. Es gibt nur einen Ausländer in Saigon, der Loan jederzeit sehen und von ihm erbitten kann, was auch immer er will: Pelou. Wie diese Freundschaft zustande kam, falls es sich um Freundschaft handelt, weiß ich nicht. Aber kaum hatte ich den Namen Loan ausgesprochen, erwiderte François: »Wir werden sehen.« Als wäre es das Einfachste auf der Welt. Dann rief er ihn an, sprach lange im Dialekt mit ihm und besorgte mir einen Termin für morgen früh. Ich bin noch ganz sprachlos.

Auch wenn ich das eigentlich gar nicht sein müßte: Hat er mir nicht die Erlaubnis, Nguyen Van Sam zu interviewen, von General Loan besorgt? Und hat er nicht die Bestätigung, daß die drei Vietkong im Morgengrauen hingerichtet würden, ebenfalls von General Loan erhalten? Zwischen den beiden besteht ein eigenartiges Einvernehmen. Um so eigenartiger, als François seine Sympathie zu den Vietkong keineswegs verheimlicht. Natürlich habe ich versucht, eine Erklärung zu finden, darüber zu sprechen. Doch François gab eine ausweichende Antwort: »Ich halte ihn für eine Persönlichkeit, das ist alles. Und für einen sehr freundlichen Menschen.«

»General Loan?«

»Jawohl, sehr freundlich.«

Je näher ich mit dem Krieg in Berührung komme, um so mehr wird mir klar, daß ich nie etwas von den Menschen gewußt habe und daß ich sie erst hier zu entdecken beginne.

17. Dezember. Der Termin war für zehn Uhr morgens. Um zwei Uhr nachmittags ist er gekommen. Auf einmal erzitterte die Kaserne, die Polizisten rannten umher und riefen sich knappe, erregte Befehle zu, und mitten in diesem Aufruhr tauchte ein uniformiertes Männlein auf, hinter ihm ein ganzes Gefolge ehrerbietiger Offiziere. Er ging mit raschen, elastischen Schritten. Er überquerte den Hof, stieg die Treppe hinauf, schloß sich in seinem Büro ein, nach einer halben Stunde tat sich die Tür des Büros weit auf, man hieß mich eintreten, das Männlein saß hinter einem Schreibtisch, damit beschäftigt, drei Rosen in einer Vase zu liebkosen. Das häßlichste Männlein, das ich je gesehen habe. Über den schmächtigen kleinen Schultern saß schief ein kleiner Kopf, und vom Gesicht erkanntest du nur einen Mund: so über alle Maßen breit war er. Vom Mund ging es ohne Übergang zum Hals, denn das Kinn floh so rasch, daß du den Eindruck hattest, es wäre gar nicht vorhanden. Und die Augen, ja, die gab es eigentlich gar nicht, da waren nur Lider, gerade eben von einem Spalt durchzogen. Die Nase allerdings gab es schon, obwohl sie so platt war, daß sie sich sofort in den Wangen verlor, die ebenfalls platt waren. Wenn du ihn ansahst, überkam es dich wie ein Unwohlsein.

Mit extrem langsamen, weichlichen Bewegungen ließ das Männlein von den Rosen ab. Und richtete sich halb auf und reichte mir zwei Finger, die über die meinen hinwegglitten wie Seidenbänder. Kein Wort der Entschuldigung, der Begründung für seine übermäßige Verspätung. Er hauchte nur: »Bonjour.« Dann liebkoste er wieder die Rosen. Blütenblatt um Blütenblatt, mit unendlicher Zärtlichkeit. Und dann brach er das Schweigen, und beim Anhören seiner Stimme wurde diese Art Unwohlsein zum Entsetzen. Denn seine Stimme war keine Stimme. Sie war ein schmerzhaftes Flüstern, eine vom Wind verwehte und einem Sterbenden gestohlene Kantilene, ein Ton, einem Grabe entrissen. Unfaßbar, daß aus so einem Mund so ein Ton kam. Und die Worte sprach er nicht etwa so aus, wie wir sie aussprechen, das heißt eines nach dem andern, er trennte eines vom andern mit einer solchen Trägheit, daß das nachfolgende nie zu kommen schien.

»Ah, Madame! Sind Rosen nicht schön? Ich vergöttere die Rosen. In dieser Vase will ich immer frische, und jede mit einem Tautropfen. Nur mit einem ... Je suis un romantique, voyez-vous? Rosen, Musik ... Nachts höre ich Musik. Brahms, Chopin ... Ich spiele sie auf meinem Klavier, freue mich, sie zusammenzufügen ...«

Der Mund hatte sich verzogen zu etwas, was einem Lächeln gleichen sollte.

»Rien d'extraordinaire, bien sûr. Kleine freundliche Sachen. Je suis un romantique ... Ich kann nicht leben ohne Schönheit, ohne Anmut. Und wenn ich bedenke, daß ich mich mit dem Krieg beschäftigen muß, daß ich Soldat bin... Moi, un militaire! Madame, moi je déteste les militaires... Disziplinierte Bestien sind das, nichts anderes. Madame, voulez-vous boire quelque chose? Oui? Tres bien... Einen Whisky oder ein Bier? Ich trinke Whisky.«

»Ein Bier, bitte.«

Der Whisky kam. Das Bier nicht. Weil er es nicht bestellt hatte. Er hat es vergessen, dachte ich.

»Vous êtes Florentine, d'après ce qu'on me dit . . . Oh, Firenze! Venezia! Ich kenne sie besser als Saigon, und ich liebe sie wie die Rosen. Ich liebkose sie in meiner Erinnerung, Straße um Straße, Palazzo um Palazzo . . . Als ich in Frankreich studierte und mein schönes Europa bereiste, war ich häufig in Florenz . . . in Venedig . . . in Frankreich habe ich an einer katholischen Universität studiert, wissen Sie. Ich habe dort mein Staatsexamen gemacht. In Naturwissenschaften, in Pharmakologie, im Ingenieurwesen . . . Und wozu das alles?«

Er nippte an seinem Whisky und schnalzte mit der Zunge.

»Madame, ich kann Ihnen sagen, wozu. Um Polizeichef zu werden. Madame . . . ich bin das älteste von elf Kindern und das blödeste von allen elf . . . Meine drei Schwestern sind Ärztinnen und ebenso zwei meiner Brüder, die andern drei sind Apotheker, die letzten beiden Ingenieure. Moi, quelle horreur . . . Mit meinen siebenunddreißig Jahren bin ich nichts als General und Polizeichef. Beschimpft und verleumdet; ein Säufer, wird man Ihnen gesagt haben. Und ein großer Schürzenjäger. Was hat man Ihnen gesagt, Madame? Erzählen Sie.«

»Vieles, General. Vor allem, daß Sie ein grausamer Mensch sind.«

»Madame! Ich und grausam?!? Was sagen Sie da? Kann denn ein Mensch, der Rosen liebt, ein grausamer Mensch sein? Madame! Wenn Sie das meinen Beamten sagten, sie würden Sie augenblicklich verhaften! Sie würden Sie für verrückt halten. Erklären sie mir doch immer wieder: Sie sind zu gut für Ihren Beruf, Sie müßten weniger Herz haben und härter sein! Ich aber sage ihnen: gutes Benehmen, Jungs, immer wieder gutes Benehmen! In unserm Beruf führt die Grausamkeit zu nichts, hier nutzt nur gutes Benehmen!«

»General, ist Folterung auch ein gutes Benehmen?«

»O Madame! Sagen wir, manchmal muß man auch streng sein. Il faut, oh, il faut ... Aber Folterung ist doch, wenn der Gefangene nachher entstellt ist, Madame. Unsere Gefangenen sind nie entstellt. Ein paar Fausthiebe mehr ... ein paar Ohrfeigen mehr ... das ist schließlich keine Folterung. Lappalien, Lappalien.«

»Und Elektroschocks auf die Genitalien, General? Auch nur Lappalien? Und die nassen Handtücher? Auch nur Lappalien?«

»O Madame! Sagen wir, es liegt etwas unweigerlich Böses in uns Menschen. Warum schlägt man denn ungezogene Kinder? Genaugenommen ist es böse, Kinder zu schlagen. Auch wenn sie ungezogen sind. Aber es ist nötig, um sie zur Folgsamkeit zu bringen. Und diese Vietkong, Madame, sind wie ungezogene Kinder. Ich kenne sie gut, Madame. Und nicht erst von jetzt. Aus den Zeiten der Vietminh, als die Franzosen noch hier waren. Ich bin auch im Widerstand gewesen, Madame.«

»Auf welcher Seite?«

»Erlauben Sie mir, Madame, dies für mich zu behalten. Permettez-moi, Madame, de garder ce secret pour moi.«

Dann blieb er eine Weile stumm. Und dann bot er mir wieder zu trinken an.

»Voulez-vous boire quelque chose, Madame? Oui? Très bien. Ein Bier oder einen Whisky? Ich trinke Whisky.«

»Ein Bier, bitte.«

Auch dieses Mal kam der Whisky. Nicht aber das Bier. Weil er es nicht bestellt hatte.

»Und die Buddhisten, General? Sind auch die Buddhisten ungezogene Kinder?«

»Lausbuben, Madame. Lausbuben unter Rauschgifteinwirkung. Wollen Sie einen Versuch machen, Madame? Ich habe ihn gemacht. Nehmen Sie einen quicklebendigen Hund, übergießen Sie ihn mit Benzin und zünden Sie ihn an. Bleibt er ruhig stehen, Madame? Keineswegs, er zappelt, heult, rennt weg. Und jetzt nehmen Sie noch einen Hund und geben Sie ihm Rauschgift. Dann begießen Sie ihn mit Benzin und zünden ihn an. Der ist heroisch wie ein Buddhist. Versuchen Sie's mal, Madame. Es macht Spaß. Ich habe das auch Tri Quang erzählt. Tri Quang kenne ich gut, voyez-vous ... Wir stammen beide aus Hué, gehörten zur selben Pagode. Und als er sich in den Kopf setzte, in den Hungerstreik zu treten ... Es regnete damals, ich weiß das noch genau, und es gehört ja so wenig dazu, einen Lausbuben zu bändigen. Ich brachte ihm einen Schirm, und eine halbe Stunde später hat er gegessen und meine Geschichte mit dem Hund angehört.«

»Sind Sie auch Buddhist, General?«

»Madame ... Da können Sie mich auch gleich fragen, ob ich an Gott glaube, Madame.«

»Glauben Sie an ihn, General?«

»Nein, Madame.«

»Woran glauben Sie denn, General?«

»An das Schicksal, Madame. Oh, dieser Schmerz! Quelle douleur!«

Und plötzlich hat dieses Gesicht ohne Gesicht etwas Menschliches bekommen, eine schmerzliche Grimasse verzog den Mund, der sich in seiner ganzen obszönen Breite öffnete, mir eine Reihe spärlicher grünlicher Zähne zu zeigen.

»Je m'excuse ... mein Geschwür.«

Und so, mir seine spärlichen grünlichen Zähne weisend, verharrte er einige Sekunden. Dann unterdrückte er den Schmerz, preßte sich seine schwächliche Hand sanft wie ein Spinnennetz auf den Leib. Und sagte mit dieser seiner Kantilene eines Moribunden, daß er ein Geschwür am Zwölffingerdarm habe von den allzu vielen Problemen, von den allzu vielen Scherereien. Ich würde doch nicht glauben, daß es ihm Spaß machte, den Polizisten zu spielen? Er stamme aus einer Millionärsfamilie, sei ein enfant gâté, ein verwöhntes Kind, und er brauche gewiß nicht dieses erbärmliche Gehalt, mit dem die Regierung ihn zu entlohnen gedenke, fünfundzwanzigtausend Piaster im Monat! Diese Summe reicht nicht einmal, um seinen Fahrer zu entlohnen. Warum spielt er dann den Polizisten? Selbstverständlich nur aus Disziplin, mon Dieu! Wie das kam? Vor drei Jahren, er war gerade aus dem Flugzeug gestiegen nach einem Bombenangriff im Norden, fand er den Befehl vor, sich bei Ky zu melden. Und Ky sagte ihm, er müsse, ja, er müsse unbedingt Leiter der gesamten Polizei im Lande werden. Kann man so etwas ablehnen? Aber mit welchen Opfern, mon Dieu, mit welchen Opfern! Diese Amerikaner, die ihm nie helfen, weil sie ihn ebensowenig mögen wie er sie, sie haben die gleiche Meinung von ihm wie er von ihnen, ein notwendiges Übel, und sie suchen immer nur Kontakte zum FLN, stellen sich den Hinrichtungen entgegen ... Außergewöhnlich war, daß er einen Eindruck von absoluter Ehrlichkeit auf mich machte und zugleich von Gleichgültigkeit, ob man ihm das glaubte oder nicht. Fast als sei es ordinär in seinen Augen, wenn man ihm glaubte, als benötige die Wahrheit außer ihm selbst keinen weiteren Zeugen und als habe er in dieser Gewißheit beschlossen, niemals Sympathie zu suchen und über den Schmerz allein Herr zu werden. In ihm war die grausame Einsamkeit eines Wolfes, der nur im Dunkeln heult, wenn er weiß, daß ihn keiner hört.

»Übrigens, General, was wird eigentlich aus den drei Vietkong, deren Hinrichtung vor mehr als einem Monat suspendiert wurde?«

»Sie werden erschossen, Madame. Ob es den Amerikanern paßt oder nicht, Madame. Wenn gewisse Umstände eintreten, suspendiert man die Erschießung und erschießt eben später. Dem Gesetz muß doch Genüge getan werden, oder? Erinnern Sie sich nicht an den Widerstand in Europa? Da brauchte man doch auch nicht allzu viele Urteile. Oder groß aufgemachte, offizielle.«

»General, ausgerechnet Sie werden doch nicht sagen,

daß sich in Vietnam das gleiche ereignet wie zur Zeit des Widerstands in Europa!«

»Pourquoi pas, Madame? Warum denn nicht? Der Widerstand der Vietkong ist die gleiche Art Widerstand, wie Sie ihn in Europa hatten. Der Unterschied liegt nur darin, daß Sie gesiegt haben, während die Vietkong verlieren werden. Excusez-moi, habe ich gesagt, verlieren werden? Das ist ein Ausdruck, den ich nie gebrauche. Dieser Krieg ist ein eigenartiger Krieg, Madame, er kann weder mit dem Sieg der einen noch mit der Niederlage der andern zu Ende gehen. Er kann nur mit der Feuereinstellung auf beiden Seiten zu Ende gehen.«

Jetzt war eine tiefe Traurigkeit in ihm, und seine Stimme drang zu mir wie das Blätterrascheln eines Baumes, weich und zart. Du hättest gesagt, ihm käme das Weinen an. Er wäre sogar imstande gewesen zu weinen. Aber hatte dieser Mann jemals geweint? Würde er jemals weinen können? Vielleicht ja, falls irgend jemand sein Heulen im Dunkeln hören und sich trauen würde, ihm den Kopf zu streicheln ohne Furcht, zerrissen zu werden.

»General, haben Sie keine Angst, umgebracht zu werden?«

»Ach, wer hat in Saigon nicht Angst, umgebracht zu werden. Jeden Tag wandle ich am Rand des Abgrunds, Madame. Jeden Tag spiele ich mit meinem Leben. Natürlich wollen sie mich umbringen, vielleicht gelingt es ihnen auch. Ich wiederhole Ihnen, ich kenne die Vietkong, sie sind Bestien. Bestien in Menschengestalt, aber Bestien.«

»Sie sind Ihre Brüder, General.«

»Feindliche Brüder, Madame. Und es gibt keinen schlimmeren Feind als einen feindlichen Bruder. Voulez-vous boire, Madame? Ich trinke noch einen Whisky. Er ist meine Medizin; er verbreitert das Geschwür, vergrößert mein Leiden. Und Sie? Bier oder Whisky?«

»Ein Bier, bitte.«

Und auch dieses Mal kam das Bier nicht.

So stand ich auf und verabschiedete mich. Doch als mein Blick durch den Schlitz seiner Augenlider drang, war mir, als sähe ich ein kurzes Aufleuchten von Sympathie. Natürlich hatte er sehr wohl gemerkt, daß ich das Nichteintreffen des Biers nicht sonderlich beachtete, um sein Spiel mitzumachen und zu sehen, wie weit er seine intelligente, gnadenlose Bosheit treiben würde. Er hatte auch gemerkt, daß ich es vor Durst kaum noch aushielt und ihn jedesmal haßte, wenn er seinen Whisky zum Munde führte, aber hätte er nachgegeben, hätte er mir nicht das Bild des Nguyen Ngoc Loan vermittelt, das er mir hatte vermitteln wollen. Oder wollte er nur einfach gehaßt werden? Wollte dies aus weiß Gott welcher Verzweiflung heraus ebensosehr, wie andere geliebt werden wollen? Weshalb, weiß ich nicht. Vielleicht, weil er so häßlich ist. Und ihm die schönen Dinge gefallen.

»Meine Verehrung, Madame. Es war sehr interessant, Madame.«

»Das war es auch für mich, General.«

Er machte eine vollendete Verbeugung, schickte sich an, mich zur Tür zu begleiten, da fiel mein Blick auf einen gerahmten Spruch, der rechts vom Schreibtisch an der Wand hing. Er lautete:

Wachse still inmitten des Lärms der andern,
bedenke, daß Frieden nur sein kann in deinem Schweigen.
Ergebe dich nie, doch sei mit allen im Einklang,
sag deine Wahrheit in ruhiger, stiller Weise.
Höre der andern Meinung mit offenem Herzen und freiem Sinn,
mögen die andern auch dümmer sein und unwissender als du.

So frage ich mich jetzt, ob es vielleicht falsch von mir war, auf sein Spiel einzugehen, und ob mir das Schicksal vielleicht bestimmen wird, ihm noch einmal zu begegnen und von ihm angenehm überrascht zu werden. Wer weiß, eines Tages nach irgendeiner widersinnigen Perfidie.

18. Dezember. Morgen werden ich und Moroldo Vietnam verlassen. Ich bin in einer melancholischen Stimmung, habe fast ein Gefühl von Schuld. Ich weiß nicht, mir ist, als würde ich fliehen, desertieren, als sei es schuldhaft, in eine Welt zurückzukehren, wo man wegen eines einzigen Toten weint und keinen Kanonendonner hört. Wir sind die einzigen, die fortgehen, und auf einmal verstehe ich diejenigen, die seit Monaten und Jahren hier sind und jeden Tag ihr Leben aufs Spiel setzen und nicht fort wollen. Allenfalls begeben sie sich nach Bangkok oder Hongkong, ruhen sich übers Wochenende aus und kommen dann wieder zurück, angezogen wie von einem Magneten, und der ist nicht immer der eigene Zeitungsvertrag oder irgendein literarisches Interesse oder irgendeine Liebe. Die magische Anziehungskraft liegt in der Tragödie, im Wagnis, in der Herausforderung des Todes. Selbst seine grausigsten Aspekte können dem Zauber nichts anhaben, den er auf dich ausübt.

Daran mußte ich heute früh denken, als wir auf der Terrasse des Hotels Continental Kaffee tranken, genau gegenüber dem Gebäude der Nationalversammlung, in dessen erstem Stock eine Totenwache gehalten wurde; durch die offenen Fenster konnte man den Sarg sehen mit dem schwarzen Tuch und den brennenden Kerzen. Es war der Sarg des Bui Quang San, des fünfundvierzigjährigen Leiters der Kuomintang-Partei, der gestern in seiner Wohnung ermordet wurde. Zwei Männer waren hereingekommen, hatten ihm Hals und Brust durchschossen, seiner Frau befohlen, sich nicht aus der Küche zu entfernen, ein Todesurteil auf den Schreibtisch gelegt und waren wieder fortgegangen. Das Todesurteil war mit Maschine geschrieben, und unterschrieben war es von der Nationalen Befreiungsfront. Es hieß darin, Bui

Quang San sei des Verbrechens am Volke schuldig befunden, weil er seinem Sohn erlaubt habe, für die CIA zu arbeiten. Kein Mensch glaubt das. Sogar die Amerikaner behaupten, das Urteil sei gefälscht und eine nachweisliche Lüge: die Vietkong hinterlassen keine Todesurteile. Bui Quang San ist von den Regierungsschergen ermordet worden, weil er die Meinung vertrat, es sei notwendig, mit dem FLN Verbindung aufzunehmen und Friedensverhandlungen zu beginnen. Mag's stimmen oder nicht, was hat das jetzt noch zu bedeuten. Doch es hat zu bedeuten, daß es wieder einen Toten mehr gibt in dieser Stadt, wo ein Menschenleben weniger wert ist als eine Handvoll Reis. Und so sah ich auf diese Kerzen, ging ihrem Widerschein auf den Fensterscheiben nach, fühlte mich lebendiger als zuvor.

»Ein schöner Abschied, nicht wahr?« Moroldo deutete auf den Sarg des Bui Quang San.

»Eben.«

»Ich kann's kaum erwarten, bis ich im Flugzeug bin: Bangkok, Karachi, Teheran, Rom. Kannst du dir vorstellen, daß wir übermorgen in Italien und zu Hause sein werden?«

»Doch.«

»Und dir wird nicht wohler dabei?«

»Nein.«

Moroldo in seiner Einfalt. Er ist so gespannt, seine Fotos zu entwickeln und seinen Kollegen auseinanderzusetzen, was er alles getan und gelassen hat: für ihn sind diese vierzig Tage in Vietnam nur ein Abschnitt seiner Arbeit, ein überstandenes Risiko. Für mich bedeuten sie viel mehr.

»Du mußt wissen: nach allem, was ich gelernt habe, bin ich nicht mehr dieselbe.«

»Was hast du denn gelernt?«

»Etwas sehr Einfaches. Ich sage es dir noch.«

Nachmittags sind wir zur France Presse gegangen; unsere Freunde erwiesen sich bis zum letzten Tag als wahre

Freunde. Mazure schenkte mir seinen Tornister, Felix seine Taschenlampe und François eine Feldflasche, eine Decke in Tarnfarbe und einen Poncho-Regenumhang. Dann machte er sogar eine Flasche Champagner auf, unter der Bedingung freilich, daß ich ihm Chianti besorgen würde. Alle waren sie gerührt, obwohl sie Gleichgültigkeit spielten. Und auch wir waren gerührt. Europa, die Vereinigten Staaten schienen uns weiter entfernt als der Mond. Der Rest der Welt war eine andere Welt.

»Also, kann man jetzt endlich erfahren, was du gelernt hast?« fragte Moroldo nach einem zweiten Champagner.

Ich gab ihm keine Antwort, er hätte sie doch nicht verstanden.

Das habe ich gelernt in diesem Krieg, in diesem Land, in dieser Stadt: das Wunder zu lieben, daß ich geboren wurde.

Viertes Kapitel

Du weißt doch, wie das ist, wenn du träumst, in einem brennenden Haus zu sein oder von einem Mörder verfolgt zu werden, der dich gleich packen wird. Du hast echte Angst, echtes Entsetzen, du leidest, stöhnst, schlägst um dich. Und dann wachst du auf und merkst, daß du ja in deinem Bett liegst, in deinen eigenen vier Wänden und in Sicherheit, das Haus brennt nicht, der Mörder verfolgt dich nicht, das alles hat es nur in deiner Einbildung gegeben, und zurück bleibt nichts als ein wenig zerronnener Schweiß auf deinem Gesicht. So ist auch der Wechsel von einem Land, wo Krieg ist, zu einem Land, wo kein Krieg ist. Du verläßt Saigon, solange du über den Wolken fliegst, hast du immer noch Leichen, Panzerwagen, Flammen, Tragödien vor Augen, aber wenn dein Flugzeug dann in Rom oder Paris oder New York landet und du wieder in deiner vertrauten Umgebung bist, glaubst du, geträumt zu haben. Wo sind die Leichen, die Panzerwagen, die Flammen? Nirgendwo, sie existieren nur in deiner Einbildung. Aber hier der Tornister? Und der Helm, den sich der Zollbeamte zusammen mit den Koffern ansieht? Ach, nichts, es ist nur der Schweiß, der noch auf deinem Gesicht liegt, bald wird er eingetrocknet sein und mit ihm die guten Vorsätze und das gute Gewissen. Weißt du, das kommt wahrscheinlich daher, daß die Menschen den Krieg als gegeben hinnehmen. Und aus der Ferne nicht daran glauben, sich nicht klarmachen, daß er existiert. So ging es mir jedenfalls, als ich mich von ihm entfernte. Eine Zeitlang glaubte ich nicht mehr daran, machte mir nicht mehr klar, daß er existiert.

Und doch wurde von ihm gesprochen. Irgendwie hatte ich ihn immer in den Ohren und vor Augen. Auf verschlungenen Wegen hatte ich Tri Quangs Brief Paul VI.

zukommen lassen, eines Abends erschien er im Fernsehen. Im weißen Gewand, seinen Zeigefinger teils anklagend, teils segnend erhoben, deklamierte er: »Aus Südostasien dringen Stimmen zu uns...« Und seit dem Abend gab es keinen Abend, an dem seine gar auch in Samt und Hermelin gewandete und von einer riesigen Mitra gekrönte weiße Gestalt, in ihrer Mitte der teils anklagend, teils segnend erhobene Finger, mich vom Bildschirm aus nicht an Vietnam erinnert hätte. Natürlich erinnerten mich auch die Einblendungen aus Saigon daran – mit Soldaten, Bombenangriffen, flüchtenden Menschen unter spitzen Hüten. Und schließlich erinnerten mich meine eigenen, Woche um Woche veröffentlichten Artikel ebenso daran wie die in Dak To aufgelesenen Patronenhülsen und der Helm und der Tornister, die in meinem Zimmer beinahe spielerisch an der Wand hingen. Aber in meinem Herzen und in meinem Bewußtsein hatte sich der Krieg verflüchtigt in der Art eines Traumes.

Da ist zum Beispiel der Brief, den mir Pip geschickt hat. »Ich schreibe Dir vom Hügel 1383, wo wir Weihnachten bei Kanonendonner feiern, die Waffenruhe existiert nur im Geschwätz der Zeitungen. Eine Mörsergranate ging bei der Artillerie nieder und hat Larry getötet. Du kannst Dich doch noch an Larry erinnern, den Jungen mit den Bonbons. Hauptmann Schers Zeit ist um, und er geht jetzt nach Amerika zurück. Das tut mir leid, und meine Stimmung wird auch nicht besser, wenn ich jetzt zum Unteroffizier befördert werde. Die Männer vom Hügel 1383 reden oft von Dir. Du weißt ja gar nicht, was es für sie bedeutet hat, wie Du damals aus dem Hubschrauber gestiegen bist. Du hast ja nicht gerade wie eine Frau ausgesehen, trotz Zöpfchen, aber gesprochen hast Du wie eine Frau. Seit vielen Monaten war es das erstemal, daß sich jemand um uns sorgte und den Krieg als ein Unglück ansah. Alle schicken sie Dir gute Wünsche, und Tinnery bittet Dich, das Foto mit Autogramm von Julie Christie nicht zu vergessen.

Jetzt höre ich auf, denn ich muß auf Patrouille. Ob wir Dich mal wiedersehen? Wir möchten's. Herzliche Grüße von Deinem Pipon, genannt Pip.«

Ein netter Brief. Aber ich hatte ihn plötzlich in der Hand wie eine alte Fotografie aus der Schulzeit. Mit Trauer erinnerte ich mich, daß gerade Larry mir erzählt hatte, er ginge zum Angriff mit dem Gebet »Gott, laß mich nicht sterben«. Und ungerührt stellte ich fest, daß ich Tinnery vergessen hatte, und antwortete Pip in der Art, wie man einer ehemaligen Klassenkameradin antwortet, die man einmal gemocht hat und die einem letzt nichts mehr bedeutet. So weit schien mir Dak To zurückzuliegen, ebensoweit wie die stickige Wärme Saigons. Der Garten vor unserm Haus auf dem Land lag voller Schnee, am Brunnen hingen Eiszapfen. Im Eßzimmer stand der Weihnachtsbaum, glitzernd von Gold und Silber, und ohne nach Leben oder Tod zu fragen, behängte meine Schwester ihn mit Spielzeug. Im Januar kehrte ich dann nach New York zurück. Und hier geschah es. Die Sehnsucht begann sich zu regen. Ich glaube, wegen der Gleichgültigkeit der andern. Wegen der Art und Weise, wie sie auf das Wort Vietnam reagierten. Als wäre Vietnam ein Feriengebiet, ein Luftkurort.

So an dem Abend, als ich in den Drugstore in der Second Avenue ging.

»Welch seltener Besuch. Ich dachte schon, ich hätte einen Kunden verloren.«

»Keinesfalls. Ich war in Vietnam.«

»Did you have a good time? Hat es Ihnen gut gefallen?«

Oder als ich zu meiner Bank in der Madison Avenue ging.

»Wir haben Sie schon lange nicht mehr gesehen.«

»Ich war in Vietnam.«

»Really? How exciting. Wirklich? Wie aufregend!«

Oder an dem Nachmittag, als ich mit dem Taxifahrer stritt.

»Sollen sie doch eine Atombombe auf diese gelben Fratzen schmeißen! «

»Das würde ebenso euch selber treffen. Es gibt keine Front dort unten.«

»Wer sagt denn das?«

»Ich sage es. Ich bin einen halben Monat lang dort gewesen.«

»Ist es tatsächlich so heiß in Vietnam?«

Schließlich die Langeweile. Graham Greene hat einmal geschrieben, daß der Krieg zum großen Teil darin besteht, unbeweglich und untätig auf etwas anderes zu warten. Und das stimmt. Aber er hat nicht geschrieben, daß du dich auch während der Unbeweglichkeit nicht langweilst. Denn weißt du, im Krieg sitzt du nie als Zuschauer im Parkett, du bist immer auf der Bühne, bist immer am Geschehen beteiligt. Sogar, wenn du auf der Terrasse des Hotels Continental einen Kaffee trinkst. Es könnte ja eine Mine auf dieser Terrasse in die Luft gehen, eine Granate auf sie fallen, so bist du mitten in einer heroischen Atmosphäre und zu einer stetigen Aufmerksamkeit gezwungen, die jede Art von Langeweile ausschließt. Und eben das war es, was mir in New York fehlte, wo die Tage in atemloser Eile dahinrasen, vollgestopft mit Problemen, Verabredungen, Öde. Es ereignet sich nichts Außergewöhnliches in New York, nichts Unvorhergesehenes. Ich fühlte mich wie eine Ameise, verloren unter Millionen anderen Ameisen; aktiven, organisierten, doch ohne Verdienst am eigenen Überleben. Die Fenster, die ich von meinem Fenster sehe, gleichen eines dem anderen. Das Gas in meinem Herd zündet sich von selbst an und braucht kein Streichholz. Meine Freunde sind gut und gesittet und durch eine Lebensversicherung geschützt. In diesem meinem Gemütszustand erreichte mich François' Brief. Nicht mit dem Stempel *Apo Mail,* der auf dem Umschlag von Pips Brief kaum zu sehen war, sondern mit vietnamesischen Briefmarken, die allein schon genügten, meinen Verdruß zu nähren. Es war ein kurzer und klarer Brief, ganz wie er selbst. Er spöttelte über meine Heimkehr in die Pax Americana und gab eine Schilderung Saigons während der Feiertage. »Eine Ruhe, der niemand traut. Meiner Meinung nach bereiten die Vietkong eine große Sache vor. Ich habe in der Post einen Schichtdienst eingerichtet, damit man dort schlafen und notfalls schneller eine Depesche aufgeben kann. Barry Zorthian scheint sich Sorgen zu machen. Und Loan ist unausstehlicher denn je. Ich glaube, ich bin der einzige Journalist, der mit ihm reden kann. Wahrscheinlich schockiert Dich das, aber der Trottel hat Theater mit Dir gespielt, und im übrigen hast Du die Hauptsache begriffen, wie die andern geliebt werden wollen, will er gehaßt werden, weil er so häßlich ist. Das ist er zwar, aber das macht ihn nicht schlechter als die andern, und menschlich interessiert er mich sehr. Weil er Mut hat. Im übrigen interessieren mich auch Zorthian, Westmoreland, alle. Wie Voltaire sagt, tout ce qui intéresse l'homme m' intéresse. Oder sagt es Montaigne? Weißt Du, Montaigne ist mein Lieblingsschriftsteller. Falls die Sache passiert und Du nach Saigon zurückkehrst, bring uns eine Flasche Chianti mit. Salut, Pelou.«

Mit Neid las ich den Brief. In Saigon würde etwas passieren ohne mein Dabeisein. Könnte ich nur einen Vorwand finden, um in die Nähe zu kommen. Eine Reportage über Hongkong zum Beispiel oder irgendeinen andern Ort, von wo aus man rasch hinkommen kann, falls die große Sache wirklich stattfindet. Dann faltete ich die ›New York Times‹ auseinander und sah die Meldung. Sie besagte, daß zwei Stunden nach Beginn des Tet, des vietnamesischen Neujahrsfestes, siebzehn Vietkong die amerikanische Botschaft angegriffen hatten. Mit Panzerabwehrraketen B 40 und mit 35-Zoll-Bazookas hatten sie ein Loch in die Umfassungsmauer gesprengt, waren in den Garten eingedrungen und hatten das Gebäude bis zum Morgen beherrscht. Um neun Uhr war der Kampf aus, und die siebzehn Vietkong waren tot. Aber Kämpfe gab es überall in der Stadt. Am nächsten Tag waren die Meldungen noch schlimmer. Es handelte sich gar nicht um einen Angriff auf Saigon allein, sondern um eine koordinierte Offensive großen Stils. In Da Nang wurde getötet, in Dalat, in My Tho, in Hué, in fünfunddreißig Städten Vietnams. Und in Saigon befand sich der Stadtteil Cholon in der Hand des Vietkong, dazu große Teile von Gia Dinh und Phu Tho. Auf dem Flughafen von Than Son Nhut konnte kein Flugzeug landen. Die Fernsehbilder zeigten Straßen, die nur noch Trümmerhaufen waren, brennende Häuser, Haufen blutiger Leichen, restlos zerstörte Pagoden. Und die fürchterlichste Fotografie zeigte jemanden, den ich recht gut kannte, General Loan, wie er einen Vietkong erschoß, dem die Hände gebunden waren.

Es war nicht nur eine Fotografie, es war eine Folge von drei Fotografien. Auf der ersten sah man den Vietkong, einen jungen Mann mit kurzen Hosen und kariertem Hemd, vorwärts gestoßen von einem amerikanischen Marine, der ihm wer weiß was zuflüsterte, wie um ihm Mut zu machen. Auf der zweiten sah man Loan, der seinen Revolver gezogen hatte und dem Vietkong aus nächster Nähe in die rechte Schläfe schoß. Genau in dem Augenblick, wo das Geschoß in den Kopf drang und der Vietkong die Augen schloß und die Lippen schmerzlich verzog. Auf der dritten sah man Loan, der seinen Revolver wieder einsteckte, weiterging und den Vietkong auf dem Asphalt liegenließ, seinen nackten Fuß erhoben im letzten Aufzucken. Loan und seine Rosen, ein Tautropfen auf einem Blütenblatt einer jeden Rose. Loan und sein Klavier, die Nocturnes von Chopin. Loan und sein eingerahmter Spruch: *Wachse still inmitten des Lärms der andern, bedenke, daß Frieden nur sein kann in deinem Schweigen . . .* Wie hatte ich nur hoffen können, es würde ihm eines Tages gelingen zu weinen! Und wie konnte ihn François menschlich akzeptieren? Und wieviel andere Gemeinheit, wieviel anderes Heldentum entflammte in Vietnam in dieser neuen Tragödie? Meine Langeweile wurde ungeduldige Erwartung. Kaum hatte ich das Visum und die sonstigen erforderlichen Papiere, eilte ich zum erstbesten Flugzeug nach Bangkok via Hongkong. Mein Gepäck bestand nur aus einer Tasche, einem Fotoapparat, einem Tonbandgerät und einer Flasche Chianti.

Per Fernschreiber hatte mir François mitgeteilt, daß man nur von Bangkok aus mit einem Militärflugzeug nach Saigon kommen könne. Er hatte mich schon bei den amerikanischen Behörden in Thailand angemeldet. Dort bekam ich im Morgengrauen des 7. Februar eine Maschine, aber ich hatte bisher mit der Reise vier Tage verloren, und seit Beginn der Offensive war schon mehr als eine Woche vergangen. Im Flugzeug befanden sich noch andere Journalisten, ein Amerikaner, ein Deutscher, drei Franzosen. Es war ein kleines Flugzeug ohne Sitzplätze und ohne Klo. Man hockte auf dem Boden und machte sein Pipi in eine Art Becher. Der älteste Franzose, ein blasses Männlein namens Marcel, schien über jede Katastrophe Bescheid zu wissen. Nicht zuletzt über die Gefangennahme von Catherine und Mazure auf einer Straße in Hué. Teils mit Hubschraubern, teils mit Lkws war es ihnen gelungen, die Stadt zu erreichen. Dort konnten sie sich unter den Schüssen beider Seiten in eine Kirche flüchten. Beim Verlassen der Kirche allerdings waren sie von den Nordvietnamesen überrascht worden, die sie fesselten und mitnahmen. Ein Wunder, wenn diese Geschichte nicht mit Erschießung ausgegangen ist. In Saigon übrigens herrschte der Hunger, nicht ohne Grund hatte er Keks und Schokolade dabei. Zudem kündigte sich die Gefahr einer Epidemie an. Nicht ohne Grund hatte er Medikamente und Antigifte dabei. Sein Stimmchen schrillte mir in den Ohren, und die Zeit ging und ging nicht vorbei. Mit einem Verkehrsflugzeug braucht man eine knappe Stunde von Bangkok nach Saigon, weil man Kambodscha überfliegt. Mit einem Militärflugzeug muß man eine Umgehungsroute fliegen und braucht viereinhalb Stunden. Zermürbt von Müdigkeit und von der Ungewißheit, die mich erwartete, und zudem allein, wagte ich es nicht, ihn zum Schweigen zu bringen, und ich lehnte mich an ihn wie an eine Rückenlehne. Oder wie an einen Freund. Ohne einen Freund ist es schlecht, in den Krieg zu gehen. Dann hat man keinen, zu dem man sagen kann, ich fürchte mich.

Gegen zwei Uhr nachmittags waren wir über Saigon. Aus der Stadt stiegen Flammen und schwarze Rauchwolken empor, an einigen Stellen flatterte die Vietkong-Fahne, gelb, rot und blau. Unser Kommandant sagte uns, wir müßten vor der Landung noch eine kleine Runde drehen, der Flugplatz liege unter Mörserbeschuß. Die kleine Runde dauerte vierzig Minuten, und die waren so lang wie vierzig Stunden. Dann tauchten wir entschlossen zur Piste hinab, und Marcels Stimmchen tat mir in den Ohren und im Herzen weh: »Gott geb's uns gnädig!«

Mein Tagebuch aus der Hölle geht weiter.

7. Februar, abends. In Than Son Nhut zu landen war nicht leicht. Ringsum wüteten die Kämpfe, am Südwesteingang wurde geschossen. Als wir das Flugzeug verlassen hatten, mußten wir über die Piste rennen und in eine mit Sandsäcken geschützte Baracke flüchten. Sie war voll von deprimierten, verängstigten Soldaten, und der Offizier schien überrascht, als ich ihm sagte, daß ich sofort nach Saigon wollte. Vielleicht wüßte ich nicht, sagte er wiederholte Male, daß sich die Stadt im Belagerungszustand befinde, daß die Zufahrtsstraße durch Gia Dinh führe, einen Stadtteil, den die Vietkong besetzt hielten, daß heute ein amerikanischer Jeep durch Granatbeschuß in die Luft gegangen sei. Aber ich konnte ihn doch überreden, mir einen Kleintransporter mit bewaffneter Begleitung zur Verfügung zu stellen, und eine halbe Stunde später fuhren wir durch menschenleere Alleen, an ausgebombten Häusern, an unserer eigenen Angst vorbei. Keine zwanzig Minuten haben wir gebraucht bis in die Stadt hinein. Der Fahrer hielt in der Nähe des Continental, stellte wortlos mein Gepäck auf die Straße. Als ich mich bedankte, stieß er zwischen den Zähnen hervor: »Auf den Dank pfeif ich was! Wir müssen jetzt erst wieder zurück!« Dann stieß er einen gräßlichen Fluch aus, und solange ich lebe, vergesse ich nicht dieses Gefühl von Verlassenheit, als ich mutterseelenallein auf diesem Platz stand, neben mir mein Gepäck. Kein Mensch war zu sehen, verstehst du, nicht einmal ein streunender Hund. Die Geschäfte waren geschlossen, die Fenster verrammelt, alles schwieg regungslos, versteinert in absurder Stille. Das einzige Geräusch kam von einem Blatt Papier, der Wind schlug es an einen Pfosten. Keine Rikschas mehr, keine Autos, keine Fahrräder, keine lärmende Menge, die doch Saigon zu einer Oase des Kompromisses und des Lebens gemacht hatten; mein Blick irrte vom Nichts zum Nichts, du fühlst dich als der letzte Bewohner nach einer Massenflucht. Ich nahm mein Zeug auf, zwängte mich durch eine Öffnung im Stacheldraht und betrat das Continental. Nur der Portier war da. Ich verlangte ein Zimmer, er schüttelte den Kopf, »nicht einmal, wenn Sie's mit Gold bezahlen«. So gab ich ihm mein Gepäck zur Aufbewahrung, nahm die Chiantiflasche und ging in die rue Pasteur, zur France Presse. Mit zusammengepreßten Lippen bat ich um irgendein Geräusch. Ein von Panzern begleiteter Transport, das Kreischen der Raupenketten, die den Asphalt aufreißen, erschien mir wie Musik.

Auch um das Haus der France Presse waren Stacheldrahtrollen gelegt, zwei Posten bewachten den Eingang. Sie fragten gar nicht erst nach meinen Papieren, sondern gaben gleich drei Schüsse ab. Einer fiel mir vor die Füße. Mein Ruf »Bao chi! Presse! Bao chi!« rettete mich. Dann stürzte ich die Treppe hinauf, suchte meine Freunde, wie ein Kind seine Mutter sucht. Im Büro waren nur der

Mann am Fernschreiber und Herr Lang. Herr Lang sagte, sie wären alle im Juspao, dann verschloß er sich wieder in sein undurchdringliches Schweigen. Aber das war hier immer noch besser als allein auf der Straße. So stellte ich die Flasche auf François' Schreibtisch und wartete. Ich weiß nicht, wie lange ich wartete, ich war so müde. Endlich ging die Tür auf, und François erschien. Schmutzig, unrasiert, abgemagert. Die tabakfarbene Hose und das hellblaue Strickhemd hingen ihm am Leib, als hätten sie einem andern gehört, seine Wangen waren eingefallen, seine Nase länger und schmächtiger. Er sah die Chiantiflasche und verzog den Mund zu einem sonderbaren Lächeln. Dann sah er mich, und ich kann mich nur noch an eine Hand erinnern, die mir durchs Haar fuhr, und an eine Stimme, die laut »Bravo! Bravo!« rief. Mehr weiß ich nicht, ich weinte wie ein Kind.

Ich glaube, das dauerte eine ganze Weile. Als Felix und Mazure kamen, putzte ich mir die Nase. Auch Mazure sah ziemlich elend und schäbig aus, er, der doch sonst so schön und elegant ist. Aber sein Lächeln machte ihn gleich wieder zum altgewohnten Mazure, er umarmte mich, meinte im Singsang: »Elle est ici, elle est ici avec les nerfs à plat!« Eine ganze Weile machten wir uns gegenseitig Komplimente, und schließlich mußte auch das Problem meiner Unterbringung gelöst werden. Felix löste es, indem er sagte, hier im Erdgeschoß sei eine Art Hotel, ein ehemaliges BOQ für amerikanische Offiziere, und er habe dort ein Zimmer, das er mir gern zur Verfügung stellen würde. Das böte zumindest den Vorteil, daß ich zu jeder Stunde ins Büro kommen könne, ohne Gefahr zu laufen, erschossen zu werden. Jetzt bin ich also untergekommen, aber mich friert bis in die Knochen hinein. Mit Beginn der Dunkelheit setzte die Bombardierung ein, sie sind über Gia Dinh, ein Hubschrauber hat einige Leuchtkugeln abgeschossen, die langsam auf unseren Stadtteil herabsinken und ihn taghell erleuchten. Man sucht die Vietkong. Die Amerikaner treiben bei Tage die

Vietkong zurück aufs Land, bei Nacht erobern sie ihre verlorenen Stellungen zurück. In Saigon lebt man jetzt in jeder Hinsicht in vorderster Linie. Und Marcel hatte recht. In der Stadt ist große Lebensmittelknappheit. Die Vorräte gehen zu Ende, ein Ei kostet bis zu vier Mark, für eine Handvoll Reis muß man Schlange stehen, und dann ist vielleicht kein Wasser da, um ihn zu kochen. Nicht nur das, man befürchtet eine Epidemie, Medikamente sind fast nicht zu haben. Und schließlich: Marcel, dieser Verkünder heiterer Nachrichten, wohnt auch hier. Ich ging den Korridor entlang und hörte ein schrilles Stimmchen, unverkennbar.

8. Februar. Es ist noch nicht Morgen, aber wer kann schon bei diesem Donner schlafen. Schließlich bin ich aufgestanden. Hier ist also, was mir François gestern berichtete, ich habe es auf Tonband. Und es macht einen eigentümlichen Eindruck auf mich, seine müde Stimme wieder in die Gegenwart zu holen. Er war völlig erschöpft auf einen Stuhl gesunken.

»Also, ich hab dir ja geschrieben, daß wir auf etwas gefaßt waren. Ausgerechnet die Amerikaner hatten uns gewarnt. Ich hatte doch einen Schichtdienst in der Post eingerichtet, und das ging so zwei Wochen lang. Aber es passierte nichts, und so habe ich ihn wieder abgeschafft; ich dachte, es sei ein falscher Alarm gewesen. Dann kam die Tet-Nacht. Du weißt doch, das Tet ist das Fest der Feste für die Vietnamesen. Man hatte die Ausgangssperre aufgehoben und einen Großteil der in Saigon stationierten Soldaten in Urlaub geschickt, die Kasernen waren fast leer. Auf den Straßen wimmelte es von Menschen, überall gab es Feuerwerk, und Knallfrösche explodierten, die ihrer Meinung nach die bösen Geister vertreiben und die guten Geister anlocken. An eine Offensive, die Saigon miteinbeziehen würde, dachte kein Mensch, und das, obwohl die Vietkong tags zuvor die amerikanischen Basen von Danang, Natrang, Pleiku und Kontum angegriffen hatten. Als sich die erste Explosion ereignete, um drei Uhr morgens, sagte ich mir, das ist unmöglich, das ist einfach unmöglich. Es war eine Explosion, etwas ganz anderes als die Knallfrösche, sie erschütterte die Häuser im Zentrum wie ein Erdbeben. Und nach dieser ersten noch eine und wieder eine. Ich sprang aus dem Bett, rannte auf die Straße. Hier pfiffen die Kugeln schlimmer als in einer Schlacht. Eine flog knapp an meiner linken Schläfe vorbei, ich spürte sie fast an der Haut. Eine andere streifte meinen Hals. Und da sagte ich mir, jetzt sind wir soweit. Ich setzte mich ins Auto, irgend jemand schoß darauf, aber zu Fuß wäre es noch schlimmer gewesen, und fuhr zum Platz der Kathedrale. Unter der Madonnenstatue brannte ein Jeep. Auf dem Boden lagen die Leichen von zwei amerikanischen MP. Weitere Leichen lagen vor der Post. Ich glaube, südvietnamesische Soldaten. Aber die stärksten Detonationen kamen von der Botschaft. Als ich hinkam, sah ich's, sie durchbrachen die Umfassungsmauer mit Granaten und Mörsern. Die drei MP, die den Eingang bewacht hatten, waren schon tot, und kein einziger Amerikaner war da, um den Angriff zurückzuschlagen. Ich kehrte um, weil ich zur Post wollte, um eine Depesche nach Paris aufzugeben. Hier waren die Amerikaner, aber sie hatten den Verstand verloren. Sie schossen auf mich und auf sich selber, sie schienen überhaupt nicht zu wissen, was vorgefallen war. Und bis zum Morgen wurde es ihnen nicht klar, und dann brauchten sie noch zwei Stunden, bis sie begriffen, daß der Angriff auf die Botschaft nur Teil der Offensive war.

Eine nach strengsten strategischen Regeln koordinierte und organisierte Offensive. Loan sagte immer, kein einziger Vietkong könne in Saigon eindringen. Aber sie sind eben doch eingedrungen, und zwar innerhalb von kaum mehr als zwei Tagen zwischen dem 29. und 30. Januar. Zehntausend, wie es heißt, aber bestimmt nicht weniger als sechstausend. In Dreiergruppen, also Zelle um Zelle.

Zu Fuß, mit dem Fahrrad, mit dem Autobus, auf gestohlenen amerikanischen Kleinlastern, meistens aber zu Fuß. Vom Land sind sie hereingekommen und tadellos gekleidet, sauberes Hemd, neue Sandalen. Die Vietkong tragen gewöhnlich Ho-Tschi-Minh-Sandalen, weil sie bequemer sind und man damit auch laufen kann. Aber damit sind sie auch zu erkennen, denn jedermann weiß, daß die Vietkong Ho-Tschi-Minh-Sandalen tragen; also hatten sie sich jetzt japanische Sandalen gekauft, die in Saigon modern sind. Weißt du, die halten den großen Zeh und den Spann, lassen aber die Ferse frei, und wenn du nicht daran gewöhnt bist, verlierst du sie. Um sie nicht zu verlieren, hatten sie einen Bindfaden um die Ferse gebunden, aber auch so konnten sie nicht recht damit gehen, und so kamen viele von ihnen barfuß und trugen die neuen Sandalen in der Hand oder über die Schulter gehängt. In der Hand hielten sie auch einen Beutel mit Essen, gerade genug für zwei Tage. Wären Loans Polizisten schlauer gewesen, hätten sie bald begriffen, daß irgend etwas nicht geheuer war mit diesen festtäglich gekleideten Gruppen, die ihre Schuhe und einen Beutel mit Lebensmitteln in der Hand trugen.

Es waren nur Bauern. Die Nationale Befreiungsfront hatte die Vietkong aus Saigon sorgfältig ausgeschieden, und viele von ihnen sahen überhaupt zum erstenmal eine Stadt. Sie hatten keine Ahnung, wie sich das Leben in Saigon abspielt, hatten noch nie so große Häuser gesehen, so viele Autos, so breite Straßen. Sie kannten nur ihre ländlichen Gegenden, die Fahrwege, die Reisfelder, und wußten nur eines, sie kamen, um Saigon zu befreien. Ihre Kommandanten hatten ihnen gesagt, »wir befreien jetzt Saigon«, und sie dachten gar nicht erst darüber nach, ob es ihnen gelingen würde oder nicht. Seit Jahren kämpften sie doch dafür und waren bereit, dafür zu sterben. Bei diesen Gruppen gab es nicht wenige Frauen. Durchschnittlich jeder fünfte war eine Frau. Die Frauen kamen in Nationaltracht, schwarze Hosen und geschlitz-

te Tuniken. Um sich zu erkennen und nicht aufeinander zu schießen, trugen sie ein rotes Bändchen am linken Ärmel. Einige sollen es mit großen Nadeln befestigt haben, andere mit einer Schnur. Nur ganz wenige mit Nadel und Faden. Ein paar Minuten vor der festgesetzten Zeit. Die festgesetzte Zeit war am 31. Januar 2.50 Uhr morgens.
Die Waffen hatten sie schon lange vorher in die Stadt geschafft. Vollständig oder in Teilen, meistens versteckt in den Blumenkarren, die im Morgengrauen vom Land zum Markt fahren. Sie hatten sie in Wohnungen und Friedhöfe gebracht. Und holten sie dort, als Feuerwerke und Knallfrösche in die Luft gingen. Sollte einer mal auf den Gedanken kommen, einen Film von dieser Nacht zu machen, wird er uns alle zum Heulen bringen. Siehst du sie, wie sie da herumlaufen, still und klein wie die Ameisen und mit den Sandalen, die ihnen von den Füßen rutschen, mit den roten Bändchen am Ärmel, mit dem Proviantsäckchen am Gürtel? Während die andern ringsum sich amüsieren und verrückt spielen. Siehst du sie, wie sie ihre Ziele angehen, den Regierungspalast, das Polizeipräsidium, die Kasernen, die Gefängnisse, die amerikanische Botschaft, den Radiosender? Fast nirgends hatten sie Erfolg. Und zwar darum, weil sie Bauern sind und die Fallen einer großen Stadt nicht kannten. So verloren sie zum Beispiel zuviel Zeit mit der amerikanischen Botschaft. Es gelang ihnen nicht, die Tür zu öffnen. Das ist eine Panzertür, die mit einer modernen Apparatur in Bewegung gesetzt wird. Im Grunde genommen hätte ein Bund Schlüssel genügt, um diese Flügeltür beidseitig zu öffnen. Aber sie bildeten sich ein, sie mit Schulterstößen sprengen zu können und dann mit Schüssen aus dem B 40. Beim Regierungspalais gelang es ihnen nicht einmal, in die Nähe zu kommen. Sie verschanzten sich in einer kleinen Villa gegenüber und ließen sich abschlachten. Die letzten sechs, es waren fünf Männer und eine Frau, wurden zwei Tage später gefangengenommen

und auf der Stelle hingerichtet. Die Radiostation zerstörten sie zum größten Teil, aber es gelang ihnen nicht einzudringen. Wäre es ihnen gelungen, hätten sie nur ein Mikrophon in die Hand zu nehmen und zu senden brauchen: ›Die Stadt befindet sich in unserer Hand. Bürger, ergebt euch!‹ Aber was verstanden sie schon vom Senden! Zu sterben verstanden sie, sonst nichts. Sie begriffen nicht einmal, daß im Stadtzentrum nur Bürgerliche wohnen, die am Krieg und an den Amerikaner verdienen und keinerlei Interesse daran haben, den Vietkong zu helfen. Aber sie klopften an die Türen dieser Bürgerlichen und sagten mit einem Lächeln, ›wir sind von der Nationalen Befreiungsfront, wir sind da, um euch zu befreien‹. Man schlug ihnen die Tür vor der Nase zu. Oder man nahm sie auf und zeigte sie an – per Telefon. Sogar ein Pfarrer hat sie verraten. Er holte die Polizei per Telefon und sah zu, wie sie erschossen wurden. Als ich ihn fragte, wie er das hatte tun können: ›Hochwürden, wie konnten Sie nur?‹, gab er mir zur Antwort: ›Ich bin auf der Seite des Rechts.‹«

Ich hätte nie gedacht, daß Francois zu einer Gemütsbewegung fähig wäre. Aber er ist es. Als er bei der Episode mit dem Pfarrer angekommen war, wurden seine Augen glänzend, und seine Stimme klang gebrochen. Er schlug mit Macht die Faust auf den Tisch und drehte sich zur Wand. Und dann wischte er sich mit dem Ärmel seines hellblauen Strickhemds über die Augen. Ganz rasch. Ich tat, als würde ich meine Fingernägel betrachten, und brachte die Rede auf ein Thema, das mich sehr beschäftigte.

»Loan hat sich auch nicht anständig benommen.«

»Nein.«

»Hast du ihn nicht wiedergesehen?«

»Ich will ihn nicht sehen.«

»Ich frage mich, warum er es getan hat.«

»Ich nicht. Es ist mir egal. Er hat's getan.«

»Vielleicht war er betrunken.«

»Vielleicht.«

»Ich möchte es wissen.«

»Frag ihn doch: Warum hast du einen Menschen erschossen, dem die Hände gebunden waren?«

»Und wenn er mir einen guten Grund dafür sagt?«

»Es gibt keinen guten Grund dafür.«

»Und wenn du ihm begegnen würdest? Und er würde dir die Hand entgegenstrecken?«

»Ich werde ihm nie wieder die Hand geben.«

»Aber du mochtest ihn doch.«

»Ja, ich mochte ihn. Das weißt du. Warum fragst du mich dann?«

Und er setzte sich vor seine Schreibmaschine. Um mir demonstrativ zu zeigen, daß für ihn das Thema abgeschlossen war. Später bestätigte mir Felix, daß die beiden jetzt verfeindet sind. Es ist nicht wahr, daß sie sich nicht wieder gesehen hätten. Vorgestern begegneten sie sich zufällig. Doch als Loan auf François zuging, um ihm die Hand zu geben, drehte ihm François unvermittelt den Rücken zu. Und ließ ihn stehen mit seiner ausgestreckten Hand, ungläubig.

8. Februar, nachmittags. Loan hebt sie aus. In den Stadtteilen Gia Dinh, Cholon, Go Vap, Tho Hoa. Sie haben sich in diese Armenviertel zurückgezogen, denn mit den Armen verstehen sie sich besser, die Armen reden ihre Sprache. Und Loan hebt sie unter den armen Leuten aus. In den ersten Tagen gebrauchte er die Taktik der Antiguerilla: Er verhaftete jeweils zwei oder drei und erschoß sie mit dem Revolver. Aber als er merkte, daß man unmöglich von Haus zu Haus Jagd auf sie machen konnte, ging er zu Granaten und Bomben über. Das sieht so aus: Er kommt und befiehlt den Leuten über Lautsprecher, die Häuser zu verlassen. Sie erhalten dazu höchstens zwei Stunden Zeit. Sind die zwei Stunden abgelaufen, befiehlt er den Einsatz, und das Inferno beginnt. Raketen, Mörser, schwere Artillerie. Dann schweigt das Inferno, er gibt einen weiteren Einsatzbefehl, und die Flugzeuge steigen auf. Es fallen Bomben zu fünfhundert Kilo, Napalm zu siebenhundertfünfzig Kilo, Brandbomben. Und der Stadtteil brennt ab, mit ihm die Vietkong. Denn Loan sagt, die Vietkong seien die einzigen, die nicht herauskämen. Und Pech, wenn es nicht stimmen sollte, wenn auch die Alten nicht herauskommen, die Tauben, die Bettlägerigen und die Kinder, die man im letzten Augenblick nicht finden kann. Pech für sie, c'est la guerre.

Ich habe ihn bei seiner Tätigkeit gesehen. Heute früh, zusammen mit Mazure. Von weitem, denn ich wollte nicht, daß er auch mir seine Hand entgegenstreckt. Über seine Uniform trug er eine stahlgepanzerte Jacke als Schutz gegen die Splitter. Seine Bewegungen waren weich wie immer, er sah auf die Menge mit dem wählerischen Blick der Marie Antoinette, die da gesagt hatte: »Sie haben kein Brot? Soll man ihnen Kuchen kaufen!« Die Menge floh, schob Kühe, Fahrräder, Schweine vor sich her, balancierte Hausrat auf Bambusstangen, gebeugt vor Müdigkeit und Angst unter ihren spitzen Hüten, fort wie ein reißender Fluß, der über die Dämme getreten ist und nicht weiß, wo er haltmachen soll. Fliehen, aber wohin? Das halbe Gia Dinh existierte nicht mehr. Es existierten nur noch rauchgeschwärzte Trümmer, und aus ihnen ragte hier und dort der Rest einer Mauer, das Gerippe einer Tür, ein zu Asche gewordenes Möbelstück. Ringsum verkohlte Taxis, umgestürzte Autobusse, verbogene Nähmaschinen. Stalingrad oder Berlin im Zweiten Weltkrieg. Besonders die Leichen. Man kann sie nicht alle einsammeln. Viele verwesen unter der Sonne, nur gerade von einer Strohmatte oder einer Zeitung bedeckt, die Luft ist gesättigt von einem Gestank, daß einem übel wird.

»Riechst du's?«

»Ja, ich rieche es.«

»Aber woher kommt's denn?«

»Von den Steinen dort.«

»Nein, von der Strohmatte dort. Von der Zeitung dort.«

Unter der Zeitung lag ein nacktes Kind. Es mag vielleicht vier Jahre alt gewesen sein. In dem rechten Händchen hielt es einen Apfel, von dem es einmal abgebissen hatte. Auf dem kleinen, schon gedunsenen Körper waren keine Wunden erkennbar. Unter der Strohmatte aber lag ein Vietkong, an dem roten Bändchen erkannte man ihn. Sein Kopf war getroffen worden. Er hatte keinen mehr. Aber er hatte eine Rose über dem Herzen. Jawohl, eine Rose! Gott allein weiß, wie sie es fertiggebracht haben, in Gia Dinh eine Rose aufzutreiben und zugleich den Mut zu finden, sie einem Vietkong, der keinen Kopf mehr hatte, auf das Herz zu legen.

Über eine Stunde lang ging ich mit Mazure durch Gia Dinh. Auch die Pagode des Tri Quang sah ich mir an. Oder das, was Tri Quangs Pagode gewesen war, nur die Vorderfront ist stehengeblieben, durchlöchert und durchrissen. Und dann auch die Treppe, die zu seiner Zelle führte, in der der Tisch stand mit der Fotografie Gandhis. Wenigstens schien es mir so, weißt du, wo Loan durchgezogen ist, kann man kaum noch eine Wand von der andern unterscheiden. Loan und seine Rosen, ein Tautropfen auf einem Blütenblatt einer jeden Rose. Loan und sein Klavier, seine Nocturnes von Chopin, Loan und sein eingerahmter Spruch.

»Warum hat er das getan? Warum nur?«

»Tri Quang wurde beschuldigt, die Vietkong zu begünstigen.«

»Und wo ist Tri Quang?«

»Verschwunden. In irgendeiner anderen Pagode versteckt.«

Und dann gingen wir nach Cholon, wo die Vietkong sich wie in einer Zitadelle verschanzt hatten. Cholons Bevölkerung steht ganz auf ihrer Seite, nimmt sie in die Wohnungen auf, gibt ihnen zu essen und zu trinken, unterstützt sie beim Schießen. Cholon organisierte sich bereits zwei Tage vor der Tet-Offensive. Schon am 28. Januar verteilte eine Gruppe von uniformierten Mädchen Revolver und Handzettel. Cholon ist rote Zone, die Schilder sagen es: »Eintritt verboten. Hier befehlen wir.« Cholon ist eigensinnig, würde Loan sagen. Den diversen Evakuierungsbefehlen gehorcht keiner. Und so wagt selbst Loan hier nicht das totale Massaker mit Kanonen und Napalm. In Cholon wird von Tür zu Tür, von Fenster zu Fenster gekämpft. Die Vietkong haben leichte, bewegliche Mörser: Du gehst auf einer Straße, die ganz ruhig scheint, hörst ein Pfeifen, hast kaum Zeit, dich hinzuwerfen, und schon ist die Granate explodiert.

»Achtung, hinlegen!«

»Ja!« Eine Wolke von Staub, der dir in die Augen dringt, ein Regen von Steinchen, die auf dich niederfallen.

»Bist du verletzt?«

»Nein. Und du?«

»Auch nicht. Aber den beiden da geht's schlecht.«

Es sind zwei Journalisten vom NBC. Der eine ist in die Beine getroffen, der andere in den Magen. Sie kommen teuer zu stehen, die Bilder der Tagesschau für den Drugstore-Besitzer in der Second Avenue, für den Angestellten der Chase Manhattan in der Madison Avenue, für alle die Gleichgültigen, die sich nachher fragen, ob es in Vietnam wirklich so heiß ist. Aber hier kommt schon Loan mit seinen weichen Bewegungen, und eine Patrouille überliefert ihm als Ehrengabe sechs soeben gefangene Vietkong. Es sind Bauern, zwischen vierzehn und achtzehn Jahre alt, sie tragen kurze Hosen und die japanischen Sandalen mit der Schnur um die Ferse. Der jüngste preßt sich die Hand auf den Leib, zwischen den Fingern dringen Rinnsale von Blut hervor. Loan sieht sie einen nach dem andern an, schweigend, und die Vietkong erwidern einer nach dem andern seinen Blick mit spöttischem Lächeln. Einer nach dem andern lassen sie sich die

Augen verbinden und vor eine Wand stoßen, wo sie ruhig stehenbleiben mit ihrem spöttischen Lächeln. Auch der Verwundete lächelt, obwohl die Rinnsale von Blut mittlerweile zu Bächen von Blut geworden sind. Er lächelt, bis er zusammensackt, sich immer noch den Leib haltend, vornüber fällt und stirbt. Sie ergreifen ihn, nehmen ihn auf wie einen Sack Müll, werfen ihn auf einen Lkw zu anderen Toten, die in ein Massengrab kommen, nachdem man sie mit Flammenwerfern verbrannt hat.

»Gehen wir, Mazure. Wir haben genug gesehen.«

»Auch zuviel, meine Liebe. Auch zuviel.«

»François sagt, die Vietkong seien gescheitert. Glaubst du das wirklich?«

Eine Weile bleibt er stumm. Dann schüttelt er den Kopf. »Ich weiß nicht recht. Ich bin mir nicht sicher.«

Abends. Ich auch nicht. Oder noch nicht. In Than Son Nhut kämpfen sie so gut wie in Cholon, Gia Dinh und Go Vap, und dort sind es keine Jungen in kurzen Hosen, sondern Nordvietnamesen in sauberen und gebügelten Uniformen. »Je mehr du erschießt«, sagte der amerikanische Major, der die Verteidigung des Flughafens leitet, »um so mehr kommen nach. Und immer in sauberen und gebügelten Uniformen.« In Bien Hoa sind sie Herr der Lage. Der Rest des Landes ist praktisch in ihrer Hand. Von den dreizehn überfallenen Städten und einunddreißig Distrikthauptorten haben die Regierungsstreitkräfte nicht einen zurückerobert. Nordvietnamesen und Vietkong behaupten sich in Quang Tri, Phu Loc, Can Tho, My Tho, Kontum, Kien Hoa und dann auch in Natrang und Danang. Das heißt vom Delta bis zu den Zentralebenen und bis hinauf in den Norden, wo sie Hué beherrschen. Über der heiligen Stadt flattert die gelb-rot-blaue Fahne des FLN. Wie sie durchhalten können, ist wahrhaftig ein Rätsel: bei ihrem Ausrüstungspotential ist zwischen ihnen und den Amerikanern ein Unterschied wie etwa zwischen einem Elefanten bei guter Gesundheit und Tausenden kranker Ameisen, die wunderbarerweise durchhalten. Der Elefant zerquetscht sie mit dem Rüssel, und so zerquetscht er viele, fast alle, aber er kann sich nicht von ihnen befreien. Denn in den Bauchfalten, hinter den Ohren, in den Nasenlöchern, in den Augen, an allen Stellen, wohin der Rüssel nicht kommt, bleiben immer noch ein paar Ameisen zurück und legen dort ihre Eier ab. Nicht nur das 33. Bataillon der 23. Infanteriedivision von Soc Trang ist zu den Vietkong übergelaufen. Das gleiche gilt für die Besatzungen von hundertneunundsechzig Militärposten. Ich schreibe das nieder, ob es den amerikanischen und südvietnamesischen Behörden paßt oder nicht. In der Tat wird es jetzt schwer, die Wahrheit zu schreiben; François hat großen Verdruß. Man ließ ihn kommen, sagte er, und machte ihm zum Vorwurf, was bisher über die Tet-Offensive veröffentlicht wurde. Vor allem können sie ihm Mazures Reportage aus Hué nicht verzeihen, in der er berichtet, daß er von den nordvietnamesischen Soldaten sehr höflich behandelt wurde und daß die Bevölkerung von Hué die Vietkong mit Herzlichkeit empfing und ihnen zu essen und zu trinken gab. Die Unterredung mit François erfolgte anscheinend in gespannter, feindlicher Atmosphäre.

»Mazure hat sich mit dem Feind in Verbindung gesetzt.«

»Nein, meine Herren. Mazure wurde gefangengenommen.«

»Mazure war im feindlich besetzten Gebiet.«

»Mazure ist Journalist.«

»Mazure hat Lügen berichtet.«

»Er hat berichtet, was er sah und hörte.«

»Übernehmen Sie die Verantwortung dafür?«

»Ich übernehme die volle Verantwortung für das Telegramm, das er verfaßt hat und das ich selbst nach Paris geschickt habe.«

Daraufhin drohten sie ihm, die France Presse zu

schließen und ihn und seine Redakteure aus Vietnam auszuweisen. So weit werden sie vielleicht nicht gehen, doch Mazures Ausweisung ist sehr wahrscheinlich. Einige sagen, unvermeidlich; da man es nicht wagt, mit der Schließung einer ausländischen Nachrichtenagentur einen Skandal zu provozieren, braucht man einen Sündenbock. Interessant an der Geschichte ist ja, daß man immer von Mazure spricht und nie von Catherine, die doch von Anfang bis Ende das Abenteuer mitgemacht hat. Doch Catherine arbeitet für eine amerikanische Agentur und hat die Story mit den Fotografien von Hué an die Zeitschrift ›Life‹ verkauft. Das ist etwas anderes, nicht wahr?

Mit einem bitteren Gefühl beobachte ich die drei. François, der wie ein wütendes Raubtier kommt und geht und den Hörer aufs Telefon knallt. Mazure, der niedergeschlagen in einer Ecke sitzt und den Kopf schüttelt. Catherine, die hie und da auftaucht mit ihrem verstörten Gesichtchen und ihre Mißbilligung zum Ausdruck bringt. Aber ihre Augen bleiben kalt und abwesend. Mit ihren dreiundzwanzig Jahren hat sie sich schon die böse Lehre zu eigen gemacht, die einem der Krieg vermittelt: »Rette sich, wer kann!«

9. Februar, morgens. Auch bei uns vermischen sich Theater und Tragödie. Gestern abend, während wir die Angelegenheit Mazure besprachen, erschossen die Vietkong zwei Journalisten. Das geschah in Cholon. Es handelt sich um Kim Hyunh Kuk, den Korrespondenten der ›Corea Times‹ aus Hongkong, und Park Ro Yu, den Presseattaché der koreanischen Botschaft in Saigon. Berichtet hat es uns Yo Thanh Son, ein Vietnamese, der für die CBS arbeitet und der Exekution wie durch ein Wunder entkam. Hier ist der Bericht: Kim war gerade via Bangkok aus Hongkong gekommen und wollte sich die Lage in Cholon ansehen. Er ging zu Park Ro Yu, einem ehemaligen Kollegen, und bat dann Yo, sie beide zu begleiten, weil Yo sich in Cholon sehr gut auskennt. So sind sie ebenso hingegangen wie ich und Mazure und wie alle andern auch, sie aber wurden gefangengenommen. Man brachte sie in ein Haus, wo sich noch vier andere Zivilgefangene befanden, hielt sie dort den ganzen Tag fest und verhörte sie. Gegen sieben Uhr abends kam ein Vietkong-Offizier mit einem Kommando. Er befahl die sieben zu sich hinaus, band ihnen die Hände hinter dem Rücken und ließ sie etwa eine Stunde in Richtung Pferderennbahn marschieren. Dort stellte der Vietkong-Offizier sie vor eine Wand, verlas das Todesurteil, und das Exekutionskommando gab eine Salve ab. Son wurde nicht getroffen, doch er ließ sich ebenfalls zu Boden fallen und stellte sich tot. Dann trat der Vietkong-Offizier auf jeden einzelnen zu und gab ihm den Gnadenschuß, aber als er gerade auf Son schießen wollte, kam ein amerikanischer Hubschrauber angeflogen. Der Offizier ergriff die Flucht und sein Kommando mit ihm. Son rannte zu einem Benzindepot, wo er sich versteckte. Und in diesem Depot hat ihn heute früh eine Ranger-Patrouille gefunden.

Ich weiß nicht, irgend etwas stimmt nicht an Sons Geschichte. Der Gnadenschuß zum Beispiel, der wegen des Hubschraubers nicht abgegeben wurde. Aber wie dem auch sei, Kim und Park sind tot, und es war noch nie vorgekommen, daß die Vietkong Journalisten erschossen hätten. Nie seit Beginn des Vietnam-Kriegs. Wer gefangen wurde, kam ungeschoren davon. Die Sache sieht nach einer Repressalie gegen die Koreaner aus. Der Haß auf die Koreaner ist so groß. Besonders in Cholon und nach dem, was vorige Woche geschah. Sogar dies niederzuschreiben, sträubt sich alles in mir. Also, vor einer Woche ertappten die Koreaner in Cholon einen kleinen vietnamesischen Jungen, der sich in ihr Lager geschlichen hatte, um Lebensmittel zu stehlen. Sie ergriffen ihn und brauchten volle vierundzwanzig Stunden, bis er tot war. Weißt du, auf welche Weise? Sie pfählten ihn. Ja, genau das habe ich geschrieben: Sie pfählten ihn. Er war acht Jahre alt.

Gott, warum tun Menschen so etwas. Menschen mit zwei Armen und zwei Beinen und einem Herzen. Menschen, die man für normal ansieht, für geistig zurechnungsfähig. Geschieht dergleichen mitten im Frieden, schreit die ganze Welt vor Entsetzen auf, Gerichte kümmern sich um den Fall, Geistliche, Psychiater. Geschieht dergleichen im Krieg, macht sich keiner etwas daraus, und keiner ruft nach Gerichten, Geistlichen, Psychiatern. Keiner spricht das Wort Verrücktheit, keiner das Wort Mord aus. Und die Menschen fliegen zum Mond, die Menschen heilen Krebs, die Menschen sind ja so stolz, daß sie Menschen sind und nicht Bäume oder Fische. Es gibt Augenblicke, da wäre ich lieber als Baum oder als Fisch auf die Welt gekommen.

Abends. Ich hatte das gerade gesagt, als drei vietnamesische Polizisten hereinkamen und nach Mazure fragten. Er war da, leider; so überreichten sie ihm ein von General Loan unterzeichnetes Papier, die Ausweisung. Innerhalb von fünf Tagen muß er das Land verlassen haben. Mazure verzog den Mund zu einem traurigen Lächeln und übergab es François, der sofort auf Loans Unterschrift sah. Dann stieß er leise »Hundesohn!« zwischen den Zähnen hervor und sagte zu Mazure, er solle ins Polizeipräsidium gehen und versuchen, eine Fristverlängerung zu bekommen. Er selbst wolle inzwischen zusehen, ob er General Ky erreichen würde, um eine Annullierung zu erwirken. Ich begleitete Mazure. Die Polizisten brachten uns mit ihrem Jeep hin. Sie waren freundlich. Im Polizeipräsidium freilich war jede Spur von Freundlichkeit weg. Es empfing uns ein Polizist in Unterhosen, fett, barfuß, verschwitzt. Er musterte uns wie zwei Verbrecher von oben bis unten, zog sich die Unterhosen hoch und spuckte auf den Boden. Dann verharrte er in Betrachtung seiner auf dem Boden liegenden Spucke, kratzte sich innerhalb der Unterhosen und schob uns schließlich an einen Schreibtisch heran, hinter dem ein mit runzeliger Haut überzogener Knochenmann saß. Und ebenso unbeweglich wie ein Skelett sah er uns mit Augen an, die erloschen waren vom Rauchen wer weiß wieviel Tausender Opiumpfeifen, während das einzige Lebenszeichen von seinen zitternden Händen kam: ununterbrochen, konvulsivisch. Um es zu unterdrücken, preßte er die Hände gegeneinander, doch das war unnütz und das Ergebnis ein Hämmern der Knöchel auf den Schreibtisch, gleich dem Prasseln eines Platzregens. Mazure zeigte ihm das Papier.

»Man verlangt, daß ich Vietnam innerhalb von fünf Tagen verlasse. Ich bitte um Fristverlängerung.«

Der Knochenmann sagte kein Wort, das Hämmern seiner Knöchel ging weiter.

»Um so mehr, als der Flughafen gesperrt ist und kein Flugzeug starten kann.«

Das Skelett sagte kein Wort, das Hämmern seiner Knöchel ging weiter.

»Sind Sie der Chef dieses Büros?«

Da kam ein fast unhörbares Piepsen.

»Oui.«

»Haben Sie verstanden, was ich gesagt habe?«

»Oui.«

»Ich möchte eine Fristverlängerung.«

»Oui.«

»Das ist alles, was Sie mir zu erwidern haben?«

»Monsieur ... Dieses Papier ist von General Loan unterzeichnet, Monsieur. General Loan wird ein Flugzeug für Sie finden, Monsieur.«

Den Rest des Abends verbrachte ich mit Mazure. Unter Mißachtung der Ausgangssperre gingen wir ins Continental essen, und hier trafen wir Catherine mit ihrem Rette-sich-wer-kann-Gesichtchen. Ich werde dieses Mädchen nie begreifen. Du siehst sie an und hast das spontane Gefühl, sie beschützen zu müssen: so blond, so zart gebaut, so klein. Dann siehst du sie noch mal an und hast das spontane Gefühl, dich selbst beschützen zu müssen vor ihr. Vielleicht sind es ihre Augen, ohne Erbarmen, eiskalt. Vielleicht sind es ihre Finger, groß und knochig und immer vorgestreckt wie die Klauen eines Adlers. Hat dieses Mädchen jemals Angst gehabt? Mazure sagt, ja, als die Nordvietnamesen sie gefangennahmen. Da weinte sie, und es gelang ihm nicht, sie zu beruhigen. Doch wenn du sie an dem heutigen Abend ansahst, hättest du das nie vermutet. Sie sprach mit Mazure in einer Art, als spräche sie mit einem Kollegen, der gerade mal drei oder vier Tage Urlaub nimmt.

»Bien. Also du gehst nach Hongkong.«

»Ja, ich denke, daß sie mich in Hongkong absetzen werden.«

»Bien. Aber es gibt doch keine Flugzeuge.«

»Ich fürchte, für mich wird man eines auftreiben.«

»Bien. Und nächstes Ziel nach Hongkong?«

»Ich vermute London. Meine Wohnung ist in London.«

»Bien. Wenn ich mal nach London komme, rufe ich dich an.«

Ich aber wußte Mazure nichts zu sagen, weil mich der Gedanke so schmerzte, daß man ihn auf diese Weise davonjagen würde. Er ist ein guter Junge, Mazure. Als der nordvietnamesische Offizier sie laufenließ, zog Mazure die Armbanduhr ab und reichte sie ihm als Andenken. Der nordvietnamesische Offizier wollte sie nicht nehmen. Er aber bestand darauf und zog sie ihm ums Handgelenk: »Sie wird Ihnen Glück bringen.« Es kam ihm sehr darauf an, diesen Krieg persönlich mitzuerleben. Er wollte ein Jahr hierbleiben. Und jetzt sagt er in einem fort, mit seinem netten Lächeln: »C'est fini le Vietnam pour moi, c'est fini.«

10. Februar, nachmittags. Auch Cholon steht vor dem Fall. Loan hat sich entschlossen, für Cholon dasselbe

System wie schon für Gia Dinh anzuwenden, und die Amerikaner machten mit und schickten wer weiß wie viele Skyriders. Die ganze Nacht hindurch wurde die Stadt von Bombardements erschüttert, sogar hier im Zentrum zersprangen die Fensterscheiben. Im Morgengrauen bat ich das Juspao um einen Flug im Hubschrauber, und so sah ich in allen Einzelheiten das Ergebnis dieses neuen Heldenstücks. Mindestens die Hälfte von Cholon ist dem Erdboden gleich, selbst die Straßen sind nicht mehr zu erkennen. Wo es Straßen gab, siehst du nur noch Flächen verkohlter Erde, verkohlten Schutts. Weder Stalingrad noch Berlin sind hier ein Vergleich, nur Hiroshima, das Nichts. Und an den Stellen, wo noch etwas geblieben ist, brennt es. Apokalyptische Flammen verschlingen Häuser, Hütten, auf dem Fluß verankerte Sampans. Es gibt Strecken, wo der Fluß nicht mehr Wasser, sondern Feuer ist. Und auch hier oben in der Luft ist die Hitze so unerträglich, daß sich einem die Wimpern kräuseln. Wie können die Vietkong das aushalten?

Mein Hubschrauber machte Jagd auf die Vietkong, und deshalb flog er so tief. Einmal bemerkte der Pilot eine Gruppe laufender Menschen und ging noch tiefer. Der MG-Schütze beugte sich über sein MG. Aber er konnte nicht schießen, weil der Rauch uns augenblicklich eingehüllt hatte und uns nichts mehr sehen ließ. Fluchend, hustend, schwarz von Ruß ging der Pilot wieder in die Höhe. Dann sagte er, sich selber zum Trost: »Weit werden die nicht kommen. Heute nacht ist gute Arbeit geleistet worden. A good job. A real good job.« Am erstaunlichsten ist, daß die übrige Welt wegen der Bombardements im Norden protestiert, auf Hanoi, auf Haifong. In der übrigen Welt zetern sie gegen die Atombombe. Diese Heuchler. Als ob fünfzig Napalms zu je siebenhundertfünfzig Kilo oder hundert »normale« Bomben zu je tausend Kilo nicht das gleiche Resultat wie eine Atombombe hätten. Weißt du, wie viele Menschenleben vernichtet wurden in den letzten zehn Tagen allein in Saigon? Zehntausend. Man beginnt damit, sie zu begraben. Auf Anweisung der Gesundheitsbehörde. In diesen Massengräbern. *Unidentified bodies* sagt man. Nicht identifizierte Körper. Weil sie keinen Vornamen haben und keinen Nachnamen, weil sie gestorben sind und Schluß. Und ihre Kameraden, ihre Angehörigen werden sie nie finden können. Zweimal sind sie gestorben. Tausendmal. Und tausendmal ein neuer Jesus unserer Welt.

Die meisten Massengräber liegen am Stadtrand, wo die erbittertsten Kämpfe waren und noch sind. Man sieht sie gar nicht. Einmal aufgefüllt, fahren die Panzer darüber, um sie einzuebnen. Andere sind in Friedhöfen, besonders in Chi Hoa, das ist im Stadtteil Li Van Duyet. Nach meinem Flug mit dem Hubschrauber bin ich dort gewesen. Die Lkws mit den Toten kamen alle zehn, zwanzig Minuten. Die Totengräber konnten nicht schnell genug graben. Die Lkws kamen an, fuhren rückwärts an den Grubenrand, hinten wurde die Ladefläche geöffnet, dann hydraulisch gehoben, und Haufen verwester, verstümmelter, verkohlter Körper rutschten hinunter, bildeten chaotische Haufen. Und ein Gestank! Was für ein Gestank! Ich habe ihn noch an mir. Ich habe ein Bad genommen, mein Haar gewaschen, mich umgezogen, der Gestank ist noch da – in der Nase, im Kopf.

Bald werde ich mir die Flüchtlinge ansehen, auch aus Cholon kommen sie jetzt geströmt. Sie versammeln sich auf den Plätzen, dicht gedrängt, verängstigt, wie Schafe. Regierungsbeamte versuchen sie zu katalogisieren, auf Schulen und Krankenhäuser zu verteilen, geben Plakate an sie aus mit dem Aufdruck: »Wir verdanken unser Unglück den Vietkong.« Die Leute legen sich auf ihren Hausrat, haben einen Blick, der plötzlich voller Haß ist. Vielleicht hat Marcel mit seiner marxistischen Auslegung recht. Marcel behauptet nämlich, Ziel und Zweck der Tet-Offensive sei nicht gewesen, die Kasernen zu erobern, sondern das in seiner Gleichgültigkeit stagnierende Volk aufzurütteln. Das Volk ist so kriegsmüde, sagt er, daß es weder auf der einen noch auf der anderen Seite steht und auch keinen Haß mehr aufbringt. Durch Loans Grausamkeiten, die Bombardements, das Massaker mit einkalkuliert, wollte die FLN dem Volk die Fähigkeit des Hassens wiedergeben. Jetzt wird der Haß die Gleichgültigen zu einer Wahl zwingen, und diese Wahl wird gewiß nicht zugunsten derjenigen ausfallen, die ihnen die Häuser zerstört und die Söhne getötet haben. Mag sein. Auf der Rückkehr vom Friedhof Chi Hoa kam ich am Laden des Schneiders vorbei, der mir vor drei Monaten die Uniform repariert hatte. Er hatte mich wiedererkannt. Er blickte sich um, ob auch niemand zuhörte, und dann sagte er etwas, das ich nicht erwartet hätte.

»Wir haben ein schönes Tet gehabt. Ein wunderschönes Tet.«

»Das Tet geht in Cholon weiter«, erwiderte ich, um sicher zu sein, daß ich ihn auch richtig verstanden hatte.

Und er zwinkerte mit einem Auge.

»Oui, Madame. In Cholon ist immer noch ein schönes Tet. Ein wunderschönes Tet.«

Gerüchteweise verlautet, in der Stadt habe es die ersten beiden Cholera-Fälle gegeben, und die Epidemie greife um sich. Wegen der Leichen, wegen des Wassers, das in vielen Stadtteilen verunreinigt ist, wegen des Mülls, der sich zu Bergen häuft. Ist das wichtig? Ich weiß nicht. Ich habe jedes Gefühl für Maße verloren.

Abends. Ich kam gerade von den Flüchtlingen zurück, als Loans Polizisten wieder in der France Presse erschienen. Und wieder haben sie Mazure überrascht und ihm befohlen, innerhalb von einer Stunde abzureisen. Mazure protestierte, sagte, dies sei illegal. Es war vergeblich. Er hatte gerade noch Zeit, mit François zu telefonieren und sich in seine Unterkunft bringen zu lassen, um einen Koffer zu holen. Von da aus ging's gleich zum Flughafen. Im Umkreis von Than Son Nhut wurde noch gekämpft, die Piste war gesperrt, aber ein Flugzeug der Air Vietnam wartete startbereit. Ein Flugzeug ganz allein für Mazure, dessen Schuld es war, die Wahrheit geschrieben zu haben. Mazure war bleich und François so gereizt, daß er auf einen Amerikaner einschlug, der ihm mit wer weiß welcher Anmaßung gekommen war. Bedrücktheit und schlechte Stimmung sind heute abend mit Händen zu greifen. François kaut an seinen Fingernägeln, zerreißt das Papier mit den Zähnen, sagt kein Wort. Doch ich weiß, woran er denkt. Er denkt, wenn er sich an Loan gewandt hätte, wäre die Ausweisung nicht erfolgt. Loan wartete auf ihn. Loan hatte aus diesem Grund das Papier unterzeichnet. Und er ist nicht hingegangen. Lieber wollte er Mazure verlieren, als Loan ins Gesicht sehen, seine ausgestreckte Hand ergreifen.

Plötzlich bricht er das Schweigen.

»Weißt du, was er gestern abend gemacht hat?«

Ich brauche ihn nicht erst zu fragen, »wer?«.

»Nein, ich weiß es nicht.«

»Er hat sechs Journalisten verhaftet. Eine halbe Stunde nach der Ausgangssperre.«

»Er persönlich?«

»Er persönlich. Er kam im Jeep. Sprang heraus mit dem Schnellfeuergewehr und brachte sie zum Polizeipräsidium. Befahl ihnen, sich auf dem Bürgersteig in einer Reihe aufzustellen und ließ sie die ganze Nacht so stehen.«

»War er betrunken?«

»Nein. Aber er war Loan.«

11. Februar, morgens. Heute ist Sonntag. Zum erstenmal läuten die Glocken wieder zur Messe, und die Leute gehen in die Kathedrale. Nach den Militärtransporten sieht man ein paar Fahrräder und Motorräder. Die mit einer Seite erschienene *Saigon Post* berichtet, daß sich das Leben normalisiert, die Eier sind auf zwei Mark das Stück heruntergegangen, und wenn man Reis kaufen will, braucht man nicht mehr Schlange zu stehen. Aber warum dröhnen dann noch die Kanonen? Warum wurde der Stacheldraht, warum wurden die Sandsäcke verdoppelt? Warum wartet man in der Peripherie gar nicht erst auf die Sperrstunde, um sich in seiner Wohnung zu verrammeln, warum sind um zwei Uhr mittags Türen und Fenster schon geschlossen? Ich will es dir sagen. Der Kampf um Saigon ist keineswegs zu Ende, er ist nur unterbrochen. In Go Vap haben die Vietkong heute nacht ein Munitionsdepot angegriffen. In Phu Tho Hoa gab es den heftigsten Kampf innerhalb der letzten zwei Wochen. Es heißt, große Mengen von Explosivmaterial und Waffen seien schon wieder in Wohnungen und auf Friedhöfen versteckt, und viele aus Cholon geflüchtete Vietkong bewegten sich ungehindert in der Stadt. Sie haben die Stadt inzwischen kennengelernt und gelernt, in japanischen Sandalen zu gehen, und jedermann ist überzeugt, daß sie einen neuen Angriff vorbereiten. Er könnte in vierzehn Tagen erfolgen oder nach einem Monat oder nach drei Monaten. Sicher ist nur, daß er erfolgen wird.

Amerikaner und Südvietnamesen sprechen von nichts anderem. Wenn du zum Juspao gehst, findest du keine freundlichen Gesichter mehr, hörst keine scherzhaften Stimmen. Alle sind ernst und gespannt und haben Sorgenfalten, Zorthian als erster, dessen Schmerbauch sichtlich abgenommen hat. Gruppen von Experten studieren in aller Eile die Tet-Offensive, um einem zweiten Angriff zuvorzukommen. Wer hat sie organisiert? General Giap, der Sieger von Dien Bien Phu, oder die Politiker der Befreiungsfront? Und was wollte sie bezwecken? Sollte das Volk für eine Revolte aufgeputscht oder nur die eigene Stärke demonstriert werden? Man wertet die Gefangenenverhöre aus. Mehr als zweihundert Vietkong wurden verhört, mit welchen Methoden, kann ich mir vorstellen. Mehr als die Hälfte sagte, sie hätten einen allgemeinen Aufstand erwartet, und nicht aus Zufall hätten sie Proviant für nur zwei Tage bei sich gehabt. Sie hätten auch erwartet, daß die Amerikaner bei einer Koalitionsregierung mitmachen würden. Nach dem Sieg hätte eine große Kundgebung auf dem Marktplatz stattfinden sollen. Andere sagten, sie hätten keinen Befehl zum Rückzug erhalten für den Fall, daß die Angriffe erfolglos ausgehen würden, sondern in der Stadt zu bleiben und sich auf eine zweite Offensive vorzubereiten. Es herrscht eine allgemeine Psychose der Erwartung.

Sie hat auch Loan ergriffen, der eine Volkszählung anordnete, um die Vietkong herauszufinden. Und so stehen Mengen von Vietnamesen zwischen fünfzehn und vierzig Jahren von Sonnenaufgang bis Sonnenuntergang vor den Polizeibüros und halten ein rosa Papier in der Hand, die Bescheinigung, daß sie ihren Wohnsitz in Saigon haben. Auf dem Bürgersteig steht ein kleiner Tisch, an dem ein Polizist sitzt. Einer nach dem anderen treten sie zu ihm heran und zeigen ihm das rosa Papier, und wer keines hat, wird automatisch als Vietkong angesehen. Viele haben dieses Papier unter den Trümmern verloren oder hatten sich erst gar nicht um dessen Ausstellung bemüht, doch der Polizist hört nicht auf sie und verhaftet sie, während die Frauen weinen und sich an ihre Söhne und Männer klammern. Die Zählung muß binnen drei Tagen beendet sein, wir haben jetzt den zweiten Tag, und schon wurden rund tausend Männer ohne rosa Papier verhaftet. Die Gefängnisse sind so überfüllt, daß Loan gar nicht mehr weiß, wohin mit den Leuten. Und schließlich, was soll das alles? In dieser Aussiebung sind ja die Kinder nicht inbegriffen, und wir wissen doch, daß die Kinder eine entscheidende Rolle in der Tet-Offensive gespielt haben. Jede Vietkong-Kompanie hatte mindestens drei Kinder eingestellt, damit sie dicht an den amerikanischen Lagern spielen und auf Truppenbewegungen und Art der Waffen achten sollten. Die Kinder schrieben das alles auf kleine gelbe Zettel und befestigten diese an Bäumen und Zäunen. Demjenigen, der ein Kind denunziert, bietet Loan eine Belohnung von zehntausend bis zu einer Million Piaster. Aber es hat sich keiner gemeldet.

Loan, Loan, Loan. Er ist ein Alpdruck geworden, dieser Name Loan.

Nachts. Früher oder später mußte es ja passieren. Jetzt bringe ich ein wenig Ordnung in meine Gedanken und versuche, es zu erzählen. Wo soll ich nur beginnen. Bei dem Umstand, daß François jeden Abend gegen acht Uhr sein Büro verläßt und zum Continental geht wegen des französischen Senders. Er tut dies unter Mißachtung der Ausgangssperre, die für Zivilisten um fünf Uhr nachmittags beginnt und für Journalisten um sieben Uhr abends. Und oft bittet ihn jemand, ihn begleiten zu dürfen. Um ein wenig Bewegung zu haben, um im Continental ein Bier zu trinken. Diesmal hatte ich ihn darum gebeten. Erst wollte er nicht, dann überlegte er sich's anders. Er brummte in seiner mürrischen Art: »Hm. Los, komm!«

Wir setzten uns in sein Auto. Wir fuhren fünfzig Meter die rue Pasteur entlang und bogen dann rechts ein, um auf den Platz der Kathedrale zu kommen. Es war dunkel, wenn auch nicht allzusehr, und so sah ich ihn gleich, als wir auf den Platz kamen. Umgeben von seinen Polizisten, an seinen Jeep gelehnt, genau neben dem Beet unter der Madonnenstatue. Natürlich sah er uns auch. François' Auto ist nicht zu verwechseln, ein großer Ford mit einem Schild: »AFP. Bao chi. Presse.« Und François fuhr ganz dicht an ihm vorbei, als wollte er sich genau betrachten lassen. Loan aber rührte sich nicht und sagte kein Wort, oder er sagte nur seinen Leuten, daß sie uns passieren ließen. So fuhren wir weiter bis zum Continental. Hier blieben wir eine halbe Stunde. François bei denen vom französischen Sender und ich in der Bar. Dann setzten wir uns wieder ins Auto. Schweigend. Ich dachte, er würde jetzt einen anderen Weg nehmen, zum Beispiel über den Unabhängigkeitsplatz, und die Kathedrale meiden. Statt dessen wendete er plötzlich und fuhr geradewegs wieder auf die Kathedrale zu.

»Da ist Loan«, stammelte ich.

»Ich weiß.« – Er hatte ein versteinertes Gesicht.

»Diesmal wird er uns stoppen.«

»Ich weiß.«

»Aber ...«

»Tais-toi. Sei still!«

Vom Continental zum Platz der Kathedrale sind es etwa hundert Meter. Dann, auf dem Platz, biegt man links ein und kommt in die Straße, die zur rue Pasteur führt. Loan erwartete uns genau an dieser Ecke. Mit aufgeblendetem Licht, seine Leute hielten das Gewehr im Anschlag. Er hatte sich vor sie gestellt und erwartete uns in seiner trägen Art, rauchte.

»Da ist er!«

François gab keine Antwort. Er fuhr auch nicht langsamer. Er fuhr weiter mit demselben versteinerten Gesicht. Dann bremste er ganz scharf, zwei Meter vor ihm. Er öffnete die Tür, stieg aus. Ging auf Loan zu. Loan warf in Ruhe seine Zigarette weg. Griff in Ruhe nach seiner Pistole. Trat in Ruhe einen Schritt vor. Blieb stehen. Auch François blieb stehen. Zwischen den beiden wird vielleicht ein halber Meter Abstand gewesen sein, mehr nicht. Sie sahen sich an. Auge in Auge. Zwei oder drei Sekunden. Dann bewegte François die Lippen, seine Stimme war eiskalt.

»Tu vas m'arrêter? Du willst mich verhaften?«

Loan verzog seinen riesigen Mund zu etwas, was wie ein Lächeln aussehen sollte. Mit weicher Bewegung legte er den Kopf zur Seite. Dann hauchte er seine Kantilene.

»Pour toi, c'est une balle dans la tête. Dir gehört eine Kugel in den Kopf.«

François rührte sich nicht.

»So was hast du doch schon einmal gemacht.«

Loan blieb stumm. François insistierte.

»Schade, daß meine Hände nicht gebunden sind.«

Da errötete Loan. Er hatte das Licht der Scheinwerfer im Gesicht, und ich habe es genau gesehen, er errötete. Dann gab es ihm einen Ruck vorwärts, die Pistole in der

Hand, dann wieder einen Ruck zurück. Und er steckte die Pistole weg.

»Va-t-en. Geh!«

»Das wäre doch nicht das erstemal. Oder?«

»Geh!«

Sie sahen sich noch ein paar Sekunden lang an, die mir wie eine Ewigkeit vorkamen. Dann drehte ihm François langsam den Rücken zu. Ging langsam zu seinem Auto. Zog langsam die Tür zu, ließ den Motor an. Fuhr langsam an Loan vorbei, streifte ihn. Zwei Polizisten zielten mit dem Gewehr auf François.

Doch mit einer knappen Armbewegung hielt Loan sie zurück.

Ich bin noch ganz in Schweiß gebadet.

Fünftes Kapitel

Es waren die Tage nach der dramatischen Begegnung mit General Loan. Also die Tage, in denen ich nach sieben Uhr abends eingesperrt war im Haus in der rue Pasteur. Übrigens – ausgenommen François, der sich auch weiterhin während der Ausgangssperre ungeniert bewegte, um Loan zu provozieren – zogen wir uns ja alle um sieben Uhr abends in irgendein Gefängnis zurück, für die einen war es die eigene Wohnung, für die andern ein Hotel. Das erträglichste Gefängnis freilich war das Continental, wo die meisten Korrespondenten wohnten, und ich war schrecklich neidisch auf jeden, der dort Unterkunft gefunden hatte. Nicht nur, weil es einem Schiff gleicht, auf dem du dir nie verlassen vorkommst, sondern auch, weil es einen großen Reiz auf mich ausübte. Zum Beispiel gefiel mir sein veraltetes Aussehen, die eisernen Balkons, die hölzernen Treppen, der alte Aufzug mit seinen Schnörkeln und seinem roten Samt. Mir gefielen die romantische Exotik, der Garten voller Palmen und seltener Pflanzen, die Bar mit den Strohsesseln und den Strohmatten, die vor der Sonne schützen, die riesigen Zimmer mit dem Ventilator an der Decke. Und schließlich gefiel mir dieses irgendwie Literarische, das sich zusammen mit dem Geheimnisvollen dort verdichtet. Du bewegst dich in den Korridoren, in den Salons wie in einem Roman aus der Kolonialzeit oder wie in einem absurden Schauspiel. Der Direktor ist ein junger Korse, Philip Franchini. Er ist mit einer schönen Chinesin verheiratet, betreibt als Hobby erotische Malerei und träumt davon, sich an der erotischen Ausstellung in Kopenhagen beteiligen zu können. Der Geschäftsführer, Monsieur Loi, ist ein Vietnamese mittleren Alters, mysteriös und rundlich; er kennt die Weine so gut wie ein Kellermeister in der Bourgogne. Für beide ist der Krieg ein lästiges Hindernis, er bremst den Tourismus. Trotzdem bringen es die beiden fertig, das Hotel gut funktionieren zu lassen; eben wie ein Schiff im Sturm.

Im Vergleich dazu war mein winziges Hotel wie ein Boot, ja, eigentlich wie ein Floß, an das man sich nach einem Schiffbruch klammert. Und auf diesem Floß gab es nicht mehr als ein paar erbärmliche Zimmer mit Aussicht auf eine Kaserne. Kein Telefon, keine Bedienung, kein Restaurant. Wollte man etwas essen, mußte man hinunter auf den Hof und dann in eine Art Snack-Bar, die ein Korse führt, der mit einer Vietnamesin verheiratet ist. Dort bekam man dann zum Preis eines Abendessens im Twenty-one in New York ein Ei und zwei Sardinen, die bereits zur Zeit des Kaisers Ham Nghi das Irdische gesegnet hatten; der Geiz des Besitzers ist so ungeheuerlich, daß ich schon bald nicht mehr hinging. So blieb mir nichts anderes als das Zimmer in dem winzigen Hotel oder der Weg zur France Presse. Ein Weg von knapp drei Minuten. Zuerst der Korridor in dem Stockwerk, wo ich stets Marcel mit seinem schrillen Stimmchen traf – »Ça va? Je viens avec toi!« –, dann die Treppe, auf der es von Mäusen wimmelt, dann der Hof, dann wieder eine Treppe, die ins Büro führt, und dann das Büro.

Es besteht aus zwei Zimmern mit Eingang von einer Terrasse, auf der ich jede einzelne Fliese kenne, denn ich ging oft dorthin, wenn ich allein und an der Luft sein wollte. Eine lange, breite Terrasse, unterbrochen von den Türen anderer Bewohner, die man nie sah, und hinten die letzte Tür führte zur France Presse. Eine Tür aus Milchglas, mit der unnötigsten Aufschrift, die es gibt: »Eintritt verboten«. Denn jeder ging da hinein, ohne anzuklopfen oder um Erlaubnis zu fragen. Franzosen auf der Durchreise, Reporter auf Nachrichtenjagd, Geistliche auf Seelenfang. Der Trubel war oft so groß, daß François die Geduld verlor, mit der Faust auf den Tisch hieb und brüllte: »Raus«, so daß Herr Lang für einen Augenblick aus seiner Starre erwachte, die Leute ansah und indigniert zu sagen schien: »Ja, raus!« Der Raum ist eng, noch enger durch die übergroßen Schreibtische, und ziemlich unordentlich. An den Wänden vergilbte Landkarten von Vietnam, Kriegsfotos, Postkarten, Adressen. Es wurde ein bißchen lustiger, als ich einen Käfig mit einem Vogel aufhing, den Felix liebte, Claude haßte, François ignorierte; jedenfalls lenkte er stets die Aufmerksamkeit auf sich, weil er beim Rattern der Fernschreiber zu zwitschern begann.

Die Fernschreiber stehen im Hintergrund, und wenn du um sie herumgehst, kommst du in das Zimmer von François und Herrn Lang. Aber dieses Zimmer ist Allgemeinbesitz, man aß dort seine C-Rationen, arbeitete als Gast, benutzte den Eisschrank, um das Bier kalt zu stellen, und die Kammer, um Kaffee zu kochen. Und bei allem ein souveränes Durcheinander, abgelegte Zeitungen, leere Flaschen, Radioapparate, Bücher, Feldflaschen, MG-Ladestreifen, hier und dort ein paar Geschosse, Tornister, Gummimatratzen für die Nachtwachen und neben dem Eisschrank ein Stapel von Papieren, die François seit Jahren anhäuft. Auf dem Sessel neben diesem Stapel verbrachte ich manchmal ganze Abende mit Lesen oder Schreiben, bis die Durchgaben zu Ende waren. Das war meistens der Fall, wenn die Verbindung mit Manila abgebrochen wurde und die Fernschreiber den Text schrieben: »Good night, gentlemen, we close now«, gute Nacht, meine Herren, wir machen jetzt Schluß. Schlagartig hörte das Vögelchen zu zwitschern auf, das Schweigen fiel wie ein Vorhang, auf François' Befehl mußte man fort. »Allons, allons! A demain, à demain!« Oder, besser, die andern gingen fort. Ich blieb mit Marcel auf dem Bürgersteig, um ihnen nachzusehen. Dann begab sich Marcel in die Snack-Bar, wo ihm der Korse einen Sonderpreis machte, und ich zog mich in mein Gefängnis zurück, horchte auf die Einschläge der nächtlichen Bombardements und das Schweigen in meiner Einsamkeit.

Du weißt doch, oft gewinnt man sein eigenes Gefängnis lieb, und wenn es noch so erbärmlich ist. Jedenfalls ging es mir so, nach einem bestimmten Abend. Ich will damit sagen, daß ich nach einem bestimmten Abend nicht mehr neidisch war auf meine Kollegen, die im Continental wohnten und mich nicht mehr nach der Atmosphäre eines Kolonialromans sehnte, die sie dort umgab. Denn ich hatte auf meinem Floß eine Lektüre von größerer Menschlichkeit und Poesie entdeckt – eine Lektüre, die auf die gleiche Art aus dem Krieg entsteht wie eine Blume aus dem Kehricht. Weißt du, wo ich sie entdeckte? In dem Stoß Papiere, die François neben dem Kühlschrank aufgestapelt hat. Gut, ich weiß sehr wohl, daß ich sie auch woanders hätte entdecken können. Ich entdeckte sie eben dort. Ich kann mich noch genau an den Abend erinnern. Meine Freunde arbeiteten und ich nicht, ich hatte meinen wöchentlichen Artikel schon abgeschickt. Ich saß auf der Terrasse. Es wehte ein warmer Wind, ein Hubschrauber überflog unseren Stadtteil und ließ Leuchtbomben fallen. Sie sanken langsam herab, um die Vietkong zu entdecken, ungreifbare Gespenster im Dunkel. Vom Fluß kam das scharfe Knallen von Gewehrschüssen, auch sie galten den ungreifbaren Gespenstern im Dunkel. Plötzlich mußte ich denken, daß auch für mich die Vietkong nur Gespenster im Dunkel waren. Denn was wußte ich im Grunde über sie? Vor Monaten hatte ich in der Seele eines von ihnen geforscht, der unter den Schüssen eines Exekutionskommandos sterben würde. Aber auch nicht mehr, die andern hatte ich nur als Leichen gesehen, doch lebend konnte ich sie mir nicht vorstellen. Ich verließ die Terrasse und setzte mich wieder auf den Sessel neben dem Stapel Papiere. Da war ein Heftchen, englisch und mit der Maschine geschrieben. Zerstreut nahm ich's in die Hand und begann zu lesen. Ich schrie fast auf: »Was ist denn das?«

François redigierte gerade einen Artikel. Er ließ sich kaum stören.

»Das Tagebuch eines Vietkong. «

»Echt?«

Er fuhr in seiner Arbeit fort, gab mir gar keine Antwort. Als er fertig war, stand er auf und öffnete eine Schublade. Er holte ein Büchlein mit verschmutztem Rand heraus, das in ganz kleiner vietnamesischer Schrift geschrieben war. Der Schmutz schien getrocknetes Blut zu sein.

»Natürlich. Hier ist das Original. Fast alle Vietkong führen Tagebuch und schreiben Gedichte in solche Büchlein.«

»Wo hat man das gefunden?«

»Natürlich bei einer Leiche. Es gibt Hunderte davon. Früher konnte man sie ziemlich leicht bekommen. Jetzt allerdings nicht mehr, denn die Amerikaner ziehen sie ein, um sie zu katalogisieren und zu übersetzen.«

»Warum?«

»Sammlung von Informationen, Gegenpropaganda. Meistens liefern sie dann Auszüge für die Gegenpropaganda. Aber das hier ist vollständig.«

»Ich geb's dir wieder.«

An dem Abend wartete ich nicht erst, bis die Fernschreiber verstummten und das Vögelchen zu zwitschern aufhörte. Ich ging viel früher. Und mein Gefängnis war auf einmal kein Gefängnis mehr. Und sie waren nicht mehr ungreifbare Gespenster im Dunkel. Ich fand bei ihnen, was selbst der Krieg nicht zu tilgen vermag, den ehrenvollen Schmerz, ein Mensch zu sein.

16. Februar. Ich habe es gelesen, wie man ein Glas Wasser trinkt, wenn man durstig ist. Ich habe meine Müdigkeit überwunden, das Morgengrauen überraschte mich, während ich noch las. Ich selbst möchte es geschrieben haben. Wer war er? Wie sah er aus? Sein Name erscheint nirgends, seine Hinweise sind spärlich. Ihm ein Gesicht zu geben ist unmöglich. Das einzige Mal, wo er von seinem Äußeren spricht, ist das Entsetzen über sein Spiegelbild, das ihn so abgezehrt und krank zeigt. Sicher ist nur, daß er ein Nordvietnamese ist, der über Laos mit seiner regulären Einheit in den Süden einsickerte. Und er ist Katholik, denn Weihnachten nennt er ein heiliges Fest, und er fleht zu Jesus Christus. Er ist bestimmt jung, weil er erst seit kurzem Soldat ist. Aber er ist kein Bauer. Vielleicht ein Chemiker oder Techniker oder Student. Er spricht von einem Labor, wo er gearbeitet hatte, ehe er eingezogen wurde. Er erwähnt auch seine Bücher, seinen Buchhändler. Und er scheint nicht sehr kräftig gewesen zu sein. Die langen Märsche erschöpfen ihn, die übergroßen Lasten erdrücken ihn, er hat immer Magenschmerzen. Er klagt über alles, die Hitze, die Kälte, die Verpflegung, die Blutegel. Ich kann ihn mir nicht anders vorstellen als mit mageren Schultern, zarten Händen, dünnen Handgelenken und Rehaugen. Es sind die Augen, die nach seiner inniggeliebten Frau rufen, es sind auch die Augen, mit denen er in den Tod geht. Ich glaube zu verstehen, daß er vor den Toren Saigons gefallen ist. Wer weiß, wo sein Körper jetzt liegt. Vielleicht im Friedhof von Chi Hoa oder in irgendeinem von Panzern eingeebneten Massengrab? Der Gedanke ist mir unerträglich, daß er nicht mehr am Leben sein soll. Ich will jetzt übersetzen. Es ist Nacht, die Fenster in meinem Zimmer beben unter den Explosionen. Der Wachtposten unten an der Ecke schießt fortwährend. Und stößt nach jedem Schuß einen rauhen Schrei aus.

Tagebuch eines unbekannten Vietkong

Am 1. Mai. Ich schreibe aber nicht, um das Fest der Arbeit zu würdigen. Ich schreibe, weil etwas sehr Wichtiges geschehen ist, das vermutlich mein Leben verändert hat. Heute früh um halb acht, als ich mich zum Rapport meldete, sagte Genosse Lan: »Bereite dich darauf vor, Soldat zu werden.« Ich glaube, das Schreiben hilft mir, die Gefühle zu begreifen, die mich überfielen. So etwas wie Freude und Erregung, gewiß. Aber im gleichen Augenblick auch so etwas wie Angst und Entsetzen. Weil ich meine Frau verlassen muß, meine heilige, kostbare Liebe. Wir haben erst vor vier Monaten geheiratet, wir waren noch so wenig zusammen. Ich muß viel Opfermut und Selbstverleugnung aufbringen, um eine solche Trennung auf mich zu nehmen. Vor dem Tod habe ich keine Angst. Wenn dieser Tod meinem Volk nützt, bin ich zu sterben bereit. Aber mich von Can zu trennen, tut weh, tut allzu weh.

Am 2. Mai. Ich habe mir vorgenommen, eine Art Tagebuch zu führen. Ich bin in meinem Labor. Meine Frau weiß jetzt von meinem baldigen Fortgang. Und sie weiß jetzt auch, daß wir nur noch vierzig Stunden zusammen sein können. Vierzig Stunden, nicht mehr. Das sind die kostbarsten Stunden unseres Lebens, danach werden wir vielleicht für immer getrennt sein. Für mich ist dies ein ernstes Problem. Das Leben als Soldat ist gewiß ruhmvoll, doch sich von der geliebten Frau zu trennen ist so bitter. Die Zeit zerrinnt mir unter den Fingern, nur noch ein wenig, und ich werde Can nicht mehr sehen. Und ich frage mich so vieles. Warum man auf die Welt kommt, warum man leiden muß?

Am 3. Mai. Wir haben alle diese Stunden gemeinsam verbracht, Can und ich. Teils in lebhaftem Gespräch, teils stumm. Und stumm haben wir uns gefragt, wann und ob überhaupt wir uns wiedersehen werden. Wir werden uns erst dann wiedersehen, wenn unser Land wiedervereinigt sein wird und wir beide den Kampf überlebt haben werden. Es schmerzt mich auch, daß ich mich von meinen Eltern nicht verabschieden kann, von meinen Brüdern und Schwestern. Zu ihnen zu gehen fehlt mir die Zeit. Aber wissen sie, in was für Schwierigkeiten ich bin? Ach, Krieg ... Tod ... Wie häßlich ist der Krieg, wie häßlich ist der Tod! Bald muß ich fort, und jetzt weine ich. Ich bin kein Feigling. Ich bin fest entschlossen, ja, ich fühle mich sogar stark. Aber ich bin ein Mensch und kann meine Gefühle nicht aufgeben. Und die Tränen tropfen. Adieu, meine über alles Geliebte! Es ist noch so viel zu tun. Ich muß dir das Fahrrad bringen und einige Bücher. Hoffentlich fährt mich Chien mit dem Auto, so kann ich das Fahrrad hineintun und dich um so rascher wiedersehen. Can ... dein Herz ist ganz in deinen Augen. Ein gebrochenes Herz. Aber der Tag wird kommen, an dem es keinen einzigen amerikanischen Teufel mehr in diesem Lande gibt. Wären nicht die Amerikaner, müßten wir beide uns nicht den Abschiedskuß geben.

Am 4. Mai. Ich habe mich auch von den Freunden verabschiedet. Wie oft sind wir abends zusammen gewesen und haben Tee getrunken, in Freude und Schmerz. Es war mir auch bitter, sie zu verlassen. Die schönen Tage sind aus. Das Leben in der Armee beginnt.

Am 5. Mai. Mein erstes Essen beim Militär. Heute komme ich mir vor, als wäre ich um ein Jahr älter geworden. Ich besitze noch keine Uniform, aber ich bin stolz auf mich. Gleich werden wir eingeteilt in Gruppen und Patrouillen, bekommen eine Tarnausrüstung und Verpflegung und Wasser. Heute nacht marschieren wir nach Nghia Dan, wo ich sieben oder acht Tage bleiben werde. Ein letzter Blick auf Phu Quy, diese grünen Wälder, diese endlosen Felder, diese so sehr geliebte Gegend. Wie viele Jahre habe ich hier gelebt? Gleich geht es fort, wir werden über die Straße Nummer 15 marschieren, ich habe schweres Gepäck auf dem Rücken. Es ist dunkel geworden, der Mond ist aufgegangen. Er wird unserer Kolonne auf dem Marsch leuchten.

Am 6. Mai. Kannst du erraten, wem ich auf dem Marsch begegnet bin? Meiner Freundin Tran Thi Han, in die ich als Junge verliebt war. Was für eine Überraschung. Wir drückten uns herzlich die Hand, sagten uns ein paar Worte und dann noch einmal adieu. Sie lachte, »wir sagen uns immer adieu, wir beide«.
Ach, Han! Was für eine Überraschung, als ich dich unter der Haustür stehen sah! Ob du jemals begreifen kannst, wie sehr ich mich darüber gefreut habe? Fräulein Tran Thi Han, Genossenschaft Dhai Thanh, Provinz Nghia Binh. Zehn wundervolle, unvergeßliche Minuten hast du mir geschenkt, obwohl ich jetzt eine andere liebe. Wir marschierten dann weiter und kamen durch Nghia Binh und Nghia Dong. Jetzt sind wir in Nghia Hop. Es ist genau drei Uhr morgens, und wir sind sehr müde. Keiner spricht, keiner singt.

Am 7. Mai. Ich habe nur ein paar Stunden geschlafen, ich bin zu müde; die Nachricht, daß wir in Nghia Thai biwakieren, macht mich froh. Ich habe um Erlaubnis gebeten, meinen Bruder Bay Luan besuchen zu dürfen, der hier in der Nähe wohnt, so kann ich auch meinem Vater ein paar Worte schicken ... Ich setze mein Tagebuch fort, nachdem ich Bay Luan gesehen habe. Ich habe mit ihm gegessen, er freute sich so. Aber auch ich freute mich, obwohl ich durch den Fluß waten mußte, um zu ihm zu kommen. Gott sei Dank war das Wasser nicht gar so tief. Bis zwei Uhr nachmittags war ich bei Bay Luan, danach kehrte ich zu meiner Einheit zurück. Wir biwakierten bis sechs

Uhr, dann brachen wir wieder auf. Dies ist die zweite Nacht, die ich fern von zu Hause verbringe, fern von meiner Can. Der Mond ist hinter den Wolken versteckt, denn es hat geregnet, aber das Wetter ist gut. Die Männer reden und lachen laut. Wir sind in ein Gebiet gekommen, das mir völlig unbekannt ist. Die Häuser haben rote Ziegeldächer, und die Hütten sind aus Reisstroh. Die Mädchen kommen aus Häusern und Hütten, um uns zu sehen, verbergen sich aber schüchtern hinter den Bäumen. Und dann rufen wir: »Mut, ihr Hübschen, kommt nur!« Und dann laufen sie kichernd weg.

Am 8. Mai. Heute habe ich Küchendienst und muß für Wasser sorgen. O weh! Nach zwei Nachtmärschen sind meine Beine kaputt. Jede Bewegung schmerzt mich fürchterlich. Ich bin nie sportlich gewesen. Das Essen, das ich kochen muß, besteht gewöhnlich aus Gemüsesuppe. Gut für die Verdauung. Und dann Reis. Abends muß mehr Reis gekocht werden, dann macht man daraus gut zusammengepreßte Bällchen und ißt sie am nächsten Tag auf dem Marsch. Fest steht, daß es so etwas wie den heutigen Nachtmarsch nicht mehr geben wird. Für viele ist es eine Enttäuschung, wir wollen so bald wie möglich unsere Einheit erreichen, um über das Geschehen informiert zu sein. Doch die amerikanischen Flugzeuge sind fortwährend über der Straße und werfen Leuchtbomben; unter diesen Umständen kommt man natürlich nachts nicht voran. Besser so, im Grunde genommen.
Ich bin zu erschöpft. Jetzt marschiere ich schon zehn Tage lang und trage alle Liebe für das, was ich verlassen habe, mit mir herum. Und diese Liebe lastet, lastet . . . Can fehlt mir schrecklich. Ich denke nur immer an sie, zähle nur immer die Tage, die mich schon von ihr trennen.

Am 9. Mai. Nach dem Aufbruch der ersten Abteilung erschienen drei amerikanische Flugzeuge, und gleich danach hörten wir die Bombeneinschläge an der Spitze der Kolonne. Eine Stunde später kamen wir zu dieser Stelle, fanden aber keine Toten, nur eine Kuh lag rücklings auf der Straße Nummer 15. Das hat mich schon beeindruckt, so in der Dunkelheit. Es war nämlich das erste im Krieg getötete Lebewesen, das ich sah. Wir machten eine halbe Stunde Rast, um zu essen. Aber statt meinen Napf mit Suppe zu holen, schrieb ich, das ist mir lieber als essen. Bald werden wir durch weitere Dörfer des Distrikts Do Luong marschieren. Rechts und links von der Straße wächst hohes grünes Gras.

Am 10. Mai. Wir haben keinen Reis mehr, und hier kann man auch keinen kaufen, weil es keinen gibt. Wir aßen nur ein wenig Roggen und schliefen dann mit leerem Magen. Frühestens morgen abend, wenn alles gutgeht, bekommen wir wieder Reis. Wie häßlich ist der Hunger, ich habe keine Lust zu schreiben.

Am 26. Mai. Schon seit sechzehn Tagen geht es mir nicht gut, und ich mag nicht schreiben. Wir setzen unsern Marsch in der Dunkelheit fort, durch unbekannte Dörfer, und die Amerikaner lassen uns nicht in Ruhe. Wenn du es am wenigsten erwartest, kommen sie herunter und strahlen dich an mit diesen Leuchtbomben. Aber heute wird nicht marschiert. Wir wurden in Sechsergruppen aufgeteilt, um Holz zu machen. Ich habe sechs Stunden lang Holz gemacht. Aber das ist noch gar nichts, verglichen mit den Blutegeln. In dem Augenblick, als wir in den Dschungel und ins feuchte Klima kamen, lernten wir schon unsern schlimmsten Feind kennen: die Blutegel. Diese verdammten Biester. Sie sind überall und überfallen einen jeden, der ihnen unterkommt. Obwohl wir so darauf achten, unsern Körper überall zu bedecken, bringen sie es fertig, sich festzusaugen, und immer, wenn ich einen Stich am Fuß spüre, weiß ich gleich, was es ist. Ich ziehe meinen Schuh aus, und unweigerlich ist mein Fuß voller Blut. Widerlich.

Am 27. Mai. Wir haben im Fluß Lam gebadet, dann marschierten wir weiter. Jeder von uns mußte zwei Körbe tragen, und als Verpflegung bekamen wir ein einziges gepreßtes Reiskügelchen. Bei Sonnenuntergang waren wir wieder im Distrikt Do Luong, demnach sind wir zurückmarschiert. Jetzt geht es auf Ngoc Son, Lem Son und Boi Son zu. Meine Feldflasche ist leer, meine Schultern sind geschwollen und schmerzen. Jedesmal, wenn ich einen Korb verschiebe, bedeutet das eine ungeheure Anstrengung. Auch meine Füße sind voller Wunden, ich komme nicht mehr voran. Meine Einheit ist nur mit Gewehren ausgerüstet, wir sollen die Infanterie unterstützen. Die Körbe, die wir tragen, enthalten Sprengstoff gegen die amerikanischen Bunker und Panzer. Zur Zeit sind wir im Dorf Than Phong einquartiert, Distrikt Thanh Chuong, Provinz Nghe An. Wir leben mitten unter den Dorfbewohnern, und von Tag zu Tag sind wir beliebter. Aber ich habe keine Nachricht von Can.

Am 1. Juni. Jetzt bin ich schon fast einen Monat Soldat. Und wir werden in einem fort ausgebildet, auf allen vieren zu kriechen, uns in Bodenvertiefungen zu rollen, sogar auf Bäume zu springen und uns im Blätterwerk zu verstecken. Die Ausbildung ist hart, besonders bei der Hitze; sogar der Wind, der von Laos her weht, ist heiß. Doch dieses harte Leben hat uns widerstandsfähiger gemacht. Mir hat es sogar die Begeisterung wiedergegeben. In den letzten drei Tagen hatten wir Politkurse, und einige von uns meldeten sich freiwillig nach Südvietnam via Laos, um den amerikanischen Aggressor zu bekämpfen. Ich gehöre dazu. Aber Can fehlt mir so und auch meine Mutter. Morgen ist Ruhetag, ich bat um die Erlaubnis, einen Besuch daheim machen zu dürfen; meine Eltern wohnen nicht weit weg von hier. Ich erhielt die Erlaubnis, weil ich mich für Südvietnam gemeldet hatte, und um vier Uhr nachmittags werde ich mit Vi gemeinsam aufbrechen. Wir werden auf Trang Ke zugehen und die Berge im Zickzack überqueren. Es wird ein langer Marsch sein, aber was macht das schon? Ich bin überglücklich, meine Mutter, meine Verwandten wiederzusehen.

Am 2. Juni. Ich habe sie gesehen, meine Verwandten, nicht aber meine Mutter. Was für ein Mißgeschick, Mutter! Als ich ankam, war es halb zwölf Uhr nachts, ich hatte großes Herzklopfen. Ich umarmte Van, die Großmutter, die Onkel, Tanten, Vettern, dann fragte ich: »Wo ist denn Mutter? Wo ist Mutter?« Sie war nicht da. Sie war am Morgen nach Dong Noi gegangen. Ach, Mutter, wie schrecklich wird es für dich sein, wenn sie dir sagen, daß ich hier war, während du fort warst. Auch für mich war es schrecklich. Die Familie hat mir ein großes Essen bereitet, das erste richtige Essen, seit ich Soldat bin, aber ich hatte keinen Hunger. Ich dachte an dich, Mutter. Vielleicht kehrt so eine Gelegenheit nicht wieder . . . Ich bin so enttäuscht. Bis Mittag habe ich auf dich gewartet, doch du kamst nicht, und so mußte ich wieder fort. Sie gaben mir eine Menge Reiskügelchen und noch anderen Proviant mit, doch mir war alles egal. Ich war so bewegt beim Abschied, daß ich die Tränen nicht zurückhalten konnte ... Ich ging zwischen den Bäumen hindurch, das Dorf verschwand allmählich hinter den Bäumen, und ich schluchzte. Auch jetzt fallen meine Tränen auf dieses Büchlein. Wie schade, Mutter! Wir zwei haben nie Glück gehabt. Jetzt stehe ich vor Vis Haus. Ich warte, bis er sich von seinen Eltern verabschiedet hat, dann gehen wir.

Am 3. Juni. Es war ein beschwerlicher Marsch. Gegen drei Uhr nachmittags, als wir gerade durch den Fluß waten wollten, erschien ein feindliches Flugzeug und belegte uns mit MG-Feuer. Wir mußten uns in einen Graben werfen und für unsere Seele beten. Unmittelbar neben uns schlugen die Geschosse ein. Doch weder ich noch Vi wurde getroffen, und so konnten wir gegen vier Uhr unsern Marsch fortsetzen; gegen Sonnenuntergang kamen wir nach Trang Ke, wo wir ein hübsches Mädchen mit einer wunderschönen Stimme kennenlernten. Sie ging zum Tempel, und so gingen wir vielleicht dreißig Meter nebeneinander. Sie hat mir ihren Namen gesagt, Tren Thi Huong. Wenn ich an sie zurückdenke, fühle ich es wie eine Liebkosung am Herzen: Sie hat die gleiche Stimme wie Can, und auch die Wangen der beiden sind sich ein wenig ähnlich. Ich habe wieder einen Brief an Can geschrieben. Ich habe ihr zehn Briefe in einem Monat geschrieben, und ich habe nie eine Antwort bekommen. Nie.

Am 7. Juni. Den ganzen Tag habe ich schon unerträgliche Magenschmerzen. Ich bin in ein Haus gegangen, um mich auszuruhen, sah in einen Spiegel und habe mich nicht wiedererkannt. Vor einem Monat war ich doch nicht so häßlich. Jetzt stehen meine Backenknochen so weit vor, und meine Haut ist so gespannt, man glaubt, einen Totenkopf vor sich zu haben. Ich esse eben zu wenig. Auch heute abend habe ich nur etwas gekochten Reis gegessen und sonst nichts, mehr bekam ich nicht hinunter. Ich bin müde, ich bin vollkommen erschöpft, und trotzdem versuche ich zu schreiben, denn irgend jemandem muß ich mich ja anvertrauen. Und wenn dieser Jemand nur ein Stück Papier ist. Siehst du, Stück Papier, es ist nicht alles häßlich im Krieg, zum Beispiel kann man im Krieg guten Menschen begegnen, wie den Mitgliedern der Genossenschaft Thanh Long im Dorf Thanh Phong. Onkel Quy, Onkel Duong, Herrn Lam ... Liebe Menschen, die sich um uns bemühen, als wären wir Verwandte. Und echte Sozialisten: Alles, was sie haben, teilen sie mit uns, von der Tasse Tee bis zur Kartoffel. Bei ihnen fühle ich mich wohl wie der Fisch im Wasser, und solange ich lebe, werde ich gern an sie denken. Aber vieles andere ist häßlich: der MG-Beschuß, die Strapazen, die Magenschmerzen. Und was für Magenschmerzen. Ich muß aufhören zu schreiben. Wie konnte ich nur früher jeden Tag schreiben?

Am 16. Juni. Praktisch bin ich krank seit dem Tag, an dem wir uns wieder in Marsch setzten. Jetzt sind wir bei der Genossenschaft Long Minh im Dorfe Minh Son. Eine herrliche Gegend. Und ein kleiner Teich ist hier, der buchstäblich mit Lotosblumen bedeckt ist. Sie duften wunderbar. Es gibt doch nichts Schöneres als eine Lotosblume.

Am 4. Juli. Zwei Monate! Die Monate vergehen und brechen mir das Herz. Jetzt sind es schon zwei Monate, daß ich von ihr gegangen bin, und kein Wort in diesen ganzen zwei Monaten. Ob ihr etwas zugestoßen ist? Sie wird doch nicht in einem Luftangriff umgekommen sein? Im Krieg muß man mit allem rechnen.

Am 15. Juli. Heute ist ein großer Tag. Ich habe einen Brief von Can. Meine Can erwartet ein Kind.

Am 17. Juli. Mein Geburtstag. Alle meine bisherigen Geburtstage habe ich zu Hause gefeiert. Diesmal fällt er auf einen Samstag. Zu Hause wäre es ein guter Tag gewesen, doch im Krieg ist kein Unterschied zwischen Samstag und Sonntag. Ich kann ihn nicht einmal dadurch feiern, daß ich mich ausruhe; denn der Kommandeur hat die nette Idee gehabt, eine Aufführung zu veranstalten, um unsere Stimmung zu heben, und so muß ich jetzt dafür arbeiten. Und mir hat man die Organisation an den Hals gehängt, verflixt. Die Aufführung ist mir vollkommen egal.

Am 18. Juli. Hatte ich dir schon gesagt, mein Tagebuch, daß ich um Urlaub gebeten habe, um Can zu besuchen? Ich glaube nicht. Ich war so in Sorge, ob ich ihn auch bekommen würde, daß ich überhaupt nicht davon sprechen wollte. Also, ich habe ihn bekommen! Das ist ganz ungewöhnlich! Gestern abend erfuhr ich's. Der Kommandant ließ mich holen und sagte: »Ich habe ein Geburtstagsgeschenk für dich.« Ich dachte, er würde mir irgend etwas geben, und war schon beeindruckt. Doch als er dann sagte: »Der Urlaub ist genehmigt!«, da war ich wirklich bewegt. Ich weiß nicht, was ich sagen soll, ich weiß nicht, was ich noch schreiben soll. Ich verliere meine Fähigkeit, mich mit Worten auszudrükken. Vielleicht, weil ich verrohe. Oder ist es die Freude? Ich bin so voller Freude. Zehn Tage werd' ich unterwegs sein. Zehn Tage werde ich Freude essen.

Am 26. Juli. Fast acht Tage bin ich jetzt schon unterwegs, ich marschiere auf der Straße Nummer 7 mit einer Schnelligkeit von sechs Kilometern in der

Stunde. Heute früh habe ich nur eine Schale Reis gegessen, aber das macht nichts, die Freude nimmt mir jeden Hunger. Sie nimmt mir auch die Angst, in der Nähe von Song beschoß mich ein amerikanisches Flugzeug. Doch ich wurde nicht von Panik gelähmt, wie damals am Fluß zusammen mit Vi, ich warf mich einfach in einen Graben. Jetzt gehe ich auf Dieu Chau zu, wo ich geboren bin. Gegen vier Uhr nachmittags werde ich dort sein, und man wird mir sagen, daß meine Eltern noch auf dem Feld sind. Ich bin so glücklich. Los! Ich muß weiter.

Am 27. Juli. Ich habe Mutter und Vater umarmt und auch die andern Verwandten. Ich war auch gar nicht mehr müde und mußte lachen, weil sie mich so mager fanden. Ich lachte ... Aber die ganze Zeit dachte ich nur an den Augenblick, da ich meine Can wiedersehen würde. Und ich sagte mir, also, ich werde eine Zeitlang an der Eisenbahn entlanggehen, dann links abbiegen zum Fluß Tien, und dann komme ich nach Hang Dua, wo ich den Autobus nach Phu Quy nehmen werde. Er fährt um neun Uhr abends ab, demnach werde ich bis Mitternacht mit dem Autobus fahren, und ... Ich habe nicht den Autobus um neun bestiegen. Ich war schon dort, aber der Autobus nicht. Es wurde zehn Uhr, dann elf, dann Mitternacht ... Kurz nach Mitternacht kam er an, aber verdammt, er fuhr nicht nach Phu Quy. Er fuhr nach Vinh. Den Autobus nach Phu Quy bekam ich erst um ein Uhr morgens, doch erst um drei Uhr fuhr er ab. So habe ich die eine Nacht verloren, die ich mit Can hätte verbringen können. Jetzt ist es fünf Uhr morgens, der Autobus fährt in der Dunkelheit, und ich bin gerade von einem Traum erwacht: Ich habe geträumt, in Cans Armen zu schlafen. Hoffentlich kommen wir an, ehe es hell wird, denn tagsüber auf diesen Straßen zu fahren ist nicht ratsam. Alle Fahrgäste sagen lachend zum Fahrer, rasch, rasch! Wenn uns Johnson vom Himmel aus sieht, durchlöchert er uns mit Kugeln!

Am 28. Juli. Vielleicht ist es töricht, an einem Tag wie heute die Zeit mit Tagebucheintragungen zu vergeuden. Aber sie schläft gerade, und ich kann nicht schlafen, weil ich mir immer wieder sage, ich bin hier bei ihr! Ich will dir alles erzählen, mein Tagebuch. Der Autobus kam morgens um halb sechs Uhr an. Ich rannte zur Brücke, doch die Brücke existierte nicht mehr. Sie war zerbombt, und hundert Meter weiter hatte man eine neue Pontonbrükke errichtet. Endlich stand ich auf der andern Seite des Flusses. Was für eine Tragödie, ach, was für eine Tragödie! Die Stadt war ganz zerschlagen von den amerikanischen Bombenangriffen. Im Park ist ein riesiger Trichter, und ein anderer an der Stelle, wo mein Buchhändler sein Geschäft hatte. Sogar die Straße gibt es nicht mehr. Von den Restaurants von Tay Hieu, von der Handelsschule, von der Genossenschaft und dann auch von meinem Labor stehen nur noch die Grundmauern. Die Tragödie ist tausendmal schlimmer, als ich befürchtet hatte. Nghia Dam, mein Nghia Dam, einmal so lebensfroh, ist jetzt eine Gespensterstadt. Verstört irre ich zwischen den Trümmern umher und denke, daß ich hier gelebt und gearbeitet habe, doch ich sehe nichts als Löcher und Unkraut. Wie schmerzlich mir das war, mein Tagebuch! Ich sagte mir immer wieder, und wenn meine Can umgekommen ist? Während ich so auf die Mitte des landwirtschaftlichen Departements zuging, war ich völlig niedergeschlagen. Ich begegnete meinem Freund Nung und bat ihn, meinen Tornister zu tragen, weil ich nicht mehr konnte. Dann eilte ich mit ihm gemeinsam nach Hause, denn allein wär's mir fürchterlich gewesen. Ich renne ins

Haus und rufe Can! Aber Can ist nicht da. Ich frage, wo sie ist. Man sagt mir, in der Gummiplantage, wo ich meine Laborversuche gemacht hatte. Ein Fahrrad, sage ich, ein Fahrrad! Man gibt mir ein Fahrrad. Ich springe auf und fahre los. Da ist sie, sie kommt mir entgegen. Ich springe ab und kann nur sagen: Can! Dann möchten wir beide uns am liebsten in die Arme fallen. Doch wir halten uns zurück, es gehört sich nicht, zu viele sehen uns zu. So reichen wir uns nur eben die Hand und blicken uns in die Augen. Wie lange bleibst du, fragt Can. Zwei Tage, antworte ich. Nur zwei Tage, flüstert sie. Du hast recht, Can. Dieser lange Weg zu Fuß über die Berge, zehn Tage, um nur zwei Tage bei dir sein zu können.

Am 30. Juli. Heute früh muß ich fort und mich morgen abend bei meiner Einheit melden. Can hatte mir stumm das Frühstück gerichtet und auch ein Päckchen Reis für unterwegs. Das war bei Morgengrauen. Schweigend saßen wir beim Frühstück, sahen uns in die Augen. Mein Herz tat mir so weh, und ich glaube, ihr ging's nicht anders. Bald würde ich ihr den letzten Kuß geben und den letzten Blick und dann aufbrechen. Ich wiederhole es mir in einem fort, während sie sich zurechtmacht, um mich zum Autobus zu begleiten, und nur, um irgend etwas zu tun, schreibe ich jetzt. Um meine Fassung zu bewahren. Um nicht verrückt zu werden, während ich auf sie warte. Ich werde mit dem Autobus bis Tay Hieu fahren und dort in einen anderen Autobus umsteigen. Adieu, Can. Ich fühle, das ist das letzte Mal gewesen, ich ahne, daß wir uns nie wiedersehen. Doch wie dem auch sein mag, wie lange ich auch von dir fort sein werde, und sei es bis in den Tod, meine Liebe bleibt bestehen. Adieu, meine Can! Wie hasse ich euch, ihr amerikanischen Imperialisten, weil ihr uns so viel Leid zufügt!

Am 31. August. Wieder ein Abschied. Mein ganzes Leben ist ja nur Abschied. Durch einen Glücksfall konnte ich meine Mutter noch einmal sehen. Wir erhielten den Auftrag, Munition in nächster Nähe meines Heimatdorfes zu holen, und so habe ich zu Hause geschlafen und mit meiner Mutter gefrühstückt. Doch um acht Uhr morgens mußte ich Abschied von ihr nehmen. Sie begleitete mich eine ziemliche Wegstrecke und bestand darauf, meinen Tornister zu tragen. Er war schwer, aber ich ließ sie gewähren, denn ich verstand, daß sie das glücklich machte. Dann legte sie ihn mir mit einer Liebkosung auf die Schultern, und so gingen wir auseinander. Ohne uns ein Wort zu sagen. Es war, als wüßten wir uns nichts mehr zu sagen außer unserm Schmerz.

Am 14. Oktober. Ich habe Can einen Brief geschrieben, es könnte der letzte sein. An einem dieser Tage gehe ich in den Kampf, und vielleicht werde ich fallen. Ich habe schon sehr lange keine Nachricht mehr von Can. Doch von Vinh und von meinem Vater habe ich Nachricht. Warum?

Am 18. Oktober. Ich spreche fast nicht mehr mit dir, mein Tagebuch. Wir kämpfen nämlich jetzt, und ich bin nicht mehr derselbe Mensch. Vor jedem Kampf denke ich, daß ich ihn nicht überlebe, daß ich falle, und wenn ich nachher noch am Leben bin, überkommt mich so etwas wie ein Staunen. Wie eine Ungläubigkeit. Nachdem ich jetzt schon fünf Monate Soldat bin, ist mir bewußt, daß ich meinem Land wirklich alles geopfert habe, Familie, Arbeit und Glück.

Am 22. Oktober. Seit fünfundvierzig Tagen liegen wir in Hung Dao. Wir sind ein paarmal fort gewesen, um im Feindgebiet zu kämpfen, und ich bin jetzt schon an dieses Dorf, an diese Leute gewöhnt. Aber ich muß daran denken, sie bald zu verlassen. Die Operationen in Laos erwarten uns. In Laos bleiben wir vielleicht ein Jahr oder auch zwei Jahre, um diesem Land gegenüber unsere Pflicht zu erfüllen. Alles ist zum Aufbruch bereit. Während einer Marschpause werde ich mein Tagebuch fortsetzen ... Um vier Uhr nachmittags brachen wir auf. Das leichte Geschütz und der Tornister lagen schwer auf meinen Schultern. Besonders das leichte Geschütz, und zwei- oder dreimal fiel ich auch hin. Die andern machten sich über mich lustig. Wir kamen durch Hung Dao, Rung Thong, Xom Cat, dann marschierten wir vier Kilometer die Sanddünen des Flusses Lam entlang. Das Flußwasser war klar, und Dutzende von Booten warteten, um uns ans andere Ufer überzusetzen. Nicht nur unsere Einheit, die keine hundert Mann stark ist, sondern auch viele andere Einheiten. Es war neun Uhr abends, als wir den Fluß überquerten. Ich hatte Hunger und aß alle Reiskügelchen auf. Jetzt ist es elf Uhr, und wir warten auf den Abmarsch, aber ich bin müde.

Am 23. Oktober. Wenn wir auf felsige Hügel klettern müssen wie heute, wird der Stock zu einem treuen Kameraden. Man kann die Kilometer besser zählen, noch fünf ... noch vier ... noch drei ... noch zwei ... noch einen ... Biwak! Manchmal, wenn wir zum Biwakplatz kommen, habe ich sogar zum Schreiben keine Lust mehr; ich schlafe augenblicklich ein. Und nachher ist es so schwer, wieder wach zu werden. Es ist gut, daß uns die Leute tragen helfen, wenn wir durch Dörfer kommen. Besonders die Mädchen. Hier in Son Hoa lernte ich vier reizende Frauen kennen, Frau Que, Fräulein Dao und die kleinen Mädchen Cuong und Duong. Sie haben sich mein Gepäck aufgeteilt und fünfzehn Kilometer weit getragen, den Pfad entlang. Und mit welcher Anmut und Kraft. Jetzt ruhen wir aus, um Kräfte zu sammeln für den Nachtmarsch. Nachts marschieren ist besser, dann sehen uns die amerikanischen Flieger nicht. Manchmal frage ich mich, wozu überhaupt ihre Leuchtbomben gut sein sollen.

Am 26. Oktober. Schwere Tage. Sie haben mich sogar nach Nghe An zurückgeschickt und nicht über den alten Weg, sondern über Truong Than mit der Zitadelle der Le-Dynastie. Das Gebirge war hoch und der Pfad schmal, wenn man nur einen Augenblick nicht aufpaßte, stürzte man ab, kopfüber. Jetzt marschieren wir alle gemeinsam nach Hung Dao. Nachdem wir in Pham Thi gegessen hatten, erreichten wir Nam Lien. Hier ist die Heimat von Onkel Ho, unseres großen Ho Tschi Minh. Als ich zur Genossenschaft Lien Tuong ging, um dort meinen Freund Truong aufzusuchen, kam ich am Elternhaus von Onkel Ho vorüber. Es besteht aus zwei einfachen Hütten, die mit Reisstroh gedeckt und von einem Bambuszaun umgeben sind. Ich wollte schon immer das Geburtshaus von Onkel Ho kennenlernen, und ich war sehr beeindruckt, als ich es sah. Die Fenster sind mit hübschen Bambusvorhängen bedeckt, und rechts steht ein alter Bananenbaum. Auch ein Pampelmusenbaum steht da, und es gibt auch einen Orangenhain. Ich erlaubte mir, eine Banane zu pflücken, eine Pampelmuse und eine Apfelsine. Ich fand alles so grandios, obwohl es doch nur ganz, ganz klein ist.

Am 5. November. Ich habe drei Briefe von Can bekommen. Alle drei auf einmal. Als wir nach Son Ninh kamen, bin ich dann gleich in einen Fotografenladen gegangen und habe mir eine Fotografie machen lassen und sie ihr geschickt. Ich habe ihr auch geschrieben. Und dann meinem Vater, meiner Schwester Lang, meinem Freund Thuoc und meinem Buchhändler. Aber das Schreiben macht mir keinen Spaß mehr. Ich bin zu erschöpft, wie entmutigt. Vielleicht sollte ich aufhören, dieses Tagebuch zu führen. Was nutzt es schon!

Am 23. Dezember. Sechzig Tage haben wir in diesem verfluchten Nest mit Namen Son Ham zugebracht, nichts als Ausbildung für die Aufgabe, die uns erwartet. Heute beginnen wir den langen Marsch, und ich frage mich nur, wohin es geht, was wir tun werden, worin unsere Aufgabe besteht, von der alle reden. Es sieht ganz so aus, als sei es eine wichtige Aufgabe, doch ahnt keiner, worum es eigentlich geht. Und dafür müssen wir gute zweihundert Kilometer marschieren. Mir wird schon schlecht, wenn ich nur daran denke. Zweihundert Kilometer auf Berge hinauf, an Bächen entlang, mit Tornister, Gewehr, Munition. Ich kann nicht daran denken. Ich führe wieder Tagebuch, um mir ein bißchen Luft zu machen.

Am 24. Dezember. Um fünf Uhr morgens sind wir aufgebrochen; es war noch dunkel. Ich bin so müde, meine Beine tun mir weh. Das Gelände ist fortwährend gefährlich, wir gehen über Pfade, an deren Seite nur Abgrund ist. Dann kommen wir zu einem Haus von Bergbewohnern und erhalten zum Glück die Erlaubnis, etwas zu essen. Aber was ist denn das für ein Leben! Wie teuer kommt einem die Vaterlandsliebe!

Am 25. Dezember. Weihnachten! Jesus Christus! Weihnachten, und ich trage ein leichtes Geschütz. Schönes Weihnachten! Drei Tage lang sind wir durch den Dschungel marschiert, und die Stechmücken haben das bis zum letzten ausgekostet. Ich bin auch gefallen und habe mir den Knöchel verstaucht. Jetzt ist er ganz geschwollen, und auch das Bein ist geschwollen, und die Füße sind voller Blasen. Wir sind wieder zur Hauptstraße zurück, und dann ging's die Eisenbahn entlang im Schutz der Dunkelheit. Der Regen fiel immer stärker, so daß er uns fast das Gesicht zerschlug. Dann, um drei Uhr morgens, mußten wir durch einen eiskalten Fluß. Bei Sonnenaufgang kamen wir zu einem katholischen Dorf im Distrikt Chu Le. Und da sind wir jetzt, um ein wenig Reis zu kochen und uns etwas auszuruhen. Um ein Uhr nachts geht's wieder weiter, doch meine Füße sind so geschwollen, daß ich mich frage, ob ich meiner Einheit überhaupt bis ans Ende werde folgen können. Es regnet immer noch, und die Straße ist oft streckenweise durch Bomben zerstört. Auch die Brücken. Hier geben uns die Amerikaner keine Schonung. Beim Anblick von so viel Zerstörung geht es mir nur schlechter, und oft muß ich am Straßenrand stehenbleiben, um wieder zu Atem zu kommen. Aber dann muß ich den andern nachlaufen. Und der Knöchel schmerzt und schmerzt . . . Man hat Nylonbinden an uns ausgegeben, damit wir uns damit die Beine umwickeln und uns vor den Blutegeln schützen. Aber ich kann nicht mehr, ich kann nicht mehr . . . Ach, was für ein häßliches Weihnachten! Und Can? Was sie jetzt tun wird? Wie es ihr gehen wird? Ob das Kind in ihr gut gedeiht? Eigenartig, ich denke dauernd an Can, doch anders als vorher, gleichsam verdünnt.

Am 29. Dezember. Siebter Marschtag. Für gewöhnlich stehen wir vor Morgengrauen auf, um in Dunkelheit und Frische zu marschieren. Das wäre alles nicht so schlimm, wenn mir der Knöchel nicht so weh tun würde. Manchmal tragen die Kameraden mein leichtes Geschütz, aber auch das verschafft mir keine große Erleichterung. Tatsache ist, wenn du dich nicht durch den Dschungel arbeitest mit allen seinen Blutegeln, mußt du auf die Berge hinauf. Es ist nur gut, daß es hier Tunnel gibt. Die Tunnel sind lange Gänge, die man durch die Berge gegraben hat, natürlich hatte ich schon etwas davon gehört, aber gesehen hatte ich sie noch nie. Es läuft sich gut da drinnen, doch die Dunkelheit ist vollkommen. Wir müssen dauernd miteinander sprechen, um die Verbindung aufrechtzuerhalten. Nach einer Weile bleibt dann die Luft ein wenig aus. Wie bei dem Tunnel, der zweihundert Meter lang war. In einen konnten wir gar nicht hinein, er war versperrt von Felsblökken, die nach einem Bombenangriff darübergefallen waren. So mußten wir auf den Berg, und es regnete. Auch jetzt regnet es noch, und immer, wenn mein Knöchel nachgibt, falle ich hin, und dann brauche ich mindestens fünf Minuten, ehe ich wieder auf den Beinen bin. Ich mache mir Mut, indem ich mir sage, daß der menschliche Wille alles kann, er kann Entfernungen überwinden, Blutegel und einen schmerzenden Körper.

Am 30. Dezember. Es waren noch drei Kilometer bis zur Fähre von Kinh Chau. Und als wir dieses Haus hier sahen, haben Ly und ich unser Gepäck abgenommen und sind eingetreten und haben um etwas Essen gebeten. Der Hausherr gab uns einen Topf mit frisch gekochten Kartoffeln und ein Bündel Bananen. Wir aßen so viel, bis wir ganz rot wurden, und dann holten wir noch Nuoi und Mai, damit sie den Rest aufessen sollten. Wir wollten dafür bezahlen, doch der gute Mann wollte nichts nehmen. Und er reichte uns sogar eine Tasse heißes Wasser, zur besseren Verdauung. Dieses kleine Erlebnis hatte uns in beste Laune versetzt, und als wir zur Fähre kamen, waren wir zum Scherzen aufgelegt. Im Dunkeln rief Ly das Losungswort: »Son!« Und irgend jemand gab die Antwort: »Sam!« Da rief ich: »Lang lebe Onkel Ho!« und Ly: »Idiot! Soll man dich hören?« Jedenfalls tut mein Knöchel jetzt viel weniger weh, und morgen ist der letzte Tag des langen Marsches. Wie schmutzig wir sind! Und wir stinken erbärmlich. Ich kann es kaum erwarten, bis ich mich ein wenig waschen kann. Denk dir, ein Bad in einer Badewanne mit warmem Wasser! Das Meer ist jetzt nur noch wenige Kilometer entfernt.

Am 9. Januar. Heute ist ein bedeutsamer Tag für mich, es ist der erste Jahrestag meiner Heirat. Ein Jahr! Man kann wahrhaftig nicht sagen, daß Can und ich ein Paar sind, das vom Glück begünstigt ist. Nach der Heirat waren wir nur vier Monate zusammen, und diese vier Monate lebten wir zum Teil zwanzig Kilometer voneinander entfernt, weil mein Labor so weit weg war. Eigentlich sahen wir uns nur zum Wochenende und an Feiertagen. Dann kam meine Einberufung, und drei Monate später sah ich Can noch einmal für zwei Tage. Und nachher überhaupt nicht mehr. Wie grausam für eine wahre Liebe! Ich frage mich, was meine Can wohl tun wird. Hoffentlich ist ihr nichts zugestoßen. Wochenlang, ich gebe es zu, habe ich nicht viel an sie gedacht, mir ging es so schlecht, aber jetzt träume ich wieder von ihr. Und je näher das Tet-Fest heranrückt, um so mehr schmerzt mich ihre Abwesenheit. Ich wünschte, es gäbe gar kein Tet, denn für mich heißt das Leid. Und dieses Leid muß ich ganz für mich behalten. Nur meinem Tagebuch kann ich es anvertrauen. Mich erwartet eine große Einsamkeit. Und nachher vielleicht der Tod.

Am 14. Januar. Es heißt immer wieder, daß ein großes Ereignis bevorsteht. Wir sind mit Waffen und Proviant bestens versorgt. Wir ziehen durch die Dörfer, während die Leute noch schlafen. Jeder von uns trägt mindestens zweiundfünfzig Kilo an Munition, Reis und so weiter. Bei Morgengrauen sind wir völlig erschöpft. Wir verstecken uns irgendwo und ruhen uns bis fünf Uhr nachmittags aus, dann geht der Marsch weiter. Aber wohin geht es überhaupt?

Am 18. Januar. Nur noch wenige Tage, und wir feiern das Tet. Ganz plötzlich wurde uns befohlen, nicht mehr in den Häusern zu bleiben, ja, gar nicht erst hineinzugehen. Irgend etwas liegt in der Luft. Wir müssen uns im Gebüsch aufhalten und still sein. Wenn also die Leute das Tet fröhlich feiern, müssen wir stumm im Gebüsch versteckt bleiben. Ich denke an das letzte Tet, ich verbrachte es mit Can zusammen. Wir waren glücklich.

Am 19. Januar. Jeder von uns hat ein Kilo Glutinreis bekommen. Wahrscheinlich, damit wir uns Süßigkeiten zum Tet machen können. Schöner Trost. Und jetzt regnet es auch noch zu allem Überfluß. Aber man hat uns wieder erlaubt, in die Häuser zu gehen, und aufgrund dieses Gegenbefehls kam ich in das Haus des Herrn Viet, eines braven Mannes.

Am 20. Januar. Meine Familie fehlt mir schrecklich, daran können alle Süßigkeiten aus Glutinreis nichts ändern. Ich gebe mir Mühe, meine Gefühle zu verbergen, auch um Herrn Viet nicht traurig zu stimmen, der so freundlich ist, doch ich überrasche mich dauernd, wie ich an Can denke. Nun nicht mehr in dieser aufgelösten, sondern in der intensiven Art der ersten Tage. Ich denke auch an meine Eltern, an das letzte Wiedersehen mit meiner Mutter, die darauf bestanden hatte, meinen Tornister zu tragen, und mir nachsah, ohne ein Wort zu sagen. Man hat jedem von uns auch noch eine Fleischration gegeben. Ich müßte eigentlich zufrieden sein, doch ich habe entdeckt, daß ich im Schlaf weine.

Am 21. Januar. Die Fleischration wird verdreifacht. Wieviel sie uns zu essen geben! Auffallend ist nur, daß jeder schweigend ißt, als dächte er an etwas ganz anderes. Mittags sind wir abmarschiert. Ich hatte wieder ein leichtes Geschütz auf dem Rücken. Man hat uns zur größten Heimlichkeit ermahnt. Wir bewegen uns immer nur in der Dunkelheit, und da es regnet, ist die Straße glitschig. Beladen wie wir sind, brauchen wir zwei Stunden für zwei Kilometer. Mit einem leichten Geschütz auf dem Rücken auszurutschen, ist nicht sehr angenehm.

Am 22. Januar. Ich kann sagen, daß heute der erste Tag ist, an dem wir uns wirklich daranmachen, Südvietnam zu befreien. Es regnet immer noch, aber jeder von uns hat den festen Willen, die große Aufgabe bis zum Ende durchzuführen. Der 13. Kompanie wurde die Ehre zuteil, an der Spitze der Kolonne zu marschieren. Von jetzt an habe ich eine neue Anschrift: 8757 HS. Ich habe sie Can mitgeteilt. Im Dschungel habe ich köstliche Feigen gepflückt und gegessen.

Am 23. Januar. Unvermutet hörten wir die Flugzeuge und den Ruf: »Sie bombardieren uns!« Eine Sekunde später kam ein Flugzeug im Sturzflug auf uns zu. Es folgte eine riesige Explosion, und Bombensplitter fielen überallhin. Einer ging knapp vier Zentimeter an meinem Kopf vorbei. Ich hörte das Pfeifen. Aber welche geheimnisvollen Gesetze bestimmen über Leben und Überleben eines Menschen? Wäre mein Kopf vier Zentimeter weiter seitlich gewesen, wäre ich jetzt tot. Kann dies alles Zufall sein? Nach dem Pfeifen rannte ich zu einem Loch, das kaum vierzig Zentimeter tief war, und wieder fielen Bomben. Ich rannte zu einem anderen Loch, dort fand ich einen blutüberströmten Kameraden. Ich rief ihm zu: »Bist du verwundet?« Er antwortete: »Ja.« Da kroch ich noch näher zu ihm heran und merkte, daß einer seiner Füße ganz von dem Bein getrennt war. Nur noch ein Stück Haut verband ihn mit dem Bein. Ich zog mein Hemd aus und wickelte es ihm fest um das Bein, damit er nicht verblutete. Dann rief ich einen Sanitäter, und gemeinsam trugen wir ihn unter einen Baum. Der Fuß baumelte hin und her wie das Pendel einer Uhr. Da schnitt der Sanitäter das Stück Haut durch und warf den Fuß weg. Sonderbar, das hat gar keinen so schrecklichen Eindruck auf mich gemacht. Damals, nachts, hatte mich die auf dem Rücken liegende Kuh mehr beeindruckt. Vielleicht, weil sie das erste tote Lebewesen war, das ich sah. Als der Bombenangriff aufhörte, war alles voller Rauch. Die Bombentrichter befanden sich rings um das Loch, in das ich mich geworfen hatte. Ich kann es kaum begreifen, aber ich bin noch einmal davongekommen. Offenbar war mir nicht bestimmt, hier zu sterben. Wo steht denn, daß ich sterben muß?

Am 24. Januar. Der ehrenvolle Augenblick, auf den ich so lange gewartet habe, ist endlich da. Mein Traum wurde Wirklichkeit. Man hat mich in die Partei aufgenommen. In der Linken hielt ich die Fahne der Partei, die Rechte hatte ich erhoben zum Schwur, dem Kommunismus zu dienen mit allen Opfern und Entbehrungen und die mir von der Partei gestellte Aufgabe zu erfüllen, koste es, was es wolle, ja, koste es auch mein Leben. Es war eine einfache, kurze, aber ergreifende Zeremonie. Jetzt heißt mein Wahlspruch: »Treu der Partei und für das Volk.« Genosse Ho Dac Tien war mein Pate. Ich fühle mich jetzt sehr stark. Ob es so bleibt?

Am 26. Januar. Wir wurden sehr zeitig geweckt und bekamen unser Frühstück noch vor Morgengrauen. Alles ist bereit. Ich habe Can geschrieben und den Brief einem Freund anvertraut, der gerade aus Thailand zurückgekommen ist. Hoffentlich kann er ihn ihr schicken. Ich habe versucht, ihr in diesem Brief alles zu sagen, was ich ihr meiner Meinung nach noch nicht gesagt habe. Can, meine Can. Vielleicht erwartet mich das Ende, doch unsere Liebe wird nie ein Ende nehmen. Auch dann nicht, wenn ich sterbe oder du stirbst. Can, meine Can. Jetzt müssen wir fort. Der Kommandeur ruft uns und befiehlt . . .

19. Februar. So bricht das Tagebuch ab. Er ist wohl fünf oder sechs Tage nachher vor den Toren Saigons gefallen. Vielleicht in Than Son Nhut, dort standen nordvietnamesische Truppen. Oder er starb eben an diesem 26. Januar unter einem ähnlichen Bombenangriff, wie ich ihn mit Hauptmann Andy in der A 37 erlebte. Ich muß immer daran denken. Und frage mich, ob Can es erfahren hat? Vielleicht nicht, sie wird erst seinen letzten Brief erhalten haben, mit dem er ihr seine neue Anschrift 87 57 HS mitgeteilt hatte. Ich habe sogar mit den Beamten der Vietnam Documents and Research Notes darüber gesprochen, also mit den Leuten, die solche Büchlein übersetzen und katalogisieren. Sie lächelten nur und meinten, ich sei zu romantisch, gerade wie die Vietkong, deren Tagebücher eine Ähnlichkeit mit den neapolitanischen Liedchen hätten: es geht immer um Liebe. Übrigens, ob ich eines dieser Liebestagebücher lesen möchte. Ich sage ja, selbstverständlich, und jetzt habe ich es hier. Er wurde am 6. Februar von einer Patrouille der Dritten Division Marine Corps in der Provinz Quang Tri gefangengenommen. Diesmal ist er kein unbekannter Soldat. Auf dem Büchlein steht Vor- und Nachname, Le Vanh Minh, geboren am 25. Mai 1942 in Quang Binh. Er starb vor knapp zwei Wochen. Wie rasch und zuverlässig doch die Amerikaner arbeiten. Nur eines verstehe ich bei ihnen nicht, das Interesse, das sie haben, gewisse Papiere aus der Hand zu geben. Ist das Korrektheit oder Naivität? Vielleicht verfolgen sie auch einen ganz bestimmten Zweck damit. Aber welchen? Ich übersetze das Tagebuch des Le Vanh Minh, dabei schnürt es mir die Kehle zu. Draußen der gewohnte Kanonendonner, und ich muß an François' Worte von heute früh denken: »Es ist nicht leicht zu weinen, wenn du den Krieg erst einmal kennengelernt hast, es ist sogar ein großer Luxus. Aber ich erlaube mir diesen Luxus, auf unserm Planeten leben drei Milliarden Menschen, und ich weine über jeden von ihnen.« Über jeden von ihnen? Da bin ich nicht einverstanden. Man muß sich die Menschen aussuchen, über die man weint, drei Milliarden sind zuviel. Und seit ich diese Blätter in der Hand habe, weine ich viel weniger über einen Larry oder Johnny, die mit ihren Vitaminen, ihren Rationen, ihrer Superausrüstung, ihren guten Absichten hergekommen sind. Le Vanh Minh ist mir lieber.

Tagebuch des Le Vanh Minh

Tuyet Lan, meine Angebetete! Ich weiß, ich hätte Dir keinen so traurigen Brief schicken sollen. Ich hätte mir sagen müssen, daß Du darunter leiden würdest. Verzeih mir, es soll nicht wieder vorkommen, meine Liebe. Aber Du mußt mir glauben, ich kann es nicht aushalten, ohne Dir zu schreiben. Weißt Du, was ich mache? Ich schreibe Dir trotzdem und bewahre die Briefe in meinem Tagebuch auf, und ich gebe sie Dir, wenn wir uns wiedersehen. Heute brauche ich es noch mehr als sonst, denn heute jährt sich der Tag, da jemand ins politische Ausbildungslager von Ha Tay kam, mich am Arm faßte und sagte: »Sei stark, Le Vanh Minh, deine Eltern sind tot.« Erst zitterte ich, dann weinte ich wie ein Kind. Du weißt, wie sehr ich sie geliebt habe. Auch ins Lager von Ha Tay hatte mir meine Mutter Gedichte geschickt. Ich lese sie jetzt noch einmal, und der Schmerz überwältigt mich. In diesem Schmerz denke ich an das Morgengrauen, in dem ich fortging und Du mich bis zum Fluß Hien Luong brachtest, der unser Dorf in zwei Hälften trennt. Ich preßte die Lippen zusammen, weißt Du noch? Ich dachte, von nun an würde er auch uns trennen, und wer weiß, wie lange. Bis unser Land wiedervereinigt ist, bis ein neuer Frühling kommt mit Lotosblumen, ohne Bomben. Hier im Süden ist immer Winter, unsere Menschen sind dem Feind auf Gnade und Ungnade ausgeliefert. Viele von den Unsern sind schon tot und begraben. Doch sie haben tapfer gekämpft, weißt Du. Jetzt verabschiede ich mich, Tuyet Lan. Ich habe Deine Fotografie immer auf meinem Herzen. Bleibe mir treu.

Meine liebe Tuyet Lan! Flüsse und Berge trennen uns, und doch ist mir, als sähe ich Dich an jeder Straßenkreuzung, hinter jedem Grasbusch, hinter jedem Baum. Eine Schwalbe fliegt auf unser Dorf zu. Ich habe ihr aufgetragen, Dir meine Liebe zu bringen und Dich zu bitten, geduldig auf mich zu warten. Und wenn Du leidest, sollst Du Dir sagen, daß auch Südvietnam leidet. Sein Schluchzen dringt aus jedem Reisfeld, jedem Kokosbaum, jedem Kanal. Der Fluß Hien Luong trennt nicht nur unsere Liebe, er trennt auch die Liebe von so vielen anderen. Und wenn Du mich wirklich liebst, mußt Du zu diesem Kampf das Deine beitragen. Damit ich stolz sein kann auf die Fotografie, die Du mir gegeben hast. Einmal muß es ja kommen, das Glück für uns beide und für alle, die so weinen wie wir beide.

Tuyet Lan, Liebling! Ich möchte ein August-Gedicht schreiben, um Deinen zwanzigsten Geburtstag zu feiern. Und seine Verse sollen alle meine Liebe zu Dir enthalten und all meinen Haß auf den Feind. Nimm diesen Brief so auf, als wäre er ein Gedicht. Heute ist doch Dein Geburtstag, nicht wahr? Du stehst im Frühling des Lebens und der revolutionären Leidenschaft. Du wächst mit ihr, und sie läßt meine Liebe zu Dir immer größer werden. Mir ist, als hätte ich Dich in diesem Augenblick erst verlassen. Meine sehnsüchtigen Augen sehen noch Dein entschwindendes weißes Kleid und Dein Haar, das so geringelt ist wie die Wege in unserm Dorf. Meine Liebe ist vollkommen, süß wie der Duft einer Lotosblüte, frisch wie das Wasser eines Baches, kostbar wie das Sonnenlicht, das die Erde vergoldet. Sie hilft mir, wenn ich Bomben über meinem Land sehe und Tränen auf dem Gesicht einer Frau. Sie richtet mich auf gegen die Amerikaner wie ein Berg, der dem Sturm trotzt. Sie macht mich stark wie ein Fluß, der allen Abfall ins Meer schwemmt, die Amerikaner. Wie der Berg Chi Linh und der Fluß Bach Dang, die beide noch die Spuren besiegter Feinde tragen. Wie viele Feinde sind doch seit eh und je in unser Land eingefallen. Und seit wie vielen Jahrhunderten kämpfen wir jetzt schon! Und wie tapfer ist unser Land! Wir werden auch diesen neuen Feind vernichten, Tuyet Lan!

Im Schatten einer Kokospalme denke ich an Dich, Tuyet Lan. Wir sind in Tri Thien in der Provinz Quang Tri, und vor mir liegt der Fluß Ben Hai mit seinen weißen Sandufern. Es ist ein Herbstmorgen, ich habe Heimweh nach Hause. Übrigens habe ich das immer, auch wenn ich esse oder wenn wir marschieren. Aber es wird immer besonders groß, wenn ich eine rote Blume sehe. Du hast doch rote Blumen so gern. Wenn Du welche siehst, stößt Du kleine Schreie aus. Ach, könnten wir doch zusammen sein, selbst hier. Es ist schön hier, weißt Du. Schön sind die Konturen der Berge, das Grün der Wälder, das Flattern der Vögel, das Zittern des Laubs. Ich möchte die Aprikosenbäume malen und die Bambuswipfel und die Blütenblätter der Orchideen. Für Dich. Doch abends sinkt alles in finsteres Schweigen. Und was bezaubernd war, wird grauenhaft. Und Du fehlst mir verzweifelt, Tuyet Lan.

Es bleibt dabei, ich schicke Dir diese Briefe nicht, Tuyet Lan. Aber was für ein Opfer! Wenn Du wirklich so stark sein willst, Tuyet Lan, warum kannst Du sie dann nicht jedesmal lesen? Warum zwingst Du mich dann, sie aufzuheben? Was nutzt denn alles Schreiben, wenn Du doch nicht weißt, was ich schreibe? Ich könnte ja auch getötet werden, Tuyet Lan, und dann ginge mein Tagebuch verloren, und Du würdest die Briefe nie bekommen. Wie geht es Dir gesundheitlich, Tuyet Lan? Bist Du mir auch treu? Du mußt mir treu sein, Tuyet Lan. Du wirst sehen, der Widerstandskampf dauert nicht mehr lange. Warte auf mich, Tuyet Lan. Eines Tages komme ich wieder. Das verspreche ich Dir, Du meine Liebe.

Ein Gedicht für meine Mutter, Tuyet Lan. Aber meine Mutter kann es nie mehr lesen. So hebe ich es für Dich auf, Tuyet Lan.

> Liebste Mutter! Ich rufe dich, du bist so weit weg,
> ich rufe dich, und nur ein Hirsch hört meinen Ruf.

Er durchstreifte den Wald und lief zu mir her,
außer Atem, wie du unter den Bomben,
als deine Hilferufe niemand hörte
und dein Herz in tausend Stücke brach.
Mutter, wem soll ich jetzt meine Liebe schenken?
Denn nur eine Mutter gibt es, unersetzbar.
Manchmal, im Traum, bin ich wieder daheim,
Mutter,
und kann nichts andres mehr sehen als tiefe Löcher,
Bombentrichter, die mich zur Rache aufreizen.
Unser Haus ist zerstört.
Es war schön, unser Haus. Weißt du noch, Mutter?
Gemeinsam lasen wir die Geschichte des Kim Van
Keou,
hielten sie für die traurigste Geschichte der Welt.
Denn wir wußten noch nicht, was Traurigkeit ist,
Mutter.
Das ist, diese Stäbchen hier anzünden:
für dich eines und für Vater eines.
Drei Stäbchen kaufte ich, das dritte sei für mich.
Ich leg's beiseite für mein Grab, jetzt gehe ich fort
mit allen Soldaten, fort in den Kampf,
aber ich fühle mich allein, Mutter.
Allein wie Luc Van Tien, der Mandarin,
als er heimkam und jetzt Mandarin war,
doch seine Mutter lebte nicht mehr, nur seine Braut
Nguyet Nga, sie hatte ihn zehn Jahre erwartet.
Er wurde vom vielen Weinen blind.
Also schicke ich dir, Mutter, mit meinem Schmerz
auch meinen Haß für deine Mörder.
Und wenn der Fluß austrocknen, der Berg stürzen
sollte,
Mutter, meine Rache wird vollzogen.
Und sollten sie auch mich dann töten
und dieses Stäbchen nie anzünden.

Tuyet Lan, mein Herz. Ich weiß, Du willst von mir keine Worte des Hasses hören, aber wie sollte man keinen Haß fühlen? Ich weiß, Du glaubst an die Vergebung, aber wie sollte man sich der Vergebung beugen? Ich denke einzig und allein daran, die Amerikaner zu vernichten. Ich meine, dazu kann sogar ein Stein, sogar ein Kind von Nutzen sein. Also bitte ich Dich, mit Begeisterung mitzumachen im Widerstand gegen sie. Du wirst mir erwidern, daß Du nicht dafür geschaffen bist. Du siehst auch nicht so aus, als wärst Du dafür geschaffen. Dein Haar ist so weich wie der Spiegel dieses Bächleins, Deine Hände sind so zart wie die Blätter dieser Blüte, Deine Schultern so fein wie dieses Spinnennetz, Tuyet Lan, und doch mußt Du es tun. Dann wird Dein nächster Geburtstag, dann werden alle Deine kommenden Geburtstage noch fröhlicher sein. Du wirst vergessen, daß Du groß geworden bist inmitten von Explosionen und Blut. Mein Herz, sei nicht betrübt. Es ist schon genug, wenn ich es bin. Es sind doch gerade die Schwierigkeiten, die uns zu leben lehren, die uns größer machen. Siehst Du, wir lagern jetzt in einem Wald, es ist kalt, und es regnet, ich bin ganz steif und durchnäßt. Aber was wäre ich für ein Mann, wenn ich nicht kämpfen würde? Ich wäre kein Mann, ich wäre nur irgend etwas Steifes und Nasses. Du sollst auch fühlen, was ich fühle. Aber es ist ja alles vergeblich, meine Liebe, denn Du liest ja nicht, was ich Dir schreibe.

Das Leben eines Partisanen ist hart, Tuyet Lan. Besonders aber das Leben eines Partisanen, der seiner Braut die Treue hält. Es gibt Abende, weißt Du, da wäre ich in Versuchung, einem Lächeln, einer Aufforderung zu folgen. Und ich frage mich: Wäre das Betrug? Und gleich sage ich mir: Ja, es wäre Betrug! Das könnte ich nie, Tuyet Lan. Manchmal freilich beneide ich diejenigen, die es können, und nachher schäme ich mich, weil ich sie beneidet habe. Ich liebe Dich so, Tuyet Lan! Ich liebe Dich, wenn frühmorgens der erste Vogel zwitschert, und ich liebe Dich, wenn die Abenddämmerung die Sonne rot werden läßt. Ich liebe Dich, wenn ich mich frisch und mutig fühle, und ich liebe Dich, wenn ich mich erschöpft und feige fühle. Ich liebe Dich, wenn der Wind weht und der Tau fällt, und ich liebe Dich, wenn ich allein bin oder in Gesellschaft. Schon der Klang einer Flöte bringt mich zurück zum Flußufer, zu den Booten, die mit gehißten Segeln durch die Strömung eilen, zu Dir und den Grübchen auf Deinen hübschen Wangen. Wenn Du nicht kämpfen willst, Tuyet Lan, dann laß es. Mir soll es egal sein, ich will nur, daß Du am Leben bleibst, auf mich wartest. Denn wenn Dir etwas zustößt, laufe ich ins erste Maschinengewehrfeuer.

Bin ich denn verrückt, Tuyet Lan, meine Liebe? Ich habe auch für Dich ein Gedicht geschrieben. Die andern machen sich schon über mich lustig, wenn sie mich über diese Blätter gebeugt sehen. Sie sagen: Er schreibt ein Gedicht, er schreibt noch ein zweites Gedicht! Ich aber lasse sie reden und arbeite so lange, bis ich zufrieden bin mit dem, was dasteht. Und mit diesem Gedicht bin ich zufrieden, ich habe es ohne Korrektur ins reine geschrieben. Hier hast Du es, Tuyet Lan. Es handelt von Dir und unserm Dorf. Im Grunde seid ihr doch eins.

In Quang Binh, meinem geliebten Heimatdorf,
fließen die Wässer bei weitem am schönsten,
geben die Kokospalmen die längsten Schatten,
schenken uns die Pinien ihre dicksten Zapfen
mit kleinen, gesitteten Würfen.
In Quang Binh ist das Grün noch grüner,

und der Wind ist vom Duft der Reisblüte voll,
die Reiher decken mit weißem Gefieder die Felder,
und der Sand berührt einen wie eine Zärtlichkeit.
Denn in Quang Binh lebst Du.
Meine Gedanken eilen zurück nach Quang Binh,
und ich denke an ein Mädchen im Norden,
ich denke an die Tage, die ich mit ihr war,
in Freud und in Leid.
Weit und mühsam ist der Weg der Revolution,
doch der Sieg ist gewiß, Du Mädchen im Norden.
Wir befreien das Land, vereinen es wieder
und lassen es nimmer.
Dann bin ich wieder in Quang Binh, und mein Schmerz
wird vergehen, Tuyet Lan, und aller Zorn;
der Schmerz und die Trauer, den die Bomben
in uns entfacht mit Bränden und Explosionen.
Dann ist alles zu Ende, Tuyet Lan, ich schwör's.
Und die Barken segeln wieder übers offene Meer,
und die Reisfelder werden wieder vom Wind geküßt,
beim Klang melancholischer Flöten.
Gewehr über, dafür kämpfen wir Soldaten
gegen die Amerikaner. Für Dich, Tuyet Lan.

Ich glaube es nicht, Tuyet Lan. Es ist nicht wahr, Tuyet Lan. Sie haben mir gesagt, daß Du umgekommen bist, Tuyet Lan. Sie haben mir gesagt, daß Du auf die gleiche Weise umgekommen bist wie meine Mutter. In einem Bombenangriff. Ich glaube es nicht, Tuyet Lan. Das ist zuviel für mich, Tuyet Lan. Oder ich werde wahnsinnig. Du lebst, Tuyet Lan, und es geht Dir gut, und Du wartest auf mich. Wir werden uns doch wiedersehen, Tuyet Lan. Dann gehen wir spazieren am Ufer des Schwanensees oder im Golf des Gelben Sterns, wo immer eine leichte Brise weht. Diese Brise, die Du so liebst und die Dein Haar durcheinanderbringt, Tuyet Lan. Und wir sehen uns wieder in die Augen, und Du hast Deine Hände in meinen Händen, Tuyet Lan, und wir lassen nie wieder voneinander. Und es gibt keinen Abschied mehr am Fluß, Tuyet Lan. Tuyet Lan, Tuyet Lan, Tuyet Lan! Ich träume, Tuyet Lan. Gewiß werden wir uns wiedersehen, aber in einer anderen Welt, wenn es sie gibt. Wenn auch ich gestorben sein werde. Denn jetzt bleibt mir gar nichts mehr, Tuyet Lan. Jetzt ist mir alles vollkommen gleichgültig, Tuyet Lan. Ich soll jetzt auf Patrouille gehen. Ich gehe. Um zu sterben.

21. Februar. Barry Zorthian hätte mich nicht gerade in diesen Tagen, nicht gerade heute zum Essen einladen sollen. Aber er hat es getan, und zwar, um mir mitzuteilen, daß er einen Bericht über meine Vietnam-Artikel erhalten habe, und um mir so schonend wie möglich zu sagen, daß ihm diese Artikel nicht gefallen hätten. Das Essen war bei ihm zu Hause, um die Herzlichkeit der Einladung zu betonen, und auch nicht im Eßzimmer, sondern auf der Glasterrasse vor seinem Schlafzimmer. Da waren wir ganz allein, wie zwei Verliebte, einen verrückten Augenblick lang hatte ich sogar den Verdacht, meine Artikel wären nichts anderes als ein Vorwand, und Zorthian hätte sich plötzlich in mich verliebt. Doch dieser Verdacht verflog im Nu, als mich seine erste Frage wie aus der Pistole geschossen erreichte, über das Spitzentischtuch hinweg mit den Kristallgläsern und dem silbernen Besteck.

»Darling, bist du Kommunistin?«

»Nein, Barry. «

»Viele sagen nein, aber sie sind es doch.«

Es war ein bezaubernd schöner Tag. Der Himmel war wolkenlos, und gegen das blendende, schmelzende Blau hob sich der Baum in Barrys Garten mit scharfen Konturen ab, eine große Sykomore mit roten Blüten. Ich dachte an Tuyet Lan, die rote Blumen so liebte, und dann erwiderte ich in aller Ruhe, daß ich ja keinen Grund hätte, es zu verschweigen, falls ich wirklich Kommunistin wäre. Schon darum nicht, weil ich aus einem Land komme, wo es im Grunde doch viel bequemer ist, Kommunist als Nichtkommunist zu sein.

»Die übliche Geschichte, nicht wahr, Barry? Wer nicht für euch ist, der ist gegen euch. Und wer nicht für euch ist, der ist Parteimitglied.«

»Bist du für uns oder nicht?«

»Nein, Barry, ich bin nicht für euch. Vor vielen Jahren war ich es einmal, als ich euch liebte. Jetzt liebe ich euch nicht mehr.«

»Darling, was ist denn verkehrt bei dir?«

Das hat er tatsächlich gesagt. What's wrong with you. Als wäre ich krank, als hätte ich Anzeichen von Geistesgestörtheit.

»Gar nichts, Barry, so hoffe ich wenigstens.«

»Ich weiß doch, du bist ein braves Mädchen. A good girl.«

»Viele wissen das nicht. Manchmal weiß ich es selber nicht.«

»Sei nicht überheblich.«

»Ich halte es nicht für überheblich, wenn ich sage, daß ich kein braves Mädchen bin.«

Er sah mich gutmütig und nachsichtig an und zog dann die Augenbrauen hoch, als hätte er den Schlüssel zu einem unlösbaren Rätsel gefunden.

»Du bist doch nicht etwa Pazifistin?«

Aber das Wort Pazifistin sprach er im gleichen Tonfall wie vorhin das Wort Kommunistin, nämlich wie eine Gotteslästerung.

»Wenn du so willst. Der Krieg paßt mir nicht.«

»Welcher Krieg?«

»Der Krieg. Jeder Krieg.«

»Ach so! Ich dachte, dieser Krieg.«

»Dieser Krieg noch weniger als jeder andere, Barry.«

»Warum bist du dann hergekommen?«

»Weil, Barry ... Nun, ich könnte dir antworten, weil ich an meinen Beruf glaube, an das Moralische in meinem Beruf. Das wäre eine Antwort, und es ist wohl auch eine. Ich könnte sagen, weil ich denjenigen den Krieg erklären will, die ihn nicht kennen. Das wäre eine andere Antwort, und es ist wohl auch eine. Aber der eigentliche Grund ist ein egoistischer: Ich bin hier im Krieg, weil ich ihn begreifen will. Man wird stets von Dingen oder Menschen angezogen, die man nicht begreift.«

»Was begreifst du nicht?«

»Das Grauen, zum Beispiel. Das Grauen, von dem der Krieg lebt.«

»Was für ein Grauen?«

Das Ganze war so absurd und zwecklos. Dort der Baum mit seinen roten Blüten, die mich an Tuyet Lan denken ließen, und hier er mit seiner großen Nase, seinem gefährlichen Prestige, seiner honigsüßen Nachsicht. Dazwischen ich und eine alte Vietnamesin, die mit demütigem Schweigen bediente, sie hielt sogar den Atem an. Doch hie und da flammten ihre Blicke so intensiv, daß sie schon fast hörbar waren.

»Aber Barry! Ist Töten vielleicht kein Grauen? Töten und sich töten lassen?«

»Nein, wenn es um eine gerechte Sache geht.«

»Auch wenn es um eine gerechte Sache geht. Im übrigen muß erst einmal festgestellt werden, ob sie wirklich gerecht ist, und die eure ist nicht gerecht. Weißt du, Barry, ich gehe nicht in die Kirche, und ich bete auch nicht. Aber dieses Gebot ›Du sollst nicht töten‹, das ist ganz nach meinem Geschmack.«

»Darling! Du wirst doch keine Christin sein?«

»Ich weiß nicht. Aber ich möchte es gern.«

Da gab es ihm einen Ruck. Und dann räusperte er sich und begann auf mich einzureden. Freundlich, ja, sanft, möchte ich sagen. Weißt du, es war, als spräche er zu einem Kind, das man belehren muß, und natürlich belehrte er es gern, weil er an Demokratie und Freiheit glaubte, weil er die Meinungen anderer achtete und bereit war, irrige Ansichten richtigzustellen mit Logik und nicht mit Gewalt, denn er war ja Amerikaner und wollte mir beweisen, daß die Amerikaner tolerant sind und gut, deshalb führten sie ja die Kriege, sei es in Vietnam oder Korea oder auch in Europa, und ich solle Europa nicht vergessen, wer sei denn nach Europa gekommen, um uns den Klauen der Nazis zu entreißen, wenn nicht die Amerikaner und mit ihnen er selbst, Barry Zorthian, auch wenn er damals im Pazifik sein Leben für Demokratie und Freiheit eingesetzt habe. Als Vorwort war das ein bißchen lang. Und nach diesem Vorwort erklärte er, daß Pazifist oder Christ zu sein im Hinblick auf den Vietnam-Krieg eine Art Verrat gegenüber den Vereinigten Staaten von Amerika darstelle, die mir erlaubten, in Vietnam zu sein, und daß dieser Verrat Besorgnis errege, wenn das Mitleid für einen getöteten Marine auch zum Mitleid für einen getöteten Vietkong werde, denn ein Vietkong ist ein Feind.

Also erwiderte ich ihm, daß sein Feind nicht unbedingt auch mein Feind sein müsse, daß ein Marine oder ein Vietkong für mich ein und dasselbe sei, das heißt ein Mensch mit zwei Armen und zwei Beinen und einem Verstand und einem Herzen, und es gäbe zwischen beiden nur den Unterschied, daß der Vietkong in seinem Land sei und der Marine nicht, und daß der Vietkong sein Land verteidige und der Marine nicht. Doch je einfacher und selbstverständlicher meine Rede war, um so weniger begriff er sie. Und darüber brach eine Art Streit zwischen uns aus. Dabei fragte ich ihn, ob er die Absicht habe, auch mich auszuweisen, wie er schon Mazure ausgewiesen hatte, und er erwiderte, dies sei eine Sache der vietnamesischen und nicht der amerikanischen Behörden. Wir werden sehen. Hier ist alles möglich. Heute erfahren wir, daß General Loan den ehrwürdigen Tri Quang verhaftet hat. Ohne Anklage, einfach verhaftet.

Ich möchte zu gern wissen, was François über dieses neue Bravourstück Loans denkt. Als ich ihn danach fragte, blieb er mir die Antwort schuldig.

Sechstes Kapitel

Über Loan sprach man nicht mehr. Wenn zufällig sein Name fiel, verstummte François, und die andern reagierten nicht. Teils aus Rücksicht auf François und seine schweigende Abscheu vor jenem Mann, den er einmal geachtet hatte. Teils auch nur aus Gleichgültigkeit. Was sich um uns herum ereignete, war ja bei weitem schlimmer als der Schuß, den Nguyen Ngoc Loan auf den Kopf eines Vietkong abgefeuen hatte. Der Tod überschwemmte uns wie ein Dauerregen, hing an uns wie ein Schatten auf allen unseren Wegen, bei allem unseren Tun; und er war so eins mit unseren Gefühlen und Gedanken, daß ein einzelner Mord nicht mehr zählte und keiner ihn mehr beachtete. In Hué tobte der Kampf, zerstörte er Stein um Stein. Wie ein Schraubstock umschloß die Belagerung Khe San, massakrierte es Meter um Meter. Angesichts eines derartigen Sturmes wurde Loan zu einem bedeutungslosen Etwas, das sogar ich nicht mehr bemerkte. Derart vom Sog erfaßt und verwirrt von Ereignissen, die zu groß waren für mich, schlug ich mich mit Fragen herum, die von andern nicht beantwortet werden konnten, ausgenommen Francois, dessen Zweifel, davon war ich jetzt überzeugt, meine eigenen Zweifel waren. Aber in den Tagen diskutierte ich nicht viel mit ihm, weil ich kaum in Saigon war, und so spielte sich mein verzweifeltes Bemühen, Tod und Leben zu begreifen, in einer Selbstisolierung ab, die mir heute kaum faßbar erscheint.

Weißt du, wenn ich jetzt die Hefte überlese, in die ich damals meine Tagebuchaufzeichnungen eintrug, erfaßt mich tiefes Staunen. Schwarze Hefte sind es, linierte oder karierte, und die Schrift darin ist eine Schrift, die mir nicht gehört: eng, präzise, steif. Sogar wenn ich über Grausames, Unfaßbares berichte. Woher nahm ich nur die Kraft, diese Bürde von Angst, Grauen und Leid ganz allein zu tragen? Tag um Tag, Woche um Woche, ohne Unterbrechung, ohne Atempause? Manchmal frage ich mich, ob ich mich nicht in einer Art Wahnsinn bewegte. Übrigens ebenso wie alle andern. Ist dir noch nie der Gedanke gekommen, daß der Krieg ein Irrenhaus ist, daß man im Krieg wahnsinnig ist? Dann sag mir doch, wie ein normaler Mann und eine normale Frau es fertigbringen, frühmorgens in dem Bewußtsein aufzustehen, daß sie in einer Stunde oder gar schon in einer Minute nicht mehr am Leben sein können? Wie sie es fertigbringen, zwischen Haufen verwester Leichen einherzugehen und sich dann an einen Tisch zu setzen, um in aller Ruhe ein Brötchen zu essen? Wie sie es fertigbringen, sich in die fürchterlichste Gefahr zu begeben und sich dann eines einzigen Augenblicks der Panik zu schämen? Beispielsweise in jenem Morgengrauen, als ich vom Flugplatz floh, wo ich auf eine Maschine wartete, die mich nach Khe San bringen sollte. Heute gratuliere ich mir zu so viel Klugheit. Aber damals nannte ich das nicht etwa Klugheit, sondern Feigheit. Und ich verachtete mich selber. Ich war verrückt.

22. Februar. Über seine Schreibmaschine gebückt wie ein Rennfahrer am Steuer tippt François den Leitartikel des Tages, wirft Blatt um Blatt dem Vietnamesen am Fernschreiber zu, der rasch abschreibt. Der Fernschreiber tickt, das Papierband wickelt sich ab, steigt und fällt in weichen Schlaufen.

»Reservam Reserveurs / AFP / Saigon to Paris / Urgent / FP / Heute abend wird Saigon wieder angegriffen, es ist nun schon der dritte Abend hintereinander. Von neuem verbreitet sich die Angst in der Stadt, sie ist voller Gerüchte und Flugblätter der Vietkong. Nichts wird unterlassen, um diese Stimmung zu erhalten; sie lähmt immer mehr die Bevölkerung, die wie gebannt auf den zweiten Generalangriff wartet. Dienstag wurde höchste

Alarmbereitschaft für alle Streitkräfte erklärt, die zur Verteidigung der Hauptstadt eingesetzt sind. Die Stacheldrahtrollen, die Saigon ohnehin schon in ein Labyrinth verwandeln, wurden verdoppelt. Im Zentrum, ausgenommen nur die großen Verbindungsstraßen wie rue Tu Do, ist jeder Verkehr wegen der Militär-Lkws unterbunden. Mit kreischenden Bremsen stoppen MP-Jeeps vor einer Absperrung, die gestern noch nicht existierte; die Posten pfeifen, schießen. Saigon ist wieder einmal die Kapitale der Angst. Sogar die Informationen der Spezialdienste decken sich mit jenen Gerüchten, und die Astrologen, die auf dem Mondkalender gute und schlechte Tage suchen, sehen die gleichen Dinge voraus wie die Militärs. Ihrer Meinung nach hat die zweite Phase der Offensive noch gar nicht begonnen, und die Beschießung von Sonntag früh war nichts weiter als ein Vorspiel zu massiven Angriffen der Vietkong- Infanterie. Auf amerikanischer Seite wird behauptet, daß sage und schreibe drei Divisionen nur einen Nachtmarsch von Saigon entfernt stehen: die 7. nordvietnamesische Division, die 5. und die 9. Vietkong-Division. Also zehn- bis fünfzehntausend Mann, von denen schon viele die Offensive am 31. Januar mitgemacht haben. Seit drei Tagen greift mit Einbruch der Dunkelheit ein nordvietnamesisches Bataillon die Brücke von Binh Loi an, wo die Saigoner noch vor einem Monat Krebse mit Salz und Pfeffer aßen. Zum erstenmal stehen Soldaten aus Hanoi in geschlossenen Formationen vor den Toren Saigons. Und Sampans mit Raketen gleiten von der kambodschanischen Grenze gen Osten, zur Kapitale der Angst.

In seinen zwanzig Kriegsjahren erlebt Saigon jetzt das Schrecklichste und Erschreckendste. Viele Vietkong vom Hauptort Kien Hoa in siebzig Kilometer Entfernung waren bereits in der Nacht zum 31. Januar in die Stadt gekommen und sind wahrscheinlich noch hier in Erwartung von Befehlen; inzwischen haben sie den Auftrag, Gerüchte und Flugblätter unter die Leute zu bringen. Es hat hier noch nie so viele Flugblätter gegeben. Auf einem steht: ›Evakuiert den Stadtteil um den Zentralmarkt, wir bombardieren ihn heute nacht.‹ Auf einem anderen steht: ›Wenn ihr Verwandte oder Freunde in Saigon habt, sollen sie evakuieren. Wir werden die Stadt dem Erdboden gleichmachen.‹ Auf einem dritten wird der Zeitraum des nächsten Angriffs bekanntgegeben, zwischen heute und Monatsende, und gesagt, daß er nur gegen die Amerikaner gerichtet sein wird. Den Truppen der Marionettenregierung soll kein Haar gekrümmt werden. Bei dieser Sachlage schließt sich die Saigoner Bevölkerung um sechs Uhr abends in ihren Wohnungen ein, macht sich wie blind auf eine erneute Nacht der Agonie gefaßt, verbringt dreizehn Stunden in der Ungewißheit dessen, was sie erwartet. Explosionen die ganze Nacht hindurch, und keine ist wie die andere. Der Himmel ist bedeckt, ein Kanonenschuß läßt die Fensterscheiben zerspringen. Man denkt, es sei ein Mörser gewesen und wartet auf die 122-Millimeter-Granate. Flugzeuge und Hubschrauber überfliegen pausenlos die einzelnen Stadtteile, MG-Beschuß mischt sich unter Artilleriebeschuß, man wagt nicht, ans Fenster zu treten, doch von den Zimmern aus – Fensterläden gibt es schon keine mehr – sieht man am Horizont das rötliche Aufleuchten und hält den Atem an. Müdigkeit und Entmutigung machen sich nach dreiwöchiger Belagerung unter einer Bevölkerung breit, die an Gleichgültigkeit gewöhnt war. Dieser Alpdruck muß ein Ende nehmen, aber wann wird das sein? In zwei Monaten wird der Monsunregen einsetzen, und erst dann wird vielleicht diese Gegenoffensive nachlassen, deren psychologische Auswirkung die militärische überrundet hat. Diese psychologische Auswirkung hat auch die amerikanischen Soldaten erfaßt. Man liest es ihnen an den Gesichtern ab, auf denen noch der Staub liegt von den Patrouillen durch die ausgetrockneten Reisfelder; ein Staub, der mit Schweiß verklebt ist und in gleichmäßiger grauer Schicht ihre Haut, Splitterschutzjacken, Hosen und Schuhe bedeckt. So fahren sie durch die Stadt: mit stumpfem Blick und bewegungslos hinter den MG ihrer Panzerspähwagen.«

Ich weiß nicht, was ich dem noch hinzufügen könnte, es gibt nichts hinzuzufügen. Jeden Abend ist es dasselbe. Nach der Pressekonferenz im Juspao kommen Claude, Felix, François und Marcel, und sie wiederholen einer nach dem andern: »Du wirst sehen, heute nacht!« Die Nacht vergeht in einer Nervosität, die zum Zerreißen gespannt ist: Du schläfst mit einem geschlossenen und einem offenen Auge, fährst beim geringsten Knall in die Höhe. In aller Frühe wachst du völlig zerschlagen auf und hast zu nichts Lust, aber was kannst du auch machen, außer nach kleinen Gefechten am Stadtrand zu suchen? Das einzige wäre, in den Norden zu gehen, das heißt nach Hué. Doch falls der Angriff wirklich kommt, wird zuerst der Flughafen von Than Son Nhut eingenommen, und du bist von Saigon abgeschnitten. So rührt sich keiner von der Stelle, und vielleicht sind wir deshalb immer so ärgerlich, so unhöflich: Man könnte sagen, uns hat eine plötzliche gegenseitige Feindschaft ergriffen. Als einziger nicht davon erfaßt ist Derek Wilson, der Engländer, der für Mazure gekommen ist; ein langer, schlaksiger Siebenunddreißigjähriger mit langsamen, weichen Bewegungen. Er gibt dir sogar Feuer, bietet dir sogar einen Stuhl an. Was für ein Mensch! Wie lange es wohl dauern wird, bis er auch so abgebrüht ist wie wir? Du solltest ihn sehen, wenn er seine C-Ration ißt. Beileibe nicht aus der Büchse: er leert sie behutsam in einen Teller, nimmt Besteck und ein Glas und Toilettenpapier als Serviette; nach der Art, wie er die Bohnen ißt, würdest du sagen, daß es gar keine Bohnen sind, sondern frische Austern oder Kaviar. Ich bin drauf und dran, mich mit ihm zu befreunden, auch weil er meine Sprache spricht. Ehe er Journalist wurde, hatte er in Oxford italienische Literatur gelehrt, sein Spezialgebiet waren die Minderen des siebzehnten Jahrhunderts, und es macht mir einen Riesenspaß, ihm zuzuhören. Statt uccelli für Vögel sagt er augelli, statt ragazzi für Jungen sagt er pargoli, statt ragazza für Mädchen sagt er donzelle und statt nubi für Wolken sagt er cirri. Er wohnt auch in meinem kleinen Hotel.

23. Februar. Herr Lang ist ganz in sich zusammengesunken und starrt auf die Tür, als müsse von einem Augenblick zum andern die Polizei hereinstürmen und ihn abführen. Er hat gar nicht so unrecht. Heute nacht ist die Polizei in das kleine Hotel eingedrungen und suchte in allen Zimmern nach Vietkong. Über die Türschlösser der nicht belegten Zimmer klebten sie Zettel mit der Unterschrift Loans; sollte also ein Flüchtling da einzudringen versuchen, haben sie ihn gleich. Die Polizei hat uns auch den letzten Rest von Schlafbedürfnis ausgetrieben, und so gingen ich und Derek gar nicht erst wieder ins Bett, sondern setzten uns auf den Bürgersteig der rue Pasteur. Dort überraschte uns, mit dem Rücken an der Hauswand, der Sonnenaufgang beim Plaudern.

»Warum bist du eigentlich nach Vietnam gekommen, Derek?«

»Kein edles Motiv, glaub mir. Nach dem Palästinakrieg war ich nach Paris zurückgekehrt. Und da langweilte ich mich. Das ist alles.«

»Willst du sagen, daß du dir lebendiger vorkommst, wenn du dein Leben riskierst?«

»Im Grunde ja. Ich liebe die Gefahr. Je mehr sie mir angst macht, um so mehr liebe ich sie. Ist das nicht bei uns allen so?«

»Eigentlich ja. Aber es ist schlecht.«

»Schlecht?«

»Erbärmlich. Ich habe viel darüber nachgedacht, Derek, und bin zu dem Schluß gekommen, daß es erbärmlich ist. Ich meine: ein Mann, zum Beispiel ein Vietkong oder ein Marine, der sein Leben für etwas aufs Spiel setzt, woran er glaubt, ist ein bewundernswerter Mann.

Doch ein Mann oder eine Frau, die ihr Leben nur darum aufs Spiel setzen, um sich nicht zu langweilen, ja, siehst du, die verdienen nicht die geringste Sympathie.«

»Warum nicht?«

»Weil dieser Mann oder diese Frau ganz offenbar so gut wie keine innerliche Substanz haben. Jedenfalls weniger, als sie sich einreden.«

»Meine Liebe, vielleicht handelt es sich ganz einfach um einen Mann oder eine Frau, die allein sind.«

»Vielleicht.«

»Allein und unglücklich.«

»Es muß ja wohl noch eine andere Art geben, sein Unglücklichsein zu bekämpfen, Derek.«

»Es kommt auf den Grad an. Ist es zuviel, magst du es nicht mehr bekämpfen. Sondern nur für einen Augenblick in einem Schauder vergessen. Wer hat eigentlich diesen schrecklichen Ausspruch getan: ›Manchmal geschieht es, daß derjenige, der alles verloren hat, auch sich selbst verliert‹?«

»Ich kann mich nicht erinnern. Aber stell dir vor, ich meine, ich habe ihn im Hinblick auf Verrückte einmal gelesen.«

Er lachte auf eine sonderbare, schmerzliche Weise.

»Meine Liebe, sind nicht auch wir vielleicht ein wenig verrückt? Schon, weil wir in Saigon auf einem Bürgersteig sitzen und den Sonnenaufgang erwarten.«

Dann sagte er mir, daß er nach Hué wolle, ganz egal, ob er dort abgeschnitten sein würde, falls der zweite Angriff käme. Ich kann ihm nicht unrecht geben. Es ist doch sinnlos, hier mit gespitzten Ohren und hängender Zunge dahinzuvegetieren; was dort unten geschieht, ist viel zu wichtig. Seit vierundzwanzig Tagen weht die gelb-rot-blaue Fahne über der Zitadelle von Hué, die von den Amerikanern und Südvietnamesen belagert wird. Das ist kein Kampf mehr, das ist ein Beispiel von Heldentum, wie es in die Schulbücher kommt. Amerikaner und Südvietnamesen haben den Befehl, die Zitadelle um jeden Preis zurückzuerobern, Westmoreland hat diese Aufgabe General Abrams unmittelbar übertragen, Napalm und Raketen fallen tonnenweise ohne Unterbrechung, dazu kommt noch die Artillerie von Land und von See, aber die in den alten Mauern verbarrikadierten dreihundert Männer geben nicht auf. Im Gegenteil, sie verteidigen sich so gut, daß in den letzten beiden Wochen fünfhundert Marines gefallen sind. Wie sie das machen, versteht keiner. Einige behaupten, daß es sich um die üblichen Selbstmordkommandos handelt, die nun ihr Letztes hergeben müssen. Andere wieder behaupten, daß es sich um reguläre nordvietnamesische Bataillone handelt, die lange aushalten können. Im übrigen gibt es vom Kaiserpalast aus unterirdische Gänge, die irgendwo im Freien münden, möglicherweise in einem Wald, und so kann die Zitadelle leicht mit Waffen oder mit Soldaten versorgt werden, die am 31. Januar über den 17. Breitengrad gekommen sind. Sicher ist dies: Hué verfällt in Schutt.

Das schöne Hué. Die schönste Stadt Vietnams. Man nannte sie das Florenz Asiens. Am Meer gelegen und liebkost vom Fluß der Düfte, war es ein Anziehungspunkt für Wissenschaftler und Touristen. Hauptstadt zur Zeit der Kaiser, die es jahrhundertelang durch Tempel, Brücken, Denkmäler, Gärten immer kostbarer gemacht hatten. Und auf diese Tempel, Brücken, Denkmäler, Gärten fällt nun General Abrams' Feuer herab. Gestern fragten wir Zorthian: »Was tun die Amerikaner, um die künstlerischen und historischen Güter von Hué zu retten?« Zorthian antwortete: »Die amerikanischen und südvietnamesischen Offiziere haben sich alle Mühe gegeben, die historischen Güter zu retten und haben aus diesem Grund keine größere Offensive ausgelöst. Da aber der Feind die historischen Güter als Schlupfwinkel benutzt, sind die amerikanischen und südvietnamesischen Offiziere gezwungen, auch diese zu beschießen.« Selbstverständlich, Zorthian. Ganz richtig, Zorthian. Das gleiche passierte in Florenz, Cassino, Coventry, Stalingrad, Warschau und wo auch immer, von dem Zeitpunkt an, da wir mit einer Keule in der Hand aus den Höhlen gekommen waren. Im Krieg ist es Verrat, sich als Christ zu fühlen, und der gleiche Verrat, Schönheit und Kultur zu lieben. Wir werden eine Menge Supermarkets in Hué errichten und eine Menge Wolkenkratzer für die Hotels des Herrn Hilton und eine Menge Garagen für die Autos des Herrn Ford, und sonst? Ja, gewiß: Schulen, Krankenhäuser und Museen, wie die in Hiroshima ...

24. Februar. Morgen gehe ich nach Hué. Anscheinend ist es wirklich ein großes Problem, dorthin zu kommen, denn die Militärmaschinen haben keinen festen Flugplan mehr, manchmal starten sie und manchmal starten sie nicht. Außerdem dauert der Flug lang: Von Saigon mußt du nach Da Nang, dann nach Phu Bai, in Phu Bai mußt du in einem Hubschrauber oder Transporter ans Südufer; von dort über den Fluß, und dann erst bist du auf dem Weg zur Zitadelle. Also Geduld. Mit etwas Glück kann ich Montag abend wieder in Da Nang sein und noch rechtzeitig bis zum Termin am Dienstag meinen Artikel durchgeben. Vielleicht kann ich auch bei der Endphase dabeisein; die Zitadelle steht vor dem Fall. Die Marines sind eingedrungen und schließen den Ring um den Kaiserpalast. Ich habe wieder dieses Kribbeln, und es ist nicht angenehm. Es ist das gleiche wie damals vor Dak To oder vor dem Abenteuer mit der A 37.

»Und das wollen Partisanen sein am Vorabend des Kampfes!« meint François mit gutmütigem Spott zu mir.

»Wieso? Hängst du vielleicht nicht an deinem Leben?«

»Aber natürlich. Ich habe nicht die geringste Lust zu sterben. Ich bin erst dreiundvierzig und bei bester Gesundheit und habe noch eine Menge zu tun, und das Leben gefällt mir. Aber müßte ich morgen oder in der nächsten Minute sterben, wäre ich auch nicht böse darüber. Ich würde nur denken, wenn ich noch Zeit dazu hätte: C'est fini, ich habe eben Pech gehabt.«

»Wir sind doch nicht alle gleich, François.«

»Nein. Aber du denkst zuviel an den Tod. Du bist mit dem Gedanken hergekommen, und der Gedanke läßt dich nicht mehr los. Weil du den Gedanken des Krieges mit dem Gedanken des Todes verknüpfst.«

»Krieg ist aber doch Tod, François!«

»Nein. Er ist eine Herausforderung des Todes. Besser gesagt, der Tod im Krieg ist nicht wie der Tod im Frieden. Er kann nicht mit demselben Maßstab gemessen werden. Im Frieden weinst du über ihn, da hast du auch Zeit dazu. Im Frieden weinst du über jeden Quatsch: eine Heirat, ein Begräbnis. Im Frieden ist ein Toter eben ein Toter. Im Krieg ist ein Toter ein Ding. Vielleicht gibt es noch ein anderes Ding, das mehr Aufmerksamkeit auf sich zieht.«

»Zum Beispiel?«

»Ein Helm. Ich habe dir doch erzählt, daß ich bei dem französischen Bataillon in Korea war, und von jenem Kampf, der von sechs Uhr morgens bis sechs Uhr abends gedauert hat, und von der Granate, die mitten unter den Soldaten explodierte, die ich gerade interviewt hatte. Hab ich's dir nicht erzählt? Macht nichts, dann erzähle ich's dir eben jetzt. Als jene Granate explodierte, flogen die Körper stückweise auseinander. Ein Kopf dahin, ein Fuß dorthin. Und während ich ohne zu weinen dachte, da ist also ein Kopf und dort ein Fuß, wurde meine Aufmerksamkeit von einem Helm gefangengenommen, der noch höher flog als Köpfe und Füße. Höher und immer höher, bis er fast regungslos verharrte; dann machte er eine Drehung um sich selbst und kam in Spiralen herunter, immer weiter, immer weiter, und machte bums und schlug auf den Boden auf. Verstehst du? Auch heute sehe ich in der Erinnerung nicht etwa die toten Soldaten. Ich sehe diesen Helm, der aufsteigt und herunterkommt und bums macht.«

Ein Achselzucken, ein bitteres Lächeln.

»Und habe ich dir auch von dem Tag erzählt, als wir die Leichen einsammeln und in Särge legen mußten? Es herrschte eine unerträgliche, arktische Kälte. Die Toten waren Standbilder aus Eis, gefroren in den absurdesten Stellungen. Du bekamst sie nicht gerade in die Särge und konntest die Särge nicht zumachen. Du mußtest sie hineinzwängen, daß sie, klick!, wie Glas zerbrachen, und dann den Deckel drauf und wieder pressen, bis sie klick! klick! klick! wie zehn Gläser zerbrachen. Eine Mühe! Der Schweiß lief uns von den Schläfen herunter, und dabei gerann er zu einer Art Schnee. Aber da war ein kleiner Soldat, der nicht schwitzte, weil er sich nicht anstrengte. Er mühte sich erst gar nicht, Arme und Beine geradezubekommen: Er hieb mit einem Stock darauf und streckte sie auf diese Weise. Und während er so mit dem Stock auf sie einhieb, sang er: ›Mona Lisa, when you smile! Mona Lisa, I love you!‹«

Ich höre schweigend zu und frage mich, was er damit sagen, worauf er mich vorbereiten will, denn seine Geschichten erzählt er nie um ihrer selbst willen. Du würdest sagen, er tut es nur, um dich auf etwas vorzubereiten; jedenfalls gibt es da immer einen Augenblick, wo sie dir wieder in den Sinn kommen, und du merkst, daß er dir damit etwas beweisen wollte.

Abends. Ich bin in der Botschaft bei Vincenzo Tornetta zum Abendessen gewesen. Die Stimmung war herzlich und unbeschwert, Tornetta ist ein so guter Freund, und sein Haus ist eine Oase inmitten der Hölle. Aber dieser Kehrreim ging mir nicht aus dem Kopf: Mona Lisa, when you smile, Mona Lisa, I love you. Wollte François mir vielleicht sagen, daß man im Krieg jedes Gefühl für Menschlichkeit verliert? Das kann ich nicht glauben. Denn trotz allem, was ich gesehen habe und was ich sehe, glaube ich doch an den Menschen. Aber auch er glaubt an den Menschen, obwohl er mich immer nur warnt, fast möchte ich sagen entmutigt. Warum nur? Jetzt packe ich den Tornister. Tornettas Ältester, der Zehnjährige, hat mir seinen Pulli mit den Worten geliehen: »Mach ihn mir aber nicht mit Blut dreckig, verstehst du!« Ein grüner dicker Pulli. In Hué wird es kalt sein.

26. Februar. Einen ganzen Tag habe ich auf der Piste von Than Son Nhut gewartet. Fluchend, von sieben Uhr morgens bis sieben Uhr abends. Dann mußte ich in die Stadt zurück. Am nächsten Tag ging ich in aller Frühe wieder hin. Und nochmals Flüche bis in den Nachmittag, bis endlich der Abflug eines Transporters nach Da Nang bekanntgegeben wurde. Desselben Transporters, mit dem Catherine aus Hué zurückkam. Von einem Lkw aus sah ich sie: verdreckt, erschöpft, abgerissen. Sie winkte mir zu und rief: »Nimm dich in acht dort! Es sieht bös aus!«

Gegen Mitternacht kam ich nach Da Nang. Und hier erfuhr ich, daß es in Hué gerade da zu Ende gegangen war, als ich auf dem Flugplatz von Than Son Nhut Stunden und Tage verloren hatte. Der Heldenkampf war aus. Die letzten Nordvietnamesen waren durch die unterirdischen Gänge des Kaiserpalastes entkommen, in Hué gab es jetzt nur noch Vietkong-Schützen. Krieg ist auch das: verlorene Zeit, Enttäuschung, Ärger. Erst heute früh kam ich nach Phu Bai mit einem Flugzeug, das ich durch Zufall erwischt hatte.

Ich hegte die absurde Hoffnung, vor Mittag in der Zitadelle und vor Dunkelwerden wieder in Phu Bai zu sein, um den Artikel termingerecht übermitteln zu können. Doch die einzige Beförderungsmöglichkeit bestand in einem Konvoi, der um zehn Uhr abgehen sollte und um zwei Uhr nicht einmal zusammengestellt war. Die Panzer standen hier, die Lkws dort, die Soldaten hatten sich verstreut, von den Offizieren keine Spur. Und es regnete. Ein Regen so dicht wie Nebel, von einem eisigen Wind in Böen herangetrieben. Die Straße war ein einziger Morast, in dem du bis zu den Knien versankst, und den Schlamm, den du nicht von unten her bekamst, schmissen dann noch die Jeeps auf dich. Klatsch! Wie eine Ohrfeige. Und diese Ohrfeige besudelte dich von Kopf bis Fuß, ja, bis in den Mund hinein. Plötzlich packte mich die Wut. Ich machte auf dem Absatz kehrt und ging zu Fuß, vor Kälte schaudernd, wieder nach Phu Bai zurück. Wo ich ihm begegnete.

Er ging mit vorsichtigen, unsicheren Schritten und suchte den Weg in seiner Blindheit; ein anderer Soldat führte ihn mit liebevoller Hingabe. Doch der Blinde gab sich damit nicht zufrieden, er klammerte sich an den andern mit seiner Linken und hielt die Rechte vorgestreckt, um Hindernissen aus dem Weg zu gehen, die seine Pupillen nicht mehr sahen. Er war ein Neger, etwa zwanzig Jahre alt. Er war schön, sein Gesicht unverletzt. Er hatte keine Binde vor den Augen, nur eine schwarze Brille. Die Soldaten gaben ihm respektvoll und barmherzig den Weg frei. Einige blieben stehen, um ihn anzusehen. Auch ein Oberst mit weißem Haar und strengem Mund blieb stehen.

»Wie heißt du, Soldat?«

»Sanford Collins, Sir.«

»Kannst du noch etwas sehen, Soldat?«

»Nein, Sir.«

»Wo ist es passiert, Soldat?«

»In Hué, Sir.«

Der Oberst legte seine Hand an die Mütze und nahm Haltung an.

»Du machst unserm Land Ehre, Soldat. Ich danke dir im Namen unseres Landes, Soldat.«

»Soviel verdiene ich nicht, Sir.«

Er bestieg ein Flugzeug nach Da Nang, und ich konnte auch hinein. Drinnen wollten ihm alle Soldaten behilflich sein beim Hinsetzen, beim Befestigen des Gurts, beim Richten des Fallschirms. Einer bot ihm einen Chewinggum an, den er ablehnte. Aber freundlich. Es war etwas an ihm, was über die Resignation hinausging, was ich als

Würde und Stolz bezeichnen möchte. Wie stolz er das Gesicht hob, um das Licht zu suchen. Mit welcher Würde er seine Hände auf die Knie gebreitet hatte, die Innenflächen nach oben: auch sie auf der Suche nach Licht. Er machte dich so befangen, daß du gar nicht den Mut hattest, ihn um etwas zu bitten. Doch war er es, der nach dem Start zu sprechen begann. Ich saß neben ihm.

»Bist du eine Frau?«

»Ja.«

»Bitte, komm näher her.«

Ich rückte näher zu ihm. Seine Hände betasteten meine Uniform, mein Gesicht, glitten leicht über Nase, Augen, Haar.

»O ja. Du bist eine Frau. Und hast langes Haar, mit einem Gummiband in zwei Flechten gebunden. Und deine Uniform ist ganz verdreckt. Was tust du denn in dieser Hölle hier?«

»Ich arbeite, Sanford. Ich schreibe. Und ich möchte deine Geschichte schreiben. Willst du sie mir erzählen, Sanford?«

»Ja, gewiß.«

Er hatte eine frische, wohltönende Stimme. Er stammte aus Alabama. Erst vor drei Monaten war er mit den Marines nach Vietnam gekommen. Gleich nach der Tet-Offensive hatte man ihn nach Hué geschickt, und da hatte er zwanzig Tage lang gekämpft. Zunächst auf dem Südufer, dann auf dem Nordufer, dann unter den Mauern der Zitadelle. Und hier war es geschehen, gegen zwei Uhr morgens.

»Wie ist es denn geschehen, Sanford?«

»Ich schlief gerade. Dieser grelle Schein hat mich geweckt. Erst die Helligkeit und dann der Einschlag. Aber die Helligkeit war stärker als der Einschlag. Es war, als hätte sich das ganze Sonnenlicht auf mir angezündet. Dieses Licht habe ich zuletzt gesehen, und dieses Licht hat mich blind gemacht. Aber ich habe es nicht gleich bemerkt. Es war Nacht, und ich dachte, es sei dunkel, weil es eben Nacht war. Im Morgengrauen habe ich's dann bemerkt. Alle sagten sie, daß es Morgen sei, aber ich konnte es nicht erkennen. Sie haben mich in das kleine Feldlazarett neben der Artilleriestellung gebracht. Der Doktor meinte: ›Was soll ich mit dir? Wahrscheinlich ist die Iris verbrannt. Da, setz dich hin.‹ Sie konnten mich nicht ausfliegen, weil die Viet auf die Hubschrauber schossen.«

»Und jetzt, Sanford?«

»Ich werde ein paar Tage im Krankenhaus von Da Nang bleiben und dann in die Heimat kommen. Zu Hause war ich Buchdrucker. Ich muß mir eine andere Arbeit suchen. Eine Blindenarbeit. Aber so tragisch nehme ich das nicht, weißt du. Wenn ich an meine toten Kameraden denke, sage ich mir: Da hast du noch Glück gehabt, Sanford. Für dich ist der Krieg aus.«

»Wen hast du noch zu Hause, Sanford?«

»Nur die Großmutter. Mein Vater kam im Pazifik um, im Zweiten Weltkrieg, und meine Mutter starb zwei Monate danach, an gebrochenem Herzen. Sie aß nichts mehr und starb. Ich habe nur noch die Großmutter. Aber sie ist alt und kann nicht arbeiten, verstehst du.«

»Ja, Sanford. Du bist ein mutiger Junge, Sanford.«

»Ich stehe mit beiden Beinen auf der Erde, das ist alles. Ich weiß, auch für einen Blinden ist das Leben schön. In Hué zum Beispiel, als mir der Doktor sagte, wahrscheinlich ist die Iris verbrannt, habe ich nicht etwa geweint.«

»Im Gegenteil! Da hätten Sie ihn sehen sollen«, mischte sich jetzt sein Begleiter ein. »Er versuchte, sich nützlich zu machen, er versuchte, die andern aufzumuntern. So einen Boy habe ich noch nie gesehen. Phantastisch!«

Sein Begleiter war dunkelblond und von sanfter Art. Er hieß Dennis Medjeski und rundete die Geschichte sehr schön ab. Für mich war es eine große Geschichte. Noch am gleichen Abend wollte ich sie von Da Nang nach Saigon übermitteln. Und schließlich löste sie eine Menge Probleme für mich.

»Dennis, ich möchte mit euch ins Krankenhaus. Darf ich?«

»Aber sicher doch! Nicht wahr, Sanford?«

Auf dem Flughafen von Da Nang erwartete ihn ein Offizier. Er legte die Hand an die Mütze wie der Oberst und hielt eine kleine Ansprache in dem Sinn, daß Sanfords Heldentum Symbol sei für das Heldentum aller Marines, usw. Dann ließ er uns in einen Kleinlaster einsteigen und versuchte, die Sache von der scherzhaften Seite zu nehmen.

»Und schon ist die Presse da, Collins! Meinen Glückwunsch, Collins!«

Doch Collins war stiller geworden, als hinge er irgendwelchen schweren Gedanken nach. Während der ganzen Fahrt brachte er nur einmal den Mund auf.

»Scheint die Sonne?«

»Ja, Sanford. Es regnet nicht mehr, und jetzt scheint die Sonne.«

»Ganz klar?«

»Ja, Sanford. Ganz klar.«

»Ich fühle es doch so angenehm warm auf meinen Augen.«

»Ja, Sanford.«

»Die Dunkelheit ist so häßlich.«

Im Krankenhaus führten wir ihn zur Augenstation. Medjeski stützte ihn, damit er nicht stolpern sollte, aber er stolperte trotzdem zweimal. Dann übernahm ihn der Augenarzt Dr. Barnett. Ich und Medjeski blieben im Gang draußen und warteten.

»Wie grausam ist so etwas, Madam!«

»Ja, Medjeski.«

»Ich halte es hier nicht mehr aus. Ich gehe einen Kaffee trinken. Kommen Sie mit?«

»Nein, nein. Geh nur, Medjeski.«

Kaum war er weg, ging die Tür weit auf, und Doktor Barnett erschien.

»Wo ist dieser Medjeski?«

»Einen Kaffee trinken, Doktor.«

»Und wer sind Sie? Was tun Sie hier? Sind Sie eine Verwandte, eine Freundin?«

»Nein, eine Journalistin, Doktor. Ich bin Collins in Phu Bai begegnet. Ich mache eine Reportage über ihn.«

»Gut!« Der Doktor sagte es mit einem eigenartigen Lächeln. »Ich kann also voraussetzen, daß Sie auch das Ende erfahren möchten.«

»Wie bitte?«

»Ein Happy-End. Manchmal braucht man das. Zur Hebung der Stimmung.«

»Ich verstehe nicht . . .«

»Sie werden sehr bald verstehen. Bitte!«

Ich betrat Doktor Barnetts Sprechzimmer und fand Collins hingelümmelt auf einem Sessel und Chewinggum kauend. Doktor Barnett stellte sich vor ihn und streckte Zeige- und Mittelfinger in die Höhe.

»Sei brav, Collins. Zeig mal dieser Journalistin, wie gut du zählen kannst. Wie viele Finger sind das?«

»Ha, Doc! Zwei sind's.«

»Und welche, Collins?«

»Ha, Doc! Der Zeige- und Mittelfinger.«

»Und diese hier, Collins?«

Doktor Collins spreizte die ganze Hand.

»Ha, Doc! Fünf, Doc. Die ganze Hand.«

»Ich wette, du kannst sogar bis zwanzig zählen, nicht wahr, Collins?«

»Warum gerade bis zwanzig, Doc?«

»Weil in zwanzig Minuten ein Hubschrauber hier landet, Collins. Und mit diesem Hubschrauber schicke ich dich nach Phu Bai. Und von Phu Bai wieder nach Hué, wo man gesunde Augen wie deine so dringend braucht, um die Vietkong auszuheben, die dort noch schießen. Haben wir uns verstanden?«

Collins gab keine Antwort, er spuckte seinen Chewing-gum an die Wand und nahm die Brille ab; und sah mich unverschämt an.

Jetzt versuche ich, allein nach Hué zu kommen. Ich fühle mich so verlassen, weil Sanford Collins mich daran erinnert hat, daß die Menschen gemein sind.

27. Februar. Von Phu Bai nach Hué sind es fünfzehn Kilometer Straße. Die Straße ist gerade, zum Teil asphaltiert und geht an Reisfeldern, Strohhütten und an alten Friedhöfen vorbei, hinter denen sich Berge und Hügel erheben. Auf den Bergen, auf den Hügeln, auf den Friedhöfen, in den Hütten, auf den Feldern verstecken sich die Vietkong. Sie schießen auf alles, was sich auf der Straße bewegt. Und wenn sie nicht schießen, verlegen sie Minen. Dabei gibt es nur diese eine Möglichkeit, von Phu Bai nach Hué zu kommen oder umgekehrt, man muß die fünfzehn Kilometer Todesherausforderung durchfahren. Und zwar mit einem Militärkonvoi. Täglich gibt es drei Konvois. Da aber jedesmal die Straße von Minen geräumt werden muß, sind die Fahrzeiten nicht festgelegt, und es kann vorkommen, daß man fünf oder sechs endlose Stunden warten muß. So war es gestern, und so ist es auch heute. Seit zehn Uhr sind wir hier, und jetzt ist es ein Uhr mittags. Es ist kalt. Unter einem bleiernen, unheildrohenden Himmel dehnt sich die Landschaft aus rotem Schlamm. Nicht ein Baum, nicht ein Grasbüschel. Zehn Lkws mit Soldaten, vier Panzer, ein Tankwagen voller Benzin und einige Jeeps warten in einer Reihe, daß freie Fahrt gegeben wird. Anscheinend liegen bei Kilometer acht einige Clymore-Minen. Schließlich wird freie Fahrt ausgerufen, doch der Oberleutnant, der den Konvoi leitet, ist verschwunden. Als er dann kommt, ein Jüngelchen mit gelbem Haar und einem Gesicht wie ein Apfel, hält er eine Konserve mit Hühnerfleisch in der Hand und verkündet, daß er sie öffnen will. Ich reiche ihm mein Messer. Er sagt, mit dem Messer ginge es nicht gut, ein Büchsenöffner wäre besser. Ich öffne sie ihm mit dem Messer und denke dabei an die »freie Fahrt«, die meistens nicht länger als eine halbe Stunde währt. Er sagt, so eiskalt könne er das nicht essen: Wer hat ein Stückchen Trockenbenzin, um es warm zu machen? Der Gefreite hat eins und gibt es ihm, in seinen Augen ist Verachtung.

»Es ist freie Fahrt gegeben, Herr Oberleutnant.«

»Das weiß ich selber, daß freie Fahrt gegeben ist, verstanden? Ich habe ein Recht, etwas zu essen, verstanden? Ich werde dich melden, verstanden?«

»Jawohl, Herr Oberleutnant.«

In einem kleinen Behälter wird das Trockenbenzin angezündet. Der Oberleutnant stellt die Büchse Hühnerfleisch darauf, die Erwärmungsaktion dauert zehn Minuten. Nach deren Ablauf merkt der Oberleutnant, daß sein Hühnerfleisch zu heiß ist, und es müssen weitere zehn Minuten gewartet werden, bis es temperiert ist. Als das Huhn temperiert ist, entschließt sich der Oberleutnant zum Essen, aber er tut es mit einer solchen Langsamkeit, daß meine Vermutung zur Gewißheit wird: Dieser Mensch macht sich vor Angst in die Hosen und versucht daher, gar nicht erst abzufahren. Zehn, zwanzig, fünfundzwanzig Minuten. Der ganze Konvoi starrt auf den Mund des Oberleutnants, der so langsam kaut. Endlich wirft er die leere Büchse weg und wischt sich behutsam den Mund.

»Immer noch freie Fahrt?«

»Jawohl, Herr Oberleutnant.«

»Ach!«

Er scheint enttäuscht zu sein. Er seufzt, murmelt irgend etwas vor sich hin, steigt widerwillig in den Jeep. Die Vietkong sind sehr schnell, wenn es darum geht, neue Minen zu verlegen. Ich klettere in meinen Lkw und wünsche dem Oberleutnant, daß ihm eine Mine unter dem Hintern explodieren möge.

Mein Lkw folgt dem Tankwagen. Außer dem Mann am MG sind da noch sechs Soldaten mit Karabinern und zwei weitere, die mit dem übrigen Konvoi in dauerndem Funksprechverkehr stehen. Neben diesen ein Marine; er gehört zu einer Landefähre, die am Nordufer des Flusses der Düfte festgemacht ist. Er heißt Johnny, ist vierundzwanzig Jahre alt, hat ein kleines Gesicht voller Pickel und zwei Pupillen, die nichts als Angst ausstrahlen und vermitteln.

»Was, Sie sind so ruhig, Madam?«

»Na ja.«

»Sie dürften aber gar nicht so ruhig sein. Die halbe Stunde ist abgelaufen.«

»Hm.«

»Ich begreife nicht, warum wir losgefahren sind, wo doch die halbe Stunde abgelaufen ist.«

»So.«

»Erst hat er nicht langsam genug sein können, und dann ist er aufgesprungen, wie vom Affen gebissen.«

»So.«

Es ist etwas an ihm, was ihn unsympathisch macht, selbst wenn er schweigen würde. Vielleicht die Pickel. So groß und dick und entzündet. Wenn er schweigen würde, könnte ich ihn wenigstens noch ertragen, aber wenn er redet, kann ich das nicht mehr aushalten. Besonders jetzt nicht, da wir mit einer wahnwitzigen Geschwindigkeit gerade die gefährlichste Strecke fahren und man richtig spürt, wie die Augen und Gewehre der Vietkong auf uns gerichtet sind. Allzu ruhig sind diese Reisfelder und Friedhöfe, allzu ausgestorben diese Hütten; nicht ein Kind, das zum Fenster hinaussieht. Erinnerst du dich noch an die Filme mit den Partisanen, wie sie unbeweglich die deutschen Konvois erwarteten, und wie dann der erste Gewehrschuß die Stille zerriß?

»Verstehen Sie, sauber ist die Straße wahrscheinlich schon, und es wird uns ja nicht so gehen wie vor drei Tagen meinem Freund Harry, der mit einer Clymore-Mine in die Luft flog, auf halbem Weg nach Hué. Aber . . .«

»Sei ruhig, Johnny!«

»Ruhig, wieso ruhig? Sehen Sie denn nicht, wohin sie

uns verfrachtet haben? Genau hinter den Tankwagen voller Benzin, Madam. So begreifen Sie doch, ein Schuß in den Tankwagen, und die andern kommen vielleicht davon, aber wir fliegen in die Luft!«

»Sei ruhig, Johnny!«

Der Konvoi eilt dahin. Die beiden Soldaten am Sprechfunk reden und reden und sehen mit unruhigen Blicken um sich. Und dieser Mensch will nicht verstummen.

»Wissen Sie, Explosionen sind mein Alptraum. Mein Onkel flog mit einem Hochofen in die Luft. Und ich habe immer Angst, auf die gleiche Weise zu enden. Wissen Sie, daß mein Landungsfloß auf dem Fluß voller Sprengstoff ist?«

Ich weiß es nicht, ich will es nicht wissen, es ist mir auch ganz egal, ich habe schon genug Angst ohne seinen Onkel und ohne seine Landungsfähre, diese gefährliche Strecke nimmt nie ein Ende, und der verdammte Konvoi fährt durch eine Landschaft, die immer einsamer wird, immer bedrohlicher. Wenn die Vietkong auf uns schießen, können wir nur hoffen, daß sie nicht auf den Tankwagen schießen, und dieser Mensch schweigt nicht, und da geht mir plötzlich die Geduld aus.

»Shut up, will you? Schnauze!«

Nicht einmal das bringt ihn zum Schweigen.

»Oh! Freundlich sind Sie aber auch nicht gerade, Madam! Nein, wirklich nicht. Verzeihen Sie, aber ist das eine Art? Ich habe doch nichts Schlechtes gesagt. Ich habe doch nur gesagt, daß meine Landungsfähre voll Sprengstoff ist und daß man uns den Tankwagen vor die Nase gesetzt hat und daß mir das eine und das andere nicht gefällt . . .«

Die Qual hat erst ein Ende, als wir in Hué einfahren, über Schutt holpern, durch Straßen kommen, die keine mehr sind, der Konvoi am rechten Flußufer haltmacht und Johnny aus dem Wagen springt.

»Na, das hätten wir! Sind Sie immer noch böse auf mich?«

»Nein, nein. Adieu, Johnny!«

»Denn wissen Sie, so möchte ich nicht weggehen, wenn ich weiß, daß Sie noch auf mich böse sind, vielleicht bin ich Ihnen auf den Wecker gefallen, ich geb's ja zu, ich bin ein Hasenfuß, und ...«

»Adieu, Johnny. Verzeih, ich muß jetzt fort.«

»Adieu. Danke. Good-bye.«

Er steigt in ein Boot. Das Boot überquert den unbewegten, breiten Fluß, nähert sich immer mehr der Landungsfähre; unter einer Baumgruppe am anderen Ufer ist sie klar erkennbar. Er winkt auffällig mit dem Arm, um die Freundschaft zu betonen. Schließlich steigt er an Bord und verschwindet. Ich gehe zur Brücke, atme erleichtert auf, und in dem Augenblick blendet uns eine riesige Explosion, wir werden zu Boden geschlagen, gleichsam von einer apokalyptischen Ohrfeige, die uns fast die Uniformen vom Leib reißt. Und die Trommelfelle schmerzen und schmerzen.

»Was war das?« rufe ich, sowie ich wieder aufstehen kann. Aber keiner gibt mir eine Antwort, schreiend rennen sie durcheinander.

»Die Fähre! Die Landungsfähre! Die Fähre!«

Ich sehe hin, die Fähre existiert nicht mehr. Sie ist weg. An ihrer Stelle eine schwarze Wolke, die pilzförmig in den Himmel ragt.

»Die Vietkong haben mit einem Mörser auf die Fähre geschossen. Sie ist in die Luft geflogen!«

Auf dem Wasser, das jetzt wieder glatt ist, treibt nicht einmal ein Stück Holz. Aber das Feuer hat die Bäume erfaßt, und das Gas wird vom Wind zu uns hergetrieben. Es ätzt in Nase und Hals, nimmt uns Sicht und Atem. »Gas! Gas!«

Ein Soldat wirft mir eine Maske zu, ein Offizier schreit.

»Fünfzehn Mann waren an Bord!«

Fünfzehn. Der fünfzehnte war eben erst eingetroffen. Er hieß Johnny, hatte ein Gesicht voller Pickel, ging einem auf die Nerven, fürchtete sich vor eben dem Tod, den er gestorben ist, und ich habe ihm nicht etwas Mut gemacht, ich bin gemein zu ihm gewesen.

Aber es ist keine Zeit, darüber zu weinen, Mona Lisa. Jetzt trage ich diese Maske vor dem Gesicht, und sowie ich sie abgenommen habe, muß ich über die Brücke und sehen, was von Hué noch da ist.

Abends. Nichts ist mehr da. Nur Trümmer, unterteilt von einem Fluß. Die Brücke, die einst zur Zitadelle führte, versinkt lotrecht darin wie ein durchschnittenes Schiff. Um vom einen Ufer zum andern zu kommen, haben die Überlebenden eine Art Gurt aus Seilen und Bambus gespannt, darüber gehen sie im Gänsemarsch, einmal hin, einmal her. Der Gurt schwankt, weil er keine Stütze hat, die Überlebenden bewegen sich mit verzweifelter Vorsicht voran, Zentimeter um Zentimeter. Jeder trägt etwas, eine Matratze, ein Fahrrad, ein Kind. Die Angst hinunterzustürzen, macht jedes Treiben zur Eile absurd, das Warten, bis man an die Reihe kommt, ist schon Agonie. Endlich kann ich hinüber, ich klammere mich an die Seile und erreiche das Nordufer, und was ich da sehe, läßt mich die schönen zerstörten Tempel, die in Schutt versunkenen Museen vergessen. Totengräber kommen an mit Plastiktüchern, die prall gefüllt sind mit menschlichen Gliedmaßen; Soldaten schleifen zusammengebündelte Leichen hinter sich her; Karren, beladen mit Körpern in den absurdesten Stellungen, rollen vorbei, einer sitzt, einer scheint einen Purzelbaum zu schlagen. Das ist keine tote Stadt, das ist ein Leichenschauhaus. Plötzlich kommt eine Frau mit einem Spaten und einem Sack. Vielleicht zwanzig Jahre alt, klein und hübsch. Unter dem pagodenförmigen Hut hat sie ihr langes Haar mit einer Schleife zu einem Zopf gebunden. Sie geht auf eine Art Grabhügel zu, legt den Sack hin, gräbt in aller Ruhe. Gräbt zehn Minuten. Was sie sucht, ist gleich unter der Oberfläche. Jetzt hat sie ihn gefunden, läßt den Spaten fallen, kniet nieder, um ihn zu betrachten. Sie erkennt ihn, doch ihr Gesichtsausdruck verändert sich nicht. Mit ruhigen Fingern wischt sie ihm die Erde vom Gesicht, mit ruhigen Händen faßt sie ihn unter die Arme und zieht ihn heraus. Dann nimmt sie den Sack und schickt sich an, ihn hineinzuschieben. Ein schier unmögliches Unterfangen für eine so kleine Frau. Man hat den Eindruck, daß er nicht will, sich dagegen sträubt, als sei er noch am Leben. Mit Beharrlichkeit, während ihr der Schweiß herunterrinnt, schafft sie es trotzdem. Dann macht sie ihre Haarschleife ab, bindet den Sack damit zusammen, nimmt die Schaufel, trägt ihn fort, umhüllt von einer Wolke von Gestank. Ich stütze mich auf ein Stück Blech und muß mich übergeben, in einem fort übergeben, bis mich eine Stimme erlöst.

»Ist Ihnen nicht gut, Madame? Kann ich etwas für Sie tun, Madame?«

Ein französischer Priester. Er hat ein freundliches, bleiches Gesicht, seine Kutte ist ganz zerschlissen.

»Danke, mon Père. Es geht mir schon besser.«

»Sind Sie eben erst gekommen, Madame?«

»Ja, mon Père.«

»Allein?«

»Ja.«

»Es ist besser, Sie entfernen sich nicht zu weit von hier.«

»Warum?«

»Ohne Begleitung und in dieser Uniform. Die Vietkongschützen können amerikanische Uniformen nicht leiden. Haben Sie kein anderes Kleidungsstück bei sich?«

»Einen Pulli. Aber er ist grün.«

»Immer noch besser als dieses feldgraue Hemd. Ziehen Sie ihn über.«

Gehorsam streife ich den Pulli über.

»Bitte, jetzt sehen Sie nicht mehr ganz so nach Soldat aus. Aber ich möchte Sie doch begleiten, Madame.«

Warum nicht? In Vietnam sind die Franzosen am besten informiert. So gehen wir dahin, ich und der Geistliche, durch dieses sich nie ändernde Trauma von Trümmern, verbogenen Eisenstangen, Löchern und Kadavern, die nach einer Weile keinen Eindruck mehr auf dich machen. Auch sie sind einer wie der andere, ob hundert oder tausend, macht keinen Unterschied, und »im Krieg kannst du den Tod nicht mit demselben Maßstab messen wie im Frieden«. Richtig, François. Jene Geschichte mit dem Helm ... Aber wie viele sind es eigentlich, mon Père? Der Geistliche breitet die Arme aus: fünftausend, achttausend, wer weiß das. Den Amerikanern wie den Vietkong gleichermaßen zu verdanken. Jedenfalls ist nicht festzustellen, wer die meisten Toten verursacht hat, die Amerikaner mit ihren Kanonen, ihrem MG-Beschuß und ihrem Napalm oder die Vietkong mit ihren Massenerschießungen. In den letzten Tagen hatten sie den Verstand verloren. Sie dachten nur noch an Repressalien, Vernichtung, Strafe. Sie besaßen Listen von den Verdächtigen, und neben jedem Namen war ein Kreuz, das einer Beschuldigung gleichkam; wurden es zwei Kreuze, war es um den Betreffenden geschehen. Es kam auch vor, daß nicht nur einer allein, sondern eine ganze Familie verdächtig war. Dann markierten die Vietkong das Haus mit roter Farbe und brachten nachts die ganze Familie um. Exekutiert wurde meistens nachts und nie von kleinen Kommandos; und die Nordvietnamesen hatten entweder keine Zeit oder keine Lust, sich mit ihnen anzulegen. Wir befinden uns im Stadtteil Be Dau; in einer Grube liegen fünfundneunzig, die Hände auf dem Rücken zusammengebunden. Umgebracht, weil man sie der Kollaboration mit den Amerikanern für schuldig befunden hatte. Und jetzt, im Stadtteil An Cuu, vor einer Kasernenmauer achtundvierzig, Nackenschuß oder Feuerstoß in die Brust. Umgebracht, weil sie sich geweigert hatten, auf amerikanische Hubschrauber zu schießen. Man glaubt, Mauthausen wieder vor sich zu haben, Dachau, die Fosse Ardeatine. Die Welt ändert sich nicht,

François, die Menschen ändern sich auch nicht. Wie auch immer die Farbe ihrer Haut oder ihrer Fahne sein mag.

Und nun, meint schließlich der Geistliche, sind es die von der Regierung, die das Blutbad anrichten. Nach der »Befreiung« haben die Südvietnamesen mindestens zweihundert Vietkongverdächtige oder vermutete Vietkongkollaborateure umgebracht. Nicht einmal ein Schnellverfahren, nicht einmal eine präzise Anschuldigung. Nur ein Feuerstoß. Kaum hatten die Marines den Kaiserpalast erobert, begann schon das Gemetzel. Gefunden hat man nur diese zweihundert Körper, die Zahl der Vermißten beträgt tausendeinhundert. Die meisten von ihnen sind Studenten, Universitätsprofessoren, Bonzen. Die Intellektuellen und Geistlichen in Hué haben nie ein Hehl aus ihrer Sympathie für die FLN gemacht.

»Sagen Sie, Madame, Sie leben doch in der übrigen Welt. Denken denn die Menschen in der übrigen Welt daran?«

»Ich glaube nicht, mon Père.«

»Machen sie es sich denn gar nicht klar?«

»Nein, sie machen es sich nicht klar!«

»Natürlich! Wenn wir glücklich sind, können wir uns nicht vorstellen, daß andere unglücklich sind. Und umgekehrt. Wenn wir unglücklich sind, können wir uns nicht vorstellen, daß andere glücklich sind. Wenn ich daran denke, daß jetzt in Paris ... Wieviel Uhr ist es jetzt in Paris?«

»Neun Uhr morgens, mon Père ... Hier ist es fünf Uhr nachmittags.«

»Neun Uhr ... Und die Kinder gehen zur Schule, die Angestellten ins Büro, die Straßen sind voller Busse und unbeschädigter Autos. Und in einer vornehmen Kirche wird das Totenamt für einen Herrn zelebriert, der im Alter von neunzig Jahren im Schlaf verstorben ist. Kann so etwas sein?«

»Ja, mon Père.«

»Und in einem gutausgestatteten Krankenhaus rettet

ein Chirurg einen Schwerkranken, der den Rest seines Lebens im Bett verbringen wird. Um ihn herum stehen Ärzte und Krankenschwestern und hochkomplizierte Apparaturen und Computer. Alles wegen eines einzigen Menschen ... Kann das sein?«

»Ja, mon Père.«

»Und hat sich ein bißchen Stuck vom Plafond der Opéra gelöst, untersuchen es Scharen von Fachleuten, Arbeitern, Architekten mit besorgter Miene. Man läßt Frankreichs besten Restaurator kommen ... Kann das sein?«

»Ja.«

»Aber was für einen Sinn hat es denn, ein bißchen Stuck zu retten oder einen Menschen, der den Rest seines Lebens im Bett verbringen wird, wenn man doch zuläßt, daß eine ganze Stadt zerstört, eine ganze Generation ermordet wird. Die Menschen sind wahnsinnig, Madame! Wahnsinnig!«

Wir sind zu einem Rundbeet gekommen. Darum herum ausgerichtet wie zu einem Strahlenkranz zwanzig Leichen im Pyjama. Opfer der Vietkong? Der Amerikaner? Der Südvietnamesen? Sicher ist nur, daß sie im Schlaf überrascht wurden und kein Arzt, keine Krankenschwester, kein Computer sich um sie kümmerte. Sie sind buchstäblich bedeckt von geronnenem Blut. Ein Totengräber, das Gesicht mit Gaze verhüllt, wickelt sie einen nach dem andern in Plastiktücher, verschnürt sie dann an Füßen, Leib und Hals, bindet sie zu Packen zusammen. Ein anderer Totengräber hebt die Grube mitten im Beet aus. Beide arbeiten sie ungewöhnlich schnell. Die Grube und die verschnürten Packen sind rasch fertig. Da ruft der erste Totengräber den zweiten, gemeinsam nehmen sie Packen um Packen auf, schaukeln ihn ein wenig hin und her und werfen ihn dann, plumps!, in die Grube. Ein paar Kinder im Alter von fünf bis sechs Jahren schauen zu. Sie stehen auf dem Erdhaufen, die Händchen an der Nase wegen des Gestanks, und lachen belustigt. Und kreischen, beim Schaukeln eines jeden Packens im Chor: »Eins, zwei, plumps!« Und lassen nach jedem dumpfen Aufschlag ihre Näschen los und klatschen freudig in die Hände.

Meine Augen suchen die des Geistlichen. Sein bleiches Gesicht hat einen traurigen, verzeihenden Ausdruck.

»Madame, das ist ihr einziges Vergnügen. Die Toten sind ihre Puppen.«

Das ist meine Ware zum Verkaufen: das will ich fotografieren. »Mona Lisa, when you smile! Mona Lisa, I love you!« Ob bei dieser Beleuchtung 8 und 125 richtig ist? Oder vielleicht besser 5,6 und 60? Ich glaube, mit dem Tri-X-Film kann ich 125 lassen. »Mona Lisa, when you smile!« Ich möchte eines dieser Kinder adoptieren. Ich möchte etwas tun, was diese Scham von mir nimmt. Der Gedanke, dem Menschengeschlecht anzugehören, beschämt mich. Und dabei war ich so begeistert darüber, daß wir zum Mond fliegen werden. Was für einen Sinn hat es denn, zum Mond zu fliegen, wenn wir auf der Erde tun, was ich heute in Hué gesehen habe? Die Jahrhunderte vergehen und die Jahrtausende, wir bauen immer bessere Maschinen, fliegen immer weiter und höher und sind doch immer noch jene elenden Bestien, die kein Feuer anzünden, kein Rad rollen konnten. Nur damit wir auf den Mond kommen, diese Verschwendung von Erfindergeist? Und wenn wir nur ein weniges von diesem großen Erfindergeist dazu verwenden würden, uns gegenseitig nicht umzubringen, unsere Städte nicht zu zerstören? Elisabetta will wissen, was das Leben ist. Jetzt frage ich mich, ob das Leben nicht ist, was sich unter meinen Augen ausbreitet: Tod. Und doch, und doch ... Wie schrieb Le Vanh Minh an Tuyet Lan? »Würde ich nicht kämpfen, was wäre ich dann für ein Mann? Ich wäre kein Mann, sondern nur ein frierendes, nasses Etwas.« Ich begreife überhaupt nichts mehr. Ich fühle mich so allein, so unvorbereitet. Ich wünschte, François wäre hier, um mir zu helfen, um mir eine Erklärung zu geben.

Und plötzlich überfällt mich eine Angst, die nicht Todesangst ist. Nein, Lebensangst.

28. Februar. Der grüne Pulli hat nicht funktioniert, von weitem hat er die gleiche Farbe wie die Uniform. Also wartete der Vietkong, bis ich in Schußweite war, und zielte dann zweimal auf mich. Der erste Schuß ging knapp über meinen Kopf. Der zweite streifte meinen Ärmel. Ich warf mich zu Boden, und jemand schrie mich wütend an: »Wo glauben Sie eigentlich, daß Sie hier sind? Im Central Park vielleicht?« Dann ging die Schießerei los. Die Marines waren viele, der Vietkong nur einer. Jetzt liegt er bäuchlings da, aus seiner Nase kommt ein großes Rinnsal Blut. Aus der schwarzen Hose ragen seine nackten Füße heraus. Eine leichte Brise bewegt sein seidiges Haar. Adieu, Bruder. Einer von uns beiden mußte heute abend sterben, ich oder du. Dich hat es getroffen, und das ist ebenso ungerecht, als hätte es mich getroffen. Aber warum gerade dich? Dein nordvietnamesischer Kamerad fragte in seinem Tagebuch nach den geheimnisvollen Gesetzen, die Leben oder Überleben eines Menschen regeln: »Wäre mein Kopf nur zehn Zentimeter weiter drüben gewesen, wäre ich jetzt tot. Kann das alles nur ein Zufall sein?« Das frage ich mich jetzt auch und noch vieles andere. Dieser Marine zum Beispiel, der mein Leben gerettet und deines ausgelöscht hat, wer ist er, woher kommt er, warum war er heute abend genau hier am Treffpunkt unserer Schicksale? Denn wäre er nicht dagewesen, wäre ich an deiner Statt gestorben. Muß ich ihm dafür dankbar sein? Gewiß. Aber dann muß ich mich auch bedanken, daß er dich erschossen hat. Muß ich? Töten ist sein Beruf, er hat nur seinen Beruf ausgeübt. Aber wie kommt ein Mensch zum Soldatenberuf?

Neben mir ist der Marine. Wir hocken auf der Erde, in einem Garten des Kaiserpalastes, es wird dunkel. Unter uns die zertrümmerte Stadt, aber der Kaiserpalast ist nur wenig zerstört. Eigentlich haben ihn die Nordvietnamesen durch ihren Rückzug gerettet. Später wird man ihn ebenso restaurieren können, wie man den Stuck in der Opéra von Paris restauriert, und man wird Touristen hinbringen mit einem Führer, der Englisch, Französisch und Deutsch spricht. »Das ist der Thron, auf dem bis zum Jahre 1885 Kaiser Ham Nghi gesessen hat. Und hier sind die Säle, in die sich die Soldaten aus Hanoi während der Belagerung im Jahre 1968 flüchteten. Als die Amerikaner in die Gärten eindrangen, befanden sich dort noch die Selbstmordkommandos der Nachhut, und der Krieg in den Gärten dauerte noch viele Tage.« Dann wird ein Tourist gähnend stehenbleiben genau an der Stelle, wo ich mich jetzt befinde, doch die Steine werden wieder sauber sein, und diese Geschoßhülsen werden ebenso verschwunden sein wie die Flecken, wie dies Biwak erschöpfter amerikanischer Soldaten. In eine leere Konservenbüchse hat der Marine Kaffee gegossen, der mit sterilisiertem Wasser zubereitet ist, und reicht ihn mir. Das sterilisierte Wasser ist von großem Vorteil. In Hué hat es schon sechzig Fälle von Pest gegeben.

»Mit oder ohne Zucker?«

Er heißt Teanek, Oberleutnant Teanek. Er hat das flächige Gesicht einer Rothaut, doch wer weiß mit was für einer anderen Rasse vermischt, hohe Backenknochen, dünne Nase, asiatische Augen. Er sagt mir auch, daß sein Vater ein Indianer aus Oklahoma war und seine Mutter eine Filipina. Vor vierunddreißig Jahren setzten sie ihn in die Welt, und sie hatten den Wunsch, er würde einmal Schullehrer. Doch er wurde ein Marine.

»Oberleutnant, ich frage mich oft, was einen Mann zum Soldatenberuf bringt.«

»Manchmal seine siebzehn Jahre. Die Kriegsfilme. John Wayne. Haben Sie schon einmal überlegt, wie viele Jungen wegen der John-Wayne-Kriegsfilme ums Leben gekommen sind?«

»Gewiß. Aber wenn sie am Leben bleiben, warum halten sie dann an so einem Beruf fest?«

»Weil sie schwach sind. Zum Beispiel, weil sie sich ihre Männlichkeit beweisen müssen und meinen, ein Gewehr in der Hand sei schon ein Symbol für Männlichkeit. Zum Beispiel, weil sie in der Armee keine Entscheidungen zu treffen brauchen. Denn da ist immer einer, der sie für dich trifft, du brauchst sie nur hinzunehmen. Von der Verpflegung bis zur Kleidung, vom Bett, in dem du schläfst, bis zur Straße, über die du gehst. Im Grunde ist es bequem.«

»Und warum sind Sie ein Marine geworden?«

»Mein Fall ist viel einfacher. Wirklich der Fall eines Siebzehnjährigen, der John Wayne im Kino gesehen hat. Darum also hast du ein Marine werden wollen und darum bist du in einem Ausbildungslager, wo dich ein Unteroffizier schikaniert. Er schert dich kahl, nimmt dir deine Zivilkleidung ab und stößt dich unter eine Dusche, aus der du nackt und von jeder Erinnerung gesäubert wieder herauskommst, sogar von der Illusion, überhaupt jemand zu sein. Und dann setzt der Prozeß ein, damit du jemand wirst. Aber wer? Ein Mann mit Vor- und Nachnamen? Nein. Ein Rekrut mit einer Nummer und einer Menge Angst. Angst, verdonnert und bestraft zu werden oder es nicht zu schaffen. Nach drei Wochen merkst du, daß du es doch schaffst. Es erfaßt dich eine Art Stolz und die Gewißheit, daß es sehr schön ist, ein Marine zu werden. Mittlerweile träufeln sie dir den Glauben ein, Tropfen um Tropfen unter die Haut, wie mit einer Injektionsnadel. Sie stacheln deinen Patriotismus an, umkleiden dich mit der Fahne und zwingen dir eine Religion auf. Bis diese Religion durch nichts mehr zu erschüttern ist. Und dann bist du kein Mensch mehr, sondern ein Marine. So ging es mir. Ich bekam eine Doktrin verpaßt. Ebenso wie ein Vietkong.«

»Und das haben Sie nicht beizeiten gemerkt?«

»Doch, ich habe es gemerkt. Und mir geschworen, wieder ins Zivilleben zurückzukehren, falls ich in Korea nicht umkommen würde. Aber da las ich dieses Buch

›Die Caine war ihr Schicksal‹. Es ging mir durch und durch. Erinnern Sie sich, wie man den Kommandanten vors Kriegsgericht bringt, wie man ihn auseinandernimmt, wie man beweist, daß er ein mittelmäßiger Mensch ist? Und als sein Ankläger den Prozeß gewonnen hat, besäuft er sich und sagt da etwas. Er sagt, gut, er war ein mittelmäßiger Mensch, der Proust nicht das Wasser reichte, aber als wir gegen Hitler vorgehen mußten, bedienten wir uns eben dieser Mittelmäßigen; und nicht etwa Prousts. Und diese Mittelmäßigen besiegten Hitler und nicht etwa Proust. Und da sagte ich mir, richtig, ich bleibe bei den Mittelmäßigen. Auch wenn ich kein Mittelmäßiger bin, es steht doch nirgends geschrieben, daß nur ein Mittelmäßiger Soldat sein kann! Ich will es beweisen. Und ich habe es bewiesen.«

»Wie denn, Oberleutnant?«

»Indem ich eine Antwort gab auf die Frage von euch Liberalen: Wie kommt ein intelligenter Mensch zum Soldatenberuf? Indem ich trotz eurer Verachtung durchhielt, besonders in Friedenszeiten. Da gab es doch diese Friedensjahre zwischen Korea und Vietnam, und da habt ihr euch über mich lustig gemacht. ›Was bist du denn von Beruf, Teanek? Ach so, ich hatte es ja vergessen, du bist ein Marine. Da hast du aber viel zu tun, nicht wahr, Teanek?‹ Tausendmal hätte ich aufgeben können.«

»Und Sie haben nie aufgegeben?«

»Ich bin nahe daran gewesen. Zu viele Dinge haben mich enttäuscht, und glauben Sie ja nicht, daß mir der häßliche Amerikaner, The Ugly American, wie man die Marines so oft nennt, besonders angenehm ist!«

»Oberleutnant, es heißt, hier und heute in Hué habe es viele häßliche Amerikaner gegeben. Sie fanden zwei unzerstörte Geschäfte und plünderten sie. Fotoapparate, Tonbandgeräte, Uhren. Ein Kameramann vom Fernsehen hat das gefilmt.«

»Ich weiß. Das sind die Dinge, wegen derer ich fast aufgeben würde. Aber würde ich aufgeben, käme ich mir vor wie ein amtsenthobener Priester. Also bin ich lieber ein Priester, der nicht mehr glaubt, aber die Messe liest für die, die glauben.«

»Oberleutnant, wollen Sie mir damit sagen, Sie haben endlich gemerkt, daß der Krieg seinem Wesen nach dumm, unlogisch und ungerecht ist?«

»Sagen wir lächerlich. Aber er ist es auch nicht mehr als der Mensch selbst. Denn wenn man sich's recht überlegt, ist der Mensch ein ziemlich lächerliches Tier. Bei all seiner Intelligenz will er immer noch Gewaltlösungen. Er fliegt zum Mond, aber er kämpft in Vietnam. Aber ...«

»Aber?«

»Aber so war es doch schon immer. War die Renaissance vielleicht keine Epoche der Gewalt? Und das Römische Imperium? Und das Goldene Zeitalter der Griechen? Über Mao Tse-tung kann ich nur lächeln, wenn er sagt: ›Krieg kann nur durch Krieg abgeschafft werden, wer das Gewehr nicht nehmen will, der muß es nehmen.‹ Weil er es in einer Art sagt, als hätte er wer weiß was entdeckt. Seit Jahrtausenden wiederholt der Mensch diese Phrase immer wieder, und mit der Ausrede, den Krieg abschaffen zu wollen, vergießt er Blut über die Höhepunkte seiner Kultur.«

»Das ist kein guter Grund, es weiterhin zu tun.«

»In der Theorie haben Sie ja recht, konkret sagen Sie einen großen Unsinn. Und es ist der gleiche Unsinn, wenn Sie sich einbilden, worauf ich jede Wette eingehe, daß die Beschreibung des Todes im Krieg dazu beitragen würde, den Krieg aus der Welt zu schaffen. Ganz im Gegenteil. Je öfter du den Tod im Krieg siehst, um so mehr treibt es dich, Krieg zu machen, ein Rätsel der menschlichen Seele. Und wenn es kein Rätsel ist, dann erklären Sie mir doch, warum in den Ländern, wo den Dieben die Hand abgehauen wird, mehr Diebe sind als anderswo. Auch das ist schon immer so gewesen; die Menschen ändern sich nicht.«

»Das habe auch ich gestern gesagt, als ich die Fosse

Ardeatine wieder vor mir sah und Dachau und Mauthausen: die Menschenbestie. Aber ich wünschte, es wäre nicht so, und vielleicht ist es nicht so.«

»Es ist nicht so, wenn man es nur an der zunehmenden Intelligenz des Menschen mißt. Aber intelligenter werden heißt nicht besser werden, weil die Intelligenz nicht die Grausamkeit ausschließt, sondern im Gegenteil davon lebt. Intelligenz und Grausamkeit gleichen sich aus wie der positive und der negative Pol in der Elektrizität, je stärker der eine wird, um so stärker wird auch der andere. Und so produzierst du auf der einen Seite herrliche Dinge und zerstörst sie auf der anderen. Und je herrlicher diese Dinge sind, um so mehr zerstörst du sie.«

Inzwischen war es dunkel geworden, und es fielen wieder Schüsse. Jedesmal fuhr ich zusammen, wie von einer Wespe gestochen. Er aber blieb ruhig und spielte mit der Taschenlampe und bot sich selber als Ziel an. Hierhin einen Lichtstrahl und dorthin einen Lichtstrahl, als wollte er die Gespenster herausfordern.

»Vielleicht ist es so, wie Sie sagen, Oberleutnant.«

»Ich fürchte, ja. Meinen Sie, ich hätte niemals über gewisse Probleme nachgedacht? Jahrelang habe ich nachgedacht, bis mir der Kopf zersprang, bis ich fast reif fürs Irrenhaus wurde. Aber jetzt ist Schluß, ich bin's leid, ich denke nicht mehr darüber nach. Wozu auch? Um dem guten Gewissen von euch Liberalen zu schmeicheln? Ich will ja keinen beleidigen, aber ich kenne euer gutes Gewissen und halte nichts davon. Es ist leicht, die Vietkong zu bewundern, wenn man in Rom sitzt oder in New York und nicht ihr Ziel ist. Es ist auch leicht, wenn man als Journalist hierherkommt. Gut, ihr bekommt auch mal ein paar Schüsse ab, wie Sie vorhin. Und müßt manchmal ins Gras beißen, aber . . .«

»Aber?«

»Na, ich habe das irgendwo gelesen. Eine Sache ist das Risiko mit der Rückfahrkarte in der Tasche, eine andere Sache ist das Risiko ohne Rückfahrkarte. Wie bei mir.

Nein, der Umstand, mit im Krieg zu sein, gibt euch noch lange kein Recht, sie zu achten und uns zu verachten. Denn wenn ihr ungeschoren davonkommt, wie Sie heute, dann habt ihr das einzig und allein den Mittelmäßigen zu verdanken. Uns ›Häßlichen‹. Uns, die wir nämlich für euch schießen, um euch das Leben und das gute Gewissen zu erhalten.

»Nicht wahr, Oberleutnant, ich habe mich für vorhin noch nicht bedankt? «

»Ich sage das nicht, damit Sie sich bedanken sollen. Ich sage es nur, weil es für Sie einfach gewesen ist. Der Mann, der Sie erschießen wollte, ist tot, aber Sie haben ihn nicht umgebracht. Wir haben ihn umgebracht. Ob es uns gefällt oder nicht.«

Er strahlte mit seiner Taschenlampe den Vietkong an.

»Da liegt er, die Trottel haben ihn noch nicht weggeschafft. Schafft diesen Charlie weg!«

Zwei Soldaten liefen herbei und schafften den Charlie weg. Charlie ist in Amerika ein Schimpfname, und die Marines sagen Charlie zu den Vietkong. Sogar solche Marines vom Schlag eines Oberleutnants Teanek. Und doch, wenn ich jetzt meine Rückfahrkarte noch benutzen kann, verdanke ich das ihm. Gott, wie schwer ist es doch, zu beurteilen und zu begreifen, wo das Gute und wo das Böse ist! War es demnach falsch von mir, nur über Le Vanh Minh und Tuyet Lan zu weinen? Ich habe das Gefühl, durch mein Herkommen in eine Sackgasse gelaufen zu sein.

Und Teanek sagt, das sei noch gar nichts, ich müßte erst Khe San erleben.

1. März. Der Ort heißt Khe San und war ein Stützpunkt an der laotischen Grenze. Heute ist er die schlimmste Falle in ganz Vietnam. Sechstausend Marines sind hier eingeschlossen, vierzigtausend Nordvietnamesen decken sie seit anderthalb Monaten mit einem Feuerhagel ein. Geografisch ist es das gleiche wie Dak To, ein Rollfeld, umgeben von Hügeln, die Amerikaner auf dem Rollfeld, die Nordvietnamesen auf den Hügeln. Strategisch ist es genau umgekehrt, denn in Dak To griffen die Amerikaner an, in Khe San wagen sie sich nicht aus ihren Bunkern; herauskommen, ohne getroffen zu werden, ist fast wie ins Wasser springen, ohne naß zu werden. Der Nachschub erfolgt auf dem Luftweg. Handelt es sich um leichte Dinge, zum Beispiel um Lebensmittel, ist die Methode einfach. Die Ballen werden mit Fallschirmen über dem Rollfeld abgeworfen und nachts von Freiwilligenkommandos eingesammelt. Handelt es sich um schweres Material, zum Beispiel um Eisenträger für den Bau von Bunkern, ist die Methode kompliziert. Das Flugzeug, meistens eine C 130, setzt auf, ohne zu halten, dabei wird die Tür geöffnet; beim Rollen über die Piste bis zum Wiederabheben werden die Träger nacheinander hinausgeworfen. Nur in Ausnahmefällen bleibt die C 130 für eine Minute stehen, aber in dieser Minute kann sie mit fünfundachtzig Prozent Wahrscheinlichkeit von einer Mörsergranate getroffen werden. Das Feld ist ein Flugzeug- und Hubschrauberfriedhof. Einige sind beim Niedergehen abgestürzt, andere beim Abheben. Es gibt keine Stelle, die auch nur einigermaßen geschützt wäre, und die Flugzeuge, die unbeschädigt wieder zurückfliegen können, haben dies nur dem Zufall oder dem Glück zu verdanken.

Patrouillen, die über die Stacheldrahtsperre hinausgehen, kommen fast nie wieder zurück. Die letzten beiden versuchten es vor einer Woche. Die erste bestand aus dreißig Mann, vierundzwanzig fielen schon nach zehn Metern. Die zweite bestand aus zwanzig Mann und wollte die sechs Überlebenden zurückholen: Sie wurden zusammen mit den sechs niedergemacht. Man kann also in Khe San nur überleben, wenn man in den Bunkern bleibt. Aber wie lange noch? Nicht genug damit, daß die Nordvietnamesen den Platz Tag und Nacht unter Beschuß nehmen, sie graben auch unterirdische Gänge, um ihn von innen her zu erobern. Einer dieser Tunnel endet knapp hundert

Meter vor dem Stacheldraht. Der Vergleich mit Dien Pien Phu drängt sich auf. Nicht umsonst ist es General Giap, der Sieger von Dien Bien Phu, der sich diese große Falle ausgedacht hat. Die sechstausend Marines wissen das, und dementsprechend schlecht ist ihre Stimmung. Gestern gelang es einer C 130, ganze vier Minuten auf der Piste von Khe San stehenzubleiben, aber beim Aufstieg wurde sie dann getroffen. Unter den Briefen, die man an Bord geworfen hatte, befand sich auch ein Zettel, der an niemanden gerichtet war, das Gedicht eines Marine. Mit Chewing-gum am Umschlag befestigt. Hier ist es:

Nachts höre ich sie graben
wie Holzwürmer,
die auf mich zukriechen.
Spatenstiche in der Erde.
Unter Eisenträgern und
Sandsäcken horche ich
wie eine Ratte im Dunkeln.
Wir sind Ratten im Dunkeln.
Der Kommandant erlaubt uns,
Gitarre zu spielen;
er meint, es sei gut
und hebe die Stimmung.
Ich will nicht Gitarre spielen.
Raus will ich aus diesem Grab
und dem grausamen Warten.
Aber geh ich raus, erschießen sie mich.
Gestern erschossen sie mir den Freund,
wir sahen's durchs Fernglas.
Gott, bin ich müde. Und war einmal stolz.
Denn es hieß, ich diente dem Frieden.
Muß ich, gerade ich, für den Frieden kämpfen?
Unter der Erde, als wär ich fast schon
gestorben, bis sie daheim
neue Gesetze machen,
damit ich dann sterbe?

So ist es erklärlich, warum Khe San für uns Journalisten zu einem Testfall geworden ist, zu einer Mutprobe. Eigentlich ziemlich dumm, wenn man bedenkt, daß kein einziger sich darum reißt, den Helden zu spielen, und wir ja auch darum nicht hier sind. Aber man kann dieser Psychose nicht entgehen. Die Amerikaner nehmen Gesuche an zum Mitflug in der C 130, viele stehen schon auf der Liste, und im Press Camp von Da Nang wird nur noch darüber gesprochen, wer auf der Liste steht und wer nicht. Ich und Derek stehen nicht auf der Liste. Ich traf Derek, als ich von Hué zurückkam. Khe San reizt ihn und auch mich, obwohl ich ein Telegramm erhalten habe, daß mein Chef dagegen ist. Die Stunden vergehen, und wir kommen zu keinem Entschluß. Wir vertrödeln unsere Zeit, wechseln von der Pritsche zur Bar und von der Bar zur Pritsche, und jedesmal, wenn wir uns begegnen, fragen wir uns mit den Augen: ›Ja oder nein?‹ Wenn wir darüber reden, wiederholen wir nur längst bekannte Dinge und sind am Ende auch nicht weiter als am Anfang.

»Du bist in Dak To gewesen, das ist etwas anderes.«

»Und du bist während des Endkampfs in Hué gewesen. Genau das gleiche, Derek.«

»Weißt du, jeden Abend glaube ich, mich entschlossen zu haben. Vor dem Einschlafen nehme ich mir vor: morgen setze ich meinen Namen auf die Liste. Oder auch: nein, ich setze meinen Namen nicht auf die Liste. Und wenn ich am nächsten Tag aufwache, bin ich prompt wieder anderer Meinung.«

»Wir können uns ja auf die Liste setzen lassen und nachher darauf verzichten. Andere tun das auch. Abgesehen davon, daß die Lage sich etwas verbessert haben könnte, bis wir an der Reihe sind.«

»Nein, so geht das nicht. Das ist zweimal feige.«

»Ich weiß, Derek.«

»Mit unserem Beruf hat das nämlich gar nichts zu tun. Ich weiß ganz genau, daß man in Khe San nichts Neues entdecken wird; was es darüber zu schreiben gibt, ist alles schon geschrieben worden. Das übliche Interview mit dem Kommandanten, die üblichen Unterhaltungen mit den Soldaten und dazu noch ein bißchen Menschliches. Wegen der Artikel ist es nicht. Es ist meiner selbst wegen, verstehst du?«

»Ich weiß.«

»Es ist Stolz oder Eitelkeit, wenn dir das lieber ist. Und weil ein paar von den andern hingehen. Oder schon dort gewesen sind.«

»Ich weiß.«

»Ich bin schon an Plätzen gewesen, wo's vielleicht schlimmer war als in Khe San. Oder mindestens so schlimm. Der Palästina-Krieg zum Beispiel war kein Spaß. Und Hué war auch kein Spaß. Aber ginge ich nicht nach Khe San, müßte ich ewig denken: ich war nicht in Khe San. Andere ja, aber ich nicht.«

»Ich weiß.«

»Und das würde ein Alptraum werden. Ich muß heraus aus diesem Alptraum. Ich muß mir einmal sagen können, ich war in Khe San.«

»Wenn wir bei der Gelegenheit unser Leben lassen, können wir's nicht mehr sagen.«

»Es hat noch keiner von uns sein Leben dabei gelassen.«

»Also wird es noch geschehen. Vielleicht wir beide, Derek, wenn wir hingehen.«

»Vielleicht auch nicht. Ich habe Berechnungen angestellt und Erkundigungen eingezogen. Von dem Augenblick, wo wir auf die Piste springen, bis zu dem Augenblick, wo wir in einen Bunker kriechen, vergehen fünfzig Sekunden. Die fünfzig Sekunden müssen reichen. Ein ausreichender Spielraum. Lang genug, um heil davonzukommen, und kurz genug, um getroffen zu werden.«

»Ich weiß.«

»Hauptsache, man ist beweglich und hat kein unnötiges Gepäck dabei. Und man muß gut rennen und darf nicht hinfallen. Von Bunker zu Bunker kommt man dann nachts. Weißt du, ich habe beschlossen hinzugehen.«

»Wann, Derek?«

»Jetzt gleich. Du nicht?«

»Nein, Derek.«

»Na, dann tue ich's vielleicht auch nicht. Wir können ja morgen noch mal darüber sprechen.«

»Besser so, Derek.«

Übrigens wurde vor einer halben Stunde bekannt, daß drei Korrespondenten verwundet sind. Sie verließen den Bunker, um frische Luft zu schöpfen, und eine Mörsergranate explodierte ein paar Meter neben ihnen. Eurate ist auch dabei, das Mädchen, dem ich in Dak To begegnet bin. Eurate war also da, sage ich mir, und das vergrößert meine und ebenso Dereks Unentschlossenheit. Gut, wir sind nicht Ritter an König Artus' Hof und haben keinerlei Verpflichtung zum Zweikampf. Und meine Zeitung will nicht, daß ich hingehe, sie verbietet es mir so gar. Und ich würde doch nichts anderes sehen als in Dak To. Aber . . .

2. März. Um zu erklären, was sich heute zugetragen hat, muß ich vier Tage zurückgehen, nämlich bis zu dem Morgen, als ich einen Hubschrauber suchte, der mich nach Phu Bai bringen würde, und ich an jene CH 46 geriet und Major Brown: klein, blond und rosig. Wie ein Renaissance-Engelchen sah er aus, das, wer weiß warum, die Uniform eines Flugzeugkommandanten anhatte. Arrogant kam er in den Red Room, wo die An- und Abflüge kontrolliert werden, arrogant erkundigte er sich nach seinem Einsatzbefehl für diesen Tag. Doch als er ihn hörte, erschlaffte er wie eine welke Blume.

»Phu Bai und Khe San, Major.«

»Khe San?«

»Ja, Major.«

»Sind Sie sicher?«

»Ganz sicher, Major.

»Und was soll ich in Khe San?«

»Eine Bergung, Major.«

Die CH 46 ist ein Riesenhubschrauber, der oft zur Bergung anderer Hubschrauber benutzt wird. Die abgeschossene Maschine wird an einem Seil mit Haken befestigt und so abtransportiert. Unter normalen Bedingungen ist das eine Kleinigkeit, aber an einem Ort wie Khe San ist es Selbstmord.

»Kann das nicht morgen geschehen?«

»Heute, Major.«

»Wir haben schlechtes Wetter.«

»Leider, Major.«

»Warum ausgerechnet ich?«

»Einer muß es ja machen, Major.«

Es folgte ein Gespräch, das ich nicht hören konnte, weil sie ganz leise redeten. Dann setzte sich der Major vor eine Karte und studierte sie. Daraufhin legte er sich auf eine Bank und dachte nach. Und dann erhob er sich, um seinen zweiten Kommandanten zu holen, einen stillen Menschen mit einem schlauen Lächeln.

»Sie wollen doch einen Flug nach Phu Bai?«

»Jawohl.«

»Also bitte!«

Wir kletterten in die Maschine. Die hintere Tür wurde zugemacht. Die beiden Schützen gingen an ihr MG. Die Motoren dröhnten. Major Brown stellte sie ab und sah zur Luke hinaus.

»Ist das Ding überholt?«

»Jawohl, Major. Tadellos überholt, Major.«

»Besser noch mal nachsehen.«

»Wie Sie wünschen, Major.«

»Die Rotoren. Die Rotoren sind nicht in Ordnung.«

»Sie waren aber in Ordnung, Major.«

»Das sagst du. Hol die Mechaniker.« Die Mechaniker kamen an: mit Zangen, Schraubenziehern, Schlüsseln. Sie kletterten auf das Deck des Hubschraubers. Und kamen wieder herunter und sagten, die Rotoren seien in Ordnung, so gut in Ordnung wie noch nie.

»Schön, dann kann ich ja beruhigt sein.«

»Fertig, Major?«

»Fertig.«

Wieder gingen wir an Bord, wieder wurde die hintere Tür zugemacht. Wieder gingen die beiden Schützen an ihr MG. Wieder dröhnten die Motoren. Der Hubschrauber stieg auf. Und kam gleich wieder herunter.

»Diese Hebel funktionieren nicht.«

»Sie haben aber funktioniert, Major.«

»Das sagst du. Hol noch mal die Mechaniker.«

Und als dann die Mechaniker zum zweitenmal kamen mit ihren Zangen, Schraubenziehern, Schlüsseln, sagte ihnen der Major, sie könnten in aller Ruhe arbeiten, der Flug sei gestrichen. Und ging fort mit seinem zweiten Kommandanten. Und lachte und lachte ...

Und heute kommt Derek und sagt, er müsse Saigon anrufen, weil er eine Meldung habe. Nichts Besonderes zwar, aber immerhin besser als nichts. Ich ging mit, und dies gab er durch: »Vor drei Tagen wurde eine in Da Nang stationierte CH 46 von den Nordvietnamesen siebzehn Kilometer vor Khe San abgeschossen. Die Maschine wurde während der Bergung eines anderen Hubschraubers von einer Granate getroffen. Der Kommandant hakte den anderen Hubschrauber ab, um dadurch Höhe zu gewinnen, doch seine Rotoren waren beschädigt, und die CH 46 zerschellte am Boden. Die ganze Besatzung kam ums Leben.«

»Derek«, bitte ich ihn, »versuch doch mal herauszufinden, ob der Kommandant der CH 46 Brown hieß.«

»Das werden sie mir nie sagen«, meinte Derek. »Warum willst du das denn wissen?«

»Nachher. Jetzt erkundige dich erst, Derek.«

Derek macht erst eine unwillige Handbewegung, aber dann kommt er doch meiner Bitte nach. Er redet mit einer Menge Leute, schließlich auch mit denen von der

Hubschrauberzentrale. Redet beharrlich auf sie ein, hört zu, dankt.

»Angeblich wissen sie's nicht, und wenn sie es wüßten, dürften sie es nicht sagen. Immerhin wissen sie, daß Major Brown vor drei Tagen zu einer Bergung in die Nähe von Khe San geflogen ist. Eine Bergung, die er schon tags zuvor hätte vornehmen sollen, aber da war ein Motor kaputtgegangen.«

»Ich weiß.«

»Wieso weißt du das?«

»Er hat ihn kaputtgemacht. Er wollte nicht nach Khe San.«

»Demnach sind wir nicht die einzigen.«

»Was machen wir also, Derek?«

»Hm, vielleicht lasse ich mich auf die Liste setzen. Und du?«

»Hm, ich habe eine Idee. Aber nur eine Idee. Wir sprechen noch darüber.«

Nicht nur eine Idee. Und wir sprechen auch nicht darüber. Sonst würde er mir den Mut nehmen, und ich habe doch schon meinen Entschluß gefaßt. Morgen früh gehe ich zum Hubschrauber-Stützpunkt und sehe zu, daß ich einen Flug nach Khe San bekomme. Ich habe es jetzt satt, dieses dauernde Zaudern, ob ich mich auf die Liste setzen lasse oder nicht. Das ist schon so, als wenn du in ein Schwimmbecken springen willst, du weißt, daß das Wasser kalt ist, tauchst erst den einen Fuß hinein und dann den anderen, steigst die Leiter hinunter, machst dir die Beine und den Leib naß: Auf diese Weise wird dir nur immer kälter, und so verzichtest du darauf. Du mußt eben gleich kopfüber hineinspringen.

3. März. Ich muß es niederschreiben, auch wenn es mich demütigt und beschämt. Vielleicht verstehe ich dann, wie es geschehen ist. Ich ging also hin. Im Morgengrauen. Und fragte, ob ich nach Khe San kommen könne. Sie sahen mich sonderbar an und meinten, eine Möglichkeit gäbe es schon: Noch vor Mittag würde eine CH 46 Munition hinbringen. Und würde sie landen? Ja, leider. Und würde mich der Kommandant mitnehmen? Das sei Sache des Kommandanten, einige Aussicht bestünde schon, aber warum ich's denn so eilig hätte, nach Khe San zu kommen? Ja, sehr eilig, ich müßte heute noch hin wegen einer bestimmten Reportage. Gut, dann nehmen Sie dort Platz. Ich nahm dort Platz. Auf derselben Bank, auf die sich Major Brown hingelegt hatte. Ich war ruhig, von jedem Zweifel befreit, fast glücklich. Und hätten sie mich gleich aufgerufen, wäre alles gutgegangen. Aber dann begann das übliche Warten, diese Untätigkeit, die dir so viel Zeit läßt zum Nachdenken, zum Grübeln. Und da kam es auf mich zu in Wellen. Zuerst die Welle der Ungeduld. Dann die Welle der Nervosität. Dann die Welle der Reue. Ich dachte an Major Brown. Ich dachte daran, daß es mit diesem Hubschrauber noch gefährlicher würde als mit seinem, weil er Munition, also Sprengstoff geladen hatte. Und ich sah wieder Johnny und seine Landungsfähre. Da ergriff mich die Panik. Wenn ich diese Panik nur erklären könnte. Nicht die Panik eines erwachsenen Menschen, sondern die Panik des kleinen Mädchens, das Angst hatte, die Wasserspülung zu ziehen. Weißt du, hier rechts war so ein Coca-Cola-Automat, wo man ein Geldstück einwirft und die Flasche unten herauskommt. Einer kam an und warf sein Geldstück ein, und da rauschte auf einmal die Wasserspülung. Und ich sah mich wieder als kleines Mädchen, wie ich kreidebleich hinausrannte, ohne die Tür zuzumachen, und hörte meine Mutter rufen: Dummerchen, warum rennst du denn so, mach doch die Tür zu! Und ich sah, wie das kleine Mädchen atemlos ins Bibliothekszimmer flüchtete, sich wieder in Ordnung brachte, die Stirn an die Fensterscheibe legte und auf die Bäume im Garten sah. Aber hier gab es kein Bibliothekszimmer und keine Bäume im Garten, hier gab es diesen Menschen, der jetzt auf mich zukam, derselbe, den ich um den Flug gebeten hatte, ich dachte, er würde mir den Start nach Khe San melden, und wieder hörte ich die Wasserspülung und starrte mit aufgerissenen Augen auf seine Lippen, aber er fragte nur: »Möchten Sie einen Kaffee? Ich bringe Ihnen einen.« Ja, sagte ich, gern. Und als er mit dem Kaffee zurückkam, war ich nicht mehr da. Ich rannte zwischen den Hallen hindurch, den Aufbauten aus Blech, den abgestellten Hubschraubern, erreichte den Weg zum Ausgang, wo gerade ein Jeep vorfuhr. Ich warf mich fast in den Jeep: »Können Sie mich zum Press Camp bringen?« Er brachte mich hin. Und dort traf ich Derek. Und berichtete ihm errötend, was vorgefallen war.

Derek sagt, ich solle das nicht so tragisch nehmen. Und er meint, das gehe vielen anderen ebenso, auch wenn sie's nicht erzählen. Es gehe auch den Soldaten so, das habe es immer gegeben und werde es auch immer geben, solange sich die Erde dreht. Und er meint auch, die Panik habe einen geheimnisvollen Ursprung, der Überlebensinstinkt sei unkontrollierbar, und wenn mich das trösten könne, er werde auch nicht nach Khe San fliegen. Es tröstete mich überhaupt nicht. Die Demütigung haftet an mir wie klebriger Schweiß, verklebt meine Augen und meine Gedanken. Es ist schon schwer, von andern eine Niederlage hinzunehmen, aber ausgerechnet von sich selbst die Niederlage hinnehmen zu müssen, ist entsetzlich, unerträglich. Ich habe verloren, Derek. Und ich habe herausgefunden, daß ich feige bin, daß ich nicht sagen kann wie der Vietkong: »Ich tröste mich mit dem Gedanken, daß der menschliche Wille alles vermag, daß er Entfernungen überwinden kann und Blutegel und einen schmerzenden Körper.« Ich kehre nach Saigon zurück.

5. März. Ich hasse das Warten auf Flughäfen, mit den Sandsäcken, den müden und mürrischen Soldaten, den Inschriften »Keine Panik bei Mörserbeschuß! Nicht weglaufen. Auf den Boden legen.« Ich hasse den Schweißgestank, die Blicke, die dich abtasten, weil du eine Frau bist, die Zeit, die so nutzlos vergeht. Ich bin in Cam Ranh Bay, außerhalb der Route, um von hier aus einen Flug nach Saigon zu bekommen. Es ist Nacht, ich bin seit gestern nachmittag unterwegs und kann von Glück sagen, wenn ich mit in den Transporter nach Than Son Nhut komme. Alle wollen sie das, auch der Vietnamese, der ein Papier voller Stempel herzeigt, während ihn der Marine beschimpft.

»Dummer Affe, was schert's mich, wenn deine Frau in Saigon krepiert? Soll sie krepieren! Und du auch, du gelbe Fratze!«

Der Vietnamese ist freundlich und höflich, die Verzweiflung drückt ihn nieder, hindert ihn an einer Gebärde des Stolzes. Oder des Hasses.

»Bitte, Herr! Hören Sie mich doch an, Herr! Das Papier berechtigt mich, mit diesem Transporter zu fliegen!«

»Hört euch das an, es berechtigt ihn! Die gelbe Fratze will auch noch Forderungen stellen! Die Berechtigung habe ich hier zu geben, verstanden! Wo glaubst du eigentlich zu sein, Charlie? Vielleicht bei dir zu Hause? Tut geradeso, als hätte er seine Fahrkarte bezahlt, dieser Charlie! Wir kämpfen für sie, wir geben Milliarden für sie aus, und dann stellen sie noch Forderungen!«

»Aber Herr!«

»Weißt du, was ich dir sage? Du kommst nicht mit nach Saigon! Laß dich doch von den Vietkong hinbringen, gelbe Fratze!«

»Herr, ich flehe Sie an . . .«

Doch der alte Marine hat auf seinem Herzen eine ebenso dicke Fettschicht wie auf seinem Bauch. Seit mindestens zwanzig Jahren trägt er seine Uniform zur Schau und die Überheblichkeit des weißen Mannes. Auf seinem Schweinsgesicht ist keine Spur von menschlichem Erbarmen und Anstand. Und so trifft jetzt seine behaarte Hand mit Wucht den Vietnamesen und stößt ihn weg.

Ich hasse es, hier zu sein.

Und dann sind da noch diese drei Rekruten, denen ich unbedingt aus dem Weg gehen möchte: Jimmy, Harry und Don. Ich bin ihnen in Da Nang begegnet, und sehe ich sie noch einmal, sehe ich Saigon nicht wieder. Dabei scheinen sie auf den ersten Blick ganz harmlos zu sein: Don ist ein hübscher und sympathischer Junge, Jimmy ein Riese, ganz Lächeln, und nur Harry, wenn man genau hinsieht, scheint ein Unglücksbringer zu sein mit seinem kleinen grünlichen Gesicht und der Brille des Kurzsichtigen. Und je mehr ich zurückdenke an gestern abend, an die Unterhaltung, die wir führten, an das, was nachher geschah ...

»Kommst du aus Hué?« fragte mich Harry, wie um ein Gespräch anzuknöpfen.

»Ja. Und wo kommt ihr her?«

»Von überall und nirgends.«

»Auch gut. Und wohin geht's?«

»Weiß man nicht. Wo sie uns nehmen.«

»Was soll das heißen?«

»Daß wir keine Ahnung haben«, erwidert jetzt Don. »Wir gehen dahin, wo sie uns sagen, daß unser Bataillon ist, das 135. Pionierbataillon. Wenn es das überhaupt gibt. Nicht wahr, Jungs?«

»Richtig.«

»In San Francisco, als man uns nach Vietnam schickte, da hat man gesagt, daß es existiert«, meint Jimmy mit einem Lächeln, »und genauso in Cam Ranh Bay. Ich will's Ihnen erzählen.«

»Laß Don erzählen«, unterbricht ihn Harry. »Er kann's besser.«

»Also«, sagt Don, »wir kommen nach Cam Ranh Bay, frisch aus San Francisco, und fragen nach dem 135. Pionierbataillon. Erst ist man ein bißchen verwundert, dann telefoniert man ein dutzendmal, und dann sagt man uns: in Pleiku, Jungs. Wir fliegen nach Pleiku, wo es ganz so aussieht, als würden sie uns erwarten, aber kaum sehen sie uns, jagen sie uns auch schon wieder weg: Nein,

Jungs, nein, hier gibt es kein 135. Pionierbataillon, versucht's doch mal in Chu Lai. Wir fliegen also nach Chu Lai, und auch hier sieht es ganz so aus, als würden sie uns erwarten, und wie, aber wieder wollen sie uns nicht und wieder jagen sie uns fort: Nein, Jungs, nein, versucht's doch mal in Natrang. Wir also nach Natrang, und wieder die gleiche Geschichte, und man sagt uns: Versucht's doch mal in Da Nang. Und hier sagt man uns: Versucht's doch mal in Hué. Aber in Hué hätte ein Offizier fast auf uns geschossen. Er hat uns nach Da Nang zurückgeschickt, und da sind wir jetzt.«

»Aber wie ist denn so etwas möglich?« fragte ich. »Da muß doch ein Irrtum vorliegen. Warum sollte man euch denn immer fortjagen?«

Jetzt schaltet sich Harry ein: »Don, du erzählst das nicht richtig. Entweder alles oder gar nichts.«

Und Don: »Schnauze halten.«

»Nein, das mache ich nicht, das ist nicht anständig. Du stellst die ganze amerikanische Armee als blöde hin und sagst überhaupt nicht, warum sie uns überall wegschikken. Sie schicken uns weg, weil sie glauben, daß wir Unglücksbringer sind, und das verbreiten sie, und wenn wir irgendwohin kommen, dann haben sie schon durchgegeben: Schickt sie wieder fort, die bringen Unglück.«

»Unglück? Alle drei?«

»Quatsch!« ruft Jimmy. »Das behaupten die nur! Aber deshalb haben sie uns schon in San Francisco zusammengesteckt. Und deshalb haben sie uns auch nach Vietnam geschickt. Um uns loszuwerden. Wissen Sie, was der Unteroffizier gesagt hat, als ihm aus Versehen dieser Schuß losging, der den Major an der Schulter verletzte?«

»Nein, natürlich nicht.«

»Also, dieser Unteroffizier spielte immer mit seiner Pistole herum. Er hielt sich für einen Cowboy, ja! Und da sagte ich ihm schließlich: ›Hoffentlich geht da nicht mal ein Schuß los aus dieser Pistole!‹ Kaum hatte ich's gesagt, ging der Schuß auch schon los. Und traf den Major. Der schlug hin wie ein Baum. Den Unteroffizier hätte man fast vors Kriegsgericht gebracht, aber der Major schaltete sich ein und sagte, es sei ein Unglücksfall gewesen. Doch der Unteroffizier ließ seine Wut an mir aus und dann an Don und Harry, weil sie mich in Schutz genommen hatten, und schnauzte uns an: ›Macht, daß ihr fortkommt! Alle drei zusammen! Und laßt euch ja nicht mehr blicken, ihr Unglücksbringer!‹«

»Hör mal, Jimmy«, sprach Harry jetzt weiter, »wir bringen wirklich kein Unglück. Aber wir müssen schon zugeben, daß wir Pech haben. Wo wir auch hinkommen, da passiert was. Als wär's bestellt. Und nie was Gutes. Das mußt du zugeben, Jimmy.«

»Schnauze halten!«

»Nein, das tu ich nicht! Weißt du denn nicht mehr, was in San Francisco passiert ist? Wir steigen in den Transporter, und der Motor fängt zu brennen an. Und im Flugzeug nach Pleiku? MG-Beschuß, vier Verwundete. Und im Flugzeug nach Chu Lai? Eine Mörsergranate, wir wären fast draufgegangen. Und vorgestern nacht in Phu Bai? Eine Rakete in den Schuppen, wo wir schliefen: zwei Tote, sieben Verwundete. Und im Lager Natrang? Da platzt doch das Heißwasserrohr, und der Oberleutnant verbrennt sich. Und in . . .«

Um es gleich zu sagen: ich bin abergläubisch. Aber nicht so sehr, um nicht unterscheiden zu können zwischen drei Spaßvögeln und drei Unglücksraben. Jedenfalls dachte ich, sie wollten nur Spaß machen, und so bin ich bei ihnen geblieben. Zugegeben, ich war ein bißchen unruhig, als ich sah, daß auch sie mein Flugzeug nach Cam Ranh Bay bestiegen. Aber ich wies den Gedanken zurück und setzte mich nur weit weg von ihnen. In der nächsten Minute waren sie schon wieder da.

»Ganz hinten sind noch vier Plätze.«

»Nein, nein. Geht nur ihr dahin.«

»Kommen Sie! Da ist es viel bequemer.«

»Ich lege keinen Wert darauf. Wirklich nicht.«

»Glauben Sie denn auch, daß wir Unglück bringen?«

So bin ich doch mit ihnen gegangen. Wir schnallten uns an. Der zweite Kommandant erklärte, wie die Fallschirme funktionieren.

Und da fangen doch diese Kerle schon wieder damit an.

»Hoffentlich geht alles gut.«

»Irgendwas wird schon passieren.«

»Um diese Zeit schießen die Mörser.«

»Ich gebe dreißig Sekunden.«

Dreißig Sekunden hat er gesagt, und inzwischen waren vielleicht schon zehn Sekunden vergangen. Ich sah auf meine Armbanduhr. Es fehlten noch zwanzig Sekunden, ich schwör's.

Wieder wies ich den Gedanken zurück. Doch mit dem Blick auf die Uhr.

Noch zehn, neun, acht, sieben, sechs, fünf, vier, drei, zwei, eine, peng! Die Explosion erschütterte das Flugzeug. Völlig benommen blieben wir sitzen. Dann kam der zweite Kommandant und sagte, wir sollten Ruhe bewahren, eine Vietkong-Rakete sei auf der Piste eingeschlagen, und wir hätten nur ein paar Splitter abbekommen: Tank, Propeller, Heck. Wir müßten leider in ein anderes Flugzeug umsteigen.

Und nun stehen die drei hier. Wahrscheinlich wollen sie nach Saigon. Aber ich glaube nicht, daß der alte Marine sie in meinen Transporter läßt. Jedenfalls halte ich mich von ihnen fern. Gott, was für ein Irrenhaus! Der Krieg ist ein Irrenhaus.

Siebtes Kapitel

Du weißt, dies Tagebuch soll nur eine Erfahrung festhalten und bildet sich nicht etwa ein, den blutigen Wahnwitz des Vietnamkrieges erklären zu wollen. Du weißt auch, daß Vietnam mir nur als Mittel zu einer Untersuchung diente, die ich eigentlich auch anderswo hätte durchführen können; denn auch anderswo in der Welt brannte es, und die Menschen brachten sich gegenseitig um – im Namen einer Pflicht oder eines Traumes. Ich wählte Vietnam, weil dessen Tragödie ein Symbol ist und weil dieses Symbol in unser tägliches Leben eingedrungen ist. Man sagt Vietnam und meint Krieg und Tod. Aber in unsere Erkenntnis ist es eben nicht eingedrungen. Wir leiden und leben mit ihm, ohne es tatsächlich zu kennen; allenfalls interpretieren wir es auf der Grundlage billiger Romantik oder müßiger Vorurteile. Und, siehst du, eines der am meisten verbreiteten Vorurteile besagt, daß Vietnams Seele durch die Vietkong, und nur durch sie, zum Ausdruck gebracht werde; und daß es auf der anderen Seite der Barrikade immer nur Marionetten gebe, wie es die Propaganda aus Hanoi behauptet. Und wie Nguyen Ngoc Loan als übler Verbrecher angesehen wurde, hinter dem niemand ein vernünftiges Wesen vermutet hätte, so wurde auch General Cao Ky als schnöder Diktator angesehen, hinter dem niemand auch nur im Traume einen Menschen vermutet hätte. Ich war nach Saigon gekommen mit der ganzen Last des Hörensagens, war von der Berechtigung seines üblen Rufs zutiefst überzeugt und dachte nicht daran, zu ihm zu gehen, taub François' Vorhaltungen gegenüber, der stets sagte, du irrst dich, er verkörpert Vietnam mehr, als du denkst, und er ist den Vietkong näher, als du denkst, und wenn er ein bißchen Bildung hätte, würde er in die Geschichte eingehen. François' ideologische Unabhängigkeit ließ ihn manchmal Paradoxes von sich geben, jedenfalls schien es mir so; in gewissen Fällen wollte ich nicht auf ihn hören. Aber dann kapitulierte ich doch, als meine Zeitung ein Interview verlangte.

Das war nach meiner Rückkehr aus Da Nang, in den Tagen, als Saigon wieder in die Gewalt der Amerikaner und der Regierungstruppen zurückgekehrt war. Ruhige Tage. Nur in mir selbst rührte sich noch die Scham, nicht in Khe San gewesen zu sein. Aber ich war erlöst von den Wirren des Krieges und suchte kein Wagnis, kein Abenteuer mehr. In den Tagen dachte ich nur noch daran, ein vietnamesisches Kind zu adoptieren. Der Gedanke war mir in Hué gekommen, du weißt. Fast als hätte sich in der Dunkelheit jener beleidigten Toten ein Licht entzündet, als wollte ich durch ein gerade erst entstandenes Leben jene Orgie des Todes vergessen, der ich beigewohnt hatte. Absurd, ich weiß. Und tatsächlich zerschlug sich diese Absicht in einer grausamen Enttäuschung, und als dies Licht so plötzlich ausging, als wäre der Strom weggeblieben, dachte ich nicht mehr daran. Aber solange es brannte, schenkte es mir so etwas wie Entspannung, wie einen mir unbekannten Abstand von den Dingen. In dieser geistigen Verfassung machte ich die Bekanntschaft von Cao Ky und überzeugte mich davon, daß an François' Beurteilung überhaupt nichts Paradoxes war und wir von Vietnam so gut wie gar nichts wissen. Und zusammen mit Cao Ky sah ich auch Loan wieder, durch einen Zufall, ganz kurz. Auch das war eine aufschlußreiche Begegnung, Ankündigung dessen, was ich später, bei meiner dritten Reise, begreifen sollte, wenn François mir Pascal vor die Nase halten würde und was er über die Menschen sagt. Nun, erst diese häßlichen, verdreckten, gehaßten Generale lehrten mich, wie schwer doch der Gerechte und der Ungerechte zu bestimmen ist, und daß keiner von beiden ausschließlich gut oder böse ist. Aber gehörte nicht auch dies zu meiner Erkundung, gehörte nicht auch dies zur Frage, dir mir meine kleine Schwester in einem längst vergangenen November gestellt hatte?

7. März. In Saigon ist wieder Ruhe, und ich schwelge in dieser Ruhe. Als hätte mir jener Augenblick von Feigheit jede Lust genommen, tätig zu sein, als wäre ein Lebensabschnitt von mir zu Ende. Derek, der aus Da Nang zurückgekommen ist, ohne in Khe San gewesen zu sein, braucht mich gar nicht mehr zu trösten: »Siehst du, ich habe es nicht einmal versucht.« Ich bin plötzlich in der Seele müde und denke an Abreise. Und ich bin nur noch da, weil meine Zeitung ein Interview mit General Ky haben will und weil mich jener Gedanke festhält, der mir seit Hué im Kopf herumgeht, als ich gesehen hatte, wie sich die Kinder mit den Toten amüsierten. Ich möchte ein vietnamesisches Waisenkind adoptieren. Ich habe auch schon mit François darüber gesprochen.

»Enfin, une chose intelligente. Schließlich was Vernünftiges«, meinte er.

8. März. Sie heißt Tran Thi An. Sie hat ein hübsches Gesicht mit einem Teint wie vergilbtes Elfenbein, eine Fabrik chemischer Produkte, ein Haus voller Porzellan und Dienstmädchen. Sie kümmert sich um Adoptionen und gleicht jenen Rotkreuzdamen, die sich mit Wohltätigkeits-Tees das Himmelreich zu verdienen glauben. Ich bin wegen des Kindes zu ihr gegangen. Sie fragte mich sofort, wieviel ich verdiente und besäße, ob ich eine gute oder schlechte Katholikin wäre. Als ich ihr antwortete, ich wäre weder das eine noch das andere, machte sie eine unwillige Bewegung. Doch als ich hinzufügte, daß es in meinem Landhaus auch eine Kapelle gäbe, schien sie durchaus befriedigt, als müsse jeder Besitzer einer Kapelle automatisch auch im Besitze himmlischer Gnade sein.

»Eine geweihte Kapelle, nehme ich an.«

»Ja, Madame.«

»Und Sie gehen oft in die Kapelle, nehme ich an.«

»Nein, Madame. Aber jeder kann nach Belieben hinein.«

»Ihnen ist sicher bekannt, daß die Vietnamesen außerordentlich kinderlieb sind und ihre Kinder nur ungern weggeben.«

»Ja, Madame.«

»Besonders an Ausländer.«

»Ja, Madame.«

»Unsere Regierung teilt diese Ansicht, und ich gehöre zu den wenigen Menschen, die eine Vergabe fördern können. Allerdings unter einer Bedingung, die für unsere Regierung unumstößlich ist.«

»Und die wäre?«

»Unsere Regierung hat nichts gegen die Adoption kleiner Mädchen, gibt aber keine Genehmigung zur Adoption kleiner Jungen. Die kleinen Jungen sollen einmal ihr Land verteidigen, und die Regierung vertritt den Standpunkt, daß man unserem Land nicht die zukünftigen Soldaten wegnehmen soll.«

»Aber ein Säugling, Madame . . .«

»Wir sind im Krieg, Mademoiselle.«

»Ich verstehe, Madame.«

»Ich kann Ihnen also behilflich sein, sich ein Mädchen auszusuchen. Aber niemals einen Jungen.«

»Ein Mädchen soll mir recht sein, Madame.«

Es tut mir leid, daß ich der Regierung kein Kanonenfutter entwenden kann, aber ein Mädchen ist auch gut. Die vietnamesischen Mädchen sind hübsch und werden fast immer wunderschöne Frauen, und Schönheit kann im Leben nie schaden; sie läßt sogar mangelnde Intelligenz verzeihen. Tran Thi Ans Waisenhaus ist in Go Vap, morgen früh will ich dort meine Tochter suchen. Ob ich sie erkenne? Ob sie mich erkennt? Ich habe nur diesen einen Gedanken, während François und Felix darüber sprechen, daß Johnson vom amerikanischen Kommando vor die Entscheidung gestellt wurde, die Städte oder das Land zu verteidigen.

»Generalstabschef Earl Wheeler hat dieses Problem nach Washington gebracht. Die Städte und das Land gleichzeitig zu verteidigen, scheint in der Tat unmöglich. Westmoreland hat dazu nicht genug Leute.«

»Sechshunderttausend Amerikaner sind nicht genug? Wenn das keine Meldung gibt, François!«

»Natürlich. Damit können wir einen Leitartikel machen. Verstehst du, dieses Dilemma muß man mit politischen, nicht mit militärischen Überlegungen lösen. Sind die Nordvietnamesen für die leninistische Theorie, daß die Revolution in den Städten ausbricht, oder sind sie für die maoistische Theorie, daß die Revolution vom Lande kommt und von dorther in die Städte dringt?«

Mich interessiert das überhaupt nicht. Mich interessiert heute abend nur sie. Wenn ich sie habe, brauche ich nicht auf mich schießen zu lassen, um mich lebendiger zu fühlen. Wenn ich sie habe, werde ich gar nicht erst in die Versuchung kommen, mich nach Khe San oder an Orte, die so sind wie Khe San, zu begeben. Wenn ich sie habe, werde ich mich nicht schämen, auf einem Flugplatz davongelaufen zu sein, wo ich auf einen Transporter voller Sprengstoff gewartet hatte. Und ich werde sie lehren . . .

Die Stimmen von François und Felix überschneiden, überlagern, vermengen sich.

Qu'est-ce que tu penses, François? Tu crois, qu'ils vont choisir la théorie léniniste ou la théorie maoiste?«

»La théorie maoiste, je dirais.«

»Oui, mais enfin: la théorie léniniste a été bien appliquée ici, n'est-ce pas?«

»Et toi? Qu'est-ce que tu penses, toi?«

Ich denke, ja, ich denke, daß ich sie lehren werde, Leichen nicht als Spielpuppen anzusehen. Ich denke, ja, ich denke, daß ich sie lehren werde, diese Toten zu vergessen: erschossen im Namen einer leninistischen, maoistischen, kapitalistischen Theorie .

9. März. Da war diese schmutzige kleine Straße, nichts als Trümmerschutt und die Menschen, die uns mißgünstig ansahen, weil wir gut angezogen waren, und da war dann dieses kleine grüne Tor mit Vorhängeschloß. Die reiche Dame, die mich in Vertretung von Tran Thi An begleitete, drückte auf die Klingel, und eine vietnamesische Nonne erschien, alt, fett, feindlich. Die beiden wechselten ein paar Worte. Dann machte die Nonne sofort das Schloß auf und das kleine grüne Tor. Sie ließ mich in ein Zimmer treten und fragte mich:

»Wie alt soll es sein?«

»Nun, nicht allzu klein, Schwester. Es hätte immerhin eine lange Reise vor sich.«

»Drei Monate. Gut?«

»Aber nein! Ich wüßte nicht, wie ich einen Säugling aufziehen soll.«

»Also sechs Monate?«

»Nein, Schwester, nein. Mindestens ein Jahr oder anderthalb. Es müßte schon anfangen, allein zu essen.«

»Bitte, kommen Sie.«

Es war, als führte sie mich zum Kauf eines Hundes oder eines Kalbes. Sie gab sich ganz wie ein Händler, der zwar an einem Verkauf nicht sonderlich interessiert ist, sich aber doch dazu bereit finden könnte, falls du ihm einen guten Preis zahlst. Mit diesem Gehabe ging sie vor uns eine Treppe hinauf und dann auf eine Terrasse, wo in langer Reihe schmutzige Wiegen standen. Sie schritt die Reihe rasch ab und schlug mit der Hand auf jede einzelne Wiege.

»Das da? Das? Das?«

In jeder Wiege lag ein winziges nacktes Wesen, unweigerlich verunstaltet von irgendeiner eiternden Krankheit oder von Napalm-Verbrennungen.

»Das? Das? Das?«

Als die Nonne in der Mitte angekommen war, wurde sie ungeduldig. Sie packte ein kleines Ungetüm mit einem riesigen Kopf voller Pusteln und Schwären und warf es mir zu wie ein Bündel.

»Ist Ihnen das recht?«

Da mischte sich Tran Thi Ans Adjutantin ein.

»Trop petit, trop petit.«

Murrend legte die Nonne das Kind wieder in die Wiege und führte uns weiter. Da gab es einen elenden Raum, kaum größer als eine Toilette. Mitten auf dem Boden stand ein Napf mit gekochtem Reis. Darum herum hockten zehn Kinder im Alter von ein bis zwei Jahren und schaufelten sich den Reis mit hohlen Händchen in den Mund. Sie schienen weniger krank und weniger verbrannt zu sein, aber du hättest sie nicht für Kinder gehalten, sondern für Alte, die ein teuflischer Zauber auf Kindergröße zusammengeschrumpft hatte. Auf den runzligen Händchen traten die Adern hervor, an ihren Wangen hing die Haut so schlaff herunter wie bei Achtzigjährigen. Ich beugte mich zu ihnen hinab. Zwei traurige Mandelaugen sahen mich an. Zwei magere Fingerkuppen liebkosten mein Knie. Und mitten in dem ganzen Wirrwarr spürte ich, daß es dies sein könnte.

»Bist du's?« fragte ich.

Die traurigen Augen lächelten mich an.

»Willst du's sein? Komm!«

Doch in dem Augenblick entrissen es mir zwei zornige Hände, und eine Stimme keifte mir ins Ohr:

»Das ist ein Junge! Sehen Sie das nicht? C'est un garçon! Un garçon!«

»Ja, ich sehe es.«

»Also! Er soll fürs Vaterland kämpfen!«

Als hätte der kleine Junge es verstanden, stieß er einen Schrei aus. Aber einen so durchdringenden, für seinen winzigen Körper so maßlosen Schrei, daß Tran Thi Ans Adjutantin rot anlief. Und nach diesem ersten Schrei stieß er noch einen zweiten und einen dritten und einen vierten aus, bis ihn alle andern schließlich nachahmten und mit ihm gemeinsam schrien oder weinten oder trampelten mit einer Verzweiflung, die bewußt zu sein schien, und je mehr die Nonne sie zu beruhigen suchte, um so mehr wuchs die Verzweiflung, stieg in die Höhe, verdichtete sich wie zu einer Wolke. Und die Wolke quoll aus dem elenden Raum, hüllte die Terrasse ein, wo jetzt auch die Säuglinge wimmerten und plärrten, und sie zog die Treppe hinunter und drang in den Hof, wo dreißig oder vierzig Kehlen sich diesem Konzert, ja, diesem Protest anschlossen. Eine halbe Stunde verging, ehe wieder Ruhe einkehrte und ich weitersuchen konnte. Aber jetzt war es ein vergebliches Suchen. Ich konnte sie nicht mehr unterscheiden. Weil es so viele waren wie die Toten von Hué, und obwohl ein jedes anders aussah, so glichen sie sich doch alle wie die Toten von Hué, und sie unterscheiden zu wollen, wäre gewesen, wie Farbe im Dunkeln unterscheiden zu wollen.

»Gehen wir, ich bitte Sie«, sagte ich zu meiner Begleiterin.

»Schon?«

»Wir kommen morgen wieder. Ich bitte Sie.«

Und ich zog sie fort. Und währenddessen unterschieden meine Augen wieder die Farben. Und unter diesen Farben war auch ein rundes Gesichtchen, das mich mit beharrlichem Interesse ansah.

»Wollten wir nicht gehen, Mademoiselle?«

Unter dem Gesichtchen eine große Schleife, unter der Schleife ein kariertes Schürzenkleidchen mit langen Ärmeln. Sie saß auf einem Stein, die Schultern an der Wand. Vielleicht drei Jahre alt. Ein geheimnisvolles Rufen ging von ihr aus.

»Gehen wir, Mademoiselle. Ich habe ein Taxi gestoppt!«

Das Rufen kam vor allem aus den Augen, die glänzend waren und schwarz und ernst. Dann ging es auch vom Mund aus, der winzig war und verschlossen und stolz. Und schließlich ging es auch von ihrer Haltung aus: eine Würde, die bei einem so kleinen Mädchen ziemlich absurd erschien. Die Art zum Beispiel, wie sie den Kopf trug. Oder die Art, wie sie die Beine geschlossen hielt. Oder die Art, wie sie sich von den anderen distanzierte.

»Mademoiselle, das Taxi kann nicht warten.«

»Ich komme.«

Sie machte den Eindruck, als fordere und erwarte sie nichts. Sie war eben anders. Und ich hätte schwören können, daß sie an dem Konzert aus Schluchzen und Schreien nicht beteiligt war.

»Mademoiselle, wenn Sie wollen, schicken wir das Taxi wieder weg.«

»Nein, nein, ich komme.«

Als ich in das Taxi einstieg, bewegte sie sich fast unmerklich. Einen Augenblick lang dachte ich, sie würde aufstehen und auf mich zulaufen. Aber sie stützte sich nur fester an die Wand, ohne die Arme zu bewegen. Und sah mich immerfort an, die Lippen kaum geöffnet.

»Aber wenn Sie bleiben wollen ... Nicht wahr, Schwester?«

»Oui, oui«, erwiderte die Nonne.

Mit ihrem Geschäftssinn hatte sie schon begriffen, daß vielleicht ein Wunder geschehen und der Handel doch noch perfekt werden könnte. Das ließ sie freundlich werden.

»Avez-vous trouvé quelque chose qui vous plaît? Haben Sie *etwas* gefunden, das Ihnen gefällt?«

Vielleicht war es dieser Satz, der mich abhielt, dieser Ton einer Händlerin. Oder vielleicht war es auch das kleine Mädchen selbst, ich weiß es nicht. Jedenfalls blieb ich wie gelähmt sitzen, die Hand noch an der halboffenen Tür. Das heißt, ich wollte aussteigen, doch mein Körper gehorchte mir nicht. Da zog ich die Tür zu, das Taxi fuhr an, und ihr Bild entschwand aus dem Auto fenster. Wie eine Erscheinung.

Das war um die Mittagszeit. Jetzt ist es fünf Uhr nachmittags, und ich denke immer noch daran. Ich möchte zurück, aber die Ausgangssperre in Go Vap beginnt schon um fünf. Und wenn ich den kleinen Ausweis benutzte, der mir Ausgang bis acht Uhr erlaubt? Nein, das wäre lächerlich, und ich würde nur Gefahr laufen, von Loan verhaftet zu werden. Ich will ein andermal wieder hin, und das ist bestimmt besser so. Dieses kleine Mädchen macht mir angst. Weißt du, die gleiche Angst, die man am Anfang einer Liebe spürt, wenn wir die Schmerzen schon ahnen, die sie uns bringen wird, und die Vorsicht uns gebietet, um sie herumzugehen, ohne ihr zu nahe zu kommen, doch dieses Herumgehen erfolgt spiralenförmig, immer näher und näher heran, du weißt genau, daß du am Ende hineinstürzt und einen jeden Augenblick der Freude mit tausend Schmerzen bezahlst.

Nachts. Morgen kann ich nicht hin. François hat mir ein Interview mit General Ky verschafft. Um elf Uhr. Und es scheint ganz interessant zu werden. Heute abend habe ich Auskünfte über Ky eingeholt und dabei die tollsten Dinge erfahren. Wer hätte jemals gedacht, daß Südvietnams bekanntester Mann, dem die Amerikaner alle Macht gegeben haben, in Wirklichkeit ein ehemaliger Playboy ist wie aus einem Musical? Bis vor drei Jahren, so erzählt man mir, war er nur bekannt wegen der Frauen, die er hatte, wegen des Whiskys, den er trank, wegen der Night Clubs, die er besuchte. Und er trug immer diese Uniform, die nicht feldgrau ist, sondern schwarz, und ein rosa Seidentuch um den Hals. Es heißt, er sei abergläubisch, habe ein blindes Vertrauen in die Horoskope, sei ganz verrückt auf Hahnenkämpfe. In seinem Haus in Than Son Nhut züchte er ein gutes Hundert Hähne, und um auch anderswo dieses grausame Schauspiel zu genießen, sei er imstande, über halb Vietnam zu fliegen und sich ohne Bewachung in Vietkong-Gebiete zu begeben. Nur sehr wenige sagen Gutes über ihn, und wenn überhaupt, dann erzählen sie dir, daß er gewisse Dummheiten nur aus Kummer mache, weil ihn seine erste Frau, eine Französin, betrogen habe und mit vier Kindern habe sitzenlassen, die er jener Entraineuse anvertrauen mußte, mit der er sich dann zusammentat; aber trotzdem sei er ein guter Vater, und er habe seine zweite Frau nur geheiratet, um seinen Kindern eine Mutter zu geben und so weiter. Einzelheiten, die einen nicht recht überzeugen, wenn man erfährt, daß seine liebsten Filme die mit James Bond sind, daß er sich nur Schallplatten mit Beatles-Songs anhört und Brahms zum Einschlafen, und daß er schließlich noch kein gutes Buch gelesen hat. Seine Bibliothek enthält nur Krimis. Einmal besuchte ihn François in seinem Büro im Palast der Unabhängigkeit und entdeckte zwischen zwei Krimis eine Bibel auf seinem Schreibtisch. »Meinen Glückwunsch, ich sehe, du widmest dich jetzt der guten Lektüre«, sagte er zu ihm. Daraufhin Ky: »Die hat mir gerade ein Geistlicher gebracht.« Und er nahm die Bibel und warf sie in den Papierkorb.

Und doch nimmt ihn François in Schutz. Er sagt immer wieder, daß er Vietnam besser zum Ausdruck bringe und auch den Vietkong näherstehe, als man glauben würde. »Mit gutem Grund fürchtet er, von den eigenen Leuten und nicht von den Vietkong umgebracht zu werden. Er sagt immer: ›Ich weiß, daß jemand versuchen wird, mich umzubringen, aber dieser Jemand wird kein Kommunist sein.‹ Du wirst viele Überraschungen erleben, wenn du mit ihm sprichst; bei all seiner Unwissenheit ist er ein echter Sozialist, und er glaubt ebenso an ein unabhängiges Vietnam wie die Leute von der Nationalen Front.« Nun, das wird wieder eines von François' Paradoxa sein. Immerhin vergaß er, mir zu sagen, daß Cao Kys bester Freund Nguyen Ngoc Loan ist.

10. März. Je mehr ich daran denke, um so unwahrscheinlicher kommt es mir vor. Und je unwahrscheinlicher es mir vorkommt, um so mehr überzeuge ich mich davon, daß man nichts voraussehen kann, auch nicht unsere eigenen Reaktionen. Alles hätte ich mir träumen lassen, nur nicht, daß ich ihm noch einmal die Hand geben würde. Das geschah so: Ich war in Kys Vorzimmer im zweiten Stock des Regierungspalastes und wartete seit zwei Stunden, daß er mich zu empfangen geruhe. Um nicht dem Stumpfsinn zu verfallen, ging ich nervös im Korridor hin und her und starrte unverwandt auf die Tür, und plötzlich öffnete sich die Tür, eine Gruppe vietnamesischer Offiziere trat heraus. Unter ihnen ein Männlein in Zivil: graues Sakko, graue Hose, Hemd ohne Krawatte. Ich sah genauer hin, denn es ist selten, hier drinnen einem Zivilisten zu begegnen. Und wer ist er? Er, General Loan. Ich erstarrte, und schon wollte ich mich zurückziehen. Doch er hatte mich gesehen, verzog seinen abscheulichen Mund zu etwas, das ein Lächeln sein sollte, kam mit ausgebreiteten Armen auf mich zu. Und sagte freudig: »Bonjour! Ça va?«

François, dem ich diese Geschichte erzählte, ist wie vom Teufel besessen. Er stürzt von einem Schreibtisch zum andern, lehnt sich daran, stößt sich mit einem Ruck wieder ab, schüttelt den Kopf, hört mir erst ernsthaft zu, und dann feixt er. Und stellte mir zum drittenmal dieselbe Frage:

»Und was hast du gemacht?«

»Das habe ich doch schon gesagt. Gar nichts. Was hätte ich denn machen sollen? Ihn anspucken? Um Hilfe rufen? Ich befand mich doch in der Höhle des . . .«

»Du hättest ihm den Rücken zukehren sollen.«

»Gut, ich habe es nicht getan. Ich bin stehengeblieben und habe ihn angesehen. Verwundert. Nicht, weil er in Zivil war, er sieht so komisch aus in Zivil, sondern weil er so freudig, so herzlich war. Und habe geantwortet: ›Ça va.‹«

»Hm. Und dann?«

»Ich hab's dir doch schon gesagt, François. Dann hat er mich fast umarmt. Und hat mir die Hand gereicht.«

»Und du hast sie ergriffen?«

»Nein, umgekehrt. Er hat meine Hand ergriffen, ich sag's dir zum zweitenmal. Er hat nach meiner Rechten gefaßt, hat sie aufgenommen, hat sie gedrückt. So war's.«

»Und du hast dir die Hand drücken lassen. Wie von einem guten Kumpel.«

»Ich habe sie mir drücken lassen, das ist alles. Wortlos. Ich war verblüfft. Er schien gar nicht der Loan zu sein, wie man ihn kennt. Er war fast sympathisch.«

»Ach!«

»Ich schwör's. Meine Kälte war ziemlich aggressiv, aber er achtete nicht darauf. Und er bat mich um Verzeihung wegen der Verspätung mit Ky. Und erklärte, da sei eine unvorhergesehene wichtige Besprechung der Generäle gewesen.«

»Und du warst so gerührt, daß du ihn gar nicht gefragt hast, wieso er einen gefesselten Menschen umgebracht hat. Du bist mir eine Journalistin! Was fehlte denn noch? Er war da, und du warst da. Du hättest ihn fragen müssen: Warum hast du einen gefesselten Menschen umgebracht?«

»Das wollte ich ja. Aber ich hab's nicht fertiggebracht.«

»Warum nicht?«

Weil, ja ... François will nicht verstehen. Also, weil ich wie von einem Mitleid ergriffen wurde. Es wäre so einfach gewesen, nicht wahr, ihm diese Frage zu stellen. Ich hatte alle Muße dazu, und keiner hörte mit. Aber er war so schutzlos, er brauchte so nötig einen Menschen, der ihn nicht anspuckte. Es schien, nun, es schien, als hielte er es nicht mehr aus, allein oder zusammen mit den anderen Wölfen zu leben. Es schien, nun ... Ich habe einmal eine Geschichte von einem hinkenden Wolf gelesen, den die andern Wölfe nicht mehr bei sich haben wollten. Und da ging er nachts auf Hundesuche aus. Aber nicht, um die Hunde zu zerreißen, sondern um in ihrer Gesellschaft zu sein. Und die Hunde leisteten ihm Gesellschaft. Und sie bellten nicht und waren es zufrieden.

»Was soll ich dir sagen, François? Er war wie jener lahme Wolf.«

»Literatur. Blödsinn. Er hat doch seine beiden Beine. Und das kann ich dir sagen, er müßte mindestens eines verlieren, aber tatsächlich verlieren, ehe er mir noch einmal die Hand drücken dürfte. Du hast dich falsch benommen.«

Vielleicht habe ich mich wirklich falsch benommen. Aber warum sucht er dann immer noch nach dem Beweggrund für diese Ermordung? Wenn man jemanden völlig ablehnt, sucht man doch nicht erst nach dem Grund für seine Schuld. Das tut man nur, wenn man ihn nicht völlig ablehnt.

Ich muß erst wieder zu mir finden, ehe ich schreibe, wie es anschließend bei Ky gewesen ist.

Abends. Nach meiner Begegnung mit Loan betrat ich also das Riesenzimmer, in dem sich zwei Sofas befanden, eine Vase mit Blumen, eine Fahne und ein Schreibtisch voller Telefone. Cao Ky stand am Fenster und hatte mir den Rücken zugewandt. Als er mich kommen hörte, drehte er sich um und kam auf mich zu, doch ohne Lächeln, ohne jede Geste der Zuvorkommenheit. Gelassen gab er mir die Rechte, kühl forderte er mich auf, Platz zu nehmen. Dann setzte auch er sich aufs Sofa und sah mich an. Ich sah ihn ebenfalls einige Sekunden lang an, und ich muß gestehen, daß er keinen irgendwie besonderen Eindruck auf mich machte. Er sieht aus wie die meisten Vietnamesen, ist nicht groß und nicht klein, nicht dick und nicht dünn, nur sein Schnurrbart, schwarz in dem bernsteinfarbenen Gesicht, unterscheidet ihn von den andern. Sein Gesicht ist unsympathisch, verschlossen in einem traurig-arroganten Ausdruck, sein Blick fest, aber voll düsterer Melancholie. Der Blick eines Mannes, würde man sagen, der jeden Augenblick einen Dolchstoß ins Herz erwartet und wohl bereit ist, sich zur Wehr zu setzen, aber resigniert hat. Und deshalb, glaube ich, brach ich als erste das Schweigen und fragte ihn sofort: »General Ky, man erzählt sich erstaunliche Dinge über

Sie, doch am erstaunlichsten ist zweifellos der Satz, den Sie selbst ausgesprochen haben: ›Ich weiß, daß jemand versuchen wird, mich umzubringen, aber dieser Jemand wird kein Kommunist sein.‹«

Er zuckte mit keiner Wimper.

»Richtig. Es wird jemand sein, der auf dieser Seite der Barriere steht und für den ich sehr viel unbequemer bin als für die Kommunisten. Denn auf dieser Seite bin ich der einzige, der unumwunden zugibt, daß er einem machtlosen, unfähigen und korrupten Regime angehört, das von Demokratie nur den Namen hat. Ich bin auch der einzige, der offen ausspricht, daß die Amerikaner nicht hier sind, um uns zu verteidigen, sondern um ihrer eigenen Interessen willen, um eine neue Art von Kolonialismus zu errichten. Die Amerikaner machen das immer so: sie kommen mit der Ausrede, helfen zu wollen, und bleiben dann als Herren, als Kolonialisten. Die Regierung, die sie in Südvietnam haben wollten und der ich ja selbst angehöre, vertritt mein Volk nicht. Die von den Amerikanern erzwungenen Wahlen, die mich zum Vizepräsidenten gemacht haben, sind eine Farce gewesen. Das Volk hat aus Angst gewählt und aus Unwissenheit. Wozu das Gerede von Exekutivgewalt und Legislativgewalt und Freiheit der Meinungsäußerung, wenn das primäre Bedürfnis eine Schale Reis ist, damit die Menschen überleben können? Man braucht hier nur aufs Land zu gehen und das Wort ›wählen‹ auszusprechen, und sie antworten mit dem Wort ›essen‹. Man spricht von Demokratie, und sie antworten, daß sie Gerechtigkeit wollen . . .«

Obwohl mich François schon vorbereitet hatte, traute ich meinen Ohren nicht, und einmal dachte ich sogar, er würde mich zum Narren halten. Ich mußte mich zwingen, ihm abzunehmen, daß er tatsächlich glaubte, was er sagte, und so brachte ich fast stotternd heraus: »Aber General, das sind ja die Ansichten eines Revolutionärs!«

Wieder zuckte er mit keiner Wimper.

»Das bin ich ja doch. Was Südvietnam braucht, ist eine große Revolution, die man derjenigen in Nordvietnam entgegensetzen kann. Ich fürchte mich nicht vor dem Wort Sozialismus, aber die Amerikaner nehmen es in den Mund, als wäre es ein Schimpfwort, der Gegensatz zum Wort Freiheit. Freiheit wovon? In Vietnam braucht man heute nur eine Freiheit, nämlich die Freiheit von der Not; und die Freiheit, wie ihr sie in eurer Welt versteht, ist ein Luxus, der uns im Augenblick nicht interessiert. Laßt uns erst ein Land schaffen, wo man nicht vor Hunger stirbt, dann können wir uns unterhalten über Freiheit der Meinung, der Rede und so weiter. Man hält mir entgegen, das sei Marxismus. Wer ist Marx? Marx, Engels ... ich kenne sie nicht. Ich habe sie nie gelesen. Das sind Bücher für Weiße, drüben in Europa geschrieben, aber ich bin ein Gelber und gehöre Vietnam. Was für sie gut ist, kann nicht für mich gut sein; und außerdem sind das Theoretiker. Ich aber will meine Zeit nicht mit Theorien verlieren. Oder Kant, wer ist dieser Kant? Es heißt, er habe vor Engels gelebt und vor Marx, und alle drei hätten sie herausgefunden, daß die Armen nicht arm sein dürfen. Und auch ihn hätte ich lesen müssen, heißt es. Wann denn? Ich ging zur Schule, bis ich achtzehn war, also bis mich die Franzosen in den Krieg schickten. In der Schule erzählten sie mir nichts von diesem Kant, und ihn selbst zu entdecken hatte ich keine Zeit, weil sie mir nachher Flugunterricht gaben, und so mußte ich fliegen. Aber was soll das alles? Mein Land war früher schon einmal geteilt wie jetzt. Und vereinigt hat es ein unwissender Bauer.«

Da sagte ich ihm, er könne schon recht haben. Doch hätte er jene Bücher gelesen, würde er selbst merken, daß er wie die Vietkong redete, gegen die er ja Krieg führte. Und ich fragte ihn: »General, warum kämpfen Sie gegen die Kommunisten?«

Langes Schweigen. Dann diese Antwort:

»Also, jetzt glaube ich, muß man doch dieses Wort Freiheit zitieren. Aber ich weiß nicht, wie ich mich verständlich machen soll ... Vielleicht so: Ich kann die Katholiken nicht leiden, und die Kommunisten sind den Katholiken so ähnlich. Blindlings und fanatisch folgen sie der Partei, als wäre die Partei eine Kirche, selbst wenn der einzelne und sein Gefühl dabei kaputtgeht. Aber was soll ich mit einer Gesellschaft, wo der Mensch gezwungen wird, ein Werkzeug der Partei oder der Kirche zu sein? Eben das mache ich den Kommunisten zum Vorwurf, nicht die Verteilung der Güter. Ich bin einer Meinung mit den Kommunisten, wenn sie das Land einem Reichen wegnehmen, um es einem Bauern zu geben, der von dem Reichen ausgebeutet wurde. Und ich bin auch einer Meinung mit ihnen, wenn sie dem Bauern ein Gewehr in die Hand drücken und sagen: Geh jetzt, und kämpfe für ein besseres Leben ...«

»Aber General«, rief ich, »sind Sie sich denn bewußt, daß Ho Tschi Minh eben das sagt? Sind Sie ganz sicher, daß Sie nicht auf der falschen Seite stehen? General, warum sind Sie überhaupt in dieser Regierung, die Sie als widerrechtlich und korrupt bezeichnen?«

Und er:

»Ja ... wissen Sie ... Wäre ich vor zehn oder zwanzig Jahren Ho Tschi Minh begegnet und hätte diese Bücher gelesen, dann ... ich meine ... dann stünde ich heute vielleicht auf seiner Seite. Aber was wäre ich? Ein folgsamer kleiner Funktionär, untergetaucht in den Kadern der Kommunistischen Partei wie Tausende anderer. Von ihnen abgekanzelt und gleichgeschaltet. Und nichts würde ich ausrichten können. Aber hier bin ich Nguyen Cao Ky, ein politischer Führer, und kann etwas ausrichten. Oder zumindest versuchen. Denn wenn es richtig ist, daß eine Schwalbe noch keinen Frühling macht, wie es in Vietnam heißt, so ist es doch ebenso richtig, daß eine Schwalbe den Frühling ankündigt. Gewiß ... auf der anderen Seite der Barrikade wäre alles viel leichter für mich gewesen. Wahrscheinlich wäre ich auch weniger unglücklich. Aber dann hätte ich nicht von meiner Revolution träumen können. Und wenn Sie mich jetzt fragen, ob ich gern mit Ho Tschi Minh sprechen würde ... dann antworte ich Ihnen: ungern. Denn im Grund interessiert er mich nicht, er gehört zu einer anderen Generation. Ja, gewiß, er ist ein guter Führer. Aber er ist alt. Er ist über siebzig, und ich bin siebenunddreißig. Was hätten wir uns schon zu sagen? Nicht, daß ich keine Achtung vor dem Alter hätte. Ich stamme aus einem Dorf, wo man sehr viel für die Verehrung übrig hat und wo man sich vor Vätern, Großvätern, Onkeln stets verneigt. Aber wenn es um Revolution geht, um soziale Gerechtigkeit, um Zukunft, dann haben uns die Alten nichts mehr beizubringen. Soll eine Nation aufgebaut werden, darf man nicht auf die Alten hören. Man wiederholt sonst nur ihre Fehler.«

Hier kam ein Untergebener und sagte ihm irgend etwas. Ky erhob sich und verabschiedete sich, er müsse das Gespräch leider abbrechen, an einem der nächsten Tage könnten wir uns ja noch einmal sehen. Ich hoffe es. Und dabei sage ich mir, daß wir von Vietnam nicht das mindeste begriffen haben, nicht die Linken und nicht die Rechten und nicht die von der Mitte, und daß unser liberales Gewissen schon gar nichts begriffen hat. Sie hassen sich nicht, auch wenn sie sich zerfleischen. Uns hassen sie, die wir sie aufhetzen, sich gegenseitig zu zerfleischen im Namen unserer weißen Haut und unserer dreckigen Interessen. Im Namen einer Zivilisation, die sich als überlegen bezeichnet, weil sie die größeren Bomben fabriziert, überfielen wir ihre Reisfelder, korrumpierten wir ihr Gewissen, zerstörten wir ihre Städte, teilten wir sie schließlich in zwei. Du bekommst den Norden, ich bekomme den Süden. Und merkten nicht, daß im Norden derselbe Wind weht wie im Süden, dieselben Träume geträumt werden von Unabhängigkeit und Freiheit und Gerechtigkeit, und bedachten nicht, daß man gegen die Geschichte nicht mehr und nicht minder angehen kann wie gegen die Natur. Er ist beileibe nicht dumm, dieser

Cao Ky; auf dieser Seite der Barrikade ist er trotz seiner seidenen Halstücher, seiner Krimis, seiner Unwissenheit doch der einzige, dem man zuhören kann. Ich muß ihn unbedingt wiedersehen.

11. März. Ich habe den Tag verloren in dem Versuch, einen neuen Termin mit Ky zu bekommen, und so hatte ich auch heute keine Zeit, nach Go Vap zurückzukehren. Doch die Augen dieses kleinen Mädchens haben mich nicht losgelassen, und zeitweilig legten sie sich in absurder Weise über Kys Augen. Dann über Loans Augen. Allesamt so glänzend, schwarz und freudlos. Vietnams Augen.

12. März. Ich bekam noch keinen neuen Termin für Ky, dafür lernte ich seine Frau kennen. Sie hat mich zum Tee eingeladen in ihre Villa in der rue Cong Ly, wo sie jetzt wohnen. Ihr Haus in Than Son Nhut mußten sie aufgeben, weil es von Mörsergranaten halb zerstört ist und praktisch mitten im Vietkong-Gebiet liegt. Die Villa ist von einer riesenhohen Mauer umgeben und wird von mehreren Dutzend MGs beschützt, aber auch das genügt nicht für die nächtlichen Angriffe, und so begibt sich die Familie Abend für Abend in den Unabhängigkeits-Palast und schläft dort auf Matratzen, die auf dem Boden liegen. »Wir kampieren wie die Soldaten«, sagt sie. »Sie müßten einmal sehen, wie gut die Kinder gelernt haben, sich beim ersten Revolverschuß unter den Matratzen zu verkriechen. Sie haben schon gar keine Angst mehr.«

Frau Ky ist eine blühende Siebenundzwanzigjährige mit einem Gesicht wie Porzellan, grazil wie eine Binse. Sie kleidet sich in europäischer Manier nach Cardin und ist immer frisiert und parfümiert und geschminkt, als würde sie gerade ins Theater gehen. Die ehemalige Mathematikstudentin der Universität Natrang arbeitete als Hostesse bei der Air Vietnam und begegnete Ky in einem Flugzeug nach Bangkok. »Er lud mich gleich zum

Abendessen ein, und ich nahm unter der Bedingung an, daß er die ganze Besatzung einladen würde. Das gefiel ihm, in gewissen Dingen ist er nämlich altmodisch, und nach diesem Abendessen mußte ich unbedingt seine Kinder kennenlernen. Er sagte mir sehr bald, daß er nicht nur eine Frau haben wolle, sondern auch eine Mutter für seine Kinder, und daß er mich nur heiraten würde, wenn ich sie wie meine eigenen Kinder lieben könne. Jetzt haben wir noch ein Mädchen bekommen, Duyen. Und wer ihn für böse hält, der müßte ihn im Kreise seiner Familie sehen. Oh, ich weiß schon, auch ein Böser kann ein guter Ehemann und Familienvater sein, aber zeigt ein Mann seinen wahren Charakter nicht erst zu Hause? Die Macht und der Krieg lassen ihn immer anders erscheinen.« Sie sagt das alles mit großer Sanftheit, und wenn man ihr zuhört, fragt man sich, ob nicht doch etwas Wahres an dem Bild sei, das sie von ihrem Mann entwirft. Auch Nguyen Van Sam, der Terrorist, war gut. Er liebte Frau und Kind, ein Wiegenlied konnte ihn rühren, und dann bastelte er Clymores, füllte sie mit einer Menge kleiner Eisenstücke, brachte die Menschen zu Dutzenden um.

14. März. Ich habe ihn wiedergesehen. Gestern nachmittag, nachdem ich in dieser Villa in der rue Cong Ly einen halben Tag gewartet hatte. Er kam mit bewaffneter Begleitmannschaft, lief auf die Kinder zu und umarmte sie, warf sich dann auf ein Sofa und meinte: »Ich bin so müde!« Er schien weniger müde als vielmehr niedergeschlagen zu sein, keine Spur mehr von Arroganz, von Härte. Während er sprach, hielt er Duyen in seinen Armen und duldete es, daß sie ihm die Fingerchen in Nase und Augen steckte. Ich schämte mich fast, ihm diesen Augenblick der Ruhe und Zärtlichkeit zu stehlen. Hier ist mein Gespräch mit ihm:

»General Ky, gesetzt den Fall, Sie würden eines Tages in Ihren Hoffnungen getäuscht, Sie würden eines Tages merken, daß Sie Ihre Revolution, Ihren Sozialismus nicht verwirklichen können, mit anderen Worten, Sie müßten einsehen, daß Sie sich auf die falsche Seite geschlagen haben, wären Sie dann bereit, zusammen mit Ihren jetzigen Feinden noch einmal von vorn anzufangen?«

Er antwortete, ohne zu zögern.

»Nein. Wenn ein Mann sich für ein Ideal entscheidet, beziehungsweise für einen Weg, um dieses Ideal zu verwirklichen, dann muß er auch diesen Weg bis ans Ende gehen. Sollte ich einmal merken, daß ich mich für den falschen Weg entschieden habe, würde ich lieber sterben. Ich weiß genau, daß meine Entscheidung keine bequeme ist, sondern sehr viel Mühe kostet. Und ich weiß auch genau, daß ich mit den Kommunisten gemeinsame Träume habe, gemeinsame Objektive, gemeinsame Ziele. Aber ihr System ist nicht das richtige, und weil ihr System nicht das richtige ist, bekämpfe ich sie. Was hätte es da für einen Sinn, zu ihnen zu gehen? Lieber würde ich mich umbringen. Sehen Sie ... in Vietnam gibt es ein Sprichwort: Siegst du, wirst du König, verlierst du, schlagen sie dir den Kopf ab. Wenn sie mir den Kopf abschlagen, kann ich's auch nicht ändern, aber ich habe wenigstens den Versuch unternommen, König zu werden. Übrigens ist noch lange nicht gesagt, daß sie mir den Kopf abschlagen werden, denn die Armen sind auf meiner Seite, die Bauern. Mit ihnen muß ich rechnen, nicht mit den Bürgerlichen, mit den Intellektuellen.«

»General Ky, reden wir einmal nicht von Systemen und Ideen, reden wir von den Menschen. Diese Vietkong, deren Sprache Sie sprechen und die Sie trotzdem bekämpfen ... sind Sie imstande, sie als Brüder zu betrachten?«

»Ein Bruder ist ein Mensch, der an meiner Seite steht, wenn ich traurig bin und wenn ich glücklich bin. Ein Bruder ist ein Mensch, der so denkt wie ich. Aber die Vietkong denken nicht wie ich. Sie sprechen meine Sprache, sie haben mein Blut, doch sie schießen ebenso auf mich, wie ich auf sie schieße. Ich weiß, eines Tages werden sie nicht mehr auf mich schießen, und ich werde nicht mehr auf sie schießen, und dieser Tag wird auch kommen: das wiedervereinte Vietnam. Aber bis dahin dürfen Sie nicht von mir verlangen, daß ich sie lieben oder beweinen soll, dieses Privileg überlasse ich euch Europäern, die ihr so vernarrt seid in die Vietkong. Wenn man euch hört, ist alles gut, was sie machen, und alles schlecht, was wir machen. Sie sind die Guten, wir die Bösen, wie in den Wildwestfilmen. Ich habe noch nicht begriffen, ob das nur Gefühlsduselei von euch ist oder ganz einfach Dummheit.«

»Respekt ist es, General. Respekt vor ihrem Mut, vor ihrem Vertrauen. Sie werden doch zugeben, daß man viel Vertrauen und Mut braucht, um barfuß gegen die Panzer vorzugehen.«

»Wer bestreitet denn, daß sie Mut haben? Natürlich haben sie Mut, sie sind Vietnamesen. Haben meine Soldaten vielleicht keinen Mut? Habe ich vielleicht keinen Mut? Ich kann kämpfen wie ein Vietkong, das habe ich bewiesen. Ich habe auch keine Angst vor dem Sterben; kein Vietnamese fürchtet sich vor dem Sterben. Wir nehmen den Tod ebenso hin wie das Leben, wie die Tatsache unserer Geburt. So sind wir in Vietnam. Bei der Tet-Offensive haben die Südvietnamesen alles andere als schlecht abgeschnitten, und wenn diese Offensive gescheitert ist ... Die Vietkong sind geschlagen worden, weil sie euch Weißen vertraut haben. Seit Jahren bezeichnet ihr uns als Hasen, und nur sie wären die Löwen. So haben sie fest geglaubt, man könnte die Städte mühelos einnehmen, und unsere Soldaten würden sich nicht rühren. Und außerdem sind die Vietkong geschlagen worden, weil sie sich eingebildet hatten, die Bevölkerung würde zu ihnen halten, und weil sie überhaupt nicht begriffen haben, daß die Leute weder für mich sind noch für Ho Tschi Minh, sondern nur für ihre Schale Reis.«

»Nur darum, General?«

»Nein. Auch, weil ihre Führer alt sind und die Revolution eben wie alte Leute machen, indem sie sich auf Bücher verlassen, die vor hundert Jahren von zwei Weißen mit Namen Marx und Engels geschrieben wurden. Weil ihre Führer mit Theorien rechnen und nicht mit Menschenherzen, weil sie an die Partei glauben und nicht an den Einzelmenschen, weil sie's wie die Amerikaner machen, die sich an die Computer halten und nicht an den gesunden Menschenverstand. Sie behaupten, daß sie das Volk führen, aber sie kennen das Volk gar nicht. Wenn sich das Volk erhebt, gibt es keine Atombombe, die es halten könnte. Aber damit das geschieht, muß man sein Bewußtsein wecken, und um sein Bewußtsein zu wecken, muß man ihm das Recht auf die Schale Reis zugestehen; man muß es kämpfen lassen für diese Schale Reis.«

»General Ky, Sie wissen ja, daß die Vietkong noch einmal angreifen werden. Werden sie dann siegen?«

»Damit wäre erwiesen, daß das Volk mit ihnen ist und daß ich mich geirrt habe, daß meine Revolution nicht gebraucht wird. Aber so wird es nicht kommen. Sie werden nicht siegen, es wird unentschieden ausgehen. Sicher haben sie mehr Erfahrung als wir und eine bessere Disziplin und Ausbildung. 1954 fingen sie schon an, sich zu organisieren. Wir erst vor vier Jahren. Aber an den Krieg sind wir ebenso gewöhnt wie sie, von Geburt an haben wir nie etwas anderes gesehen. Den Frieden haben wir nie kennengelernt und nicht das Glück und nicht den Unterschied zwischen Leben und Tod ... Ihr Weißen glaubt, die Vietnamesen seien kriegsmüde, im Norden und im Süden. Wir sind keineswegs kriegsmüde, Krieg ist für uns Gewohnheit, er schreckt uns nicht. Nehmen Sie mich als Beispiel. Ich weiß gar nicht mehr, wann ich den Krieg kennengelernt habe; als die Japaner in unser Land einfielen, war ich ein Kind. Und nach den Japanern kamen die Chinesen, und nach den Chinesen die Franzosen, und nach den Franzosen ... kam alles, wie es heute ist . . . Ich kann jeden Tag sterben. Wenn ich aufwache, denke ich, ob es heute ist? Und wenn schon, meine Frau wird sich um die Kinder kümmern. Wir sind Asiaten, an Leiden sind wir gewöhnt. Das könnt ihr Weiße nie begreifen. Ihr legt zuviel Wert auf das Leben, auf die Dauer des Lebens, auf die Bequemlichkeit des Lebens; und wie selten könnt ihr um einer Pflicht, um eines Traumes willen darauf verzichten. Ihr seid Materialisten, Egoisten . . .«

»Sie hassen uns wohl sehr, General Ky?«

»Ich bin zu stolz, um euch lieben zu können, zu stolz, Vietnamese, Asiate, Gelber zu sein. Ich habe noch niemals die weiße Rasse für überlegen gehalten, ganz im Gegenteil. Die Zukunft ist nämlich hier bei uns, nicht bei euch. Europa ist alt und müde, und dieses Amerika, das man noch Neue Welt nennt, müßte auch Alte Welt heißen. Ja, eure Zeit der Weißen ist vorüber. Und auch deshalb werde ich nie eure Kritiken, eure Beschimpfungen akzeptieren. All diese Entrüstung zum Beispiel über General Loan . . . Auch ich verurteile, was er getan hat, aber ich verstehe ihn . . . Die Reaktion eines Menschen, der sich nicht mehr beherrschen kann, nachdem er so viele seiner Kameraden hat sterben sehen . . . Und auch wenn ich ihn nicht verstehen würde . . . mir steht das Urteil zu, nicht euch. Ich, der Vietnamese, will urteilen über die Tat eines Vietnamesen, der einen andern Vietnamesen erschießt. Euch erlaube ich nicht einmal, den Mund aufzumachen. Denn ich bin der Sohn Buddhas, der Sohn Gottes. Ich bin der Mensch, der Buddha, den Gott in dieses Land geschickt hat, um es wiederzuvereinigen und zu erlösen. Der Mensch des Schicksals . . .«

Der Zorn nahm ihm die Stimme, und er bebte so, daß er nur noch mit Mühe an sich halten konnte, während ihm der Schweiß über das Gesicht lief. Er ließ Duyen los: »Vas-y chérie, vas-y«, und für einige Sekunden war zwischen uns peinliches Schweigen. Dann fing er von sich aus wieder zu sprechen an, ein schmerzliches Flüstern.

»Sie glauben nicht an das Schicksal? Aber ich. Blindlings. Ich erinnere mich an den Tag, als sie mich zum Premierminister machten, ein Amt, das ich nie erstrebt habe, das mir nie gefallen hat. Damals blieb keine Regierung länger als fünf oder sechs Monate an der Macht, es war ein Chaos. Wir Offiziere saßen an jenem Tisch und suchten einen Offizier, der die Regierungsverantwortung übernehmen würde. Sie lehnten alle ab. Und als jemand sagte: ›Cao Ky, du wirst Premierminister sein‹, da empfand ich ... empfand ich große Verwunderung, dann große Resignation, als hätte ich einen unvermuteten Schicksalsschlag erhalten. Gegen das Schicksal kann man nicht an. Und obwohl ich nie Soldat oder Politiker werden wollte ...«

»Was denn, General?«

»Bauer! Als ich achtzehn war, dachte ich nur daran, Bauer zu werden. Ich wollte mir ein Stückchen Land kaufen und Reis anbauen und Büffel züchten. Hätten die Franzosen mich nicht zu den Waffen gerufen, wäre es auch so gekommen. Ich verstehe mich gut mit den Bauern, die reden nicht von Marx und von Engels. Vor der Tet-Offensive, als ich noch Hahnenkämpfe in meinem Haus in Than Son Nhut veranstaltete, kamen die Bauern aus den entferntesten Dörfern, um zuzuschauen. In ihrer Gesellschaft war ich glücklich. So glücklich ... Meine Bauern, meine Hähne ...« Lange Pause. »Ich besitze ungefähr hundert Hähne, und sie sind alles, was ich besitze. Ich bin nicht reich und bin nie reich gewesen und habe nie Wert darauf gelegt, reich zu sein. Aber auf meine Hähne lege ich Wert. Weil sie mutig sind. Ein Hahn kämpft bis zu seinem Tod, auch wenn sein Gegner doppelt so stark ist wie er selbst und ihn mit dem ersten Schnabelhieb blind schlägt. Ich habe Achtung vor den Hähnen, weil sie mutig sind, und Mut geht mir über alles. Über die Liebe und über die Bildung ...«

»Haben Sie sich wirklich nie die Bildung gewünscht, die Sie nicht besitzen?«

»Nein, nie. Ich habe nie den Wunsch gehabt, gebildet zu sein. Und ungebildet zu sein, hat mir auch nie Komplexe verursacht oder ein Gefühl der Leere. Gebildete Menschen sind selten Menschen der Tat, noch seltener sind sie menschlich. Bei ihnen geht alles erst durch das Kontrollsieb der Überlegung und Bildung ... Es sind nie Gelbe.«

Als ich von ihm ging, war es schon dunkel geworden, und da merkte ich erst, daß ich fast drei Stunden mit ihm zusammen gewesen war. Immer noch im Gespräch, brachte er mich zum Tor. Und er meinte, wie tragisch es doch für die Vietnamesen sei, zwischen den streitenden Giganten Rußland, Amerika und China zu stehen, und wie ganz und gar unmöglich es sei, einen Berührungspunkt zu finden mit den von ihnen angebotenen Kulturen. Er sagte das ohne jede Arroganz. Am Tor blieb er stehen: »Danke. Es war ein guter Nachmittag. Ich danke Ihnen, daß Sie mir zugehört haben. Selten genug spreche ich mit jemandem, finde ich jemanden, der mir auch zuhört. Ich bin ein einsamer, ein sehr einsamer Mensch. Und heute, bei dieser Unterhaltung, habe ich mich nicht so einsam gefühlt.«

Doch ich um so mehr. Denn weißt du, Menschen wie mir sagen Fahnen nicht viel; Menschen wie ich sind wie Kinder, die in einem Internat aufgewachsen sind und die Liebe zu ihren Eltern verloren haben; Produkt einer Welt, die keine Landes- und keine Sprachgrenzen mehr kennt. Aber es sind Menschen, denen eben das fehlt, was die Cao Ky und die Vietkong und vielleicht auch die Loan besitzen. Ja, François, sie sind wirklich die beiden Seiten ein und desselben Blattes. Sie bringen einander um für nichts und wieder nichts.

15. März. Eben habe ich das Interview mit Ky an die Zeitung geschickt. Heute ist ein Sonnentag, und es hat noch kein einziges Gefecht in Saigon gegeben. Mit einem Taxi will ich nach Go Vap. Ob sie mich wiedererkennt?

Mittlerweile ist eine Woche vergangen, Kinder vergessen ja schnell. Hoffentlich kommt sie mir entgegen, lächelt mich an, erkennt mich wieder.

Abends. Kaum hatte ich das kleine grüne Tor durchschritten, ging ich geradewegs in den Hof. Doch im Hof war sie nicht. Ich ging in die Schlafräume und betrachtete alle Kinder, eines nach dem andern. Auch dort war sie nicht. Und als ich mich schließlich auf der Terrasse befand, kam die Nonne ziemlich ärgerlich auf mich zu. An der Art, wie sie die Hände rang, sah ich, daß sie wissen wollte, warum meine Begleiterin nicht mitgekommen war. Ich sagte, ich hätte keine Zeit gehabt, mich mit Madame Tran Thi An in Verbindung zu setzen, aber sie verstand kein Französisch. So mußte erst auf eine andere Nonne gewartet werden, die Französisch konnte. Endlich kam sie an. Klein, alt und freundlich.

»Oui. Kann ich Ihnen behilflich sein, oui?«

»Wissen Sie, Schwester, ich bin vor acht Tagen hier gewesen, und . . .«

»Oui, das wissen wir, das wissen wir.«

»Und im Hof war ein kleines Mädchen . . .«

»Wir haben hier viele kleine Mädchen.«

»Ja, aber gerade dieses . . .«

»Wie heißt es denn?«

»Das weiß ich nicht.«

Sie sah mich erstaunt an.

»Können Sie wenigstens eine Beschreibung von ihr geben?«

»Ja, gewiß. Sie hatte ein Schürzenkleidchen mit langen Ärmeln an. Sie ist vielleicht drei Jahre alt. Und sie ist nicht krank, und . . .«

»Es gibt hier viele dreijährige Mädchen, die nicht krank sind und ein Schürzenkleidchen mit langen Ärmeln anhaben. Können Sie keine genauere Beschreibung geben?«

»Ja, sie hat ein rundes Gesichtchen, und sie saß ganz still im Hof auf einem Stein, und . . .«

»Noch genauer?«

»Nein, Schwester, noch genauer kann ich sie nicht beschreiben. Aber ich würde sie wiedererkennen. Und ich weiß, daß auch sie mich wiedererkennen würde. Bitte, helfen Sie mir beim Suchen.«

»Oui, wir wollen es versuchen, oui.«

Wir fingen wieder von vorn an. Erst im Hof, dann in jedem Schlafraum, in jedem Zimmer. Es war grausam, denn die Nonne bot mir zum Trost andauernd andere Mädchen an. Besonders auf eines hatte sie es abgesehen wegen seines kastanienbraunen Haares und seiner haselnußbraunen Augen. Sie sagte, eine Vietnamesin mit kastanienbraunem Haar und haselnußbraunen Augen sei so selten. Und sie pries ihre Vorzüge wie bei einem Pferd, das man unbedingt kaufen sollte, weil es kräftige Fesseln hat und sicher viele Rennen gewinnen wird. Das kleine Mädchen mit dem kastanienbraunen Haar und den haselnußbraunen Augen sah mich in einem fort an, als wollte es mich fragen: Warum nimmst du mich nicht mit, warum denn nicht?

Doch ich wollte nur sie. Und ich war schon im Fortgehen, fest entschlossen, diese Qual auf ein andermal zu verschieben, da erinnerte sich die Nonne, daß man vor einer Woche sechs Kinder in ein anderes Waisenhaus nach Gia Dinh verlegt hatte. Es waren Kinder mit besonderen Krankheiten. Und sie sagte, sie sagte wirklich: »Oui, jetzt erinnere ich mich, oui, da war auch ein Mädchen, das dem Ihren glich. Aber wenn ich mich nicht täusche, war es blind. Wirklich blind, Madame.«

Ich war einen Augenblick stumm und wie gelähmt, dann bedankte ich mich bei der Nonne, ging wieder durch das kleine Tor, winkte ein Taxi herbei, das Taxi blieb stehen, ich stieg ein und fuhr fort, ohne noch etwas zu sagen oder gar zu fragen: »Welches Waisenhaus in Gia Dinh?« Und jetzt gäbe ich tausend Ängste wie die wegen Khe San, tausend Schüsse wie den, der mich in Hué verfehlte, tausend Widerwärtigkeiten, Gefahren,

Grauen, wie ich sie bisher in Vietnam erlebte, hätte ich nur diesen einen Satz gesagt: »Welches Waisenhaus in Gia Dinh?«

Aber ich habe ihn nicht gesagt.

Und bin hier, ohne ihn gesagt zu haben, über diesen kleinen Tisch gebeugt, erstarrt in dieser Nacht, die kein Ende nehmen will.

Zu einem wenigstens ist der Krieg gut, sich selbst zu entdecken.

19. März. Von meiner Zeitung kam dies Telegramm: »Interview Cao Ky ausgezeichneter Abschluß Vietnam-Serie stop Glückwünsche stop weiterer Verbleib sinnlos wenn nichts Neues daher zurück New York zu Bericht Negerunruhen stop erbitten Ankunftszeit um neue Reportage abzustimmen stop danke gute Reise viele Grüße.« Ich erhielt es heute früh, und es ließ mich richtig aufatmen. Selbst wenn ich sie wiedersehen wollte, um ganz sicherzugehen und mich davon zu überzeugen, daß es falsch wäre, sich ein blindes Mädchen auszusuchen, hätte ich gar keine Zeit mehr dazu. Der Abflug nach Hongkong-Tokio-Seattle-New York ist in vierundzwanzig Stunden.

Besser so.

Jetzt verabschiede ich mich von allen Leuten im Juspao, und dann bereite ich mich auf die Reise vor. Von meinen Freunden habe ich eigentlich schon Abschied genommen. Montags, als sie mit mir zum Essen gegangen sind. Sie waren alle da. Derek schien gerührt, er sagte, Gott sei Dank käme sein Vetter bald hierher, sonst würde ich ihm doch zu sehr fehlen. Felix meinte immer wieder: »Du kommst doch zurück? Natürlich kommst du zurück!« Marcel wisperte mir ins Ohr: »Ohne dich werden wir uns langweilen.« Nur François sprach von den gewohnten Dingen, aber er musterte mich mit diesen seinen Blicken, denen nichts entgeht und die sogar deine Gedanken lesen können. Und als wir ins Büro zurückkehrten, klopfte er mir auf die Schulter und meinte mit seiner gewohnten rauhen Herzlichkeit:

»Mach dir nichts draus. Du weißt doch selbst, daß es so besser ist. Du hast eben eine Schnapsidee gehabt. So edel, wie du willst, aber eine Schnapsidee.«

»Das ist nicht wahr.«

»Laß dir's in Ruhe durch den Kopf gehen. Dann wirst du schon merken, daß ich recht habe. Nach Hué kamst du dir verloren vor und wolltest dich an irgend etwas klammern. Aber ein Kind ist ein Kind und nicht irgend etwas.«

»Nicht doch, ich war in gutem Glauben.«

»Das sagt man immer, daß man in gutem Glauben gewesen sei.«

»Vielleicht müßte ich sie wirklich suchen und mich überzeugen und sehen, was sie für einen Eindruck auf mich macht. Vielleicht müßte ich . . .«

»Das wäre eine sinnlose Grausamkeit. Für dich, nicht für sie. Denn sie weiß gar nicht, daß es dich gibt. Sie schaute dich an, ohne dich zu sehen.«

»Das ist grausam, François.«

»So ist das Leben. Manchmal glaubst du, daß zwei Augen dich anschauen, aber sie sehen dich nicht. Manchmal glaubst du, daß du jemanden gefunden hast, aber du hast niemanden gefunden. Das passiert. Und wenn es nicht passiert, ist es ein Wunder. Aber Wunder sind nie von Dauer.«

»Ich komme wieder.«

Diesmal weiß ich, daß ich wiederkommen werde. Alle reden sie von der zweiten Offensive und sagen, daß sie bald sein wird, noch vor der Monsun-Periode. Aber sind denn die Monsune nicht schon da? Auf Saigon fällt dichter Regen. Er ist blind wie ihre Augen, wie die Augen Cao Kys und Nguyen Ngoc Loans und die Augen meiner Verwirrung, meiner Enttäuschung, meines vergeblichen Suchens nach einer Wahrheit, die ich nicht finden kann und die doch hier ist. Ich weiß, daß sie hier ist, hier in diesem Brunnen. Muß man denn erst bis auf den Grund des Brunnens, bis ans Ende kommen, um sie zu finden?

Achtes Kapitel

Und dann fing man an, vom Frieden zu sprechen. Weißt du noch? Auf den Bildschirmen erschien der mächtige alte Mann mit der Stimme eines liebevollen Großvaters, für den die Welt und sein kleiner Enkel auf einer Stufe stehen. Es war der 31. März. Weißt du noch? Und ich war gerade nach Amerika zurückgekommen. Ich sah noch die Augen des blinden Mädchens, ich roch noch den Gestank der verwesten Leichen in Hué. Dem Alten ins Gesicht sehen, mit seinen bösen Falten um den bösen kleinen Mund, war wie dem Tod ins Gesicht sehen, der deiner spottet. Denn in jener Nacht, gerade in jener Nacht – weißt du noch? – starteten vierhundertundneunzig Hubschrauber nach Khe San, bestückt mit leichten Kanonen, die dreitausend Schuß in der Minute abfeuern. Und mit den Hubschraubern Dutzende von B 52, die achtzigtausend Bomben mitführten, mehr als alle Bomben, die im Zweiten Weltkrieg über Japan abgeworfen wurden. Und von den Hügeln flogen die Körperfetzen der Nordvietnamesen in das Lager der Marines, und vom Lager der Marines flogen die Körperfetzen der Amerikaner auf die Hügel. Und überall, von Quang Tri bis Vinh Loi, nahm der Krieg an Intensität zu, verdoppelte sich die Tragödie wie auf ein Zauberwort hin. In einer einzigen Woche vierhundert KIA, fünfhundert KIA, sechshundert KIA. Man spricht das »ki-ei-ä« aus. Es heißt *killed in action*, im Einsatz getötet.

Aber in diesen Tagen war das Wort Frieden der Ausweis für jeden, der nach der Macht strebte und an die Stelle des Alten treten wollte, es war ein guter Köder für den Stimmenfang. Mit der Bekanntgabe, daß er die Bombenabwürfe über Nordvietnam eingestellt habe und Verhandlungen mit Hanoi aufnehmen wolle, hatte

Johnson seinen Abschied genommen. Die Wahlen standen bevor, du weißt. Und eben in diesen Tagen, präzise am 4. April 1968, feierte man die große Lüge damit, daß man einen Mann umbrachte, der sein ganzes Leben lang von Frieden geredet hatte: Martin Luther King. Und aus Rache ließen sich seine Neger zu Brandstiftungen und Gewalttaten hinreißen, und Panzer fuhren vor dem Weißen Haus auf, und das Land, das nach Frieden rief, schien sich am Rand eines Bürgerkrieges zu befinden. So mußte ich nach Memphis, Atlanta, Washington, um diesem Sarg zu folgen, den Brandstiftungen, den Plünderungen, und mußte viele Kilo Papier beschreiben über diesen erneuten Beweis menschlicher Bestialität. Doch ich tat es mit einem gewissen Abstand. Was mich vor einem Jahr noch aufs äußerste empört hätte, rührte mich jetzt nicht mehr. Sag mir doch, was für einen Unterschied gibt es zwischen einem Mann, der auf einem Balkon umgebracht wird, und einem Mann, der in einem Schützengraben umgebracht wird? Sag mir doch, ist es recht, daß man für den ersten die Städte in Brand steckt und für den zweiten nicht einmal ein Streichholz anzündet? Sag mir doch, ist es recht, den Mörder, der zwei Schüsse abgab, auf den elektrischen Stuhl zu schicken, und jenen andern Männern, die Tausende von Schüssen abgaben, ohne sich die Hände zu beschmutzen, Briefmarken zu widmen? Gewiß, das ist immer so gewesen, weil die Geschichte noch immer von den Siegern gemacht wurde, gewiß. Aber ich will eine Geschichte, wo der Mensch etwas zählt, weil er ein Mensch ist, und nicht, weil er ein Sieger ist. Eine Geschichte, wo die Geschöpfe nicht Nummern sind und Kanonenfutter, sondern Personen, deren Tod, wie jeder Tod, Empörung und Schmerz und Brandstiftungen und Plünderungen verdient. Eine Geschichte, ja, die weint über Pips verletztes Hirn. Wer ist Pip? Nun Pip, weißt du, der Unteroffizier vom Hügel 1383.

Pip war verwundet worden. Ich erfuhr es durch einen

Brief seines Kameraden Sam Kasten. »Ich muß Dir mitteilen, daß unser Pip im Lazarett ist. Anscheinend wurde sein Hubschrauber abgeschossen. Die Splitter im Knie haben ihm keinen großen Schaden zugefügt, wohl aber der Schlag auf den Kopf. Er erinnert sich an nichts mehr. Deshalb haben sie ihn in die Staaten zurückgeschickt, und vielleicht ist er schon in Pennsylvania, wenn Du meinen Brief bekommst. Ich schreibe Dir die Adresse. Willst Du nicht versuchen, ob Du ihn finden kannst?« Ich habe es versucht. Und ich habe ihn gefunden. Er kam bald zu mir heraus. Hinkend kam er an, mit einer Schachtel Fotografien. Setzte sich schweigend, schaute auf mich mit zwei verwirrten, blauen Augen.

»Sieh sie dir an.«

Ich sah sie an.

»Sie sind vom Hügel 1383, Pip.«

»Okay. Man sagt, ich hätte sie gemacht.«

»Hast du sie denn nicht gemacht, Pip?«

»Ich erinnere mich nicht. Ich kann mich nicht erinnern, in Vietnam gewesen zu sein.«

»Aber du erinnerst dich doch an mich, Pip.«

»Natürlich. An dich und Sam Kasten und Hauptmann Scher. Aber von den beiden sehe ich nur das Gesicht, sonst nichts. Von dir sehe ich auch die Schuhe, aber Stiefel waren das nicht. Du bist mit einem Blumenstrauß gekommen.«

»Ich bin niemals mit einem Blumenstrauß gekommen, Pip. Ich hielt einen kleinen Zweig in der Hand und steckte ihn zum Spaß in eine Granathülse.«

»Wo?«

»Auf dem Hügel 1383.«

»Dort war ich nicht.«

»Erinnerst du dich an den Kampf, Pip?«

»An was für einen Kampf?«

»An den Kampf auf dem Hügel.«

»Ich erinnere mich an keinen Kampf.«

»Woran erinnerst du dich denn, Pip?«

»An die Blätter. So viele Blätter, die auf uns herunterfielen.«

»Auf wen herunter?«

»Auf mich und die andern.«

»Wer waren denn die andern?«

»Das weiß ich nicht.«

»Sind sie gefallen?«

»Das weiß ich nicht.« Und dann, verzweifelt: »Bitte, wenn du wieder hinkommst, frag nach mir. Sieh zu, ob du erfahren kannst, was mit mir gewesen ist. Ich werde noch wahnsinnig, weil ich immer daran denke.«

»Lohnt es sich denn, Pip?«

»Oh, ja. Leute sehen mich nämlich an, als wäre ich gar nicht mehr ich, und meine Verlobte hat mich verlassen. Wir sollten in diesem Monat heiraten, die Anzeigen waren schon gedruckt. Dann sah sie mich wieder und hat gesagt, sie sei zu jung, um eine Familie zu gründen, und sie wolle sich erst noch in der Welt umsehen. Aber ich weiß, daß es nicht deswegen ist. Es ist wegen meines Kopfes.«

So fiel mir ein, daß Hauptmann Scher ihm helfen könnte. Scher hatte Vietnam Weihnachten verlassen, das heißt, noch ehe Pip verwundet wurde, blieb aber im aktiven Offiziersdienst, im Training Centre Fort Dix, New Jersey. Ich rief ihn an. Er teilte mir voller Freude mit, daß man ihn zum Major befördert habe, und lud mich für Sonntag zum Essen ein. Ich ging mit Pip hin. Kaum sah ihn der, wurde er totenbleich und fragte ihn erregt: »Major, wissen Sie, was mit mir gewesen ist?« Scher wußte es nicht und schien dem auch keine große Bedeutung beizumessen. Er war herzlich und er war dicker geworden. Und er war nichts als Freude, uns wiederzusehen. Während des Essens debattierten wir über Vietnam, über seine Absicht, wieder als Berater hinzugehen, über seine Sicherheit, daß dieser Krieg ein heiliger Krieg sei. Das Gespräch kam nie auf Pip, der schweigend zuhörte und uns nur hie und da mit den Worten unterbrach: »Könnte mir doch jemand helfen, mich zu erinnern. Ihr streitet euch da über Dinge, die ich wirklich nur aus der Zeitung zu kennen glaube.« Und jedesmal, wenn er das sagte, ergriff mich der Wunsch zurückzukehren, ihm das Stück fehlendes Gedächtnis wiederzufinden, das er dort verloren hatte; und ich fragte mich gar nicht, ob das nur ein Vorwand sei, um dieses Vietnam wiederzusehen, wo ich die intensivsten Monate meines Lebens zugebracht, das Gute und Schlechte in mir entdeckt, diese Untersuchung begonnen hatte, die noch nicht abgeschlossen war und vielleicht auch erfolglos bleiben würde. Du weißt schon, was ich meine.

Ich meine das, was man uns in der Schule oder in der Kirche oder zu Hause den Kindern erzählt und worauf sich unsere Erwachsenen-Moral gründet oder gründen sollte. Ich meine Liebe, Haß, Gerechtigkeit, Mitleid, Mut, all das nämlich, was im Krieg nicht mehr ein abstrakter Begriff, sondern eine Realität ist, der man sich stellen, mit der man fertig werden muß, oft um den Preis seines eigenen Lebens. Vor Vietnam hatte ich mit alldem gescherzt wie mit dem Wasser in einem Schwimmbecken. Dort aber hatte ich mich darin versenkt wie in ein tiefes Meer. Und weitab von der Oberfläche, wo das in Schule, Kirche, zu Hause vernommene Geschwätz trieb, hatte ich die einzig mögliche Religion erahnt, die Religion des Menschen. Der Mensch an Gottes Stelle. Der Mensch Pip, der Mensch Loan, der Mensch Nguyen Van Sam, der Mensch auf Erden und nicht im Himmel, ihn zu erforschen, verurteilen, erlösen. Der Mensch mit seinen großartigen Qualitäten, der Mensch mit infamen Fehlern, beide gleichermaßen heilig, weil sie ihm zugehören. Der Mensch, um den du leidest, für den du dich begeisterst, über den du dich ärgerst, ohne dich dabei zu fragen, ob es sich überhaupt lohnt, denn wehe, du stellst Werte auf; damit rechtfertigst du schon das Gemetzel. Demzufolge war sogar Pips Hirn genauso wichtig, wie das Hirn des ehrwürdigen Martin Luther King einmal gewesen war.

Sollte ich wieder nach Saigon kommen, so sagte ich mir, würde ich nach Dak To gehen, um zu wissen, um sein Hirn dem Dunkel zu entreißen.

Du erinnerst dich, daß ich Anfang Mai zurückkehrte, von Indien aus. Ich war wegen einer Reportage in Indien, aber jetzt hatte ich schon das Visum für Vietnam, denn auch beruflich übte Saigon eine viel zu große Anziehungskraft auf mich aus. Die Diskussionen, in welcher Stadt die Verhandlungen geführt werden sollten, standen vor ihrem Abschluß, doch in Vietnam war alles noch so, als hätte es sie nie gegeben. Westmoreland bereitete sich darauf vor, seinen Posten als Oberkommandierender dem noch härteren General Greighon Abrams abzutreten, und es ging das Gerücht, die Vietkong würden eine zweite, noch blutigere Offensive vorbereiten. Während ich zwischen Neu-Delhi und Benares, zwischen Punjap und Kaschmir unterwegs war, horchte ich gespannt auf jeden Laut aus Saigon, fast unberührt von der Landschaft und den Menschen, die ich vor mir hatte. In einem anderen Lebensabschnitt hätte ich mich gewiß begeistern lassen von der ästhetischen Schönheit eines mit Teppichen und Blumen bedeckten Elefanten oder einer in ihrem Sari dahinschreitenden Frau, die einen kupfernen Krug auf ihrem Kopf balanciert, oder einem Heiligen, der am Ganges betet, während der Himmel sich in einem flammenden Sonnenuntergang rötet. Und gewiß hätte ich mir Gedanken gemacht über die verzweifelte Armut, die lethargische Schicksalsergebenheit eines Volkes, das sich nicht auflehnt und nicht kämpft. Jetzt aber erkannte ich an dieser phantastischen Szenerie nur das Absurde, an dieser rätselhaften Menschheit nur das Schweigen, mit ihr in Schlaf gesunken. Ich erwachte mit einem Schlag, als ich hörte, daß in Saigon der neue Angriff ausgebrochen war.

Komisch, wie und wo ich es erfuhr: durch das einzige Radio einer tibetischen Siedlung, verloren am Fuße des Himalaja, bei Dharamshala in Kaschmir. Ich war dort hinaufgefahren, um einen ehemaligen Gott, den Dalai Lama, zu interviewen, und seine Weisheit und auch die Abgeklärtheit seiner Mönche hatten mich so beeindruckt, daß ich mich neben dem Pfad, der ins Dorf führt, unter einen Baum setzte und mir die Frage stellte, ob nicht diejenigen recht haben, die für die Beseitigung nicht nur jedes Kampfes und jeder Gewalt, sondern auch jeder Verantwortung sind. Wie die Inder, wie diese Mönche. Rings um sie floß alles dahin mit der Harmonie eines langsamen, stillen Flusses, keine Bomben, kein Blut, keine Verunglimpfung des Wunders, geboren worden zu sein. Wozu also mitmachen, wozu sich engagieren? Der Wald hier war still, nur ein leiser Windhauch fuhr durch die sauberen Blätter, die spitzen Himalaja-Gipfel ragten leuchtend empor wie Orgelpfeifen. Das Wort Angst hatte hier keinen Sinn, das Wort Gott konnte einen Sinn haben. Widerstrebend stand ich auf und ging zu dem kleinen Platz zurück, wo das Auto auf mich wartete. An diesem kleinen Platz gab es so etwas wie eine Schule, und in der Schule ein Radio. Es kamen Nachrichten auf englisch. Die Bildung einer neuen indischen Regierung, die Möglichkeit, daß Paris zum Ort der Friedenskonferenz bestimmt werde. Und dann dies: »Gestern sind die Vietkong zu einem massiven Angriff in ganz Südvietnam angetreten. Sie beschossen mit Raketen und Mörsern verschiedene Ziele in der Hauptstadt sowie den Flughafen Than Son Nhut; darüber hinaus hundertfünfundzwanzig Provinzhauptorte und amerikanische Stützpunkte. In Cholon wurden vier Journalisten und ein deutscher Diplomat umgebracht ...« An diesem Tag hätte ich nach Hardwar fahren sollen, der heiligen Stadt der Hindu. Ich fuhr nicht hin, weißt du noch? Ich rannte zu meinem Fahrer und sagte: »Rasch, zurück nach Neu-Delhi. In weniger als neun Stunden müssen wir dort sein.« Die Maschine nach Saigon flog um drei Uhr morgens. Ich bekam sie gerade noch, bestieg sie mit meiner ängstlichen Frage: »Wer sind die vier, o Gott, wer sind sie?« Und es wollte mir scheinen, als nähme dieser Flug nie ein Ende, als kämen wir nie nach Saigon. Die Namen der vier hatte man nicht gesagt, oder ich hatte sie nicht gehört, in Neu-Delhi hatte mir keiner darüber Auskunft geben können. Und wenn sich François unter ihnen befand? Oder Derek, Felix, irgendeiner von meinen Freunden?

Endlich war ich da. Und ich war zum dritten und letzten Mal in Vietnam, um meine Untersuchung zu Ende zu führen, und das Ende sollte Bitterkeit sein. Bald würde ich erkennen, daß man die Gottesidee nicht durch den Menschen ersetzen kann.

7. Mai. Saigon brannte wieder. Und wieder zerstörte es sich selbst. Feuerlohen und schwarze Rauchsäulen erhoben sich an drei, vier Stellen der Peripherie, fahlrote Blitze zerrissen den Horizont im Südwesten, wo südvietnamesische Skyriders und amerikanische Phantoms in langen Sturzflügen herunterstießen, und dann bei ihrem Wiederaufsteigen eine neue Explosion, ein neuer Brand. In Phu To schoß die schwere Artillerie, monoton reihte sich ein Kanonendonner an den andern, und ich stand erstarrt mitten auf der Piste von Than Son Nhut und sagte mir immer wieder, ich hätte nicht zurückkommen sollen, wozu das alles noch einmal sehen, ich habe es doch schon gesehen, genug jetzt! Dann sah ich zwischen den Militärlastern einen widersinnig grauen Kopf, einen himmelblauen Pulli, diesen raschen, jugendlichen Schritt: François. Und mir war augenblicklich wohler.

»Ça va? Ich habe dein Telegramm bekommen.«

Gottlob, er war nicht unter den vieren.

»Wenn du es bekommen hast, funktioniert die Post. Und wenn die Post funktioniert, ist die Offensive nicht gar so schlimm, wie es heißt.«

»Sie ist schlimm genug. Und sie wird viel länger dauern als die Tet-Offensive. Weil sie nicht so spektakulär ist, dafür um so ernsthafter, gründlicher. Ich würde auch sagen, gewitzter. Am Vorabend der Verhandlungen wollen sie eine Kraftprobe geben, sie wollen in Paris mit am Tisch sitzen. Und sie werden es.«

Die Straße in die Stadt war kaum befahren, nur von Kleinlastern und Panzern. Die Fenster waren geschlossen. Aber es fiel kein Schuß; freie Fahrt.

»Wo stecken sie denn, François?«

»Überall. Vielleicht nicht so zahlreich wie bei der Tet-Offensive, aber, ich wiederhole, besser bewaffnet und besser organisiert. Diesmal konnten sie nicht mit einem Überraschungseffekt rechnen, also haben sie sich erst gar nicht damit verzettelt, Agit-Prop-Leute und Vietkong-Fahnen heranzubringen. Nur Gewehre haben sie gebracht und Bazookas. Sie haben auch keine Zeit damit vertan, Gebäude wie die Post oder die amerikanische Botschaft anzugreifen oder den Regierungspalast. Aber sie haben sich Mühe gegeben, Zonen wie Go Vap, Jardin, Khan Hoi und Bien Hoa gut zu durchdringen. Und Cholon haben sie ja tatsächlich zurückgewonnen. Bruce Piggott, Ronald Laramy, Michael Birch und John Cantwell haben sie in Cholon umgebracht.«

Sie also hatte es getroffen. Mehr als einen Tag und eine Nacht lang hatte ich mich dauernd gefragt, mein Gott, wer sind sie, und dann, als ich ihn gesehen hatte, gar nicht mehr daran gedacht zu fragen, wer sind sie, François? Piggott hatte ich gekannt. Ein netter, schüchterner Jüngling, einmal war er damit gekommen: »Was heißt schon Heldentum? Wenn man sich's recht überlegt, ist jeder ein Held, der nach Vietnam kommt.«

»Und dann noch dieser deutsche Diplomat, Hasso Ruedt von Collenberg. Ins Gesicht haben sie ihm geschossen, nachdem sie ihn gefesselt und ihm die Papiere abgenommen hatten. Sonntag früh, auch noch er«, sprach François weiter.

Von ihm hatte mir einmal unser Botschafter erzählt, Vincenzo Tornetta. Und er hatte gesagt, ich müßte ihn kennenlernen, er sei ein so tadelloser Mensch, liberal und wißbegierig.

»Im übrigen wurde Loan schwer verwundet. Er liegt im Krankenhaus.«

Das hatte ich nicht gewußt. Weder das Radio noch die Zeitungen in Neu-Delhi hatten es gemeldet. Aber es war weniger die Überraschung, die mich traf, als vielmehr die Art, wie er diesen Namen ausgesprochen hatte: Loan.

»Wie ist es denn passiert, und wann?«

»Alles am Sonntagmorgen. Bei der Brücke von Bien Hoa. Elf Vietkong hatten sich in einem Haus am Kanal verschanzt, mit vier AK 50 und zwei Bazookas. Loan wollte sie mit seinen Leuten ausheben. Drei von ihnen wurden niedergemäht. Sie verloren Blut, keiner traute sich hin, um sie fortzuschaffen. So ging er allein, und eine Kugel drang ihm durchs Knie, zerschlug ihm die Arterie. Er ist schon immer mutig gewesen.«

»Ich dachte, er wäre dir unsympathisch.«

Ein unwilliges Zucken.

»Ich habe nie bestritten, daß er mutig ist. Auch während der Tet-Offensive hat er ziemlich viel Mut gezeigt.«

»Während der Tet-Offensive hat er auch etwas getan, was nicht mutig war.«

Wieder das Zucken.

»Ich meine, der Chef der nationalen Polizei hat keinerlei Verpflichtung, eine Handvoll Männer gegen eine Menge Vietkong zu führen. Und wenn er es macht, ist er mutig. Ich meine, der Chef der nationalen Polizei hat keinerlei Verpflichtung, denjenigen Deckung zu geben, die während des Kampfes Verwundete auflesen. Und wenn er es macht, ist er mutig. Er blieb eine ganze Weile liegen, man dachte schon, er würde sterben. Vielleicht muß man ihm das Bein amputieren.«

»Hätte es dir leid getan, wenn er gestorben wäre?«

Er blieb stumm.

»Würde es dir leid tun, wenn sie ihm das Bein abnehmen müßten?«

Er blieb stumm. Ich aber dachte an jenen schrecklichen Abend, als sie sich gegenübergestanden hatten auf dem

Platz der Kathedrale und François ihn gefragt hatte: »Tu vas m'arrêter? Willst du mich verhaften?« Und Loan ihm mit seiner perfiden Kantilene geantwortet hatte: »Pour toi, c'est une balle dans la tête.« Und dann dachte ich an den Tag, als ich ihn mit einem lahmen Wolf verglich und François mir »Literatur, Unsinn« erwidert hatte, er besitze doch beide Beine, er müsse erst eines verlieren, aber ganz und gar verlieren, ehe er sich bereit finden könnte, ihm wieder die Hand zu geben . . .

»Hast du ihn im Krankenhaus besucht, François?«

»Natürlich. Ich bin doch Journalist, oder?«

»Und was habt ihr euch gesagt?«

»Was sollen wir uns denn gesagt haben! Es ging ihm schlecht, er war noch unter Schockwirkung. Er hat die Augen aufgemacht und mich angesehen.«

»Und du hast ihm die Hand gegeben?«

»Wie willst du denn einem Menschen die Hand drükken, wenn er halb tot daliegt?«

»Warum nicht? Wenn er sie dir nicht geben kann, dann nimmst du sie. Ganz sanft. Um ihm damit zu sagen, ich bin da.«

»Dummes Zeug!«

»Weißt du, François, ich möchte ihn auch besuchen.«

»Das wird wohl nicht gehen. Keiner kann zu ihm.«

»Aber du hast gekonnt. Wie denn?«

»Ach, ich habe ihm ausrichten lassen, daß ich da war, und er hat gesagt, sie sollen mich hereinlassen.«

Möglich, daß sich die beiden noch befreunden. Was für eine Geschichte! Irgendwann will ich sie schreiben. Doch wenn François das wüßte, würde er den Mund nicht mehr aufmachen. Vorhin erst sagte er mit einem Blick auf mein Heft: »He! Willst du vielleicht mich auch noch in dieses Ding da hineinbringen?« Und er schien wirklich erschrocken zu sein.

PS Übrigens, was meine Notizen betrifft, ich habe ja das Wichtigste von seinem Bericht noch gar nicht geschrieben. Die Amerikaner waren nämlich über diese Offensive genau informiert gewesen. Am 26. April erhielten die in Saigon akkreditierten Chefs der verschiedenen Agenturen und Tageszeitungen einen ungewöhnlichen Telefonanruf. General Winnant Sidle, Leiter des Informationsbüros, bat sie dringend zu einem sehr vertraulichen Gespräch. Die Journalisten eilten zum Juspao, wo sie der General mit ernstem Gesicht empfing. Er verschloß die Türen, gab seiner Sekretärin Anweisung, daß man ihn nicht stören solle, und sagte ihnen dann: »Ich habe Sie hergebeten, damit Sie die notwendigen Vorkehrungen treffen für Ihre persönliche Sicherheit und die Sicherheit Ihrer Arbeit. Es ist jedoch unbedingt erforderlich, daß Sie niemandem etwas davon sagen, was ich Ihnen jetzt mitteilen werde. Bitte machen Sie auch keine Notizen. Kann ich mich darauf verlassen?« Jeder einzelne Journalist nickte. Sidle fuhr fort: »Von heute abend an bis zum 1. Mai und vielleicht auch noch kurz danach erwarten wir den zweiten Angriff auf Saigon. Wir wissen mit Sicherheit, daß mindestens zwei Vietkong-Bataillone auf die Hauptstadt marschieren, und bereiten uns darauf vor, ihnen entgegenzutreten.« Mehr sagte er nicht. Aber das genügte schon, damit einige dieser Journalisten ab 26. April bei den Fernschreibern in der Post übernachteten, auf jeden Knall, auf jedes Flüstern achtend. Es geschah nichts bis zur Nacht von Samstag auf Sonntag, den 4. Mai, als es in Strömen goß. Sicher kamen während dieses Regens die Vietkong mit ihren Waffen in die Stadt. Am Morgen hörte man die ersten Explosionen, und die Journalisten brauchten sich nicht lange zu fragen, ob dies der übliche Mörserbeschuß sei. Sie wußten augenblicklich, daß die Offensive begonnen hatte.

Nachts. Freunde wiederzufinden ist immer schön. Natürlich bin ich zur France Presse gegangen, und da waren sie, Felix, Derek, Herr Lang. Nur Claude fehlte, man hatte ihn nach Brüssel versetzt. Dafür sah ich ein neues Gesicht, einen italienischen Jungen, einen Vetter von Derek. Er heißt Ennio, sein Kopf ist voller schwarzer Locken, sein Mund voller weißer Zähne. Er sagt, er wolle sich als Fotograf einen Namen machen. Aber ich denke, er sucht nur, was auch ich einmal gesucht habe, die Faszination des Krieges, die Befriedigung einer Neugierde. Er wird dessen bald überdrüssig sein. Wir begrüßten uns alle mit Freuden, aber nicht mehr mit jener Bewegung wie damals, als ich zur Tet-Offensive gekommen war. Man gewöhnt sich auch an Abreise und Wiederkehr. Und ich bewegte mich in diesen beiden Zimmern, als hätte ich sie erst gestern verlassen. Nichts hatte sich verändert, der Stapel Blätter an der Wand neben dem Kühlschrank, das heillose Durcheinander von Gläsern, Patronen, Blättern, Geschoßhülsen, Druckbelegen auf den Schreibtischen, dies emsige Summen, das jeder Presseagentur zu eigen ist und ein wenig an Werkstatt erinnert. Derek freute sich, daß sein Vetter da war, den er anscheinend sehr mochte. Felix war richtig glücklich; François, der im Juni Saigon verlassen wird, hat schon nach Paris geschrieben, sie sollen ihm den Posten des Direktors geben. Der liebe Felix legt großen Wert darauf, er erzählt dir immer wieder, daß er schon zur Zeit der Franzosen in Indochina gewesen ist, also Vietnam gut kennt. Von der France Presse rief ich auch Botschafter Tornetta an, der mir mit seiner frischen, aufmunternden Stimme sagte: »Willkommen! Wir erwarten Sie!« Und dies ließ mich vielleicht die Dramatik nicht so sehr empfinden, die mich doch im vergangenen Februar so mitgenommen hatte.

Oder bin ich es, die das Gefühl für das Drama verloren hat und die Dinge nicht mehr so sieht wie früher? Ich habe im Continental ein Zimmer gefunden, denk dir, und mich mit Behagen dort eingerichtet. Ich genieße das riesige Zimmer über dem Platz der Unabhängigkeit, trete hinaus auf den eisernen Balkon, vergesse fast, daß ich nicht in Ferien hier bin, daß hier Krieg ist. So machen es die Ärzte, wenn sie nach der Sektion einer Leiche ins Restaurant gehen und sich ein gut durchblutetes Beefsteak bestellen. Ich fahre auch nicht zusammen bei den Bombeneinschlägen, die sich während der Ausgangssperre verdoppeln. Wie viele sie werfen! Sie brauchen nur von der Anwesenheit eines einzigen Vietkong zu wissen, um ein ganzes Häuserviertel in die Luft zu jagen. Als würde man einen Wald abholzen, um eine einzige Grille zu fangen, die sich im Laub eines Baumes versteckt hat. Jedenfalls scherzen die Grillen nicht mit ihren B 40. Und darüber sind sie sich alle einig, Saigon in Trümmer zu legen. Deswegen machen diese Gammler von bürgerlich-maoistischen Studenten keine Krawalle, deswegen verfassen diese Scheinheiligen von katholisch-marxistischen Intellektuellen keine Manifeste. Saigon ist doch nicht Hanoi, was bedeutet schon Saigon! In dem Versuch, sich vor der Geschichte reinzuwaschen, gab Johnson den Befehl, die Bombardierungen Hanois, nicht etwa Saigons, einzustellen. Ich frage mich, ob es in der Geschichte jemals einen Krieg gegeben hat, der so viel Falschheit, so viel menschliche Oberflächlichkeit zum Ausdruck gebracht hat. Und wann beginnen sie mit ihrer Konferenz? Morgen ist der Jahrestag von Dien Bien Phu. Man erwartet irgendein bedeutendes Ereignis, es wird gut sein, das Zentrum nicht zu verlassen.

Und doch reizt es mich so sehr, in Cholon die Stelle aufzusuchen, wo die vier Journalisten meuchlings umgebracht wurden. Eigentlich waren es fünf. Denn es war auch ein junger Mann vom australischen Fernsehen dabei, Frank Palmos. Er kam mit dem Leben davon. Ich muß mit ihm sprechen.

8. Mai. Ich habe mit ihm gesprochen. Er hat seinen Schock noch nicht überwunden. Beim Erzählen wurde das Grauen wieder lebendig, glitt ihm von den Augen herunter zum Mund, der sich verzerrte und bebte. Dann vom

Mund zu den Händen, die Finger streckten sich wie im Krampf. Es ist nicht leicht, ihn alle Einzelheiten erzählen zu lassen. Aber nachdem ich mit ihm gesprochen hatte, war ich in Cholon und fand die Stelle und kann jetzt die Tragödie rekonstruieren. Also, in Cholon wurde mehr als anderswo geschossen, und die fünf wollten unbedingt bis dorthin vordringen: Bruce Piggott, Ronald Laramy, Michael Birch, John Cantwell und Frank Palmos. Sie fuhren mit einem japanischen Jeep, weißt du, diese weißen, kleinen, offenen Jeeps, die man wirklich nicht mit Militärjeeps verwechseln kann. Und auch die fünf konnte man beim besten Willen nicht für Soldaten halten, sie trugen Zivil. Zehn Uhr morgens, die flüchtende Menschenmenge behinderte Cantwell, der am Steuer saß, er mußte an einigen Stellen halten. Doch plötzlich wurde die Allee menschenleer, und er fuhr rasch weiter, um in eine kleine Straße zu kommen, wo es anscheinend brannte. Er fuhr in die kleine Straße ein, kein Brand. Nur eine Sperre aus leeren Benzinfässern, die ihn an der Weiterfahrt hinderte. Die Fässer stehen heute noch da.

»Wir haben uns verfahren«, brummte Cantwell.

»Die nächste Straße«, meinte Piggott.

»Vielleicht geben wir's auf. Diese Stille hier gefällt mir nicht«, sagte Laramy. Und in dem Augenblick schrie eine alte Vietnamesin: »VC! Go back! Quick! VC! Vietkong! Zurück! Schnell!«

Sie stand hinter einer Tür verborgen, schrie es auf englisch. Und Cantwell bremste, hielt, sah Birch an, der neben ihm saß, dann die andern, als wollte er sie um ihre Meinung fragen.

»Fahren wir weiter«, meinte Birch.

»Nein«, widersprach Laramy.

»Aber ja, fahren wir schon weiter«, sagte schließlich Piggott.

Und da fuhr Cantwell noch sieben oder acht Meter vor, mehr nicht. Und alles ging sehr rasch, die Vietkong, der Fluchtversuch, der Feuerstoß.

Sechs Vietkong waren es. Hinter den Fässern tauchten sie auf mit ihren Schnellfeuergewehren. Ihr Anführer war ein Hüne in der Uniform eines Unteroffiziers. Cantwell erbleichte, legte den Gang ein, wendete den Wagen, kam aber nur zwei Meter weit. Die Vietkong richteten ihre Schnellfeuergewehre auf sie.

»Bao ki! Presse! Bao ki!« schrie Cantwell.

»Bao ki! Bao ki!« schrie auch Birch. Und Piggott und Laramy und Palmos. Sie schrien es alle zusammen und auch sehr deutlich. Und während sie schrien, kam der Feuerstoß. Birch sank auf dem Sitz zusammen, Cantwell und Piggott fielen nach rechts, Palmos und Laramy nach links. Man kann das Blut noch sehen, einen braunen Fleck, der aussieht wie eine Fledermaus.

Nur Palmos blieb unverletzt, weil er im Jeep zwischen Laramy und Piggott saß und von Cantwell und Birch gedeckt wurde. Im Fallen hatte ihn Laramys Körper heruntergezogen, der jetzt über ihm war. Und so, unter Laramys Körper liegend, konnte Palmos alles mit ansehen, und als erstes sah er den riesigen Unteroffizier, wie er herankam und den Revolver auf Birchs Herz richtete.

Birch röchelte, sagte aber immer wieder mit leiser Stimme: »Bao ki.«

»Bao ki! Bao ki!« höhnte der riesige Unteroffizier. Und schoß ihm zweimal ins Herz. Dann ging er hinüber auf die andere Seite, wo Cantwell und Piggott lagen.

Piggott war von den vieren am wenigsten verletzt. Er hob flehend beide Hände, nein, Bao ki, nein! Und der riesige Unteroffizier wiederholte: »Bao ki!« und schoß ihm mitten in den Kopf. Dann schoß er auf Cantwell, der nicht mehr sprach.

Jetzt waren noch zwei übrig: Laramy und Palmos. Und der riesige Unteroffizier trat auf sie zu, Palmos sagt, er habe sich nicht gerührt, er habe sich totgestellt. Er wußte genau, wie sinnlos jede Hoffnung war, aber er hoffte eben doch, daß irgend etwas geschehen möge. Und dies Etwas geschah auch, als der Unteroffizier stehenblieb, um seinen Revolver neu zu laden. Da sprang Palmos mit einem Satz auf die Beine und rannte davon. Er sagt, daß er schon immer habe gut rennen können, vor fünf Jahren habe er in Australien auch einen Fünfhundertmeterlauf gewonnen. Doch es war ihm, als sei er in seinem Leben noch nie so schnell gerannt, und er rannte im Zickzack, um von den Vietkong nicht getroffen zu werden, die schreiend und schießend hinter ihm her waren. Er rannte bis ganz nach unten, wo die Menschenmenge war, und tauchte in der Menge unter, und die Menge nahm ihn auf, obwohl die sechs ihre Gewehre auf sie richteten und seine Herausgabe forderten: »Schmeißt ihn her! Er gehört uns! Her mit ihm!«

Ich war mit Derek da, als ich den Hergang nach Palmos' Angaben rekonstruierte. Die kleine Straße war menschenleer, und das Schweigen lastete schrecklich. Und in diesem Schweigen schien mir, als hörte ich hinter Fenstern, Trümmern, Fässern das Atmen verborgener Vietkong. Der Fotoapparat rutschte mir aus den schweißnassen Händen. In der ganzen Zeit, die wir dort verbrachten, kam nur eine einzige südvietnamesische Patrouille vorbei; in Cholon dauert die Ausgangssperre vierundzwanzig Stunden auf vierundzwanzig Stunden. Und auf dem Rückweg trafen wir auch in der Allee keinen Menschen. Als wir wieder zur France Presse kamen, waren wir so mit den Nerven fertig, daß François ausrief: »Seid ihr denn auch tot?«

François ist von Palmos' Bericht nicht hundertprozentig überzeugt, seiner Meinung nach enthält er einesteils zu viele Einzelheiten und andernteils zu viele Lükken. Er glaubt nicht, daß Palmos so viele Einzelheiten gesehen und andere wieder nicht gesehen hat. Und es mißfällt ihm, daß Palmos in die Defensive geht und wütend wird, wenn man noch mehr wissen will. Was will er verschweigen? Angenommen, einer der fünf war bewaffnet, einige Journalisten sind es ja . . .

Vielleicht spricht er so, weil ihm dies Verbrechen nicht

in den Kopf will. Mir auch nicht und andern auch nicht. Die westlichen Journalisten haben es den Vietkong gegenüber nie an Großzügigkeit fehlen lassen. Sie haben ihnen jahrelang als Pressebüro gedient, sie haben sie jahrelang in Schutz genommen und sogar verherrlicht, und wenn alle Welt sie bewundert, dann kommt das nicht daher, weil man Radio Hanoi hört, sondern weil man die westlichen Zeitungen liest, und darum hätten sie Piggott, Laramy, Cantwell, Birch nicht umbringen dürfen, ihnen nicht »Bao ki!« ins Gesicht grinsen dürfen. Das war eine Schweinerei, es gibt nicht den mindesten Unterschied zwischen dieser Schweinerei und der Schweinerei, die Loan begangen hat.

»Nicht wahr, François?«

»Sicher«, erwidert François. »Du solltest doch wissen, daß niemals eine Seite allein die Wahrheit gepachtet hat. Das gilt für den Krieg wie für die Menschen. Keiner ist jemals ganz gut oder ganz böse, ganz im Recht oder ganz im Unrecht. Und eben das macht den Menschen aus. Trotzdem kann ich nicht glauben, daß es Vietkong gewesen sind.«

»Wer denn sonst?«

»Die Chinesen aus Cholon. Verfluchte Bestien, diese Chinesen aus Cholon. Sie hassen jeden, der weiß ist, oft hassen sie sogar die Vietkong. Es hat schon seinen Grund, daß ich nie nach Cholon möchte. Natürlich kann ich mich auch täuschen. Tatsache ist jedenfalls, daß die Vietkong noch nie Journalisten umgebracht haben. Man hat sie gefangengenommen, wie zum Beispiel Catherine und Mazure, aber dann hat man sie doch wieder freigelassen. Die Vietkong sind disziplinierte Streitkräfte, und die Nationale Front hat präzise Anweisungen erteilt. Nein, ich kann nicht glauben, daß es Vietkong gewesen sind. Wenn nicht einer von den fünf geschossen hat ... Nein, das waren diese Chinesen! Ces chinois salopards!«

Mag sein. Aber ich glaube doch, daß es die Vietkong gewesen sind. Ich bin so enttäuscht, ich bin dem Weinen nahe.

PS Ich habe einen traurigen und netten Jungen getroffen, den ich vor Jahren in Buenos Aires kennenlernte. Er heißt Ignacio Ezcurra, er ist für ›La Nacion‹ hier. In den nächsten Tagen will ich mit ihm essen gehen und ihn fragen, was er zur Ermordung von Piggott, Laramy, Cantwell und Birch sagt. Oder vielleicht heute abend schon? Es ist drei Uhr nachmittags. Wir erwarten, daß sich etwas zum Jahrestag von Dien Bien Phu ereignet. Wie oft schon habe ich diesen Namen gehört: Dien Bien Phu.

Nachts. Es hat sich schon etwas ereignet, aber nicht, was wir dachten. Nach dreimonatiger Belagerung haben sich die Nordvietnamesen von dem zurückgezogen, was zum neuen Dien Bien Phu hätte werden sollen, also von Khe San. Ganz plötzlich und bei Dunkelheit. Auf den Hügeln, von denen das Grauen ausging, bleiben nur noch Teile der 304. Division. Die 325., Giaps Stolz, ist völlig verschwunden. Und so konnten die ersten fünfzig Mann der Delta-Kompanie bis an die vorgeschobenen Gräben kommen, wo Dutzende von Mörsern zurückgeblieben waren und Flammenwerfer und schwere Maschinengewehre und sowjetische Helme und Kisten voller Patronen und Tornister und vierhundert neue Hakken. Natürlich ist Khe San damit noch nicht frei. Es wird mindestens eine Woche dauern, bis das Gros der Kolonne, nämlich mehrere Bataillone Marines und das siebte Kavallerieregiment, den Stützpunkt erreichen kann. Die Kolonne steht noch fünfzehn Kilometer entfernt und schafft am Tag nicht mehr als ein bis zwei Kilometer, weil ihr Marschweg zwischen Bergen verläuft, in die eine Menge Höhlen gegraben sind, weil sich in den Höhlen MG-Nester und Raketenstellungen befinden, weil alle Brücken nach Khe San von den Nordvietnamesen gesprengt worden sind. Und nicht genug damit, das Gelände ist von Minen übersät. Doch die amerikanischen Hubschrauber und Kampfflugzeuge und schwere Artillerie und Panzer decken den Vormarsch, ein gigantischer Einsatz, und in Wirklichkeit ist Khe San nur noch eine Erinnerung, unnütze Tragödie, unnütze Tote auf beiden Seiten. Um gar nicht erst zu fragen, wer hier verloren hat. Keiner hat verloren. Um gar nicht erst zu fragen, wozu das gut war. Zu nichts war es gut. Allenfalls um fünftausend achtzehn- bis zwanzigjährige Menschen zu morden.

Die Fernschreiber der France Presse tippten die Meldung, die morgen über fünf Spalten in den Zeitungen erscheinen wird, und ich habe das gleiche Gefühl wie in jener Nacht nach Dak To, als der Mann am Fernschreiber das Band noch einmal einlegte, um die Verbindung mit Manila nicht zu verlieren, und das Band sich zusammenrollte mit dem Kehrreim: »Hügel 875 von den Amerikanern aufgegeben ... Hügel 875 von den Amerikanern aufgegeben ...« Khe San wurde von den Nordvietnamesen aufgegeben, jawohl, Khe San wurde von den Nordvietnamesen aufgegeben. Und Ihr Sohn fiel in Dak To, Madam, dein Sohn fiel in Khe San, Genossin, bedaure, Madam, bedaure, Genossin, es war ein Irrtum, schließlich sind wir ja abgezogen. Unterzeichnet General William Westmoreland. Unterzeichnet General Vo Nguyen Giap.

»Ich kann einfach nicht glauben, daß Giap Khe San nicht einnehmen wollte«, meint François und wirft dem Mann am Fernschreiber den letzten Absatz für die Durchgabe nach Paris zu.

»Natürlich wollte er es einnehmen«, erwidert Felix, »und er hat sich die Gelegenheit zu einem viel wichtigeren Sieg entgehen lassen als demjenigen, den er mit der Tet-Offensive nur zur Hälfte bekommen hat. Tet wäre nie zu einem Dien Bien Phu geworden. Aber Khe San.«

»Er wollte es mehr aus propagandistischen, weniger aus strategischen Gründen«, meinte François. »Vielleicht fürchtet er sich vor den Folgen, die ihm dieser Sieg beschert hätte. Denk dir, was für eine Belastung es für Giap wäre, Khe San zu halten.«

»Ich erobere Khe San«, fährt Felix fort, »die Welt spendet Beifall, die Amerikaner kontrollieren nicht mehr den Ho-Tschi-Minh-Pfad. Aber nachher schicken sie mir ein paar Dutzend B 52 und walzen mir alles nieder. Besser also, ich gehe und tue ihnen diesen Gefallen, und . . .«

»Weißt du«, sagt schließlich François, »Khe San ist von der Presse hochgespielt worden. Die Presse und Westmoreland gemeinsam haben Khe San auf ein silbernes Tablett gelegt, um es Giap zu verehren. General Giap, wir haben Khe San erfunden, du brauchst es jetzt nur noch zu nehmen. Und Giap sagte sich: Gut, wollen wir uns einen kleinen Spaß damit machen. Weißt du nicht, daß Kriege dazu da sind, damit die Generäle ihren Spaß haben sollen?«

»Ja, gewiß«, meint Felix.

»Da gibt es also ein Schachspiel, ein Fußballspiel und ein Kriegsspiel.« François beharrt auf seiner Idee. »Für dieses letzte nehme man Hunderttausende von Soldaten, die keine Zinnsoldaten sind, sondern junge Männer aus Fleisch und Blut, und schenke sie den Generälen, die sie zu ihren Spielzeugsoldaten machen. Und je nachdem, was der General beschließt, geht der Spielzeugsoldat kaputt oder kehrt zu seinen Eltern nach New York oder Hanoi zurück. Die Technik dieses Spiels heißt Strategie, und sehr oft hat sie nichts mit Intelligenz zu tun, sondern mit der schlechten Verdauung des Generals, der die Spielsoldaten macht. Denke nur an den Ersten Weltkrieg, an Verdun. Da war ein Schlächter in Generalsuniform, der einmal nachts nicht schlafen konnte und dabei den Entschluß faßte, am nächsten Tag anzugreifen. Und am nächsten Tag entfachte er ein großes Feuer, warf seine Zinnsoldaten hinein und zerschmolz sie alle.«

»Und wir machen hier noch Reklame für die Schlächterei. La boucherie de la guerre«, stimmte Felix zu.

»La connerie de la guerre, Felix. Der Irrsinn des Krieges. Denn wenn das Spiel zu Ende ist, geht der Schlächter nach Hause, wird Mitglied der Ehrenlegion und bekommt eine Rente auf Lebenszeit.«

»François, hast du schon einmal einen intelligenten General kennengelernt?« unterbreche ich ihn. Er zuckte die Achseln.

»Was heißt schon Intelligenz bei den Leuten, die Krieg führen? Es gibt eine menschliche, eine tierische und eine militärische Intelligenz. Die beiden ersten haben etwas Gemeinsames, die dritte nicht. Mutige Generäle kannst du finden, aber niemals intelligente in unserm Wortsinn.«

»Hast du schon mal einen mutigen General kennengelernt?«

»Ja, einmal in Korea. Er hieß Walker. Der einzige General, der seinen Befehlsstand zwischen Front und Artillerie errichtet hatte. In seinem Zelt wurde man taub, und an seinem Tisch gab es das schlechteste Brot auf der ganzen Welt. Weil der von den Kanonen verursachte Unterdruck den Brotteig nicht gehen ließ. Man muß also erst verdammt schlechtes Brot essen, um daran erinnert zu werden, daß Menschen keine Zinnsoldaten sind. Und auch das genügt nicht, um einen General freizusprechen.«

Dann erhebt er sich mit einem Ruck und geht auf die Terrasse.

PS Ich bin ihm nachgegangen; wenn ich innerlich wütend bin, tut es mir gut, ihm zuzuhören. Dieser Mann ist die herrlichste menschliche Entdeckung, die ich als Erwachsene gemacht habe. Und ich verstehe Mazure nicht, der sagte: »Verlange von mir, daß ich seinetwegen aus dem Fenster springen soll, und ich tu's, weil ich ihn bewundere. Aber verlange nicht von mir, daß ich ihn lieben soll, denn das tue ich nicht. Man kann ihn nicht lieben.« Ich aber sage, daß man gar nicht anders kann, daß man ihn lieben muß.

»François, kennst du Khe San, wie es einmal war?«

»Ja, gewiß. Ich bin verschiedene Male dort gewesen. Ich kenne es gut.«

»Und ich bin nie hingegangen, aus Angst. Aber jetzt muß ich die Geschichte von Khe San schreiben.«

»Die erzähle ich dir, die Geschichte von Khe San.«

Er ging ins Büro und kam mit zwei Fotos zurück, die er mir aber nicht gleich zeigte. Er setzte sich auf den Boden der Terrasse. In der Dunkelheit warfen zwei Flugzeuge im Tiefflug Leuchtkugeln ab.

»Es war einmal eine Kaffeeplantage an einem Ort, der Khe San hieß. Ein Ort, so bedeutungslos, daß er auf den Landkarten nur ganz klein oder überhaupt nicht eingezeichnet war. Aber ein wunderschöner Ort. Er ließ an Europa, ja sogar an deine Toscana denken: kleine Täler mit vielen blumigen Pfaden und Hügeln. Die Hügel waren steil und sanft und grün, das Grün kam fast überall von den Kaffeebäumen, die von weitem wie junge Kastanien aussahen. Der Kaffee gedieh gut, weil die Erde gut war, so fett und rot wie in der Toscana, auch das Klima war gut. An Schlechtem gab's in Khe San nur die Tiger, und die mußtest du erschießen, weil sie dich sonst auffraßen. Madame Bourdeauducq, die Besitzerin der Plantage, verbrachte ganze Tage auf den Bäumen, um Tiger zu schießen, und als sie alt war, hatte sie fünfundvierzig erschossen. Sie sagte: »Es tut mir leid, die Tiger umzubringen, aber sie fressen mir meine Bauern auf.« Besitzer und Besitzerin der Plantage waren Franzosen. Er hieß Eugène Poilane, doch alle kannten ihn als Papa Poilane. Ein fabelhafter Mensch, wie man mir sagte. Mit einem großen Bart, großem Mut und großem Arbeitseifer. Nach Khe San war er schon als junger Mann zusammen mit seiner Frau gekommen, und damals hatte es in Khe San noch nichts gegeben außer den Wäldern. Die Plantage war ganz allein sein Werk gewesen, und er hatte die Erde geliebt, als wäre er dort geboren worden, und wenn man mir bei Leuten wie Papa Poilane von Kolonialismus spricht, kann ich nur lachen. Er war kein Kolonialist, er war ein Bauer, der seinen Boden bearbeitete, und basta. Und er hat keinem etwas weggenommen.«

Er schwieg eine Weile, um einen plötzlichen Zorn zu unterdrücken. Dann erzählte er weiter, mit leiser, bitterer Stimme.

»Mitten in der Plantage lag das Haus, und auch das erinnerte an die Toscana. In der Mitte ein Türmchen für die Tauben, und davor ein Hof. Der war immer voller Hunde und Katzen und Hühner. Auf einem Hügel gegenüber gab es auch zwei Elefanten. Sie waren zweihundert Jahre alt, aber die Bergbewohner hielten sie aus Liebe und auch, weil sie Papa Poilane eine Freude machen wollten, der immer sagte: ›Soll man denn Leute wegwerfen, wenn sie alt werden?‹ Schließlich waren da noch Papa Poilanes Sohn Felix und dessen Frau Madeleine und ihre beiden Kinder Jean-Marie und Françoise. Eine glückliche Familie. Aber in Khe San waren sie alle glücklich, bevor die Generäle mit den Zinnsoldaten zu spielen anfingen. Nicht weit weg von Poilanes Plantage befand sich die Plantage eines anderen Franzosen, Linares; und auch er war ein glücklicher Mensch. Er hatte eine Vietnamesin geheiratet, lebte inmitten seiner halb französischen, halb vietnamesischen Kinder und sagte immer: ›Nur eine Gnade erbitte ich mir von Gott, er soll mich in Khe San sterben lassen!‹ Doch die Generäle begannen, mit den Zinnsoldaten zu spielen, und Khe San war die längste Zeit ein glücklicher Ort gewesen. 1965 kam Papa Poilane von einem Rundgang durch die Wälder nicht mehr zurück. Sie fanden ihn tot, mit einem Herzschuß. Vielleicht von einem Vietkong, wer weiß das, oder von irgendeinem Soldaten. Madame Bourdeauducq war davon so mitgenommen, daß sie Khe San sofort verließ und nach Frankreich zurückkehrte, wo sie als Telefonistin in einem Kloster in Sucyen-Brie eingestellt wurde. Dort habe ich sie kennengelernt. Ein altes, grauhaariges, unscheinbares Frauchen. Keine Spur mehr an ihr von jenem Prachtweib, das auf Bäume geklettert war und Tiger geschossen hatte. Dann lernte ich auch ihren Sohn kennen, der die Plantage leitete. Hier ist er.«

Er reichte mir eines der beiden Fotos. Ein junger Mann in bäuerlicher Kleidung. Mit offenem Lächeln und ehrlichen Augen.

»Ich lernte ihn kennen, als ich das erstemal in Khe San war, auf einem Patrouillengang mit den Amerikanern. In Khe San traf jetzt der Nachschub vom Ho-Tschi-Minh-Pfad ein, und in den Wäldern waren viele Vietkong. Ich erinnere mich, daß es nach diesem Patrouillengang auch ein Gefecht gab und zwei Tote; ich ging in die Plantage Poilane, und so lernte ich Felix kennen. Fünfunddreißig Jahre alt, sympathisch, überaus fleißig. Er zog den schönsten Kaffee, den ich je gesehen habe, und er träumte davon, in Khe San Orangen zu kultivieren. Aber es gelang ihm nicht, und so beschränkte er sich auf einen Obstgarten mit Äpfeln und Birnen. Ich schloß Freundschaft mit Felix. Und Felix stellte mir auch den andern Bauern vor, Linares, jetzt schon ein zahnloser, mürrischer, ungehobelter Alter, der von Khe San sprach wie von einer Frau, die ihn behext hatte: ›Ich geh' hier nicht fort, nein! Ich will in meinem Khe San krepieren! Nach Frankreich bringt mich keiner zurück, auch nicht im Sarg!‹ Und dann stellte mir Felix den Pfarrer von Khe San vor, einen Pfarrer ohne Pfarrei, denn an Katholiken gab es da nur Poilane und Linares. Trotzdem war er gern dort und half den Bergbewohnern, die ihn liebten. Ein intelligenter Mann, dieser Père Poncet. Er hieß Poncet. Auch mit ihm schloß ich Freundschaft. Wenn ich nach Khe San kam, besuchte ich ihn jedesmal. Hier, das ist er.«

Er reichte mir das zweite Foto. Ein kräftiger junger Mann, auch in bäuerlicher Kleidung. Mit einem asketischen, von schwarzem Kinn- und Schnurrbart halbverdeckten Gesicht.

»Dann beschlossen die Generäle, in Khe San mit den Zinnsoldaten zu spielen, aber im großen Stil, und eine Flugbasis anzulegen, um den Ho-Tschi-Minh-Pfad zu überwachen. Sie errichteten die Basis anderthalb Kilometer von Poilanes Plantage entfernt. Und das war, als würde man mit einem Napf Honig die Fliegen anlocken. Ende Januar hatten die Nordvietnamesen schon als erste Antwort eine Reihe von Hügeln besetzt, und im Februar eroberten sie das Lager Lang Vei, nur wenig oberhalb von Khe San. Ein Bombenangriff verkohlte ich weiß nicht wie viele Kaffeebäume, durch einen anderen wurden die beiden Elefanten getötet. Die Familie Poilane, die Linares und Pere Poncet mußten nach Hué evakuieren. Dort überraschte sie die Tet-Offensive.«

Er sah eine ganze Weile auf das Foto von Pere Poncet und räusperte sich mehrmals. Fast, als müßte er eine Träne unterdrücken.

»Pere Poncet starb als erster. Am 13. Februar dieses Jahres, auf einer Straße bei der Zitadelle. Er war mit Linares zusammen, man schoß ihm in den Rücken. Felix Poilane starb zwei Monate später. Am 13. April im Flugzeug, das ihn nach Khe San zurückbrachte. Das Flugzeug wurde während der Landung getroffen und fing Feuer. Die Besatzung und die amerikanischen Soldaten, die darin waren, konnten unversehrt entkommen. Er aber starb. Verbrannte bei lebendigem Leibe. Anscheinend war er verletzt, und keiner dieser braven Christenmenschen hat sich um ihn gekümmert, um ja keine Zeit zu verlieren, verstehst du.«

»Und Linares? Der doch in Khe San sterben wollte?«

»Ach, er hat von allen das schlimmste Ende gefunden.«

»Wieso?«

»Er wurde zusammen mit Père Poncet verwundet, aber er hat es überstanden. Dann haben sie ihn nach Paris geschickt. Und dort wird er sterben. Es gibt ohnehin keine Kaffeebäume mehr in Khe San. Keine Plantagen. Überhaupt nichts.«

Er hob das Gesicht, und an seiner Nase herunter rann endlich eine Träne. »Da hast du die Geschichte von Khe San.«

9. Mai. Diese morgendliche Stille. Unbewegt, lähmend. Aber plötzlich bricht sie auseinander in einer zyklopischen Ohrfeige, und der Tod geht wieder ans Werk. Im Gewand eines Amerikaners, Südvietnamesen, Nordvietnamesen, Vietkong. Wieviele Vietkong gibt es in der Stadt? Einige sagen dreitausend, andere viertausend, aber genau kann man das nicht berechnen; sie strömen ununterbrochen herein. Sie heißen Quyet Tu, also Selbstmordkommandos. Viele kommen von der kambodschanischen Grenze in Gewaltmärschen durch die Reisfelder von Tay Ninh, und ihre Aufgabe ist es nicht, strategische Punkte zu besetzen, sondern die feindlichen Truppen so lange wie möglich zu binden, so viele Menschen wie möglich umzubringen, Verzweiflung und Terror zu verbreiten. Sie sind in Fünfer- oder Zehnergruppen aufgeteilt, und ihre Stärke besteht im raschen Handeln und im ebenso raschen Verschwinden. Ihre Angriffe dauern nie länger als zwanzig Minuten. Wenn die Hubschrauber zur Suchaktion aufsteigen, sind sie oft schon wieder weg. Die Rede, die der nordvietnamesische General Nguyen Chi Than vor einem Jahr den Führern der Nationalen Befreiungsfront hielt, ist noch nie so aktuell gewesen wie heute:

»Die Amerikaner bilden sich ein, daß man zum Siegen eine Menge Soldaten braucht, und begreifen nicht, daß hier die Taktik den Ausschlag gibt und nicht die Stärke. Die Amerikaner sind stärker als wir, ihr militärisches Potential wird überhaupt nicht bezweifelt, und es ist modern. Wir versuchen erst gar nicht, damit zu konkurrieren, das wäre, als wollten wir den Reis mit Gabel und Löffel essen. Mit Gabel und Löffel verstehen wir nicht umzugehen. Den Reis essen wir mit Stäbchen. Um also die Amerikaner zu besiegen, müssen wir sie zwingen, den Reis ebenfalls mit Stäbchen zu essen. Merkt euch, Genossen, der Krieg in Vietnam ist eine Arena, wo die Amerikaner als Boxer auftreten, die gegen den Wind kämpfen. Der Wind sind wir. Genossen, ihr sollt über sie herfallen wie der Wind und wieder verschwinden wie der Wind. Genossen, laßt es nie zu einem Windstau kommen!«

Ja, Sonntag, den fünften Mai, brach es wie ein Wind über Saigon herein. Wie ein stetiger, heimtückischer Wind, der hier ein Dach abdeckt, dort einen Passanten trifft, hier eine Brise ist, dort ein Taifun. Und wo auch immer du dich befindest, kommst du dir wie ein zum Tode Verurteilter vor. Auch ich komme mir jetzt so vor, wenn ich daran denke, daß Felix mich bald abholen wird, damit wir gemeinsam in ein Kampfgebiet gehen, und nun frage ich mich, in welches. Aber schließlich ist das gar nicht so wichtig. Du kannst sogar in Cholon mit heiler Haut davonkommen, wie ich gestern früh, als ich mit Derek dort gewesen bin, und dann erwischt es dich in deinem Zimmer, wie einen Schweden heute nacht. Er schlief bei offenem Fenster, eine Kugel flog herein, er war sofort tot.

Nachmittags. Das Kampfgebiet war bei der Brücke nach Khan Hoi, und um ein Haar hätte ich dran glauben müssen. Die Bevölkerung von Saigon nennt sie die »Brücke der unglücklich Verliebten«, weil hier früher viele Selbstmorde geschahen. Die Amerikaner nennen sie die Y-Brücke, denn sie sieht wirklich so aus, drei Brükken in einer. Vom Zentrum Saigons ist sie so weit entfernt wie die Via Veneto vom Petersplatz, und zwei- oder dreimal täglich wird hier gekämpft. Was für einen Sinn es haben soll, Menschenleben für die Y-Brücke zu verschleißen, das versteht einer nur, wenn er die Rede des Generals Nguyen Chi Than gelesen hat. Jedenfalls setzen die Amerikaner für wenige Quyet-Tu-Gruppen im Umkreis der Y-Brücke eine solche Menge von Menschen und Material ein, daß man damit ein ganzes nordvietnamesisches Bataillon zurückwerfen könnte. Panzer stehen gefechtsklar da, gepanzerte Fähren fahren den Fluß entlang, Hubschrauber fliegen tief über das Wohngebiet. Auf wen wollen sie eigentlich schießen? Wenn der

Windstoß kommt, wissen sie nicht einmal rasch genug, woher. Und auf diese Weise hätte es mich beinahe erwischt. Es schien alles so ruhig, abgesehen von einigen Bränden, die sich über Khan Hoi erhoben: Napalm. Ich ging bis zur Brückenkreuzung vor und wollte gerade ein Foto machen, als die Quyet Tu auf mich schossen. Woher, weiß kein Mensch. Ich erinnere mich nur noch an das Pfeifen der Gewehrkugeln und die Stimme von Felix, der sich unter einem Panzer verkrochen hatte: »Runter! Hinlegen!« Ich warf mich zu Boden, und während der fünf Minuten, die ich da mitten auf der verlassenen Brücke liegenblieb und mich Gottes Schutz anvertraute, konnte keiner dieser Panzer, dieser Hubschrauber und kein Soldat irgend etwas unternehmen. Als sie dann endlich das Feuer erwiderten, war Grabesstille.

Vor dem Hotel Majestic geschah nachher das gleiche noch einmal. Felix war nur einmal kurz stehengeblieben, und schon knallte ein Schuß in die Wand, einen knappen Meter neben ihm. Kam er von einem Dach? Von dem Sampan, der gegenüber festgemacht hatte? Wer weiß es! Die Allee war dann voller aufgeregter Soldaten, die einen höllischen Spektakel machten, aber keinen einzigen Schuß abfeuern konnten, weil sie nicht wußten, wohin. Und über die Erklärung dieses amerikanischen Offiziers heute früh kann ich nur lachen: »Unsere Truppen halten die Verstärkungen auf, die vom Süden, Westen und Nordosten in die Stadt einzudringen versuchen. Innerhalb der letzten vierundzwanzig Stunden hatte der Feind 445 Tote, davon 242 innerhalb der Stadt. Wir beherrschen die Situation, aus dem Südwesten Saigons werden wir den Feind bis morgen sicher restlos vertrieben haben.« Albernes Geschwätz. Wenn wir Korrespondenten schließlich nichts anderes machen, als von Nordosten nach Südwesten zu eilen, um neu ausgebrochene Kämpfe festzustellen! Einige Vietkong haben sich anscheinend als Regierungssoldaten verkleidet, mit Uniformen, die sie auf dem Hehlermarkt bekommen haben, wo die GIs sogar ihre eigene Mutter verkaufen würden. Andere sagen, sie hätten südvietnamesische Soldaten gesehen, die auf südvietnamesische Soldaten geschossen haben. In der allgemeinen Verwirrung waren die Richtigen von den Falschen nicht mehr zu unterscheiden. Und die Zahl der Flüchtlinge nimmt weiter zu. Dieser Strom schweigender, erschreckter Leiber, der sich vorwärtsschiebt und Karren, Fahrräder, Kühe, Schweine, Kinder mitführt, der Sandalen, spitze Hüte, Koffer verliert, so daß nach ihrem Durchzug auf dem Asphalt all diese zertrampelten Dinge zurückbleiben, wie in einem ausgetrockneten Strombett.

Gott, was für ein infames Schauspiel ist das! Heute früh hat eine Frau in diesem Strom ihr Kind verloren. Und sie wollte nicht weiter, wollte unbedingt zurück, um es zu suchen, und flehte und weinte, doch der Strom gab ihr keine Antwort. Teilnahmslos wie eine Masse Wasser, ja, unbarmherzig führte er sie mit sich, trieb sie weiter in der Strömung, und sie, die widerstrebend vorwärtsging, hob die Arme in die Höhe, streckte ihre Hände aus und schrie: »Van! Vaan! Vaaan!«

PS Wir sind etwas in Angst um Ignacio Ezcurra. Gestern früh ist er auf Neuigkeitensuche gegangen mit zwei Korrespondenten der Associated Press und einem der ›Newsweek‹. In Cholon, etwa in der Gegend, wo sie Piggott und die andern umgebracht hatten, sagte er, daß er sich ein wenig umsehen wolle, verließ das Auto und ging fort. Bis heute nachmittag war er noch nicht zurück, und er war doch zum Abendessen verabredet. Ob sie ihn gefangengenommen haben? Ob er irgendeiner besonderen Sache nachgeht? Ob er in den Norden ist? Alle sagen nein, im Norden war er gerade gewesen, und welcher besonderen Sache willst du schon während der Ausgangssperre nachgehen? Im übrigen ist er ein viel zu höflicher Mensch, um eine Einladung zum Abendessen vergessen zu können. Wir haben wirklich Angst, daß man ihn gefangengenommen hat. Oder ... Nein, das will ich gar nicht erst denken.

François will heute abend in das Hotel, um nachzusehen, wie Ezcurra sein Zimmer zurückgelassen hat.

Abends. Er war dort. Es ist das Zimmer eines Menschen, der rasch weggegangen ist, um bald wiederzukommen. In der Maschine ist noch das Blatt, auf dem er seinen Artikel begonnen hatte, als die drei amerikanischen Kollegen ihn holten. Sieben Worte auf dem Papier: »Saigon, den 8. Mai. In diesem Monat wird noch viel Blut fließen ...« Über das Bett verstreut liegen Akten und Aufzeichnungen. Im Schrank hängen seine Anzüge und die Uniform, die unentbehrliche, wenn man mit Militär reist. Im Bad der Rasierapparat. Ein Mann geht ohne Rasierapparat für längere Zeit nicht fort. Und schließlich liegt da noch ein Telegramm, das er gar nicht gelesen hat. Es kommt von seiner Zeitung und liegt seit Mittwoch nachmittag hier. François sagt, Ezcurra sei nicht in den Norden und sei auch nicht gefangengenommen worden, sondern habe das gleiche Ende gefunden wie Piggott, Laramy, Cantwell und der deutsche Baron. Und er hat der Polizei seine Personenbeschreibung gegeben, damit man ihn unter den eingesammelten Leichen suchen soll. Achtundzwanzig Jahre, groß und hager, dunkelbraunes, gewelltes Haar, an den Schläfen gelichtet, mageres, schmales Gesicht, große Nase, dichte Augenbrauen, dunkle Augen. Er trug ein weißes, langärmeliges Hemd und eine graue Hose mit hellem Gürtel und Mokassins.

10. Mai. Sie haben ihn umgebracht. Heute morgen hat ein japanischer Fotograf der Associated Press einen Film verkauft, der in Cholon gemacht wurde, und auf einem der Fotos erkennt man die Leiche eines Weißen. Er liegt ausgestreckt auf dem Bürgersteig, neben der Leiche eines Vietnamesen. Graue Hose mit hellem Gürtel, weißes, langärmeliges Hemd, Mokassins. Die Arme sind auf dem Rücken zusammengebunden, man sieht den Strick in Ellenbogenhöhe. Der Körper ist verunstaltet durch einen vertikalen Feuerstoß in Magen und Bauch, das Gesicht unkenntlich: geschwollen, von Geschossen durchlöchert, blutverschmiert. Die Nase zum Beispiel ist zu einer Hakennase geworden, die Wangen sehen voll aus. Doch man hat das Bild vergrößert, die Schläfen sind Ezcurras Schläfen, das Haar ist Ezcurras Haar, die Stirn ist Ezcurras Stirn. Man hat ihm auch in den Nacken geschossen, und darum ist sein Gesicht vorgefallen. Ein kaltblütiger Mord. Nicht nur, weil er gefesselt ist, sondern weil man ihn nachher noch mit diesen Schüssen in den Nacken erledigt hat. Die Leiche des Vietnamesen liegt mit dem Gesicht zur Erde, die Arme ausgebreitet. Und diese Leiche zeigt noch etwas Entsetzliches, die Hosen sind unten schmutzig. Als hätte er sich vor Schreck in die Hosen gemacht.

Man brachte die Fotografie zum Juspao und zeigte sie dort überall herum. Alle sagten sie, es sei Ezcurras Leiche. Dann suchte man den japanischen Fotografen, um ihn zu fragen, wo in Cholon er diese Aufnahme gemacht habe, doch er war schon nach Tokio geflogen, und dort wird man ihn tagelang nicht finden können, weil er keinen Direktflug gebucht hat. Demnach ist es so gut wie ausgeschlossen, die Leiche zu finden. Auf dem Bild sieht man nicht mehr als einen Bürgersteig und ein Schaufenster. François ist sogar selbst in Cholon gewesen, um ihn zu suchen, vergeblich. Cholon ist so groß und hat so viele Schaufenster. Eine bestimmte Stelle und ein bestimmter Toter ist schwerer zu finden als ein ins Meer gefallenes Kind. Keiner hat mit ihm gesprochen, keiner hat ihm geholfen, aber sie haben ihn mit finsteren, feindseligen Blicken angesehen.

»Ich hatte große Angst.«

Wenn er das schon sagt.

»Nicht wahr, François, wir werden ihn nicht mehr finden?«

»Ich glaube nein. Man hat ihn wohl in irgendein Massengrab geworfen.«

»Weißt du, daß seine Frau ein Kind erwartet?«

»Ja, das weiß ich. Ces salopards de chinois!«

Es ist schwer, es ist immer schwerer, sich damit abzufinden, daß die Vietkong solche Gemeinheiten begehen. Ich meine, daß auch sie nicht diese Kämpfer für Gerechtigkeit und Freiheit sind, wie wir sie bisher immer darstellten. Und es ist bitter und immer bitterer, eingestehen zu müssen, daß sie geradeso sind wie alle andern, daß sie Bestien sind wie alle andern und daß Loan am Ende gar nicht so schuldig ist. Seitdem ich gesehen habe, daß Ezcurra ebenso gefesselt war wie Loans Vietkong, muß ich immer wieder an Loan denken. Vielleicht ist es engherzig, sich darum mit dem Problem zu befassen, weil sie fünf Kollegen umgebracht haben. Trotzdem muß man sich damit befassen. Wie viele Verbrechen haben die Vietkong denn noch begangen, ohne daß sie fotografiert wurden? Stets ist ein Fotograf zur Stelle, wenn es sich um die Hinrichtung eines Vietkong, um den abgehauenen Kopf eines Vietkong handelt, aber nie ist ein Fotograf zur Stelle, wenn es sich um die Hinrichtung eines Amerikaners, um den abgehauenen Kopf eines Südvietnamesen handelt. Fast bin ich schon so weit, daß ich Loan verzeihe.

»Geht es dir auch so, Francois?«

Er zog die eine Augenbraue hoch. Und schwieg ziemlich lange. Dann schüttelte er den Kopf.

»Das Wort Verzeihung stammt aus dem katholischen Vokabular. Und mit den Katholiken habe ich schon lange nichts mehr gemein. Mir ist das Wort Beurteilung lieber. Aber jeder Beurteilung muß eine Begründung vorausgehen. Denn eine Begründung gibt es fast immer. Einmal sah ich in der Nähe von Seoul eine Kolonne nordkoreanischer Gefangener, verwundet, zerlumpt. Eine Gruppe Amerikaner, das heißt Puertoricaner, begleitete sie, und da stürzte sich plötzlich ein Puertoricaner auf einen der Gefangenen, stieß ihm ohne jeden ersichtlichen Grund das Bajonett in die Seite. Er hätte ihn fast in zwei Hälften geteilt. Man lief herbei, um ihn zu bändigen, er aber streckte das blutige Bajonett in die Höhe und schrie hysterisch: ›He killed my buddy! Er hat meinen Freund getötet!‹ Es gibt eben Fälle, wo man auch für das gemeinste Verbrechen Verständnis haben kann.«

»Sprichst du von Loan, oder sprichst du von den Vietkong?«

Er gab mir keine Antwort.

»Aber es gibt auch Fälle, wo man nicht einmal für eine Ohrfeige Verständnis haben darf. Ein andermal war ich bei der British Brigade im Norden Seouls. Und da war dieser elegante, rasierte englische Hauptmann, der ein einwandfreies Französisch sprach. Er erzählte mir, daß er im Zweiten Weltkrieg mit der Erschießung der deutschen Gefangenen aus dem Afrikakorps beauftragt worden sei. Und da habe er sich einmal in einem Gewissenskonflikt befunden. Er hatte Onkel und Neffe als Gefangene. Wer von beiden sollte zuerst erschossen werden, damit die Strafe größer sei? Schließlich habe er sich für den Neffen entschieden. Während er mir das erzählte, brachte man ihm einen Südkoreaner in nordkoreanischer Uniform. Weißt du, einer dieser Leute, die von den Amerikanern mit Fallschirmen im Norden abgesetzt werden, damit sie dort spionieren sollen. Eben erst hatte man ihn gefangengenommen, das heißt, er hatte sich gefangennehmen lassen. Er sprach englisch, sagte seinen Namen und Dienstgrad. Dann holte er aus einem Stiefel gewisse Papiere heraus und überreichte sie dem Hauptmann mit einer Verneigung. Ohne sie auch nur eines Blickes zu würdigen, zerriß sie der Hauptmann und warf sie weg. Dann stürzte er sich auf den Koreaner und schlug ihn, schlug ihn: Fausthiebe, Fußtritte, Ohrfeigen. Dieser so überaus kultivierte Londoner Bürger, dieser Ehrenmann, der Shakespeare auswendig kannte, dieser Schuft, der in seinem Innersten davon überzeugt war, daß er der Welt Demokratie lehren könne.«

»Sprichst du von Loan, oder sprichst du von den Vietkong?«

»Dann gibt es wieder Fälle, wo du einfach nicht weißt, wie du sie beurteilen sollst, weil du nicht weißt, ob es eine Begründung dafür gibt oder nicht. So war es an dem Tag, als ich mich dem französischen Bataillon angeschlossen hatte, auch in Korea, und zwar auf dem Hügel 1021. Von dem Wald aus, wo ich mich befand, konnte ich die Nordkoreaner ausgezeichnet sehen und auch ihren Offizier, der ihnen erregt Befehle erteilte, dann das Gewehr in Anschlag brachte und in unsere Richtung schoß. Er schien außer sich zu sein. Und plötzlich richtete er das Gewehr auf einen seiner Soldaten und drückte ab. Der Soldat fiel tot um. Warum hat er ihn erschossen? Das frage ich mich noch heute. Wahrscheinlich war er mit den Nerven fertig. Wahrscheinlich war er übermüdet. Auch Loan war damals übermüdet. Er hatte seit Tagen nicht geschlafen, sein Lager war ein Jeep voller Flaschen und Bierkisten gewesen. Vor seinen Augen hatte er seine Leute sterben sehen, vielleicht war einer von ihnen gefesselt erschossen worden. Ich weiß es nicht. Du weißt ja nie, wo die Bestie aufhört und der Mensch anfängt, und umgekehrt. Nachdem Loan verwundet worden war, ging ich nach Bien Hoa. Der Kampf war zu Ende, drei Vietkong lagen im Sterben. Statt sie gleich zu erledigen, wie man das für gewöhnlich tut, hatten Loans Leute sie behutsam auf die Erde gelegt und ihnen eine Jacke als Kissen unter den Kopf geschoben. Es fiel ein leichter Regen, ein Vietkong verlor Blut aus seinen Wunden, vermischt mit dem Regenwasser bildete es ein Rinnsal. Da kam ein Schwein an und soff grunzend dies mit Wasser vermischte Blut. Ich schlug es mit einem Stock, es trollte sich, kam aber wieder. Da halfen mir Loans Leute und verjagten es mit Fußtritten.«

PS Ich habe zu nichts Lust. Die letzten zwei Stunden habe ich damit verbracht, mir in einem kleinen Laden in der rue Gia Long den Kopf waschen zu lassen. Die Friseuse war eine sehr höfliche, sehr zuvorkommende Vietnamesin. Weißt du, das mittlere Bürgertum von Saigon. Sie sagte, daß sie Cao Ky und Loan recht gut kenne. Noch von früher, als beide Obersten waren. Sie sagte auch, daß sie Cao Ky nie habe leiden können, so arrogant und von sich eingenommen; über die Karriere, die er gemacht hat, kann sie nur den Kopf schütteln. »C'est incroyable, c'est inexplicable.« Loan aber hat sie schon immer gemocht. »Un homme très doux, très brave.« Ein sehr sanfter, sehr mutiger Mann.

11. Mai. Auf der Pferderennbahn haben die südvietnamesischen Rangers zwei Windstöße gefangengenommen. Verwundete, sie lagen schon vier Tage dort, ohne zu trinken und zu essen, ihre Körper waren voller Splitter. Ihre Kameraden hatten ihnen nach dem Gefecht keinen Gnadenschuß gegeben, weil sie sich totgestellt hatten. Die Quyet Tu haben Befehl, keine Verwundeten zurückzulassen, sie mit einem Schuß ins Herz oder in die Schläfe zu erledigen.

Die beiden Bahren stehen in dem Raum, wo einmal Wetten abgeschlossen wurden. Jetzt hat man da ein kleines Feldlazarett eingerichtet. Aus den Kärtchen, die an ihrem Handgelenk baumeln, geht hervor, daß der eine ein Oberleutnant von der regulären nordvietnamesischen Armee ist und Nguyen Van Gian heißt; der andere ist ein Südvietnamese vom zweiten Bataillon der neunten Vietkongdivision und heißt Thai Van Ty. Oberleutnant Van Gian wird nicht durchkommen. Er hat klaffende Bauchwunden, eine akute Bauchfellentzündung und zwei Brüche am rechten Oberschenkel. Mit einer intravenösen Injektion versuchen sie, ihn ein wenig zu kräftigen, aber damit wird sein Tod nur um Stunden hinausgeschoben. Doch Thai Van Ty wird durchkommen. Mit einiger Mühe kann er sogar sprechen. Er hat schon wertvolle Informationen gegeben und auch gesagt, daß die Truppen der Nationalen Befreiungsfront vereinigt wurden mit denen der regulären nordvietnamesischen Armee, und daß diese weitaus in der Überzahl sind, siebzig Prozent. Zwei Bataillone des 272. nordvietnamesischen Regiments machen jetzt den Versuch, über Go Vap in die Stadt einzudringen und treffen Vorkehrungen, den Flughafen Than Son Nhut anzugreifen. Aber das Bataillon, dem er angehörte, befindet sich in Long An im Mekong-Delta und rückt von dort aus vor; es ist ausgerüstet mit russischen Gewehren AK 47, Flammenwerfern, Bazookas . . .

Armer Thai Van Ty, sein hageres Gesicht drückt sein Leiden aus. Kein körperliches, sondern eines, das daher kommt, weil er zuviel gesagt hat. Ich knie mich neben ihn hin, er klammert sich mit seinen schmächtigen Fingern an meinen Pulli und flüstert: »Boire . . . trinken . . . boire.« Ich träufle es ihm behutsam zwischen die Lippen, er sieht mich dankbar an und meint: »Manger . . . essen . . . manger.« Da kommt ein Arzt in Uniform und sagt ihm freundlich, er könne beruhigt sein, er bekäme schon zu essen. Und wirklich, das Essen kommt gleich, ein Napf Reis mit Gemüse, der Arzt in Uniform schiebt den Sanitäter weg, er selbst will Thai Van Ty füttern. Es ist nur gut, wenn Thai Van Ty so wenig wie möglich ißt. Mit sanften Bewegungen legt ihm der Arzt jeweils fünf, sechs Reiskörner auf die Zunge. »Nur langsam. Brav. Ja, so . . .«

»Wie heißen Sie, Doktor?«

»Nguyen Ngoc Quy«, gibt er mir zur Antwort. »Warum?«

(Das Warum, wenn ich es Ihnen sagen würde, Doktor, lieber Doktor, Sie würden es nicht glauben. Denn wenn ich traurig sein werde, an jene Schufte denken werde, die Ezcurra und die andern umgebracht haben, und auch an jene andern Schufte, die in Paris, Washington, Hanoi für die Sterbenden nichts als Hohn haben, dann werde ich immer wieder diesen Namen vor mich hin sprechen: Nguyen Ngoc Quy, Nguyen Ngoc Quy.)

»Für die Zeitung, Doktor.«

»Oh, bringen Sie mich nicht in die Zeitung! Was habe ich denn getan?«

»Nichts, Doktor. Sind Sie schon lange bei den Regierungstruppen?«

»Fünf Jahre.«

»Und Sie hassen diesen Menschen nicht, Doktor?«

»Er ist ein Vietnamese, er ist mein Bruder. Wie könnte ich ihn da hassen? Wir sind doch alle Brüder.«

»Sind Sie Christ, Doktor?«

»Nein, ich habe keine Religion.«

Vor einer Stunde sind zwei Raketen, die von amerikanischen Hubschraubern abgeschossen wurden, in eine Pagode voller Flüchtlinge eingeschlagen. Zehn Menschen waren tot, fünfzehn schwer verletzt. Anscheinend ist die Zahl der Toten unter der Zivilbevölkerung schon auf vierhundert angestiegen, die der Verletzten auf fast zweitausend. Und neunundzwanzigtausend sind in Saigon obdachlos geworden. Man bringt sie in Schulen unter, wo weißgekleidete Priester ihnen sagen, daß sie zu Gott beten, Gott danken sollen. Wofür eigentlich?

Nachmittags. Heute früh begannen die Vorbereitungsgespräche in Paris, und in Cholon, in Go Vap, in Khan Hoi, in Bien Hoa, an der Y-Brücke, an der Rennbahn, im französischen Friedhof wird weitergekämpft; und hier ist noch ein Journalist umgekommen, ein Granatsplitter ging ihm ins Herz. Heute früh wurde der so überaus wichtige Beschluß gefaßt, daß die amerikanischen Delegierten im Hotel Crillon wohnen werden und die nordvietnamesischen Delegierten im weniger eleganten Hotel Lutetia, aber diese werden in eine kleine Villa umziehen. Und in Saigon beträgt die Zahl der zerstörten Häuser 10750. Heute früh sind viele Zeitungen in aller Welt mit dem Titel erschienen: ›Es ist Frieden.‹ Und in Saigon bewaffnete Vizepräsident Cao Ky zehntausend Studenten, damit sie den Fluß verteidigen sollen. Er ließ sie im Stadtpark antreten und teilte ihnen mit, daß der Krieg weitergehe, auch wenn »die Fremden« (lies Amerikaner) das nicht wollten. Die Generalmobilmachung steht bevor. Ich bin mit Felix dagewesen, um ihm zuzuhören. Cao Ky hielt seine Wut nicht zurück und schrie: »Wenn die Fremden Vietnam aufzugeben wünschen, dann antworte ich ihnen: Gebt es heute noch auf! Wir bieten ihnen nicht unsere Gastfreundschaft, damit sie sich dann den Kommunisten ergeben, damit sie uns dann den Kommunisten ausliefern. Diese Antwort muß man ihrem Neokolonialismus erteilen, der uns eine kleine materielle Hilfe bietet, um dafür auf viertausend Jahre unserer Geschichte spucken zu können, um über unser Schicksal einzig und allein im eigenen Interesse bestimmen zu können. Es wird keine Koalitionsregierung geben, wir werden nie mit dem Feind paktieren.« Der übliche stolze, inkonsequente, verzweifelte Cao Ky, für den Krieg eben Gewohnheit ist, und wer umkommt, hat Pech gehabt. Heute früh gefiel mir Cao Ky nicht. Keiner gefiel mir. Botschafter Bunker, den man dazu eingeladen hatte, ging weg, ohne ihm die Hand zu reichen, und schickte einen wütenden Bericht an Johnson. Sie sind untereinander zerstritten, wie widerlich! Wer weiß, ob das nicht auch zwischen der Nationalen Befreiungsfront und Hanoi der Fall ist. Vielleicht. Wie widerlich! Da bildet man sich ein, die Geschicke der Völker liegen in den Händen außergewöhnlicher Männer, vielleicht grausamer, aber immerhin außergewöhnlicher, und am Ende entdeckt man, daß die Geschicke der Welt von ganz banalen Trotteln bestimmt werden, deren Erfolge das Erstaunen der Friseuse hervorruft, die sich gegenseitig ankeifen wie die Marktweiber.

»Und dann reden die uns noch von Idealen, Felix!«

»Und du hast erst nach Vietnam kommen müssen, um zu merken, daß Ideale nur ein Vorwand für denjenigen sind, der an die Macht will? Du mußt dir ein für allemal in den Kopf setzen, daß dieser Krieg und alle andern Kriege nichts als ein schmutziges politisches Spiel sind. Im Norden, Süden, Osten und Westen. Amerikaner und Südvietnamesen sind Verbündete, aber sie können einander nicht ausstehen. Vietkong und Nordvietnamesen kämpfen gemeinsam, aber sie können einander nicht ausstehen. Ich möchte sie sehen, die von der Nationalen Befreiungsfront, wenn sie sich mit denen von Hanoi in der Wolle liegen.«

»Aber sie hassen sich doch nicht, Felix.«

»Jedenfalls lieben sie sich nicht. Die Nationale Befreiungsfront fürchtet Hanoi, und Hanoi hat nichts übrig für die Nationale Befreiungsfront. Wichtige militärische Aktionen werden von den Nordvietnamesen durchgeführt, nicht von den Vietkong. Die Nordvietnamesen sprechen den Vietkong keine soldatischen Eigenschaften zu, sie verwenden sie nur für Selbstmordaktionen. Und sie trauen ihnen nicht einmal in politischer Hinsicht, Hanoi hat kein Interesse an einer Koalitionsregierung. Auch ein sofortiger Friede interessiert nicht, dafür gibt es Beweismaterial. Ich gebe dir ein Papier, das am 17. April von der 173. Airborn erbeutet wurde. Ein Schreiben des Politkomitees in der nordvietnamesischen Armee.«

Er hat es mir gegeben. Beim Abschreiben denke ich an Doktor Nguyen Ngoc Quy, wie er den Vietkong fütterte, ihm jedesmal fünf, sechs Reiskörner in den Mund schob, nur langsam, brav, so ist es recht.

»Hauptquartier der dritten Division, Einheit 491. Die Einheit 491 an alle Einheiten. Achtung, Direktiven vom 4. April 1968. Gestern wurde von unserer Regierung die Ankündigung der amerikanischen Regierung bekanntgegeben, ihre Bombenangriffe auf den Norden des Landes einzuschränken. Diese Ankündigung ist dazu angetan, den Kampfgeist unserer Truppen zu beeinträchtigen und zu untergraben, die Wachsamkeit unserer Einheiten zu hemmen, ihre Entschlossenheit zu untergraben. Darum müssen unsere Truppen sofort darüber belehrt und informiert werden, daß dies nur ein Schachzug der Vereinigten Staaten ist, um die öffentliche Meinung für sich zu gewinnen, daß wir auf diesen Trick nicht hereinfallen dürfen, daß der Krieg weitergeht und intensiviert werden muß. Im einzelnen muß jede Einheit über folgende Punkte belehrt werden: 1) Man wird die diplomatischen Verhandlungen mit dem politischen und militärischen Kampf koordinieren. 2) Der Umstand, daß unsere Regierung sich zur Aufnahme diplomatischer Kontakte mit den amerikanischen Imperialisten bereit erklärt, annulliert oder beeinträchtigt in keiner Weise unser Ziel; dieses bleibt der totale Sieg. 3) Um diesen Sieg zu erreichen, müssen wir jetzt mehr denn je das amerikanische Heer und das Marionettenheer vernichten, deren Einrichtungen angreifen, in die Städte eindringen, die von ihnen beherrscht werden. Wir dürfen uns nicht in Friedensillusionen wiegen, wir dürfen unsere Gewehre nicht schweigen lassen. Im Gegenteil, man muß sich die Unsicherheit, den Zweifel und auch den Optimismus des Feindes zunutze machen, um so rasch wie möglich die ländlichen Gebiete zu befreien, bewaffnete Aufstände in den Städten auszulösen, möglichst viele Imperialisten zu vernichten. 4) Achtung, wir wiederholen, die Truppen müssen gewissenhaft belehrt werden über die strategische Entschlossenheit der Partei, jede Friedensillusion von sich zu weisen. Befehle müssen zunächst an die politischen und militärischen Führer und dann an die Truppe ergehen, deren Reaktion genauestens zu beobachten ist, damit die erforderlichen Maßnahmen eingeleitet werden können. Die Truppe ihrerseits soll die Bevölkerung belehren. Die Berichte müssen sofort diesem Komitee zugeleitet werden.«

Wie häßlich doch Saigon geworden ist.

12. Mai. Ich habe Mut gefaßt und war zusammen mit Derek in Cholon. Auch sein Vetter war dabei. Er schwitzte und schwitzte. Plötzlich bat er: »Nein, Derek! Kehren wir um, Derek!« Er merkte jetzt, daß der Krieg nur im Film unterhaltsam ist. Ich schwitzte überhaupt nicht, ich war wie aus Marmor. Als wir das Auto verließen, wogen meine Beine so schwer, als wären sie tatsächlich aus Marmor. Menschenleere Alleen, menschenleere Straßen, hinter der Ecke eine südvietnamesische Patrouille, die in die Luft schoß. Dann kamen wir auch an der Gasse vorbei, wo Piggott, Laramy, Cantwell und Birch umgebracht wurden. Und genau am Beginn lagen die Leichen von sechs Vietkong. Einer war riesengroß. So groß und stark, daß man ihn kaum für einen Vietnamesen gehalten hätte. In der Uniform eines Unteroffiziers.

Er lag da mit offenen Armen und ausgebreiteten Beinen, schon grün. Schußwunden im Bauch, Magen, Kopf. Die Augen quollen heraus wie zwei Bälle, die Iris war von Fliegen überdeckt, die dort Mahlzeit hielten. Fliegen waren auch in dem staunend verzerrten, weit offenen Mund, und es waren derer so viele, daß sich ihr Brummen wie das Brummen eines Hubschraubers anhörte. Die andern fünf lagen um ihn herum, in den sonderbarsten Stellungen. Einer hatte gar kein Gesicht mehr, es war nur noch Brei. Mindestens drei Tage waren sie schon tot. Sie stanken fürchterlich. Derek sagte: »Das sind sie. Dieselbe Gasse, dieselbe Gruppe, derselbe Unteroffizier. Er ist groß und kräftig.« Gott möge mir verzeihen, ich empfand kein Mitleid. Ich fotografierte sie mit ruhiger Hand und dachte, wir müssen uns beeilen, sonst geht es uns wie Ezcurra. Und dann dachte ich noch, ihr habt Piggott und Laramy und Cantwell und Birch und vielleicht auch Ezcurra ermordet, aber jetzt habt auch ihr dran glauben müssen, auch für euch ist es aus.

Abends. Die Ausgangssperre beginnt um sieben Uhr, aber bei uns Weißen nimmt man es nicht so genau, und außerdem steht das Hotel Caravelle dem Continental genau gegenüber. So gehen wir vom Continental nach dem Abendessen über den Platz ins Caravelle, das die höchste Terrasse in der Stadt hat, so hoch, daß man von dort oben alles überblickt: Norden, Süden, Osten, Westen. Auf der Terrasse sind Stühle und kleine Tische, Kellner in weißen Jacken servieren Whisky, Eis und Kaffee. Wie in Rom, wie in New York. Die Gäste sind Amerikaner, Franzosen, Journalisten, Diplomaten, Funktionäre, die mit ihren Frauen kommen. Parfümiert, frisiert, Minirock. »Ça va, chérie?« – »Darling, how do you do?« – »Il faut, il faut que vous veniez déjeuner avec nous cette semaine!« – »You must, you absolutely must have a drink at our place!« Und sie lachen und begrüßen einander in bester Stimmung, als wäre man im Theater. Aber wir *sind* ja im Theater. Das Parkett ist die Terrasse des Caravelle, die Bühne das sterbende Saigon.

Verstehst du mich? Man trinkt da seinen Whisky, schleckt sein Eis, bewundert ein Kleid und sieht auf die sterbenden Menschen. »Whisky and soda or on the rocks?« Und man betrachtet die Phantoms, die im Sturzflug Tausend-Kilo-Bomben über einem Stadtteil abwerfen, Napalm. »Moi je préfère le chocolat, pas de vanille«, und man betrachtet die Hubschrauber, wie sie Raketen auf eine Vietkong-Gruppe abfeuern, einen kleinen gelben Soldaten mit dem MG beschießen, den sie durch eine Leuchtkugel entdeckt haben. »What a nice dress, sweety!« – »Sieh mal dort hinten die Bombe! Sie fällt, sie ist schon gefallen, siehst du die Flammen?« Und die Flammen zucken auf, zerreißen mit ihrem Rot den pechschwarzen Himmel: »Fantastic!« Ein Einschlag löst den andern ab, die Luft erzittert: »Extraordinary!« Wie viele Kreaturen müssen jetzt ihr Leben lassen, zerrissen von dieser Bombe? Wie viele Häuser stürzen jetzt ein, verkohlt von diesem Napalm? Rechts der Horizont ist ein einziges Flammenmeer, links der Horizont ein einziges Trommelfeuer, und die Leuchtkugeln schweben auf die Stadt herunter wie die Feuerzungen des Pfingstwunders, wie die Kometen der Heiligen Drei Könige. Sogar noch anmutiger, weil sie in Reihen fallen. »Nein, ich würde ja sagen, sie sehen aus wie die Kerzen auf einer Torte.« Denk an die Römer, wie sie ins Kolosseum gingen, um die Gladiatoren sterben zu sehen. Denk an Nero, wie er die Lyra spielte, während sie die Häuser der Armen verbrannten. Es sind ja doch immer nur die Armen, die daran glauben müssen, nicht etwa die Reichen. In Rom, in Saigon, im Kolosseum, unter der Terrasse des Caravelle. Und da Christus auf die Welt gekommen ist, uns die Liebe zu lehren, gibt es jeden Sonntagvormittag eine heilige Messe, damit wir uns loskaufen mit zehn Paternoster, zehn Ave, zehn Gloria und, warum auch nicht?, mit einem Requiem aeternam, das da lautet: »Vater unser, der Du bist im Himmel, gib uns unser täglich Massaker, erlöse uns von aller Barmherzigkeit und aller Liebe, von allem Menschenvertrauen und von jeder Lehre, die uns Dein Sohn gegeben. Denn nutzlos war sie und ist sie. Ja, nutzlos. Amen.«

Heute abend war das Schauspiel erregender als sonst. Denn im Parkett waren mehr Menschen als sonst, und auf der Bühne floß mehr Blut als sonst, und es gab mehr Flammen als sonst. In Richtung Nordosten, wohin die kleinen Aufschreie der Damen gerichtet waren: »My God! Mon Dieu! What a show tonight! Unbelievable! Incroyable!« Ich war mit François, der die Einschläge mit dem Chronometer lokalisierte, zusammen. Das ist ein Tick von ihm. Kaum zuckt der Blitz in der Dunkelheit auf, drückt er auf seinen Spezial-Chronometer, mit einer Menge Zahlen und Zeigern. Wenn er den Einschlag hört, drückt er noch einmal und liest die Sekunden zwischen Blitz und Einschlag ab. Dann berechnet er die Zeit aufgrund der Schallgeschwindigkeit und bestimmt, in welcher Entfernung die Bombe gefallen ist. Er sagt, dieses System sei praktisch unfehlbar, und er könne dir auf einer Generalstabskarte den genauen Punkt angeben mit einer Toleranzgrenze von höchstens zehn Metern. Wie oft er auf den Knopf gedrückt hat, weiß ich nicht mehr.

Dreißigmal? Fünfzigmal? Hundertmal? Ich erinnere mich nur noch an die dumpfen, immer gleichartigen Einschläge und an das kaum wahrnehmbare Zucken seiner Lippen, wenn er seine raschen Berechnungen angestellt hatte. Gegen Mitternacht sagte er: »Sie explodieren eine neben der anderen, eine über der anderen. Die Differenz beträgt nur Sekundenbruchteile. Sie machen Khan Hoi dem Erdboden gleich. Morgen früh gehen wir hin. Ich bin sicher, wir finden dort nichts mehr.«

13. Mai. Wir fanden dort nichts mehr. Um sieben Uhr holte er mich ab und brachte mich zur Y-Brücke, wo kein einziger Soldat uns darauf hinwies, wir sollten auf die Vietkong achtgeben. Ein Neger kochte sich gerade Kaffee, zwei blonde Kerle rasierten sich in aller Gemächlichkeit. Mit eingeseiftem Gesicht lächelten sie uns an: »Good day. It's a nice day today. Heute ist ein schöner Tag.« Es war gar kein schöner Tag, der Himmel verhangen, überall Gestank nach Verbranntem. In diesem Gestank verließen wir das Auto und gingen über die Brükke. Mitten auf der Brücke hätte ich beinahe aufgeschrien: Khan Hoi existierte nicht mehr. Es gab keine Straßen mehr, keine Häuser. Nur hier und da ein paar verkohlte Bäume und viel Morast, weil die zerstörten Wasserleitungen alles überschwemmt hatten. In diesem Morast wälzte sich eine Frau und weinte, ein kleines schrilles Weinen wie das klagende Piepsen eines Kükens, das die andern Küken verloren hat. Neben ihr lag ein verkohltes Schwein. Sie fiel über dieses Schwein her, ohne ihr piepsendes Weinen zu unterbrechen, und bearbeitete es mit den Fäusten. Weiter drüben, in einem provisorischen Splittergraben, lagen Teile von drei Vietkong und ein vom Fleisch so gut gelöster Oberschenkelknochen, glänzend und weiß, daß er aussah wie eines jener Demonstrationsstücke, anhand derer ich an der Universität Osteologie gelernt hatte. Das Mädchen auf den Steinen aber war intakt. Sie trug die Uniform der Befreiungsfront und hielt den Riemen ihres Tornisters in der Hand. Ich öffnete ihn, er enthielt drei Pakete AK-50-Geschosse, einen MG-Ladestreifen, ein Puderdöschen, einen Lippenstift und ein winziges Fläschchen Parfüm, weißt du, diese Muster, die man beim Friseur geschenkt bekommt. Es war nicht einmal zerbrochen. Auch nicht der Spiegel in dem Puderdöschen. Nur sie selbst war zerbrochen, und man wußte nicht wo. Vielleicht hatte sie ein Windstoß getötet.

Und dann waren da zwei Panzer mit einigen Marines, und von einem Panzer hing eine amerikanische Fahne herunter. Und diese Fahne umschloß in der Perspektive einen toten jungen Hund, einen Kinderschuh und ein Stück Hauswand, alles, was von der Schule in Khan Hoi noch stehengeblieben war. Und dann gab es eine Menge Trichter, acht Meter im Durchmesser, und ein lähmendes Schweigen und eine erschreckende Reglosigkeit, kein Windhauch, verstehst du, über diesem Nichts. Und am Rande eines Trichters die Leichen von zwei gefesselten Polizisten. Erschossen von den Vietkong. Und so waren sie mehr oder minder quitt, doch das falsche Saldo ging zu Lasten der Armen von Khan Hoi. Sieben Tage lang hatten sie die Vietkong erduldet, am achten kamen die Amerikaner, kam ein krächzender Lautsprecher: »Evakuieren, evakuieren!« Und sie mußten zur Brücke gehen, durften keine Matratze, kein Huhn mitnehmen ... Ein alter Mann kam daher. Er sah sich verstört um, suchte sein verschwundenes Hab und Gut. Er faßte sich an den Kopf. So blieb er einige Sekunden stehen.

»Have it, old man. Da nimm, Alter!« sagte ein Marine und hielt ihm einen Chewing-gum hin.

Der Alte nahm die Hände vom Kopf, griff nach dem Chewing-gum, lächelte den Marine an. Werden sie denn nie wütend, rebellieren sie denn nie, hassen sie denn nie? Nein. Sie sind schon so daran gewöhnt, daß ihre Häuser zerstört, ihre Söhne umgebracht werden. Der Haß ist für die Armen ein Gefühl, das zuviel Energie kostet. Und wenn ein Amerikaner ihnen einen Chewing-gum schenkt, lächeln sie ihn an und stecken den Chewing-gum in den Mund. Er wickelte ihn aus und steckte ihn in den Mund.

»Do you like the Chewing-gum, old man? Schmeckt dir der Chewing-gum, Alter?« fragte der Marine.

»Oui, merci. Thank you.«

Nach dem Alten kamen dann die Totengräber. Mit Plastikhandschuhen und Tüllmasken. Sie sprangen vom Lkw, packten das Mädchen in Uniform, warfen es auf den Lkw. Dann nahmen sie den Oberschenkelknochen und warfen ihn auf das Mädchen. Dann nahmen sie zwei oder drei Vietkong-Teile, aber es waren besonders kleine Teile, also ließen sie ab von ihrem Vorhaben. Sie ergriffen ihre Spaten, füllten den Graben auf und fuhren mit dem Lkw darüber, um die entstandene Erhebung einzuebnen.

»Sieh mal, wie hübsch dieses Wasser ist«, sagte François, damit ich vom Lkw wegsehen sollte.

Aus einem verbogenen Rohr schoß ein Wasserstrahl und fiel auf ein Stück Blech. Es bildete sich eine Wolke, und die Sonne schmückte den Strahl mit tausend Diamanten. Einer nach dem andern flogen die Diamanten auf das Blech und sprangen davon ab mit einem reinen Klingeln.

»Sieh mal, wie hübsch dieses Wasser ist«, wiederholte er, wobei er sich zwischen mich und den Lkw stellte. »Das einzige, was hier klar und rein ist. Beim genauen Hinsehen findet man eigentlich immer etwas Klares und Reines.«

Und ich habe ihm nicht entgegengehalten, daß dieses Wasser bestimmt vergiftet war. Wir waren schon im Fortgehen, und er erzählte mir eine seiner Geschichten, was er ja nie ohne Grund tut. Diesmal spielte die Geschichte im Süden Seouls, wo es ein Tal gibt, das sie Massacre Valley nennen oder nannten. Weil dort hundert Marines in einen Hinterhalt der Nordkoreaner gerieten und umkamen. Das war noch, bevor die Amerikaner

Seoul zurückeroberten, und als Francois mit den Panzern durchkam, die Seoul zurückerobern sollten, waren die Marines schon vor acht Tagen gefallen. Es war kalt, und die Kälte hatte sie in Eisstatuen verwandelt. Die Statuen versperrten die Straße, die Kolonne hielt an, um nicht über sie hinwegzufahren. Einige Soldaten stiegen ab, die Eisstatuen beiseite zu schaffen, aber die nordkoreanische Nachhut schoß auf sie. Da befahl der Kommandant, einfach darüberzufahren. Einer nach dem andern fuhren die Panzer darüber – zwanzig Panzer. Und als auch der letzte darübergefahren war, sah man auf der Straße keinen Toten mehr. Nur noch einen roten und feldgrauen Teppich. Nicht höher als zehn Zentimeter.

Abends. In Jardin haben wir ihn getroffen, gleich nach seiner Gefangennahme. Voller Splitter und eiternder Wunden, über seiner Soldatenhose trug er einen Rock der Air Vietnam. Den Soldatenrock hatte er weggeworfen, ehe er sich mit anderen zweihundertundzehn Nordvietnamesen gefangengab. Er hatte ein erstauntes, unschuldiges kleines Gesicht. Er sprach französisch, und François verhörte ihn mit Erlaubnis der Südvietnamesen.

»Wie heißt du, wie alt bist du?«

»Joseph Tan Van Thieu, Monsieur. Vierundzwanzig Jahre alt, Monsieur.«

»Woher kommst du?«

»Aus Hanoi, Monsieur. Mein Regiment verließ Hanoi am 6. Dezember 1967, und am 29. April waren wir in Saigon. Alles zu Fuß, Monsieur! Fast fünf Monate Marsch, Monsieur! Wir marschierten bis zu zwölf Stunden, jedenfalls nie weniger als acht Stunden täglich, manchmal wurde auch nachts marschiert, die ganze Nacht hindurch, Monsieur!«

»Auf welchem Weg bist du hergekommen, Joseph?«

»Laos, Monsieur, und dann Kambodscha. Aber in Kambodscha war's besser, weil da nur fünf Stunden täglich marschiert wurde und in den Wäldern, wo uns keiner sah, und ohne Gewehr, weil sie uns die Gewehre abgenommen hatten. Hier im Süden hat man sie uns wiedergegeben, in der Plantage Michelin, und da trafen wir auf die Kameraden aus dem Süden, mit ihnen marschierten wir weiter nach Saigon.«

»Bist du ein Freiwilliger, Joseph?«

»Aber nein, Monsieur! Nein! Ich arbeitete doch in einer Fabrik in Hanoi und wollte nicht in den Krieg, Monsieur. Ich mag den Krieg nicht, Monsieur. Aber sie haben mich trotzdem in den Krieg geschickt, so will es das Gesetz, Monsieur! Meine Mutter hat geweint, geweint ...«

»Warst du gut bewaffnet, Joseph?«

»Ich hatte nur ein Gewehr, ein AK 50, Monsieur. Und siebenhundertfünfzig Patronen, aber davon habe ich nur fünfzig verschossen, Monsieur. Ich bin nicht fürs Schießen. Je mehr du schießt, um so mehr schießt man auf dich. Und sie schießen so viel, Monsieur! In Hanoi hatte man uns gesagt, wir müßten herkommen und den Kameraden im Süden helfen, und die Amerikaner seien so schwach, Monsieur, aber das stimmt gar nicht. Sie haben nur fortwährend auf uns geschossen mit den M 69 und den Maschinengewehren und was sonst noch alles. So viele von uns sind gefallen, Monsieur. Wir hatten uns dort in dem Haus versteckt, hatten nichts zu essen, nur einmal ist es uns gelungen, ein Huhn zu stehlen, und wir hungerten so sehr! Aber der Hunger war noch gar nichts, am schlimmsten waren diese Raketen, Monsieur. Sehen Sie, ich habe am ganzen Leib Splitter, an Armen, Beinen und Füßen. Ich kann nicht mehr gehen.«

»Hast du dich deshalb ergeben, Joseph?«

»O ja, Monsieur. Wir konnten einfach nicht mehr. Wir waren sterbensmüde, Monsieur. Ach, ich habe genug von diesem Krieg, Monsieur, übergenug! Es ist mir ganz egal, wer den Krieg gewinnt und wer ihn verliert, wenn er nur endlich aufhört! Der Krieg ist so häßlich, Monsieur! Lieber in Gefangenschaft geraten, Monsieur.«

Jetzt hat man es mit den Gefangenen. Auch im Pressezentrum der Regierung bekamen wir heute nachmittag sechs vorgesetzt. Der Saal war voller ausländischer und einheimischer Journalisten. Neben dem Dolmetscher saß Ling, der Chef der Vietnam-Presse. Allerdings nicht so elegant gekleidet, wie das sonst seine Art ist; Hemden aus der Via Condotti, Hosen aus der Bond Street. Nein, er hatte eine Tarnuniform an, der Ärmste, und trug schwer an einem Revolver, der einschließlich Gebrauchsanweisung geradewegs aus dem Waffengeschäft zu kommen schien. Und dieses grimmige Gesicht! Auf ein Zeichen von ihm kamen die Gefangenen herein, fünf Vietkong und ein Nordvietnamese. Die Vietkong waren zwölf- bis sechzehnjährige Kinder und trugen blaue Gefangenenkleidung. Der Nordvietnamese war ein vierzigjähriger Hauptmann in Uniform, verwundet an einem Fuß und an einer Hand. Sie betraten das Podium, wo man sechs Stühle aufgestellt hatte, und so konnten wir sehen, daß nur der Nordvietnamese Schuhe trug, die fünf Kinder waren barfuß. »Sie können Ihre Fragen stellen«, erlaubte uns Ling. Der sechzehnjährige Junge begann augenblicklich zu weinen. Er sah uns an und weinte. Dicke, schwere Tränen, die ihm bis aufs Kinn rannen und dann auf die Knie heruntertropften, und schon überfiel ihn ein einheimischer Berichterstatter im Dienste Lings:

»Du bist ein Vietkong, nicht wahr? Du bist doch ein Vietkong, Lausbub!«

»Ja, ich bin ein Vietkong.« Und die Tränen rannen.

»Und was hast du gemacht, Lump? Was hast du gemacht?«

»Ich habe Waffen getragen.« Und die Tränen rannen.

»Und du schämst dich nicht?«

»Nein.« Und die Tränen rannen.

»Und so was tust du deinen Eltern an, Lausbub? Denk mal an deine Mutter!«

»Ich habe keine Mutter mehr. Ich habe keine Eltern mehr. Man hat sie umgebracht.«

Kurzes Schweigen, kurze Verlegenheit. Dann wendet sich dieser Ehrenmann an den zwölfjährigen Jungen, der mit den Fingern schnalzt und mit den Füßen wippt, als ginge ihn das alles gar nichts an.

»He, du! Bist du auch ein Vietkong, Rotznase?«

»Ich? Ich ja. Warum?«

Die Journalisten lachen.

»Und da fragst du noch, warum! Falscher Kerl!«

»Aber ich . . .«

»Und was hast du gemacht? Schäm dich! Was hast du gemacht?«

»Ich hab die Großen im Autobus begleitet, ich habe sie in die Stadt gebracht, wo sie doch fremd waren, weil sie sich sonst verirrt hätten, ja, das hab ich!«

»Und du schämst dich kein bißchen?«

»Ich? Ich nicht. Warum?«

Wieder lachten die Journalisten, während über dies Gesichtchen eine große Verständnislosigkeit kam und der Mund sich öffnete, wie um zu fragen: ›Wer sind diese Leute, und was wollen sie überhaupt? Warum ist der eine so böse zu mir, und die andern lachen mich aus? Bin ich so komisch? Und der eine will, daß ich mich schämen soll. Warum eigentlich?‹ Dann schloß sich der Mund wieder, die Lippen begannen zu zucken, der kleine Junge hob seinen Arm und verbarg sich dahinter, man hörte ein Schluchzen . . . und noch ein Schluchzen . . .

Da bin ich mit einem Ruck aufgestanden und fortgegangen.

Nachher haben sie mir gesagt, ich hätte bleiben sollen, die Angaben des Nordvietnamesen seien recht interessant gewesen. Gut für sie, die es über sich gebracht haben, bis zum Ende dazubleiben. Ich habe an die Zeitung telegrafiert, daß ich keine Artikel mehr aus Vietnam schicken und bald zurückkommen werde. Nein, keine Fahrt mehr nach Norden, kein Aufenthalt in Dak To, um etwas über Pip zu erfahren. Ich packe meine Koffer und reise ab. Weinende Kinder, zerteilte Leichen, hingemordete Kollegen, Schrecken und Grauen, ich halte das nicht mehr aus. Ekel hat mich ergriffen. Und alle meine schönen Ideen über eine Religion des Menschen, der Mensch an Stelle Gottes? Hier gibt es nicht den Menschen und auch nicht Gott, hier gibt es nur Bestien. Bestien die reichen Römer, die im Caravelle-Kolosseum ihren Spaß haben. Bestien die Generäle, die Spielzeugsoldaten herstellen, und Bestien ihre Opfer, die eine von ihrem Kind getrennte Frau mit sich fortziehen. Bestien die Regierungsjournalisten, die gefangene Kinder beschimpfen, und Bestien womöglich auch die gefangenen Kinder. Gewiß bin auch ich eine, die ich das mit ansehe und nichts tue. Schluß! Schluß! Schluß! Bleibe ich in diesem Käfig bei den Bestien, die Bestien fressen, riskiere ich noch, mich am Schmaus zu beteiligen.

14. Mai. Er war auf ein Bier gekommen, und jetzt saßen wir im Garten des Continental unter einem Laubdach und sprachen über meine Verzweiflung. Am Tisch gegenüber spielte Cathérine die Tragische, weiß gekleidet wie eine Internatsschülerin, der Fotograf Simon Petri erzählte zum soundsovielten Mal, wie die Vietkong vor seinen Augen Loan angeschossen hatten. Eurate zeigte kokett ihre Narben von den Splittern, die sie in Khe San in die Beine bekommen hatte. Rechts von uns unterhielten sich zwei Deutsche über Cathérine und Eurate, wie schwierig doch die eine und was für ein hübsches Mädchen die andere sei, so imponierend, dazu braungebrannt von ihrem Erholungsurlaub. Der eine sagte: »Das ist des Guten zuviel.« Der andere lachte: »Des Guten kann nie zuviel sein!« Links von uns unterhielten sich zwei Amerikaner über Barry Zorthian, der drauf und dran war, in die Staaten zurückzukehren: »Er hatte gehofft, in einem südostasiatischen Land Botschafter zu werden, vielleicht gar in Saigon. Es ist ihm mißglückt.« – »Eigentlich geschieht es ihm recht, weißt du. Der Kerl ist zu ehrgeizig.« – »Gewiß, aber er ist intelligent.« – »Nun ja, er ist eben in Armenien zur Welt gekommen. Und die Wasp und auch Cabot Lodge werden ihm nie erlauben, daß er sich unter ihresgleichen mischt.« Damit beschäftigt man sich im Continental nach Sonnenuntergang, Klatsch, Müßiggang, Nichtigkeit. Wie in einem Altersheim, das man abends nicht verlassen darf. Indessen dröhnten in den Himmel voller Sterne die dumpfen Schläge der Bestien gegen die Bestien. Doch wir horchten auf sie, wie man auf einen Regen horcht, ohne ihn sonderlich zu beachten.

». . . und darum kam der Zweifel, François'. Ja, zuerst war der Zweifel.«

»Der Zweifel ist die Eigenschaft des Menschen, die ich am meisten bewundere, sagte Karl Marx. Ich sage das auch. Hierüber sind wir uns einig, ich und er. Vielleicht auch über anderes. Aber hierüber bestimmt.«

»Ja, aber dann wurde der Zweifel zur Gewißheit. Also gehe ich, François, ich verschwinde!«

»Daß du früher oder später gehst, ist nur recht, du kannst ja nicht dein ganzes Leben in Vietnam zubringen. Aber daß du nun gehst, weil du entdeckt hast, daß auch hier die Menschen keine Engel sind, scheint mir eine Übertreibung zu sein.«

»Ich habe nicht erwartet, daß sie Engel sind, François, aber ich habe erwartet, daß sie Menschen sind. Und wenn ich meine Notizen der letzten Tage durchlese, finde ich kein einziges Ereignis und keine einzige Begegnung, die mich daran erinnerte, unter Menschen gewesen zu sein. Ich hatte einmal Vertrauen zu den Menschen, und du hast mich darin unterstützt. Ich hatte geglaubt, es sei der Mühe wert, sich um ihretwillen zu ärgern, ja, es sei sogar eine Pflicht. Aber das ist nicht so. Es ist nicht der Mühe wert.«

Er hatte sein hübsches, nachsichtiges Lächeln. Und ich ärgerte mich darüber.

»Lächle doch nicht, François! Ich versuche dir klarzumachen, daß dieser Wasserstrahl, weißt du, dieser Wasserstrahl in Khan Hoi, du hast ihn voller Begeisterung betrachtet und darüber die blutigen Stücke Menschenfleisch vergessen, nun also, für mich war dieses Wasser vergiftet.«

Wieder ein Lächeln. Dann griff er nach seiner Tasche, die er wie einen Tornister immer mit sich führt, weil sie seinen Fotoapparat enthält und Papiere und Filme und Patronenhülsen, die er sammelt. Er kramte darin herum und holte schließlich ein Buch heraus, dessen Vorderseite er mit der Hand verdeckte.

»Ich hab's für dich mitgebracht. Da kannst du mal sehen, wie nett Pelou zu einem ist, der allzu mutlos wird.«

»Danke.«

»Nett, nett ...«, wiederholte er im Singsang und blätterte in dem Buch. Dann fand er die Stelle. »Darf ich vorlesen?«

»Natürlich.«

Und er las:

»Der Mensch ist nicht Engel und nicht Bestie, aber das Unglück will es, daß derjenige, der sich als Engel benehmen will, sich als Bestie benimmt. Es ist gefährlich, dem Menschen vor Augen zu führen, wie sehr er der Bestie gleicht, ohne ihm gleichzeitig seine Größe zu zeigen. Und es ist auch gefährlich, ihm seine Größe vor Augen zu führen, ohne ihm gleichzeitig seine Niedrigkeit zu zeigen. Aber noch gefährlicher ist es, ihn über das eine wie das andere in Unkenntnis zu lassen, und es ist sehr von Nutzen, ihm das eine wie das andere zu zeigen. Der Mensch soll nicht glauben, daß er ist wie die Bestien oder wie die Engel, aber er soll das eine wie das andere nicht ignorieren, er soll jedenfalls wissen, daß er das eine wie das andere ist.«

»Wer hat das geschrieben, François?«

»Ein Mensch, der im siebzehnten Jahrhundert in meiner Heimat zur Welt gekommen ist. Einer aus der Auvergne. Denk dir, er heißt Pascal. Darf ich weiterlesen?«

»Ja.«

»Der Mensch soll also seinen Wert schätzen. Er soll sich

lieben, denn er hat eine Natur, die zum Guten fähig ist; aber er soll sich nicht lieben wegen der Niedrigkeit, die in ihm ist. Er soll sich verachten, denn in ihm ist diese Fähigkeit sehr ausgeprägt; aber er soll sich nicht verachten um dieser Fähigkeit willen. Er soll sich hassen, er soll sich lieben ... Ich verurteile diejenigen, die den Menschen loben, wie diejenigen, die ihn tadeln, und diejenigen, die sich mit ihm vergnügen. Und ich kann nicht anders, als denen zuzustimmen, die ihn mit Schmerzen suchen.« Sodann warf er mir das Buch in den Schoß. »Lies dir's noch einmal durch, es wird dir guttun. Er war ein erzverdammter Katholik und strebte nach dem Himmel im Jenseits. Aber er war so intelligent, bei Gott!«

»Ja, ich werde es lesen.« Und dann rutschte es mir heraus: »Nicht wahr, deswegen hast du Loan verziehen?«

Er wurde ernst.

»Gerechtfertigt, nicht verziehen. Ja, deswegen ... Aber auch wegen etwas anderem. Und dieses andere wirst du ebenfalls bei Pascal finden: *Wenn er sich rühmt, demütige ich ihn; wenn er sich demütigt, rühme ich ihn. Und immer wieder und so lange widerspreche ich ihm, bis er begreift, daß er ein unbegreifliches Ungeheuer ist.*«

»Ich verstehe nicht.«

»Ganz einfach: jetzt demütigt sich Loan, und alle helfen ihn demütigen, weil alle ihn fürchten und folglich hassen. Und die Amerikaner machen sich den Umstand zunutze, daß er in einem Krankenhaus liegt, und fordern seinen Kopf. Sie werden ihn bekommen; der neue Polizeichef ist schon gefunden. Selbstverständlich auch nicht besser, aber es hat ihn noch keiner beim Erschießen eines Vietkong fotografiert. Das ist eine Gewissensberuhigung für diese braven Amerikaner, die ihre Söhne nach Vietnam in den Tod schicken und über Loan den Stab brechen.«

»Auch du hast den Stab über ihn gebrochen.«

»Ich durfte das auch, weil ich die Leute nicht nach Vietnam in den Tod schicke. Ich hatte das Recht, den Stab über ihn zu brechen, wie ich jetzt auch das Recht habe, ihn zu rechtfertigen und vielleicht auch freizusprechen.«

»Du hast ihn wiedergesehen, nicht wahr?«

»Ja.

»Wann?«

»Heute.«

»Was habt ihr euch gesagt, was ist gewesen?«

Er seufzte verdrießlich und blickte um sich, als suche er nach einem anderen Gesprächsthema. Aber da gab es nichts Neues. Cathérine war ihren Ärger losgeworden und saß mit mürrischem Gesicht da; und Eurate sonnte sich in ihrer Schönheit, nachdem sie ihre Narben gezeigt hatte. Die Kellner in weißer Jacke brachten zu trinken.

»Was soll denn gewesen sein? Ich bin ins Krankenhaus gegangen und war beim Doktor. Ich habe ihn gefragt, wie es geht, und er hat mir geantwortet, daß die genähte Arterie vielleicht halten würde, und in dem Fall brauche man ihm das Bein nicht abzunehmen. Also ging ich zu seinem Zimmer, machte die Tür auf und trat ein. Dann machte ich die Tür wieder zu und trat vor ihn hin und sagte: Tiens, ich habe mit dem Toubib gesprochen, wahrscheinlich kann er dein Bein retten.«

»Und du hast nicht mal guten Tag gesagt?«

»Wenn du einem Mann sagst, daß man ihm das Bein nicht amputiert, ist das mehr als guten Tag sagen.«

»Und was heißt Toubib?«

»Arzt, im Argot. Wir reden immer Argot.«

»Und was hat er gesagt, was hat er gemacht?«

»Was soll er denn machen? Er blieb still in seinem Bett liegen. Dann sah er mich an und weinte.«

»Loan und weinen? Das kann ich nicht glauben.«

»Nun, er ist noch unter Schockeinwirkung. Und er hat keinen Alkohol.«

»Weinte er lange?«

»Eine ganze Weile.«

»Und dann?«

»Dann sagte er: Ich hab dich lange nicht mehr gesehen. Und ich erwiderte: Natürlich nicht, denn ich wollte dich ja nicht sehen. Und ich sagte ihm auch: Du hast etwas Niederträchtiges getan, und du weißt es.«

»Und er?«

»Schwieg. Da sagte ich: Es gehört nicht viel Mut dazu, einen gefesselten Menschen zu erschießen. Und er: Er war nicht gefesselt. Und ich: Er war an den Händen gefesselt, und du weißt es. Willst du die Fotografie sehen?«

»Und er?«

»Schwieg wieder. Und da fragte ich ihn, was ich fragen wollte: Warum hast du das getan? Er gab mir zur Antwort: Irgendwann sag ich's dir. Ich insistierte: War er einer der Deinen gewesen, war er ein Verräter? Er schüttelte den Kopf: Nein. Und ich sagte: Hast du ihn wenigstens gekannt? Er schüttelte noch einmal den Kopf: Nein. Und wiederholte: Irgendwann sag ich's dir. Da ging ich fort. Vorher fragte ich ihn noch, ob er irgend etwas brauchte. Aber weißt du, ich glaube nicht, daß er sich an den Gefangenen vergriffen hat, ich meine, daß er gewisse Grausamkeiten begangen hat. Er war nicht einmal bei den Verhören zugegen . . .«

Und dann redete er von anderem, sagte, daß auch er Vietnam verlassen würde, Ende Juni, um in Rio de Janeiro die brasilianischen Büros der France Presse zu übernehmen. So sprach er lange über Brasilien, aber Brasilien war so weit entfernt, mein Gott! Wie weit, weiter als der Mond, als der Mars, und dann kam er plötzlich, ohne ersichtlichen Anlaß, wieder auf Loan zurück: »Ich begreife nicht, warum du dich so für Loan interessierst.«

»Du begreifst es ganz genau«, erwiderte ich. »Er interessiert mich aus den gleichen Gründen, wie er dich interessiert. Loan ist ein Symbol für den Menschen, der zerstört und damit sich selbst zerstört und sich doch retten könnte. Für den Menschen . . . Weißt du, François, ich habe meine Notizen wiederentdeckt von dem Tag, als ich ihn kennenlernte. Da heißt es ungefähr so: ›Ich frage mich, ob mir das Schicksal beschert, ihm noch einmal zu begegnen, gar nach einer widersinnigen Perfidie angenehm von ihm überrascht zu werden.‹ Und dann ...«

»Und dann?«

»Und dann, ja, dann interessiert er mich auch im Zusammenhang mit dir, ich habe mich schon immer gefragt, ob ihr Freunde seid und ob das überhaupt möglich ist.«

»Nein, wir sind es nicht. Ich glaube es nicht. Aber wir hätten es vielleicht werden können. Obwohl wir grundverschieden sind ... Er ist aus Hanoi, ich bin aus der Auvergne. Er spielt Karten und betrinkt sich und legt sich mit jeder Frau ins Bett, die ihm begegnet. Ich nicht. Er ist Soldat und, wenn nötig, auch Henker. Ich nicht. Und trotzdem ... wir hätten schon Freunde werden können ... Mit ihm verstehe ich mich bei weitem besser als mit irgendeinem amerikanischen Berufskollegen. Loan hat mir von Anfang an gefallen, schon gleich, als sie ihn mir vorstellten, auf einem Flugplatz. Damals war er nur Pilot, und ich war frisch nach Vietnam gekommen. Ich fand ihn so häßlich und so intelligent. Jedenfalls außergewöhnlich. Und seine Unterhaltung lebendig und höchst amüsant. Traurig wurde er später, als er an der Macht war. Es gibt nichts, was die Menschen mehr verdirbt als die Macht. Später sah ich ihn wieder in Hué und Da Nang, wo er gemeinsam mit Cao Ky gegen die Buddhistenrevolten vorging. Straßenkämpfe, Tote. Es war keine leichte Sache. Aber er hat sie gemeistert. Er leitete die Aktionen, er war überall mit dabei. Und Mut fasziniert mich, das weißt du.«

»Körperlicher Mut, nicht wahr?«

»Gewiß. Aber ein Jahr danach merkte ich, daß er nicht nur körperlichen Mut hatte. Anlaß war die Verhaftung von zwei Franzosen, die er nicht hätte verhaften dürfen. Loan war inzwischen Chef der nationalen Polizei. Ich ging hin und sagte ihm, er habe einen Fehler und einen Willkürakt begangen. Er sah den Fehler ein, entließ die beiden aus der Haft und... verstehst du mich? Es gehörte Mut dazu, seinen eigenen Fehler einzusehen, denn es hieß, sein Gesicht verlieren, und ein Asiat akzeptiert nie, sein Gesicht zu verlieren. Ja, und das hat uns nähergebracht. Zweimal war er drauf und dran, mich auszuweisen, aber dann tat er es doch nicht. Und Mazures Ausweisung war von anderen verfügt worden, wie ich später erfuhr, Loan hatte das Papier nur unterschrieben. Es gab eine feste Abmachung zwischen uns: Hätten sie mich ausgewiesen, dann hätte er mir zehn Minuten Zeit gegeben, ihn vor meinem Einsteigen ins Flugzeug zu beschimpfen.«

»Das ist keine Freundschaft?«

»Nein, eine Übereinkunft. Bei uns war es mehr das Zusammentreffen zweier Menschen, die zur gleichen Generation gehören und von der gleichen Kultur geprägt sind, nämlich von der französischen. Wir haben nie über Philosophie gesprochen, wir haben nie über Pascal diskutiert, dazu war keine Zeit. Aber wir haben immer Argot gesprochen, Toubib statt Arzt... Ein Zusammentreffen auf menschlicher Ebene, kannst du mich verstehen? Denn menschlich ist ja auch, wenn man sich streitet und sich den Rücken zukehrt, nicht wahr? Und jede Schuld und auch jede gute Eigenschaft des Menschen ist in ihm, bloßgelegt durch den Krieg. Ni ange ni bete, mais ange et bête...«

Er und sein Pascal. Er und seine verflixte Menschlichkeit. Er ist auf dem besten Weg, mich wieder zum Zweifel zurückzuführen. Vorhin schlug ich das Buch auf, und weißt du, worauf mein Blick fiel? Auf diesen Satz: *Nous souhaitons la vérité et nous ne trouvons en nous qu'incertitude.* Wir sehnen uns nach der Wahrheit, doch wir finden in uns nichts als Ungewißheit.

15. Mai. Ich weiß nicht, ob ich es schon einmal notiert habe, wenn ich niedergeschlagen und verwirrt bin, nehme ich ein Taxi und fahre zu Vincenzo Tornetta. Nicht nur, weil es mich entspannt, wenn ich italienisch sprechen kann, sondern weil er und sein Zuhause mir einen inneren Abstand geben, den ich nicht einmal in meinem Zimmer finde. Hier erinnert mich alles an den Krieg, dort führt mich alles davon weg. Seine beiden Kinder zum Beispiel, und der Krach, den sie machen. Und seine Frau, die sanft zur Ordnung ruft. Und allein schon der Umstand, daß er meine Briefe mit dem Diplomatenkurier nach Italien schickt und sie mit einer Briefmarke versieht, die den Kopf Michelangelos trägt. Der liebe Tornetta läßt mich Khan Hoi und Cholon vergessen. Von allen, die aus diesem Mumien-Museum sind, das da Diplomatenlaufbahn heißt, ist er meiner Ansicht nach der einzige, der den Namen Botschafter verdient. Jedenfalls der einzige, dem ich bisher begegnet bin. »Sie kommen doch, nicht wahr? Kommen Sie einfach, wenn Sie Lust haben, auch ohne Anmeldung, und ziehen Sie sich auf gar keinen Fall um. Wir stellen nur einen Teller mehr auf den Tisch und sind ganz unter uns.« Mit der Tür seines Hauses öffnet er dir auch den Weg zu seinem Herzen. Heute bin ich wieder zum Mittagessen bei ihm. Ein gutes Essen, ein guter Wein, ein hübsch gedeckter Tisch, Kristallgläser, Blumen. Manchmal braucht man so etwas einfach! Und man braucht auch ein Urteil mit mehr Abstand und mehr Ausgewogenheit. »Die Vietnamesen«, sagt Tornetta, »sind ebensolche Sektierer wie unsere Florentiner zur Zeit Dantes. Nur im Florenz der Guelfen und Ghibellinen wurde mit der gleichen Grausamkeit Vietnams gekämpft.«

Und so dachte ich: Was ich hier sehe, ist auch nicht schlimmer als das, was ich vor siebenhundert Jahren in meiner eigenen Heimat gesehen hätte, als wir noch einander die Türme schleiften und die Söhne abschlachteten. Wozu also das hysterische Gehabe, augenblicklich abreisen zu wollen? Schuld waren nur meine überreizten Nerven, sonst nichts. Ich packe jetzt meinen Tornister, und dann geht's in den Norden.

Um vier Uhr nachmittags startete eine C 130 nach Da Nang, das wußte ich von Derek, der mit seinem Vetter dorthin flog. So rief ich ihn an: »Derek, ich komme mit.« Und nun bin ich in Than Son Nhut und gähne, es ist das übliche Warten; die C 130 hat Verspätung. Ich habe die Krise überstanden und bin fast gelassen. Aber ich habe auch noch den Pascal in meinen Tornister gepackt.

Neuntes Kapitel

Vielleicht war es auf den Tod von Ezcurra, Cantwell, Birch, Piggott und Laramy zurückzuführen; denn mag einer sagen, was er will, wenn eine Gewalttätigkeit dich unmittelbar berührt, reagierst du nicht mehr logisch, sondern gefühlsmäßig und egoistisch. Dabei begriff ich sehr wohl, daß ihr Mord auch kein anderes Verbrechen war als all die tausend, die ich Tag für Tag erlebte. Ja, mit dem Verstand begriff ich das vollkommen, nicht aber mit dem Herzen. Und ganz in meinem Innern erschütterten mich jene fünf Leichen ebenso, wie die Leiche von Martin Luther King die Neger in Washington erschüttert hatte; aber ich verbrannte nicht die Geschäfte in der 14. Straße, sondern meine Sympathie, meine Bewunderung für die Vietkong.

Vielleicht war es auf die Art zurückzuführen, wie François auf Loans Zusammenbruch reagiert hatte, die Hochherzigkeit und die Weisheit, mit der er zu ihm zurückgekehrt war. François übte einen starken Einfluß auf mich aus, und seine Handlungsweise gab mir die Bestätigung, daß der »Schrecken von Saigon« auch nicht schlimmer war als alle andern und deshalb freigesprochen werden konnte und mußte. Bei alldem noch Pascals Gedanken, auf die ich immer wieder zurückkam, bei denen ich immer eine Erklärung fand, und nicht zuletzt diese, daß alles und jedes nur zum Teil wahr und zum Teil falsch ist, Recht und Unrecht ineinander übergehen, diejenigen, die du schätzt, dich enttäuschen können, diejenigen, die du verachtest, dich bewegen können. Pascal hatte meine Pauschalurteile gedämpft, mir die Scheuklappen gelokkert.

Vielleicht war es auch auf Tornettas Bemerkung über die Guelfen und Ghibellinen zurückzuführen. Sag du mir jetzt nach siebenhundert Jahren: Wer war im Unrecht, die Guelfen oder die Ghibellinen? Kannst du's mir sagen, frage ich dich nach abermals siebenhundert Jahren, ob die Vietkong im Unrecht waren oder Loan. Aber du kannst es mir nicht sagen, denn die Wahrheit ist eine von Zeit und Ort und Interessen abhängige Ansicht, und sie mit dem Lasso einfangen zu wollen, ist noch unsinniger, als wollte man den Wind einfangen. Heißt es nicht bei Pascal: »Was ist der Mensch inmitten der Natur? Ein Nichts im Vergleich zur Unendlichkeit, ein Alles im Vergleich zum Nichts, ein Mittelpunkt zwischen dem Alles und dem Nichts; ganz und gar unfähig, die Extreme zu begreifen. Das Ende der Dinge und ihr Anfang sind ihm verborgen in einem undurchdringlichen Geheimnis. Er kann das Nichts nicht sehen, aus dem er kommt, noch die Unendlichkeit, die ihn an sich zieht.«

Vielleicht war es auf all dies zurückzuführen.

Nun, was auch immer die Ursache gewesen sein mag, diesen letzten Zeitabschnitt durchlebte ich in einer mir bisher ungekannten Gefaßtheit. Und diese Gefaßtheit tat meiner leidenschaftlichen Anteilnahme für die Dinge keinen Abbruch, aber sie belastete sie mit einem neuen Schmerz, dem Argwohn, etwas Unnützem beizuwohnen. Etwas derart Unnützem, daß ich, enttäuscht und geschlagen, eben beschloß, was ich in Dak To beschloß. Das wird mir erst jetzt klar beim Überlesen meines Tagebuchs. Ich hatte mich in den Norden begeben, um auf einem bestimmten Hügel zu landen und Pips Gedächtnis dort zu suchen. Weißt du noch? Und als ich es wiedergefunden hatte, als ich es in der Hand hielt, da habe ich es weggeworfen.

17. Mai. Wir befinden uns in einem Lager des Siebten Marines, fünfzig Kilometer nordwestlich von Da Nang, vor unseren Augen spielt sich ein Kampf zwischen Amerikanern und Nordvietnamesen ab. In der Luftlinie etwa in sechs Kilometer Entfernung. So weit der Blick reicht, eine Wüste aus roter Erde. Der einzige grüne Fleck ist das Wäldchen, wo sie sich gegenseitig umbringen bei einem Aufsteigen weißer Rauchwolken. Von daher kommen auch die Mörsergranaten, die seit heute früh auf unser Lager fallen. Deshalb hat der Kommandant von mir verlangt, daß ich eine Splitterschutzjacke anziehe und einen Helm aufsetze, um wenigstens Kopf und Schultern zu schützen. Und die Sonne brennt so unbarmherzig, daß mein Kopf förmlich kocht und die Splitterschutzjacke schwerer als ein Bleisack auf mir hängt. Hätte nur Derek nicht diese dumme Idee gehabt, hierher zu wollen. Was wäre mir dabei entgangen? Doch nur ein weiterer Beweis dafür, was François die verfluchte Idiotie des Krieges nennt.

Drunten im Wäldchen ist das ein Kampf im Nichts und für nichts. Es gibt nichts zu gewinnen und nichts zu verlieren. Ohne einen Grund ist er ausgebrochen, und ohne einen Grund wird er auch zu Ende gehen. Heute nacht oder morgen oder übermorgen. Und außer mir, die ich zusehe, und denen, die daran teilnehmen, wird kein Mensch erfahren, daß es ihn überhaupt gegeben hat. In den Pressemeldungen des Juspao wird man ihn mit zwei, drei Zeilen erwähnen, amerikanische und nordvietnamesische Familien werden ein Telegramm oder ein Schreiben erhalten, das ihnen den Tod des Sohnes, Mannes, Bruders am 17. Mai 1968 am sechzehnten Breitengrad in der Nähe von Hoi An mitteilt, das ist alles. Wäre dies Wäldchen heute ruhig und verlassen, würde das kein Jota am Resultat des Krieges und an den Pariser Verhandlungen ändern.

»Wie lange geht das schon so, Major?« frage ich den Kommandanten.

»Seit drei Tagen.«

»Hat dieses Wäldchen eine strategische Bedeutung?«

»Nein.«

»Gehört der Kampf zu irgendeinem besonderen Operationsplan?«

»Nein.«

»Warum also das Ganze?«

»Ich weiß es nicht und verstehe es nicht. Vor einer Woche sickerten hier zwei nordvietnamesische Bataillone ein, das erste und das zweite vom 308. Regiment. Sie nahmen Kampffühlung mit dem Siebten und dann mit dem Zwanzigsten Marines, und so begann es eben. Zuerst dachte ich, sie wollten Da Nang einnehmen, aber dann merkte ich gleich, daß es nicht so war. Sie dachten überhaupt nicht an Da Nang, und ehe sie in dem Wäldchen waren, konnten wir Katz und Maus mit ihnen spielen. Hier ist nämlich ringsum nichts als verbrannte Erde, kein Baum, kein Tier, keine Häuser, in denen man sich verschanzen könnte. Da können wir sie sehen und beschießen, wie und wann wir wollen. Mit der Artillerie und mit der Luftwaffe.«

»Aber es muß doch einen Grund geben, Major.«

»Nein, es gibt keinen. Wären es Vietkong, würde ich es noch verstehen. Aber nach der Tet-Offensive sind wir auf keine einzige Vietkong-Gruppe mehr gestoßen. Die Nordvietnamesen verwenden sie jetzt nur noch als Waffen- oder Verpflegungsträger. Und Guerillas gibt es hier so gut wie keine mehr, die Nordvietnamesen liefern seriöse Kämpfe, die hier zum Beispiel sind außergewöhnlich gut ausgerüstet. Hervorragende Waffen, neue Uniformen. Und auch die Menschen sind anders: groß und schön, alle zwischen achtzehn und sechsundzwanzig. Man würde sie für eine Sondertruppe halten.«

»Aber eine Sondertruppe schickt man doch nicht einfach so in den Tod.«

»Das dachte ich auch, ehe ich gemerkt habe, daß man sie wirklich einfach so in den Tod schickt. Wegen nichts.«

»Und Sie, Major?«

»Wir genauso. Wegen nichts.«

Zwanzig Kilometer von hier entfernt spielt sich noch so ein Kampf ab. Jener Hauptmann Robbins ist auch dabei, der Johnsons Tochter Linda geheiratet hat. Vielleicht haben sie ihn mit Absicht hierher geschickt, um damit zu demonstrieren, daß auch das Weiße Haus direkt betroffen ist und so weiter. Armer Kerl. Aber mich wird ein Hauptmann Robbins wahrlich nicht zur Rührung bringen. Mir liegt bei weitem mehr daran, daß dieser kleine Soldat mit heiler Haut davonkommt, der neben mir einen Bunker baut. Er schichtet Sandsack auf Sandsack, der kleine Soldat, und murrt: »Dieser ganze Krieg geht mich einen Dreck an. Da denke ich genauso wie mein Bruder vom 173. Airborne, und der sagt: ›Dieser Krieg ist ein unnützer Krieg, für uns und für sie, ich habe immer noch nicht begriffen, warum ich eigentlich hier bin. Wir sind doch noch Kinder, wir müßten in der Schule sein und nicht hier. Und alle hassen sie uns, weil wir hier sind. Imperialisten nennen sie uns. Ich weiß nicht, was das heißt. Kannst du mir sagen, was Imperialisten sind?‹ Und dann singt er: ›How many roads must a man walk down before you can call him a man . . . wie viele Straßen muß ein Mann durchlaufen, ehe du ihn einen Mann nennen kannst.‹«

Wenn ich mich nicht täusche, ist das Lied von Bob Dylan, ich habe es schon in New York gehört. Aber in New York fand ich es banal, ich konnte es nicht leiden.

Abends. Wir waren in einem anderen Lager, wo die Situation identisch ist. Und eine Weile gingen wir mit einer Kompanie, die einer anderen Kompanie Verstärkung brachte. Jetzt sind wir in Da Nang, und Derek meutert.

»Du stehst um fünf Uhr auf, ziehst die verdammte Uniform an, besteigst einen Lkw, fährst ins Kampfgebiet, wo du nur riskierst, ebenfalls zu krepieren, besteigst wieder den Lkw, fährst nach Da Nang zurück, schreibst deine sechzig Zeilen, um zu melden, daß fünfzehn Meilen in Richtung Nordwesten Einheiten des Fünften Marines mit Einheiten des 328. Nordvietnamesischen zusammengestoßen sind, zehn Tote hüben, vierzig Tote drüben, machst dich verrückt, um die Meldung nach Saigon zu übermitteln, wo sie sich auch verrückt machen, sie nach Paris zu telefonieren, und warum diese ganze Arbeit und Mühe? Damit morgen früh ein paar schläfrige Augen lesen können, daß fünfzig Meilen in Richtung Nordwesten Einheiten des Fünften Marines ... Was für einen Sinn hat das alles? Ich will's dir sagen: gar keinen. Wie das, was wir heute gesehen haben. Wie das, was wir heute getan haben. Wie überhaupt unser Hiersein ...«

Das ist nun das dritte Mal seit heute früh, daß mir gesagt wird: »Nutzlos, sinnlos, für nichts und wieder nichts.« Der kleine Soldat hat es gesagt, der Major hat es gesagt, Derek hat es gesagt. Ob es stimmt? Der Himmel steht voller Sterne in Da Nang, im Wasser des Golfs entzünden sich tausend Lichter, man könnte meinen, die Sterne seien hineingefallen. Ich betrachte sie traurig und frage mich, ob es einen Gott gibt, und wenn es ihn gibt, ob er nicht ein böser Gott sei, der uns verhöhnt. Was nutzt es, uns um des Nichts willen erschaffen zu haben, oder nur, damit wir leiden? Morgen bin ich in Qui Nhon, man hat mir erlaubt, ein Vietkong-Gefangenenlager zu besuchen. Das war nicht vorgesehen, aber jetzt habe ich keine Eile mehr, nach Dak To zu kommen, um etwas über Pip zu erfahren. Derek werde ich in Pleiku wieder treffen. Übrigens ist mir noch etwas aufgefallen, was mich betrübt, Derek hat sich verändert. Er ist nicht mehr freundlich und brillant und herzlich. Der Krieg hat ihn schon verhärtet in einer Isoliertheit, die unangetastet bleiben will. Wir reden nicht mehr wie früher miteinander.

18. Mai. Es gibt fünf Vietkong-Gefangenenlager in Südvietnam, und in jedem gibt es Frauen. Aber nur in einem einzigen sind die Frauen in der Mehrzahl, nämlich hier in Qui Nhon, 429 zu 311. Einige Frauen wurden im Kampf gefangengenommen, andere im Verlauf von Razzien, wieder andere aus unbekannten Gründen. Nun sind sie da, und nur das Kriegsende wird sie herausholen können. Achtzehn, zwanzig Jahre alt. Die Jugend hinter Stacheldraht. Und Major Cook, Berater des MCV, Lagerleiter, kennt nur das Drama mit den Binden.

»Ich bin ja verheiratet, verstehen Sie, aber mit gewissen Dingen weiß ich nicht so Bescheid. Im Juli 1967 schickten sie mich her, und Oberleutnant Le Van Phuc, der südvietnamesische Leiter, will also von mir wissen, wie ich das Problem der Binden zu lösen gedenke. Was für Binden, frage ich. Und er: Es sind doch Frauen, Major.«

Er sieht mich an, ob ich auch verstehe.

Ich nicke. »Ja, ich verstehe.«

»Nun, ich sage zu Oberleutnant Phuc: Was habe ich denn damit zu tun? Das haben Sie, antwortete er mir, denn die Versorgung des Lagers ist Sache der Amerikaner, und es sind alles junge Frauen, die älteste ist dreiunddreißig, und jeden Monat werden vierhundertneunundzwanzig Päckchen Binden gebraucht.«

»Und was haben Sie gemacht, Major?«

»Ich telefonierte mit dem MCV. Sie sagten, das sei ein völlig neues Problem, und sie wollten es sich durch den Kopf gehen lassen. Aber sie haben sich nicht mehr gemeldet. Dann rief ich meinen Obersten an, und der lachte und meinte, seine Aufgabe sei es, Krieg zu führen und nicht, Binden zu besorgen, und legte den Hörer auf. Da rief ich den General an.«

»Den General?!«

»Ja, natürlich. Ich hatte keine andere Wahl, sonst wollte mich ja keiner anhören. Ich sagte, entschuldigen Sie, General, ich rufe Sie wegen einer etwas ungewöhnlichen Sache an, nämlich wegen der Geschichte mit den Binden … Hätten Sie gehört, wie er geschrien hat: ›Was für Binden?‹ Ich nahm meinen ganzen Mut zusammen: ›Die Binden für die Frauen im Lager, sie brauchen sie doch einmal im Monat, General.‹ Sie können sich nicht vorstellen, was dann passiert ist. Wie er gebrüllt hat, er sei Soldat, er müsse sich um den Transport von drei Divisionen kümmern, seine Männer brauchten keine Binden, und würde ich ihn noch einmal damit belästigen, käme ich vors Kriegsgericht ... Ich habe das Problem allein lösen müssen.«

»Und wie haben Sie es gelöst, Major?«

Er strahlte vor Stolz.

»Ich habe es gelöst. Drei Wochen brauchte ich dazu, die Zeit, um meiner Frau zu schreiben und die Antwort zu bekommen: Ich habe es gelöst. Wie meine Frau vorgeschlagen hatte. Mit dem Verwundeten-Verbandszeug und Watte dazwischen. Ist das nicht eine glänzende Idee?«

Das Lager ist riesengroß. Es befindet sich in einem einsamen Tal, ist natürlich mit Stacheldraht umzäunt und hat an jeder Ecke einen Wachtturm mit zwei Posten und Maschinengewehren. Die Frauenabteilung wird von der Männerabteilung durch einen zwei Meter breiten Gang getrennt, der natürlich auch mit Stacheldraht versehen ist. Übrigens eine überflüssige Vorsichtsmaßnahme, denn die Vietnamesen sind ein sehr züchtiges Volk. Nur einmal machte eine Gefangene einen Ausbruchsversuch, um in eine Männerbaracke zu kommen, aber man fand heraus, daß sie zu ihrem eigenen Mann gewollt hatte.

»Und was geschah mit der Gefangenen, Major?«

Der Major räusperte sich. »Der Posten hat geschossen.«

Die Frauen sind ebenso wie die Männer in Baracken mit vierzig Betten untergebracht. Und der Raum ist sauber wie die Frauen selbst. Sie tragen schwarze Hosen und eine weinrote Jacke und stets ihren spitzen Hut. Vor den Baracken jeweils ein geräumiger Vorplatz. Hier sind sie beisammen wie verängstigte Kaninchen. Es ist unmöglich, sich ihnen zu nähern. Ich habe den Versuch gemacht. Sie sprangen auf mit kleinen erschreckten Schreien, drängten sich zusammen in eine Ecke, verbargen das Gesicht an der Schulter der Nachbarin, und als ich wieder auf sie zuging, flüchteten sie in die Baracke, und als ich ihnen auch dorthin folgte, rannten sie alle wieder hinaus. Oberleutnant Phuc schaltete sich ein, aber damit wurde es nur noch schlimmer. Komm her, sagte er zu dem Kaninchen, und das Kaninchen entsprang, entwischte, verbarg sich hinter einer Wand, hinter einem Fenster. Bis man drei von ihnen einfangen konnte, verging über eine Stunde. Und wie sie zitterten; als man sie zu mir brachte, hörte man fast ihren Herzschlag.

»Warum jage ich dir solche Angst ein? Ich bin doch auch eine Frau«, fragte ich diejenige, die am meisten verängstigt war.

»Du trägst Uniform«, sagte sie.

Oberleutnant Phuc dolmetschte. Es dauerte eine ganze Weile, bis er sie zur Ruhe gebracht und ich erfahren hatte, daß sie Tran Thi Nuong heißt, zweiundzwanzig Jahre alt ist und sich zusammen mit ihrer Schwester Tran Thi Xe im Lager befindet. Beide hatte man in Thai Ninh während einer Razzia festgenommen.

»Warum hat man dich festgenommen, Nuong?«

»Das weiß ich nicht.«

»Waren denn Vietkong in deinem Dorf, Nuong?«

»Manchmal. Sie wollten Essen und Kleidung.«

»Und du hast ihnen gegeben, Nuong?«

»Wenn ich selber hatte.«

»Nuong, liebst du Onkel Ho?«

»Wen?«

»Onkel Ho. Ho Tschi Minh.«

Sie sah mich ganz verwirrt und mit offenem Mund an.

»Wer ist das?«

»Aber Nuong! Das weißt du doch, der Vorsitzende Ho Tschi Minh.«

»Ich weiß es nicht.«

»Ich glaube dir nicht, Nuong!«

»Ich bin eine Bäuerin. Ich habe Zuckerrohr angebaut. Und sie haben mich mitgenommen, weil ich einem Vietkong zu trinken gegeben habe. Mehr weiß ich nicht.«

»Glaubst du, daß die Vietkong den Krieg gewinnen, Nuong?«

»Wer gewinnt, ist mir ganz egal, soll gewinnen, wer will. Wenn nur der Krieg bald aus ist, damit ich die Stelle sehen kann, wo er gestorben ist.«

»Wer ist gestorben, Nuong?«

»Mein Mann.«

»Wann ist er gestorben, Nuong? Und wie?«

»1965, im Kampf. Wir waren erst zwei Monate verheiratet.«

»Erzähl mir von deinem Mann, Nuong.«

»Ich will dir nicht von ihm erzählen, du trägst Uniform, ich will nicht!«

Sie verbarg ihr Gesicht hinter dem spitzen Hut und weinte. Und ich bat Oberleutnant Phuc, er möge sie um Gottes willen laufen lassen.

Da stieß er Tran Thi Xe vor mich hin.

»Willst du mir etwas erzählen, Xe?«

»Ja, wenn du keine Amerikanerin bist. Bist du eine Amerikanerin?«

»Nein, Xe. Ich bin eine Italienerin.«

»Was ist das?«

»Ich komme aus einem fernen Land in Europa. Dieses Land gleicht deinem Land, weil es klein ist und Reis angebaut wird. Aber es wird kein Krieg dort geführt.«

»Dann will ich dir erzählen.«

»Wie alt bist du, Xe?«

»Achtzehn. Und unverheiratet. Aber ich hätte heiraten sollen, eine Woche nach meiner Gefangennahme. Das Kleid war schon fertig.«

»Wo ist dein Verlobter, Xe?«

»Das weiß ich nicht. Die Soldaten haben ihn weggebracht. Ich schrie, aber sie haben ihn trotzdem weggebracht. Vielleicht ist er hier. Einmal habe ich den Versuch gemacht, ihn zu rufen, aber es kam keine Antwort. Und der Posten wollte schon schießen.«

»Warst du eine Vietkong, Xe?«

»Nein. Ich war eine Bäuerin, sonst nichts. Aber die Vietkong baten mich, ihnen etwas zu bringen, und da konnte ich nicht nein sagen. Ich hatte Angst. Wenn du ihnen nein sagst, werden auch sie böse. Und bestrafen dich.«

»Wissen deine Eltern, daß du hier bist, Xe?«

»Ich habe keine Eltern mehr. Als ich einmal vom Lager zurückgekommen bin, waren sie nicht mehr da. Ich habe sie so lange gesucht, aber sie waren nicht mehr da.«

»Hat man sie verhaftet?«

»Vielleicht. Vielleicht haben die Soldaten sie mitgenommen oder die Vietkong. Aber warum denn? Sie waren doch schon alt.«

»Und wer ist noch geblieben von der Familie, Xe?«

»Meine Schwester, die bei der Razzia geflohen ist. Und mein dreizehnjähriger Bruder. Aber ich weiß nicht, wo er ist, weil die Soldaten nach der Razzia das Haus verbrannt haben. Alle Häuser haben sie verbrannt.«

»Sind das Amerikaner gewesen oder Vietnamesen, Xe?«

»Vietnamesen.«

»Xe, weißt du, wer Ho Tschi Minh ist?«

»Nein. Die Vietkong haben immer diesen Namen gesagt, aber ich habe nie erfahren, wer das ist. Sie haben es mir auch nie erklärt.«

Die dritte hieß Truong Thi Van. Aber nachdem sie ihren Namen genannt hatte, wurde sie zu Stein und gab keinen Laut mehr von sich. Ihren Mund zu öffnen wäre schwerer gewesen als die Schalen einer lebenden Auster. Oberleutnant Phuc gab es also auf und führte mich ins Männerlager, wo schweigend gearbeitet wurde. Einige stellten Schuhe her und schnitten sich die Sohlen dazu aus Gummireifen. Andere stickten auf ein Kissen. Blumen und Landschaften. Die dünnen Finger zogen den Faden mit einer wunderbaren Anmut. Da war ein Dicker, der die Augen nicht von seiner Stickerei wandte. Auf der Seide erblühte eine prächtige rote Rose. »Tres beau, very beautiful!« rief ich begeistert. Er hob den Kopf, ruckartig, wie ein Tiger, sah mich voller Verachtung an und warf die Rose zu Boden, ohne den Blick von mir zu nehmen.

Ich hob sie auf und reichte sie ihm hin. Sein Ausdruck veränderte sich nicht, er ließ mich stehen mit der Rose in der Hand.

Dann geschah etwas. Und das geschah, als ich gerade fortgehen wollte. Eine Frauenstimme sang: ›Toi co Nguoi yen chet tran Plei Me, toi co Nguoi yen o chien phud . . .‹ Die Stimme war so schön, und die Worte waren so wohlklingend, daß ich Oberleutnant Phuc fragte, was dies sei. »Ein Liebeslied«, gab er mir zur Antwort. »Die gefangenen Frauen singen es oft, und dann antworten die gefangenen Männer. Wenn Sie noch etwas warten, hören Sie dieselben Worte von einem Mann gesungen.«

Ich wartete, und so hörte ich es auch. ›Toi co Nguoi yen chet tran Plei Me, toi co Nguoi yen o chien phud . . .‹ Und da schaltete ich mein Tonbandgerät ein und zeichnete das Lied auf und ließ es mir ins Französische übersetzen:

Mein Geliebter fiel in der Schlacht von Plei Me,
er fiel in der strategischen Zone D,
mein Geliebter fiel in der Schlacht von Don Soai.
Fiel in der Schlacht von Chu Prong und Hanoi.
Er fiel überall, wo die Front ist,
er fiel, wo Reisfeld ist und Wald.
Sein Leichnam dort mit dem Strom wegtreibt.
Sein Leichnam verkohlt hier liegen bleibt.
Liebling, ich will dich ewig wie die Heimat lieben.
Wenn einmal Wind ist, will ich deinen Namen nennen,
und wo immer du bist, dahin soll der Wind ihn wehen.
Mein Name ist wie der deine; wir sind Vietnamesen.
Unsere Sprache, unsere Farbe sind gleich.
Wir sind gelb. Schon als Kinder hörten wir die Kanonen
und die platzenden Minen; man hat uns daran gewöhnt.
Und zerfetzte Leiber zu sehen, hat man uns gewöhnt.
Und die Sprache der Menschen hat man uns verdorben.

Mein Geliebter ist in der Schlacht von Ashau gestorben,
starb irgendwo in eines Tales Grund,
unter einer Brücke, überall, und
er starb diese Nacht, heute früh oder morgen,
starb plötzlich und unerwartet und immerdar,
er wußte, daß er sterben muß, dachte daran.
Und ich träume von ihm. Hörst du mich?

Abends. Im Press Camp von Qui Nhon empfingen sie mich wie eine Königin. Sie hatten schon einen Monat lang keinen Korrespondenten mehr zu Gesicht bekommen. »Wieso?« fragte ich. »Passiert denn hier nie was?« Und der Soldat vom Küchendienst antwortete: »O doch, Madam! Hier passiert schon was. Vor drei Tagen erst haben die Vietkong angegriffen, und der Gefreite ist gefallen. Aber ob hier was passiert oder nicht, ist denen in Saigon doch ganz und gar egal.« Und dann fragte er mich aus über Saigon, er war noch nie dort gewesen, Saigon schien ihm so weit weg. »Weiter weg als Paris.«

»Existiert denn überhaupt ein Paris?« rief jemand hinter uns, ein Pilot, er hatte seinen Helm unter den Arm geklemmt.

»Und ob es existiert, mein Herr. Dort bereitet man den Frieden vor!«

»*Was* bereitet man vor?«

»Den Frieden.«

»Wie spät ist es jetzt in Paris?«

»Lassen Sie mich rechnen; Sieben weniger sechs ... Ein Uhr mittags.«

»Dann will ich dir sagen, was sie in Paris vorbereiten. Ihren Bauch bereiten sie aufs Essen vor!«

»Dann sollen sie verdammtes Bauchweh kriegen, Sir!«

»Infarkt. Einen Infarkt sollen sie kriegen!«

»Jawohl, Sir.«

Danach verlangte der Pilot ein Bier, setzte sich, nannte mir seinen Namen, Major Milton Soundso, und sagte, er würde nach Pleiku fliegen, ob ich mitkommen möchte.

Ich lehnte ab, danke, morgen in aller Frühe fliege ich mit einem Transporter. Und ließ ihn sitzen.

Ich spiele mir das Lied der Gefangenen vor. Toi co Nguoi yen chet tran Plei Me . . . Pascal sagt, der Mensch ist insofern groß, als er weiß, unglücklich zu sein. Ein zerstörtes Haus ist nicht unglücklich. Ein Baum erkennt sich nicht als unglücklich. Nur der Mensch ist unglücklich. Weil es ohne Gefühl nicht möglich ist, unglücklich zu sein.

19. Mai. Es ist nicht möglich, vor morgen nach Dak To zu kommen, es gibt keine Hubschrauber, man hat zu viele abgeschossen. Ich sitze in Pleiku fest, wo ich Derek und seinen Vetter wiedergetroffen habe. Derek wird immer verschlossener. Sein Vetter immer zufriedener. Wie verführerisch doch der Krieg zu Beginn ist! Derek hat für diesen erzwungenen Aufenthalt einen Besuch in einer Siedlung von Montagnards organisiert. Ich will mitgehen. Die Stämme der Montagnards lebten einmal glücklich und ruhig. Sie ernährten sich von Jagd und Fischfang, störten niemanden. Wahrscheinlich bewohnten sie diese Berge noch vor den Vietnamesen, von denen sie immer als Wilde angesehen wurden. Gewissermaßen sind sie es auch. Sie laufen noch nackt herum, beschaffen sich ihre Nahrung mit Pfeil und Bogen, Vaterland ist ihnen kein Begriff. Ein Fremder ist für sie immer derjenige, der im Wald herumtrampelt, einen Hasen aufschreckt, den Fluß verschmutzt, eine Forelle stört. Und niemand weiß zu berichten, daß sie sich eines Krieges schuldig gemacht hätten, daß sie getötet hätten um der reinen Lust des Tötens willen und nicht aus der Notwendigkeit, essen zu müssen. Auch zu den Fremden waren sie immer außerordentlich friedlich. Sie empörten sich nicht gegen die französischen Plantagenbesitzer, die sie Zuckerrohr und Kaffee anbauen ließen, sie empörten sich nicht gegen die Missionare, die sie quälten, Maria und Jesus zu verehren und nicht mehr die Götter des

Wassers und des Windes, sie empörten sich nicht einmal gegen die Soldaten, die herkamen und schossen. Und sie begriffen überhaupt nicht, warum.

Und oft starben sie auch, ohne zu begreifen, warum. Im vorigen Dezember wurde ein ganzes Dorf, Dak Son, ausgerottet mit Maschinengewehren und Flammenwerfern. Nur fünf oder sechs Frauen konnten sich retten, weil sie sich in ein Loch verkrochen hatten. Wer es war, weiß man nicht. Die Südvietnamesen beschuldigen die Vietkong, die Vietkong beschuldigen die Südvietnamesen. Und die waren es wahrscheinlich auch. Die überlebenden Frauen bestehen darauf, daß es Soldaten in grüner Uniform waren. Die Vietkong haben keine grünen Uniformen. Aber die Südvietnamesen.

Nachmittags. Die Siedlung heißt Pleicheté und befindet sich auf einer Hochebene, wo es von Vietkong nur so wimmelt. Der einzige Zugang ist ein Pfad, wo du jeden Augenblick einen Schuß, eine Mine erwartest. Zwischen diesen Bäumen, in diesen Zuckerrohrfeldern kann sich ein ganzes Regiment verstecken. Ich habe Derek sehr bewundert, als er mit echt britischer Kaltblütigkeit meinte: »Eine schöne Gegend. Findest du nicht auch, daß man manchmal an Cornwall erinnert wird?« Die Qual dauert eine Stunde, dann erhebt sich gegen den kornblumenblauen Himmel der Stacheldraht, der Pleicheté umschließt. Die Supersiedlung Pleicheté.

»Wer ist auf die Idee gekommen?« fragte Derek.

»Wir«, antwortete stolz der Amerikaner, der uns herumführte. »Natürlich wir. Gleich nach der Tet-Offensive. Diese armen Montagnards waren doch den Vietkong ausgeliefert. Um sie zu beschützen, um sie zu unseren Freunden zu machen, dachten wir, es sei am besten, wenn man sie aus ihren Dörfern holt und in Superdörfern wie Pleicheté zusammenlegt. In dieser Gegend haben wir schon achtundfünfzig von sechsundsechzig Dörfern umgesiedelt.«

Natürlich ist das hier kein Dorf mehr, es ist eine Umzäunung mit Häusern. Und die Häuser sind wohl noch ihre Häuser, aus Holz, auf Pfählen, mit Einstiegleitern. Aber sie stehen vertikal und horizontal parallel wie die Baracken eines Konzentrationslagers. Und kein Baum weit und breit. Für die Montagnards ist ein Haus ohne Baum ein Haus ohne Gott.

»Und das haben sie sich einfach so gefallen lassen?« fragte Derek.

»Ein paar Schwierigkeiten hat es da schon gegeben«, antwortete der Amerikaner. »Einfach ist so etwas nicht, Sie verstehen. Man mußte ihren Stolz und ihre Gebräuche respektieren, aber sie doch gleichzeitig der Zivilisation zuführen. Ohne den Verdacht in ihnen zu wecken, daß wir Wohltäter sein könnten. Immerhin lernen sie schon ein bißchen Englisch.

In diesen Häusern ohne Gott hocken sie jetzt mit ihrem Staunen und ihrer Angst. Und den Vietkong sind sie ebenso ausgeliefert wie vorher, denn wenige Amerikaner reichen nicht für dieses Superdorf. In Pleicheté, dem bestgeschützten Superdorf, gibt es alles in allem zwölf Amerikaner. Und die Folge ist für diese armen Montagnards ein Jonglieren, das ihnen die Feindschaft der einen und der andern zuzieht. Oft auch den Tod.

»Gehört der Englischunterricht zu Ihrem strategischen Konzept?« fragte Derek.

»Sagen wir, er ist Teil unserer Zivilisationsarbeit«, antwortete der Amerikaner. Und seine Stimme klang so sicher und überzeugt. Er glaubte so fest an das, was er tat, daß er sich dafür hätte umbringen lassen. Wie ein Missionar.

»Sehen Sie mal, wie rasch die lernen«, fügte er noch mit stolzem Lächeln hinzu. Dann ging er zu einem nackten Jungen, der einen Chewing-gum kaute: »How do you do?«

»Very good«, sagte der Junge klar und deutlich und folgsam.

»Beautiful day today.«

»Very beautiful day.«

Wir passierten den Stacheldraht und gingen hinunter zum Wald. An einem Wildbach, der früher einmal durch das Paradies auf Erden geflossen war, hatten die Chewing-gum-Missionare eine Duschanlage im Mauerwerk eingerichtet. Davor standen etwa zwanzig kleine Montagnards Schlange, auf daß man sie lehre, wie man sich nach den Geboten westlicher Hygiene wäscht. Mit dem Unterricht war ein schwarzer Gefreiter beauftragt, der ein Stück Seife in die Höhe hielt, als wäre sie eine Bibel.

»This is the soap! Das ist Seife!«

»Seife, soap!« wiederholten die kleinen Montagnards im Chor. Dann traten sie einer nach dem andern unter die Dusche und seiften sich ein. Aber die Seife glitt ihnen aus der Hand, und der Gefreite verlor die Geduld.

»And keep it strong, damned! Haltet sie doch fest, verdammt!« Oder: »Gee! How hard it is to bring civilization to these damned monkeys! Gott, was für eine Mühe, diesen verdammten Affen Zivilisation beizubringen!«

Und gerade als er diesen Satz sagte, rutschte ein Kind auf einem Stück Seife aus und verletzte sich am Kopf. Ein unglücklicher Zufall, gewiß. Aber wenn dir die Amerikaner ein Stück Seife geben, rutschst du immer darauf aus und verletzt dich am Kopf. Warum? Weil die Amerikaner so sind. Wenn ich sie mir in Vietnam (nur in Vietnam?) ansehe, muß ich sofort an die grausige Geschichte denken, die François erzählt hat. Eine amerikanische Familie macht Ferien im Heiligen Land, und zwar ausgerechnet in den Tagen, da Pontius Pilatus über Jesus Christus das Urteil spricht. Die Familie ist augenblicklich hingerissen von der Demut Unseres Herrn, der so mißhandelt wird, von seiner Schutzlosigkeit. Die Familie ruft ihren Anwalt an, er soll unverzüglich mit dem Flugzeug kommen und die Verteidigung übernehmen, koste es, was es wolle, zehntausend Dollar, eine Million Dollar. Gegen drei Uhr nachmittags ist der Anwalt immer noch nicht da. Da weist das Kleinste mit dem Zeigefinger auf den Hügel Golgatha und ruft: »Mammy, Daddy! Seht mal, was sie mit dem Gentleman gemacht haben!« Christus hängt am Kreuz. Die Amerikaner rennen den Hügel hinauf, mit ihrer Großmut und ihren edlen Absichten, sind am Kreuz, ergreifen eine Zange, eine Leiter, steigen hinauf: »Wir sind schon da, Herr, wir sind schon da!« Und sie ziehen als erstes den Nagel aus der rechten Hand und ziehen als zweites den Nagel aus der linken Hand, so daß Jesus vornüberfällt und mit den Füßen am Kreuz hängenbleibt.

So sind die Amerikaner. Ich meine: Sie sind gar nicht böse, nur ungeschickt.

Nachts. Der Pilot, dem ich in Qui Nhon begegnet bin, jener Milton Soundso, ist wieder aufgetaucht. Mit seinem blauen Overall, mit seiner lustigen Arroganz. Und er lud mich ein zum Abendessen ins Offizierskasino von Pleiku. Warum auch nicht? Und da bin ich nun mit Milton, und ich merke augenblicklich, er hat allen verkündet, daß er heute abend ein Mädchen hat und bis morgen früh nicht gestört werden will. Dutzende Augenpaare mustern mich, Dutzende Arme stoßen einander an: da ist sie, schau sie dir an, Miltons Mädchen! Wir setzen uns an einen langen Tisch, und schon kursiert der Zettel, den Milton seinem Zimmergenossen hingelegt hat, damit er sich heute nacht eine andere Schlafgelegenheit sucht. Als ich ihn erwische und lese, wird der Arme puterrot. Er stottert, es sei ein Mißverständnis, weint fast. Gott, was für ein dummer, langweiliger Abend. Hinten im Saal spielt ein koreanisches Tanzorchester Melodien von Herb Alpert; auch sie sind zur Zivilisation der amerikanischen Chewing-gum-Missionare bekehrt. Wir kommen schon, Herr, wir kommen schon! Beautiful day today, This is the soap! Soap! Now you get washed! Wash! Wir kommen schon, Herr, wir kommen schon! Mit Papageienstimmchen krächzen diese Koreaner: »Whipped cream, whipped cream ...« Doch plötzlich geschieht etwas, das Tanzorchester verstummt, zweihundert Piloten springen auf die Füße, erheben ihre Biergläser, ein freudiger Schrei steigt zur Decke.

»Hoch Dick, Dick! Alle für Dick, Dick, hipphipp, hurra!«

Dann schütten sie das Bier in sich hinein und lachen, lachen. »Wer ist denn Dick? Einer von euch?« fragte ich Milton.

»Ja.«

»Hat er heute Geburtstag?«

»Nein.«

»Bekommt er Urlaub? Ist seine Vietnam-Zeit vorbei?«

»Nein.«

»Warum feiert man ihn dann?«

»Man feiert ihn gar nicht, man gedenkt seiner.«

»Wieso?«

»Weil er heute früh umgekommen ist. Abgeschossen.«

Manchmal können die häßlichsten Menschen so schön sein. Glaubte ich nicht daran, würde ich heute abend wirklich entmutigt schlafen gehen. Hör dir an, was Milton später anstellte.

Nach dem Essen mußte er immerhin den andern zeigen, daß er mit mir fortging. Und ich wollte ihn auch nicht blamieren. Du weißt ja, wie unangenehm es für mich wäre, wenn seine Freunde wirklich geglaubt hätten, ich würde mit ihm ins Bett gehen. Nun, wir verlassen den Raum und gehen hinaus. Hinter uns will das Hüsteln kein Ende nehmen. Draußen sage ich ihm dann, er soll mich unverzüglich zum Press Camp bringen, die Komödie sei zu Ende. Doch er, der sich in Grund und Boden schämt, will meine Achtung wiedergewinnen und stottert: »Würden Sie gern eine Runde über Dak To mit meiner Maschine machen?«

Und ob. Wenn er mich fliegt, verzeihe ich ihm. Mit seinem Jeep fahren wir aufs Rollfeld, und da ist seine Maschine, ein Erkundungsflugzeug, ein Bird Dog. Weißt du, die machen vor dem Bombenangriff erst den Feind aus, und dann fliegen sie noch einmal hin, um zu sehen, ob alles gutgegangen ist. Aber sie riskieren auch am meisten, denn sie fliegen tief und können ganz leicht abgeschossen werden.

»Pst! Keiner darf was davon erfahren!« flüstert Milton den beiden Mechanikern zu, die herbeigerannt sind. » Ich bin auch gleich wieder da.«

»Aber Sir . . . Major . . .«

»Psst! Fort mit euch!«

»Vielleicht müssen sie Ihnen etwas Wichtiges sagen, Major!«

»Ach was! Shut up, fucking idiots! Maul halten, verdammte Idioten!«

Milton schwingt sich in die Maschine. Ich hinterher, in den Beobachtungsitz. Wir setzen die Helme auf, schnallen uns fest, kümmern uns erst gar nicht um die Fallschirme. Die Motoren dröhnen, das Flugzeug bezieht Startposition. In einem Lichtstrahl stehen die Mechaniker, sehen uns mit blöden Gesichtern an, dann kommen sie plötzlich zu sich und schwenken verzweifelt die Arme, doch Milton schert sich nicht um sie.

»Shut up, fucking idiots! I take a ride with my girl! Maul halten, verdammte Idioten, ich drehe eine Runde mit meinem Mädchen!« Das Flugzeug hebt ab, bringt uns in zweitausend Meter Höhe, Richtung Dak To. Durch das Funksprechgerät im Helm dringt mir sofort Miltons Stimme schmerzlich in die Ohren.

»Hören . . . o Gott . . . hören Sie mich?«

»Laut und deutlich, Major. Was gibt's?«

»Keine . . . o Gott . . . keine Angst!«

»Warum sollte ich auch Angst haben, Major?«

»Weil . . .«

»Was ist denn, Major?«

»Mein Sitz! Gott! Mein Sitz hält nicht, er verrutscht, er schlingert! Gott! Ich kann die Maschine nicht steuern!«

»Kehren wir um, Major!«

»Ich kann nicht!«

»Behalten Sie die Ruhe, Major, ich bitte Sie!«

Daß ausgerechnet ich, die ich dauernd Angst mitteile, in Angst lebe, Angst erfinde, sie mit Händen greife, daß ausgerechnet ich diesem Trottel Mut machen muß, ist wahrhaftig paradox. Aber ich habe keine andere Wahl, wenn ich noch hoffen will, daß er mich nicht umbringt. Im Stich gelassen von seiner Technik, weiß dieser Chewing-gum-Missionar nicht mehr, was er mit seinen Händen und seinem Verstand tun soll. Er schiebt den Sitz, malträtiert ihn, rüttelt daran, die Maschine benimmt sich wie eine tolle Hummel, wendet sich nach links, dreht sich um sich selbst, bäumt sich auf. Ob der heilige Christophorus einer Abtrünnigen beisteht?

»Heiliger Christophorus!« flehe ich.

»Was sagen Sie? Was sagen Sie?« lamentiert Milton.

»Heiliger Christophorus!«

Der Sitz läßt sich befestigen. Wir nehmen wieder Kurs auf Dak To, wo mit Raketen geschossen wird. Und schon wieder bohrt sich mir diese angstvolle Stimme wie eine glühende Nadel ins Trommelfell.

»O Gott!«

»Major! Was ist denn jetzt schon wieder?!«

»Der Treibstoff! Unser Treibstoff geht aus!«

»Vielleicht wollten diese verdammten Idioten Ihnen das sagen.«

»Lassen ... lassen Sie sich nicht von Pa ... Panik ergreifen!«

»Lassen doch Sie sich nicht ergreifen, bei Gott! Und bringen Sie mich zurück! Worauf warten Sie denn noch?«

Ich wurde wütend. Und wie wütend ich wurde! Was ich ihm alles sagte! Und meine Wut hatte sich auch noch nicht gelegt, als wir dann mit dem letzten Tropfen Treibstoff landeten und die beiden Mechaniker auf uns zurannten: »Sie haben's geschafft, Major! Wir wollten es Ihnen doch sagen, daß Sie fast ohne Treibstoff waren!«

Ja, oft sind die Amerikaner auch so.

20. Mai. Jetzt bin ich wieder in Dak To. Ich traf im Morgengrauen ein. Fast bin ich ergriffen; in Dak To machte ich meine erste Bekanntschaft mit dem Krieg. Damals war es November, und ich hatte noch nie einen Kampf aus der Nähe gesehen, und in meiner Uniformtasche steckte ein Zettel von François: »N'aie pas peur, keine Angst haben«, und ich wollte auch keine haben, und dabei hatte ich doch so große Angst. Vielleicht machte ich darum meine Augen so weit auf wie nie wieder. So kenne ich noch alles: die Hügel, die Flußbiegung, die Baracken. Auch wenn diese etwas verändert aussehen. Das Journalistenzelt zum Beispiel ist größer geworden, und darunter hat man einen Bunker gebaut. Aber General Peers ist nicht mehr da und auch nicht der Oberleutnant mit dem Mäusegesicht und Norman nicht und Bob nicht. Vielleicht sind sie jetzt wieder zu Hause. Norman, der Neger, hätte im Januar heimkehren müssen, der blonde Bob im April. Von all diesen Gesichtern, die mir so im Gedächtnis haften, daß ich sie selbst nach zehn oder zwanzig Jahren wiedererkennen würde, sah ich nur das jenes Jungen wieder, der am Morgen des 23. November den Sturmangriff auf den Hügel 875 mitgemacht hatte.

Er lehnte an einem Stapel Sandsäcke und wollte sich einen Fingernagel abbeißen, doch seine Hand zitterte so sehr, daß der Nagel nicht zwischen die Zähne kam, sondern in einem beängstigenden Rhythmus immer nur daranschlug.

»Tag, Soldat, kennst du mich noch?«

»Ja.«

»Du heißt . . .«

»Allen.«

»Richtig, Allen. Damals stiegst du in den Hubschrauber, um dort hinaufzukommen . . .«

»Hm.«

»Auf den Hügel 875.«

»Hm.«

»Es war am Thanksgiving Day.«

Er ließ nicht ab von seinem Fingernagel, steckte aber seine linke Hand unter die rechte Achsel, vielleicht, damit ich nicht merken sollte, daß auch die zitterte. Dann murmelte er verächtlich: »Thanksgiving Day, ha!«

»Allen, warum zitterst du? Ist dir kalt?«

»Nein.«

»Hast du Fieber?«

»Nein, das ist nur nervös. Nervös.«

»Bist du beim Arzt gewesen?«

»Ja, aber er hat nur gebrummt, das ist gar nichts, du hast Angst, hau ab!«

»Wer ist denn von damals noch da, Allen?«

»Weiß ich nicht. Ich bin noch da.«

»Nun, du hast es doch überstanden, Allen!«

»Überstanden! Vier Monate muß ich noch bleiben. Vier Monate!«

Das Klappern wurde ganz laut. Ich bot ihm eine Zigarette an, damit er rauchen und nicht den Fingernagel dauernd an die Zähne halten sollte, und tatsächlich nahm er die Hand vom Gesicht. Ein wunderschönes Gesicht. Wohlgeformt, schmal. Aber so dreckig, daß man es nicht ansehen konnte. So hing ihm zum Beispiel der getrocknete Schleim aus der Nase. Und die Augen, wie ich jetzt sah, waren auch ganz verklebt.

»Du wirst es schon schaffen, Allen. Bestimmt. Dann kommst du nach Hause und vergißt den Hügel 875.«

»Ach, nachher hat's Schlimmeres gegeben.«

»Hier?«

»Nein, drüben an der kambodschanischen Grenze. Am 10. und 11. Dezember. Da hat mein Zittern angefangen. Weil ich den Helm verloren hatte. Ich suchte ihn und fand ihn nicht, und da kam die Krise. Gott sei Dank wurde der Leutnant verwundet. Weil ich da seinen Helm nahm und mir besser wurde. Aber das Zittern ging nicht mehr weg. Und das nächste Mal wurde es doppelt so schlimm. Weißt du, am 25. Januar. Artilleriestellung 25.

Wo Campbell fiel. Du erinnerst dich doch an Campbell?«

Ich erinnerte mich nicht.

»Campbell, mein Schulkamerad, der in Georgia auf dem Gut nebenan wohnt. Also, der. Er war erst am 2. Januar, also siebzehn Tage vorher, gekommen.«

In diesem Fall konnte ich ihn nicht gesehen haben. Aber das durfte ich nicht sagen. Es wäre wie eine Ohrfeige für ihn gewesen.

»Ja, ja, ich erinnere mich.«

»An Campbell erinnert sich doch jeder. Campbell war eben Campbell. Also, er fiel gleich als erster. MG. Kopfschuß. Er war noch nie im Kampf gewesen, und ich hatte ihm immer wieder gesagt: Campbell, verlier deinen Helm nicht. Aber er verlor ihn, weil er den Kinnriemen nicht festgemacht hatte. Man darf nie vergessen, den Kinnriemen festzumachen, nicht wahr? Und ich hatte ein Gefühl, ich weiß nicht, so ein Gefühl . . . Weißt du, man betet viel. Man schießt und betet, betet und schießt. Auch wenn man gar nicht sieht, wohin. Ich sah jedenfalls überhaupt nichts mehr, sah nur noch den bloßen Kopf von Campbell, aber ich schoß ins Gebüsch. Ob ich sie umgebracht habe, weiß ich nicht, denn sie schreien nicht, wenn du sie triffst. Kannst du das glauben?«

»Wenn du es sagst.«

Er warf die halbaufgerauchte Zigarette weg.

»Ich sag's, weil es so ist. Sie schreien überhaupt nicht. Sie bleiben stumm. Aber wie machen sie das nur? Ich bewundere sie. Wenn wir verwundet werden, schreien wir gleich. Und stellen uns fürchterlich an. Campbell hat nicht geschrien, weil er gleich tot war. Und weißt du, was ich dir noch sage?«

»Was denn?«

»Ich hoff', daß ich keinen erschossen habe, das sage ich dir, auch den nicht, der Campbell erschossen hat. Moment, ich will's dir gleich erklären. Hier denken sie alle so: Weil du meinen Freund erschossen hast, erschieße ich dich. Und sie erschießen ihn. Und dann sagt der Freund desjenigen, den du erschossen hast: Weil du meinen Freund erschossen hast, erschieße ich dich. Und er erschießt dich. Und so geht's weiter, ohne Ende. Und jetzt sag du mir mal: Wozu ist das alles gut? Um auch nur einen einzigen Toten wieder lebendig zu machen? Ich hoffe nur, daß ich keinen erschossen habe, keinen Nordvietnamesen und keinen Vietkong. Sag doch: Sind das nicht auch junge Menschen wie wir? Verlieren sie nicht auch mal ihren Helm? Hier sagen sie alle: Man muß sie hassen! Aber das kann ich nicht. Hochwürden Bill sagt, daß ich recht habe. Kennst du Hochwürden Bill?«

»Nein.«

»Nein? Hochwürden Bill ist doch an die Stelle von Kaplan Peters getreten, der gefallen ist, nachdem er an die Stelle von Kaplan Watters getreten war, der auf dem 875 fiel! Also mußt du ihn kennen. Wenn ich mit ihm rede, weißt du, dann hört mein Zittern auf. Geh zu ihm hin. Er ist da drüben in dem Zelt mit dem Kreuz. Siehst du's?«

»Jaja. Und jetzt hör mir zu, Allen. Ich muß dich etwas Wichtiges fragen. Hast du einen gewissen Pip gekannt, einen Unteroffizier Pipon?«

»Ah. Wen?«

»Pip. Einer, der mit dem Hubschrauber abgestürzt ist. Er war auf dem Hügel 1383, drittes Bataillon, zwölftes Infanterieregiment. Ein Junge, der immer lustig war, mit einem komischen Gesicht . . .«

»Ah, nein. Hubschrauber stürzen so viele ab. Warum fragst du nicht Hochwürden Bill? Der weiß immer alles.«

Ein Stück Gedächtnis suchen. Das ist wie eine Patronenhülse unter Millionen Patronenhülsen suchen, die in diesem Dschungel verstreut herumliegen. Fünf oder sechs Leute habe ich schon gefragt, keiner erinnert sich an Pip. »Man muß beim Kommando fragen«, erwidern sie. Aber was soll schon das Kommando wissen! Und außerdem sind Pip und seine Kompanie nie an einer Stelle geblieben. Die Kompanie ging von einem Hügel zum andern, holte sich Nachrichten von den anderen Bataillonen. Ich will bei Hochwürden Bill mein Glück versuchen.

Abends. Nicht einmal er weiß etwas. Im Februar/März gab es hier so viele Tragödien, sie zu lokalisieren und mit einzelnen Namen zu verbinden, ist ein Ding der Unmöglichkeit. Er sagt, er will sich die Sache durch den Kopf gehen lassen und mir helfen, auf eine Spur zu kommen. Wollen wir's hoffen. Aber jetzt will ich erst schildern, wer dieser Hochwürden Bill ist, vor dem Allens Zittern aufhört. Ein vierunddreißigjähriger junger Mann, strohblondes Haar, blaue Augen, sonnenverbranntes Gesicht mit einer sich häutenden Nase. Wie ein Priester sieht er nicht aus, auch wenn du im Krieg die Priester von den andern Soldaten nicht unterscheiden kannst, es sei denn, du bemerkst die beiden kleinen Kreuze auf den Kragenspitzen. Als ich sein Zelt betrat, sah man jedenfalls auch die nicht, denn er lag mit nacktem Oberkörper auf seiner Pritsche, und ich weiß auch noch, daß er keine Schuhe anhatte. Er erhob sich in aller Ruhe, zog Hemd und Schuhe erst gar nicht an und lud mich gleich zu einem Whisky ein. Daraus ergab sich ein Nachmittag, über den ich Pip fast vergaß. Was für ein Mensch, dieser Hochwürden Bill. So erzählte er mir gleich, daß er nie daran gedacht hatte, Geistlicher zu werden. Als er noch Jura an der Universität Miami studierte, wollte er zum FBI. »Seinerzeit war das ein geschätzter Beruf, und als Polizist konnte man sich nützlich machen.« Dann hatte er plötzlich seine Meinung geändert und entschieden, daß er sich als Priester eigentlich noch nützlicher machen könnte. Sie gaben ihm eine Pfarrei in Florida, und dort blieb er zehn Jahre lang: »Um mich herumzuplagen mit den alten Damen und ihren moralischen Problemchen. Ich kann um alles in der Welt diese Betschwestern nicht leiden, die frühmorgens zur Messe kommen.«

»Und dann, Hochwürden Bill?«

»Nun, ab und zu hing's mir schon zum Hals heraus. Und alle diese Jungen, die nach Vietnam gingen. Jeden Monat drei oder vier. Das gab mir zu denken, und ich sagte mir: Du bist noch jung und kräftig, Bill, und hier versauerst du nur, um den Betschwestern die Absolution zu erteilen. Wäre es nicht gescheiter, diesen Jungen zu folgen? Und so meldete ich mich. Ich machte diesen achtwöchigen Kurs, in dem man beigebracht bekommt, sich in einem Wald wie ein Boy-Scout durchzuschlagen und unter einem Stacheldraht hindurchzukriechen. Eben die militärische Grundausbildung und so fort. Und dann haben sie mich hierher geschickt, um Peters zu ersetzen. Und zum erstenmal in meinem Leben habe ich mich als Mann gefühlt und nicht als Priester. Hier kann man sich nämlich nicht hinter Kutte und Kragen verstecken, hier kann man keinen hinters Licht führen. Und steht man nicht seinen Mann, kriegt man einen Tritt in den Arsch.«

»Und wann war das, als Sie entdeckten, daß Sie ein Mann sind und kein Priester?«

»Ich denke, als ich den Tod gesehen habe. Der Tod, den ich kannte, war der Tod in Krankenhäusern. Das heißt ein sauberer Tod, unter einem Leintuch und eine Krankenschwester am Kopfende. Im Krieg ist der Tod dreckig und einsam und blutverschmiert. Wer kennt denn zu Hause einen dreckigen Tod? Man sieht ihn allenfalls im Fernsehen, schwarz-weiß, verherrlicht wie in einem Wildwestfilm. Auf dem Bildschirm sieht man eine Schießerei und dann eine Leiche ohne Blut, weil im Fernsehen das rote Blut nicht erscheint. Wolle Gott, daß es bald Farbfernsehen gibt. So wird man endlich wissen, wie es ist. Auch meine Mutter zum Beispiel. Sie glaubt, wer im Krieg fällt, ist ein Held. Verflucht, wer als erster das Wort Heldentum in den Mund genommen hat! Meine Mutter hätte gestern bei der 25. Batterie sein sollen! Da sind drei Jungen gefallen, die auch meine Mutter gekannt hat. Ein Siebzehnjähriger, ein Achtzehnjähriger, ein Neunzehnjähriger. Scheiße, shit!«

Er hieb mit der Faust auf die Kiste, die ihm als Tisch diente. Dann trank er einen großen Schluck Whisky.

»Und wenn es einen Kampf gibt, begleite ich die Jungen. Weil sie so aufgeregt und verstört sind. Über Gott und das Himmelreich rede ich nie mit ihnen. Als ich herkam, dachte ich noch, daß ich fromme Reden führen würde. Aber das habe ich nie getan. Ich will ihnen Mut zusprechen und ihnen sagen: Dont't worry, reg dich nicht auf. Und sie hören auf mich. Mit Ausnahme von einem, der behauptet, Atheist zu sein. Vielleicht, damit er sich nicht als Scheinheiliger vorkommt. Thou shalt not kill ... du sollst nicht töten. Ein braver Junge, ich mag ihn. Und dann ... wenn sie dann sterben, erteile ich ihnen die Absolution. Auch wenn sie nicht sterben. Ich erteile immer und jedem die Absolution: Amerikanern, Nordvietnamesen, Vietkong.«

»Auch den Nordvietnamesen und den Vietkong?«

»Aber gewiß! Für mich sind alle gleich, sind alle nur Menschen mit einer Nase und zwei Armen und zwei Beinen. Sie kämpfen, weil man's ihnen befohlen hat. Die Soldaten sind nicht schuld, in einem Soldaten erkenne ich niemals einen Menschen, der das erste Gebot verletzt: Du sollst nicht töten. Nicht sein Finger drückt ab, sondern der Finger dessen, der ihn hierhergeschickt hat. Der Krieg, wissen Sie ... Seitdem Kain den Abel getötet hat, seitdem ist der Krieg ein Teil der menschlichen Natur ... Aber deswegen akzeptiere ich ihn nicht etwa. Ich bin nicht hier, um dem Krieg das Wort zu reden, ich bin hier, um denen beizustehen, die ihn führen müssen.«

Und wieder goß er sich einen großen Schluck Whisky ein.

»Manchmal fragen sie mich: Hochwürden Bill, warum hat man uns denn überhaupt nach Vietnam geschickt? Sie haben es noch nicht begriffen. Wenn ich es doch selbst nicht begriffen habe! Es heißt, um den Kommunismus aufzuhalten. Nun, da kann ich nur erwidern, daß man den Kommunismus nicht mit Kugeln oder Bomben oder Napalm aufhalten kann. Ideen kann man nicht dadurch töten, daß man Körper tötet, ganz im Gegenteil. Auf den Verstand muß man einwirken, nicht auf den Körper, und im übrigen können die Amerikaner sich nicht dauernd als Weltpolizei gebärden. In diesem Punkt hat der kleine Alte aus Hanoi ganz recht.«

Daraufhin fragte ich ihn, ob er auch ein Gewehr bekommen habe, und er bejahte es. Und ich fragte, ob ihm die katholische Kirche erlaube, davon Gebrauch zu machen, und er bejahte es. »Zumindest in einer Ausnahmesituation habe ich das Recht zu schießen. Aber ...«

»Aber?«

»Ich habe es noch nie getan und schließe auch aus, daß ich es tun würde. Es sei denn ...«

»Es sei denn?«

»Das sage ich Ihnen ein andermal.«

Morgen wird er in der 25. Artilleriestellung eine Messe lesen, auf einem Hügel im Nordosten. Ich will mit. Ist es nicht ungewöhnlich, was du im Krieg alles entdecken kannst? Einmal fand François in Korea eine Stradivari. Eine echte Stradivari. Wer weiß, vielleicht in irgendeinem Museum gestohlen. Ein Gefreiter hatte sie, ein Marine. Und er spielte darauf, aber er konnte nicht spielen. Eine Saite zersprang, als er versuchte, diesen Schlager zu spielen, in dem es heißt: »Oh, Susanna! Come and dance with me!«

21. Mai. Der Himmel war so blau, daß er den Augen weh tat. Und die Wälder waren so grün, daß einem das Herz weh tat. Und man flog dahin zwischen diesem Grün und diesem Blau und dachte nicht mehr an den Krieg. Dann, nach einem plötzlichen Ruck zur Seite, senkte sich der Hubschrauber auf den Hügel.

»Wir sind da«, sagte Hochwürden Bill. »Die 25. Batterie.«

Schon auf den ersten Blick behagte mir der Hügel

nicht. Er war auch gar kein richtiger Hügel, sondern ein völlig kahler Höcker ohne Bäume und Gras. Auf der nackten Erde sah man nur die Artilleriestellung, fünf oder sechs Gräben und etwa hundert verdreckte, bärtige Soldaten. Wie mir Hochwürden Bill nachher sagte, hielten die Nordvietnamesen alle Hügel ringsum und auch die Flanken dieses Höckers besetzt. Täglich ein paarmal beschossen sie ihn mit Mörsern, wöchentlich einmal machten sie einen Sturmangriff. »Sie haben ihn nur deshalb noch nicht erobert, weil bei jedem Angriff die Phantoms aus Dak To kommen und Napalm über sie abwerfen. Jedenfalls geht kein Tag zu Ende, ohne daß es hier oben mindestens ein paar Tote gegeben hätte.« Die 25. Batterie war demnach ein Khe San im kleinen.

In der Hand das Köfferchen mit den sakralen Gegenständen, begab sich Hochwürden Bill auf einen freien Platz und baute dort seinen Altar auf. Das geschah folgendermaßen: Er stellte zwei leere Granathülsen auf und legte eine Kartonschachtel darüber. Dann öffnete er sein Köfferchen, holte zwei Plastikfläschchen heraus, das mit Wasser und das mit Wein, einen Pappbecher, das war der Kelch, ein Päckchen mit den geweihten Hostien und ein Kruzifix und stellte alles auf die Schachtel. Als letztes nahm er seinen Helm ab, streifte über die Uniform eine Art Tarnumhang mit aufgenähten Paramenten und rief: »He! Wer will zur Messe?«

Es kamen etwa dreißig Soldaten, und der Kommandant sagte: »Hochwürden, beeilen Sie sich bitte, bald geht der Tanz los!«

»Bill! Ich will doch noch beichten«, sagte ein kleiner Soldat.

»Ich auch!«

»Ich auch!«

Hochwürden Bill wußte nicht recht, was er machen sollte, kratzte sich am Kopf. Dann sah er auf den Kommandanten, sah auf die umliegenden Hügel und befahl: »Alle Mann hinknien!«

Die Soldaten knieten hin.

»Helm ab, verflixt!«

Die Soldaten nahmen murrend den Helm ab.

»Ruhe!«

Die Soldaten waren ruhig.

»Ego vos absolvo in nomine Patris et Filii et Spiritus Sanctus, amen. Zufrieden?«

»Einfach so, ohne uns was zu fragen, Bill?«

»Was soll ich euch denn fragen? Welche Sünde wollt ihr denn auf diesen sechs Quadratmetern Fegefeuer begangen haben?«

Und er ging hinter den Altar und las die Messe, und die Soldaten hockten sich davor auf die nackte Erde oder auf Sandsäcke. Einer hatte einen kleinen Affen bei sich, der ihm am Hals hing.

Zwanzig Minuten, das heißt für die Dauer der Messe, geschah nichts. Zehn Kilometer weiter im Südosten warfen zwei Phantoms Napalm ab, und das Himmelblau wurde schmutzig von schwarzen Wolken. Weiter drüben, im Nordosten, dröhnte eine Kanone. Hier aber geschah nichts. Hochwürden Bill hob den Pappbecher, seinen Kelch, und rief den Herrn an. Die Jungs bedeckten ihr Gesicht mit den Händen und flehten zu ihm. Das alles spielte sich in völliger Stille, in völligem Schweigen ab. Und in diesem Schweigen erhoben sich die Jungs und stellten sich in einer Reihe auf, und Hochwürden Bill spendete ihnen auch die Kommunion, legte ihnen auf die Zunge die Hostien, so klein wie Pfefferminztabletten. Das Äffchen wollte auch eine, doch Hochwürden Bill flüsterte: »Nein, du darfst nicht. Sei brav!« Und es war brav, legte seine Händchen auf den Kopf des Jungen und liebkoste ihn und stöhnte leise dazu.

So ging das zwanzig Minuten lang. Und zwanzig Minuten lang fragte ich mich mit ungläubigem Staunen, warum die Nordvietnamesen nicht auf uns schossen. Natürlich konnten sie uns ausgezeichnet sehen, mit und ohne Fernglas. Ob sie nicht schießen wollten? Ob sie das

Ende der Messe abwarten wollten? Ich weiß, es klingt absurd, aber ich behaupte trotzdem, daß sie erst das Ende der Messe abwarten wollten, denn gleich nach der Messe, Hochwürden Bill hatte gerade sein Kruzifix und seine Fläschchen verpackt, fiel der erste Mörserschuß. Mitten auf den freien Platz.

Ich sprang in einen Unterstand, die zweite Granate schlug ein. Dann die dritte, die vierte, die fünfte. Die Artillerie erwiderte das Feuer. Einschläge und Abschüsse wechselten sich ab und vermengten sich, der Boden wankte wie bei einem Erdbeben. Ich weiß noch, daß ich die Augen zugemacht hatte. Dann ein Heulen ganz in der Nähe, und ich riß die Augen auf. Und sah über mir die sich häutende Nase von Hochwürden Bill und das Lächeln von Hochwürden Bill, der seinen linken Arm um mich gelegt hatte. »Nur ruhig! Ein kleiner Angriff, es ist bald vorbei.« Aber es war gar nicht bald vorbei. Wir blieben eine ganze Weile in diesem Loch, auch noch, als der Beschuß spärlicher wurde und in der Pause eine Stimme schrie: »Stay where you are! Bleibt, wo ihr seid!« Und in dieser Feuerpause sprach er zu mir, um mich abzulenken, um mir Mut zu machen, nehme ich an. Ich weiß nicht mehr genau, was er zum Anfang sagte. Irgend etwas über die Kirche, die heute ein Gärbottich sei, und solange es gärt, weiß man noch nicht, was daraus wird, Essig oder Wein, und ein Priester fühle sich in diesem Bottich wie eine einzelne Beere, zusammengeworfen mit anderen einzelnen Beeren, und habe nur das Bedürfnis davonzulaufen. Irgend etwas in dieser Art. Aber ich erinnere mich noch genau an die Frage, die ich ihm stellte: »Sie sind drauf und dran, den Glauben zu verlieren, nicht wahr, Hochwürden Bill?« Und ich erinnere mich ebenso genau an seine Antwort: »Nein. Der Glaube bleibt. Sogar gefestigt, würde ich sagen. Denn Gott ist nicht schuld an dem, was geschieht, schuld sind wir. Was haben wir denn schon in diesen zweitausend Jahren Christentum fertiggebracht? Kriege haben wir geschürt, Privilegien gepflegt, unsere Augen vor neuen Ideen verschlossen ...« Und schließlich erinnere ich mich noch, daß ich dachte, wie aberwitzig es doch sei, gewisse Gespräche in einem Loch zu führen, während ringsum die Erde bebte, und daß ich ihn, weil ja sein Arm auf meinen Schultern lag – väterlich zwar, doch nicht wegzuleugnen –, daß ich ihn dann auch fragte, ob ihm die Frauen sehr fehlten. Er bejahte es.

»Ja, gewiß. Aber das ist kein so großes Problem, darauf kann man letzten Endes auch verzichten. Sex ist wichtig, aber nicht lebenswichtig. Die Schwierigkeiten betreffen nicht den Körper, die betreffen den Geist. Wir leben in einer Zeit der Herausforderung und Opportunität, aber wir gebärden uns wie in früheren Zeiten, als man noch zu Pferde ritt. So nehmen wir zum Beispiel überhaupt nicht wahr, daß auch die Kommunisten auf ihre Weise beten und Gott suchen. Und der Krieg ... Was glauben Sie, macht der Krieg die Menschen besser oder schlechter?«

»Er macht sie zu dem, was sie sind, Hochwürden Bill. Zu Bestien.«

»Nein. Er macht sie besser. Einige werden verbittert, wie Sie. Andere verlieren den Glauben, und ich verurteile sie nicht. Gott zu beschuldigen ist eine spontane Reaktion, wenn man gewisse Gemeinheiten sieht. Aber die Mehrzahl ist sich bewußt, daß Gott sie nicht zum Spaß leiden läßt, daß Gott kein unfairer Schachspieler ist ... Kopf runter!«

Der Beschuß hatte sich wieder verstärkt, eine Granate explodierte in unserer Nähe und wirbelte Staub und Steine auf.

»Was ist Gott, Hochwürden Bill?«

»Das gute Gewissen, das in uns ist und uns ständig gute Gelegenheiten anbietet. Aber wir weisen sie zurück.«

»Was werden Sie nach dem Krieg tun, Hochwürden Bill?«

»Vielleicht gebe ich das Priesteramt auf.«

»Um was zu tun, Hochwürden Bill?«

»Ich weiß noch nicht. Oder vielleicht doch. Beim Ansehen so vieler Ungerechtigkeiten denke ich oft, daß ich am liebsten mit diesem Gewehr, das sie mir gegeben haben, beim Schrei ›Christus will es!‹ auf die Ungerechten schießen würde.«

In dem Augenblick hörte man einen Schrei, aber keinen Schrei nach Christus, sondern einen Schrei nach der Mama.

»Mammy! Mammy! Mammy ...«

Und Hochwürden Bill sprang hinaus, und ich nach, und da sah ich den Jungen, der das Äffchen gehabt hatte. Nur noch Gesicht und Hände waren unversehrt.

Hochwürden Bill beugte sich über ihn.

»Ego te absolvo in nomine Patris et Filii et Spiritus Sanctus. Ruhe in Frieden, Kind. Du bist ein braves Kind. You're a good child.«

Und dann war der Beschuß zu Ende, und Hochwürden Bill ging auf anderes Schreien und anderes Stöhnen zu. Doch er kam bald wieder, um mir zu sagen, daß der Kommandant mich nach Dak To zurückschicken möchte.

»Er fürchtet, daß die Schießerei wieder losgeht. Der Hubschrauber ist startbereit. Gehen Sie fort von hier, ich muß bleiben. Ich werde gebraucht.«

Also kletterte ich in den Hubschrauber, und knapp vor dem Start schlug sich Hochwürden Bill an die Stirn und rief: »Wegen Pip gehen Sie auf den Hügel 1314! Zu Major Grizzly! Vielleicht weiß er was!«

22. Mai. Ich bin mit einem Hubschrauber hergekommen, der Medikamente und Zitronen gebracht hat. Dabei hatte ich auch mein kleines Abenteuer. Das war, als man im Dickicht des Dschungels ein Licht oder einen Spiegel hatte aufblitzen sehen, der MG-Schütze »VC« sagte und der Pilot hinunterging, um sie zu suchen. Zehn Minuten, auf die ich gern verzichtet hätte. Die Vietkong schossen, die Amerikaner schossen. Vor dem Herzinfarkt bewahrten mich eigentlich nur die Zitronen. Wenn sich der Hubschrauber in die Kurve legte, fielen sie hinab wie kleine Bomben, und wer weiß, warum ich mich zu einer Aufgabe verpflichtet fühlte, die mir kein Mensch erteilt hatte, die Zitronen zu retten, die Zitronen zum Stützpunkt zu bringen. Vielleicht mußte ich irgend etwas tun, um nicht untätig zuzusehen, immerhin habe ich mehr als die Hälfte gerettet. Gar nicht so schlecht, wenn du dir überlegst, daß es sonst keine Verluste gegeben hat; das dämliche Duell erschöpfte sich in einem Verschleiß von Munition und Zitronen, und basta.

Aber jetzt denke ich nicht mehr an die Zitronen. Ich bin auf dem Hügel 1314, hocke zwischen Sandsäcken und warte, daß ich mit Major Grizzly sprechen kann. Jetzt denke ich an Pip. Hochwürden Bill ist nicht der Mensch, der mich für nichts und wieder nichts auf einen Hügel schickt. In der Nacht von Montag auf Dienstag, also noch vor meinem Abstecher zur 25. Batterie, muß Hochwürden Bill sich erkundigt und erfahren haben, daß Pips fehlendes Stückchen Gedächtnis hier in der Nähe liegt. Versteckt in diesem Laub, an einem Baumast, in der Kehre eines Laufgrabens. Fast bin ich davon überzeugt, wäre es ein Wassertropfen, würde ich den Wassertropfen in der Sonne funkeln sehen. Wann kommt denn dieser Grizzly endlich aus seinem Zelt? Es heißt, er habe eine Besprechung mit zwei Generälen, die eigens aus Pleiku hergekommen wären. Wer weiß, zu was für einem makabren Spiel sie ihn verleiten wollen! Es ist unerträglich heiß, in den Gräben zerfällt die Erde zu Mehl. Mit nacktem Oberkörper transportieren die Soldaten Stahlträger, von ihren Schultern läuft der Schweiß. Viele sind Neger, keiner stammt aus Pips Kompanie. Von der ganzen Einheit ist nur noch Grizzly da, damals schon kommandierte er das dritte Bataillon. Ich war ihm auch schon kurz begegnet. Hauptmann Scher hatte ihn mir vorgestellt, ehe wir auf die Höhe 1383 flogen. Ein hübscher Mann, muskulös, volles Gesicht, freundlicher Mund.

Abends. Wer aber jetzt auf mich zukam, war ein alter Mann, mager, müde, abgespanntes Gesicht. Die Muskeln waren weg, tiefe Falten gruben sich in sein Gesicht, und er sah mich an mit kleinen erloschenen Augen und hängenden Lippen. Ich fragte: »Grizzly, wie lange sind Sie denn schon in Vietnam?« Er antwortete: »Sieben Monate, aber zwölf muß ich noch bleiben.« Dann deutete er auf die wellige grüne Fläche, Hügel, Hügel, nichts als Hügel, und jetzt bebte seine Stimme vor Wut und Verbitterung.

»Spüren Sie ihre Blicke? Sie sehen uns an. Wir können nichts daran ändern. Nichts, wenn sie nicht herauskommen. Sie wissen, wo wir sind, aber wir wissen nicht, wo sie sind. Wir können nichts daran ändern, nur warten. Wochen, Monate vergehen in dieser Stille, in dieser Regungslosigkeit. Kommt doch raus, verdammt!«

Aber es kam keiner, es kam nicht einmal ein höhnendes Echo. Er sagte, bald werden die Monsune kommen, und ist der Himmel voller Wolken, kann man die Luftwaffe nicht mehr einsetzen, ausgenommen die B 52, und dann erst, dann erst treten die gelben Männer aus dem Schatten hervor, wo sie sich bisher versteckt hielten, und das Schweigen wird gebrochen, das sie bisher zu Gespenstern machte, und dann kommen sie herauf zum Stützpunkt; scheren sich nicht um Regen, Schlamm und Wind. Und er, Grizzly, sieht sie dann endlich. Und sehnt sich wieder nach jenen reglosen Stunden, in denen er auf sie gewartet hatte. Ich ließ ihn ausreden. Dann fragte ich nach Pip. Er erinnerte sich genau an Pip. Und jetzt glaube ich alles zu wissen. Ja, ich habe sein Gedächtnis wiedergefunden. Dieser Tropfen Licht, den ich in der Hand halte. Aber was soll ich mit ihm anfangen?

Pip weiß es nicht, aber auf diesem Hügel ist er gewesen. Am 26. Februar, als der große Kampf zur Eroberung der Höhe 1314 einsetzte. Schon einen Monat lang beschoß das zweite Infanterieregiment sie mit 155er-Kanonen, und an jenem Tag landeten zwei Kompanien mit zweiundvierzig Hubschraubern, fünf Mann je Hubschrauber, und konnten einen Brückenkopf errichten. Zwei Hubschrauber wurden gleich abgeschossen, vom ersten konnte sich keiner retten, vom zweiten ein Verwundeter. Natürlich schwört niemand, daß dieser Verwundete unbedingt Pip gewesen ist, aber einige erinnern sich doch, daß es ein Unteroffizier vom Hügel 1383 war und daß seine Verwundung am Knie die schwerste war. Es dauerte lange, bis man ihn fortschaffen konnte. Der Brückenkopf stand unter dem Befehl von Oberleutnant Kosh, und die Gruppe Kosh blieb lange ohne Verstärkung. Sie hatten sich in einen Bombentrichter geflüchtet. Die Nordvietnamesen beschossen sie pausenlos. Die Männer der Kompanie Bravo brauchten den ganzen Vormittag, um durch das gegnerische Feuer hindurch zu ihnen zu stoßen. Aber auch dann war der Kampf noch nicht zu Ende; er dauerte drei Tage. Drei so grausame Tage, daß der nordvietnamesische Kommandant, Hauptmann Chieu Hoi, sich ergab und sagte, dies sei der schrecklichste und blutigste Kampf gewesen, den er je mitgemacht habe. Er allein hatte hundertfünfzehn Tote. Und der verwundete Pip mußte alles mit ansehen. Ohne in Deckung gehen zu können, ohne fliehen zu können, auf ihm lagen die Toten. Und der Schock war so groß, daß fast mit Sicherheit sein Gedächtnis als Reaktion darauf aussetzte, jenen Tag und alle Tage in Vietnam auslöschte und in diesem Nichts nur einige Streiflichter mit angenehmen Einzelheiten stehenließ. Das Gesicht von Scher, meinen Blumenstrauß, der gar keiner gewesen war, sondern nur ein kleiner Zweig, den seine Phantasie, sein Bedürfnis nach Freundlichkeit und Anmut hatte erblühen lassen ... Und was soll ich jetzt tun? Soll ich ihm alles sagen?

Jetzt bin ich auf dem Rückweg nach Pleiku, um dort

einen Transporter zu bekommen, der mich wieder nach Saigon bringt. Ich bin fort von Dak To, ich mochte nicht mehr in Dak To bleiben. Bei meinem Abflug war auf dem Flugplatz ein großes Gedränge von Soldaten, die dritte Brigade der 4. Division, das zweite Bataillon des 506. Regiments, zwei Kompanien des 101. Airborne. Und noch mehr strömten aus den Leibern der C 130, wie Ameisenvölker. Wie viele dieser Soldaten würden nicht gern vergessen, was sie heute nacht und morgen erleben werden, ja, daß sie überhaupt in Vietnam gewesen sind? Warum soll ich es also Pip wieder in Erinnerung bringen? In wessen Namen eigentlich? Und wozu? Damit er noch einmal leiden soll, wie er an jenem Tag gelitten hat, als er zusammen mit Kosh unter den Toten im Bombentrichter gelegen hatte? Nein, mein Suchen war vergeblich gewesen. Ich werde ihm das Grauen gewiß nicht wiedergeben.

Da, sieh her, was ich mit diesem Tropfen Licht mache, ich werfe ihn zu Boden, zertrete ihn mit dem Stiefel, lösche ihn aus. Jetzt ist er nur noch Schlacke.

Zehntes Kapitel

Du mußt verstehen, daß ich in diesen letzten Tagen meine Gedanken ordnen wollte, nach einer Art Bilanz suchte, nach einer Antwort auf die Frage: Hat es sich gelohnt zu erleben, was ich erlebt hatte, als Augenzeuge darüber zu berichten, worüber ich berichtet hatte? Nun, die Bilanz kam. Sie wurde mir angeboten von dem Menschen, den ich stets als Schlüsselfigur angesehen hatte, als Inbegriff für die Gemeinheit wie für eine mögliche Läuterung: General Nguyen Ngoc Loan. Und es war nicht mehr als recht, daß ich sie erst wenige Stunden vor meinem endgültigen Verlassen Vietnams verbuchte. Was sich im Innern des Knäuels verbirgt, entdeckt man erst, wenn man es ganz und gar aufwickelt. So etwas wie ein Spiel, das ich als Kind lernte. Als ich ein kleines Mädchen war, kaufte meine Mutter die Wolle immer als Strang und wickelte sie dann zum Knäuel auf. Und um das Knäuel zu beginnen, knüllte sie Papier zusammen, ein Blatt unbeschriebenes Papier, ein Stück Zeitung, eine Rechnung vom Kaufmann. Und je mehr das Knäuel beim Stricken abnahm, um so mehr steigerte sich meine Spannung, und ich fragte mich, was sie wohl hineingetan hat? Und wenn das Knäuel zu Ende war, griff ich mit ungeduldigen Fingern nach dem zusammengeknüllten Papier und faltete es auseinander. Manchmal, wie ich schon sagte, war es nur ein unbeschriebenes Blatt Papier. Dann war meine Enttäuschung groß. War das Papier aber beschrieben, gab ich es Mama zum Vorlesen und lauschte aufmerksam auf seine Geschichte. Denn auch die Rechnung des Kaufmanns erzählte mir eine ganze Geschichte. Und eines Nachmittags erzählte mir das Papier in dem Knäuel ein richtiges Märchen. Weißt du, das Märchen vom Frosch, der zu einem Menschen wird.

Mit Loan war das mehr oder minder auch so. Zwei Monate lang hatte ich mich gefragt, was wohl seine Seele enthalten möge, und obwohl François es mich ahnen ließ, wollte ich es doch selbst entdecken, selbst feststellen, ob sie nichts enthielt oder nur ein banales Geheimnis oder auch das Märchen vom Frosch, der zu einem Menschen wird. Sie enthielt das Märchen. Und das tat mir gut. Hier hast du mein Tagebuch, das ich in meinen letzten Vietnam-Tagen schrieb, als ich noch nach einer Antwort suchte, die ich dort, wie du weißt, nicht bekam. Ich bekam sie anderswo und später.

24. Mai. Ich kann es kaum glauben, Loan empfängt mich. »Wann?« rufe ich erstaunt. »Jetzt gleich«, erwidert François. »Er wartet auf dich. Geh schon!« Ich eile ins Gall-Krankenhaus. Sonderbar, plötzlich fallen mir keine Fragen mehr für ihn ein. Aber auch das hat jetzt keine Bedeutung mehr. Der Gedanke allein, ihn zu sehen, macht mich glücklich.

Nachmittags. Ich habe sein Zimmer erreicht, ohne daß mich jemand aufgehalten hätte. Kein Polizist, kein Soldat hat Wache gehalten. Jeder Vietkong hätte hereinkommen, ihn in aller Ruhe ermorden und wieder fortgehen können. Ich klopfte, niemand gab Antwort. So trat ich ein, näherte mich auf Zehenspitzen seinem Bett, und da lag er nun, der Terror von Saigon, der grausamste Mann in ganz Vietnam, der General, der andere Generäle zittern ließ. Schlummernd unter seinem Leintuch, unschuldig fast wie ein Kind, wehrlos. Im Zimmer waren nur zwei Menschen, eine kleine schüchterne Frau mit demütigem Ausdruck und ein alter Mann, der Zeitung las. Die Frau rührte sich nicht, er aber reichte mir die Hand und flüsterte: »Ich bin der Vater, und das ist seine Frau. Sprechen Sie ihn noch nicht an, er schläft.« Er aber schlug die Augen auf und erkannte mich. Er versuchte, mich anzulächeln, es gelang ihm nicht. Er versuchte den Kopf zu heben, aber er sank aufs Kissen zurück. Ein langes, schmerzliches Seufzen: »Das Bein!« Und ich wußte nicht, was ich sagen sollte.

»General ... ich ... Guten Tag, General Loan.«

Er brach in Tränen aus. Augenblicklich. Er wandte seine Augen von mir und sah zur Decke. Große Tränen rannen ihm ununterbrochen über Wangen und Nase.

»Bitte nehmen Sie den Stuhl, setzen Sie sich.«

Seine Stimme hatte die gewohnte leise, bekümmerte Kantilene, war aber gleichzeitig von einer ungewöhnlichen Milde erfüllt.

Ich nahm den Stuhl und rückte ihn an sein Bett.

»Näher. Noch näher.«

Ich rückte noch näher heran. Mit der einen Hand packte er mein Handgelenk, mit der anderen griff er in die Tasche seines Pyjamas und holte ein Bildchen heraus, Christus mit der Dornenkrone, den Mund leicht geöffnet zu einem Ausdruck des Schmerzes.

»Er ... Er hat mich beschützt. Er ... Er liebt mich. Lesen Sie, was da geschrieben steht, lesen Sie.«

Ich erstarrte vor Staunen. Aber ich las: *Denke an Ihn, der dich beschützt und liebt und sich zu dir herabneigt, um deinen Qualen einen Sinn zu geben.*

Ich gab ihm das Bildchen zurück. Weinend berührte er es mit den Lippen.

»Ja, ich denke an Ihn, denn an dem Morgen sind so viele gefallen. Aber ich ... Er hat mich beschützt. Wissen Sie noch, daß Sie mich fragten, ob ich an Gott glaube? Ich antwortete, nein. Es war nicht die Wahrheit. Manchmal sagt man gewisse Dinge aus Stolz, aus Schüchternheit. An Gott habe ich immer geglaubt. Oh! Entschuldigen Sie, wenn ich weine ... Ich kann nicht anders, und es erleichtert mich so ... Un tel soulagement. Es hilft mir, den Schmerz im Bein auszuhalten und den Schmerz hier im Herzen ...«

Er ließ mein Handgelenk los, preßte sich die Hand aufs Herz. Aber dann ergriff er doch wieder mein Handgelenk und hielt es fest, als fürchtete er, daß ich es ihm entziehen könnte.

»Damals sagte ich es Ihnen schon, und Sie haben mir nicht geglaubt. An jenem Tag . . . Wissen Sie noch?«

An dem Tag hatte ich schrecklichen Durst. Und er bot mir immer wieder zu trinken an, Whisky oder Bier, Bier oder Whisky, und ich sagte immer wieder, bitte ein Bier, aber das Bier kam nie, und ich blieb sitzen mit meinem Durst. Aber war das derselbe Mensch an jenem Tag? »An dem Tag, wissen Sie noch, sagte ich Ihnen: Ich bin nicht dazu geschaffen, Soldat oder Polizist zu sein, ich kann den Krieg nicht leiden. Es gibt Menschen, die der Krieg erregt, denen es Spaß macht zu kämpfen. Mir nicht. Im Kampf habe ich nur Angst . . . Angst vorher, Angst nachher . . . Ich hasse meinen Beruf, habe ihn immer gehaßt, es ist schrecklich, wenn man einen Beruf ausübt, den man nicht liebt, wenn man sich tausend Meilen fortsehnt, in Zivil . . . Ich hasse die Uniform. Ich hasse sogar diese Decke!« Und er schob ärgerlich die Militärdecke weg, die auf seinem Bett lag. »Beim Militär war ich plötzlich, ohne es zu wollen. Ich bin ein Schwächling, ich kann meinen Freunden nichts abschlagen. Und wie oft habe ich an Flucht gedacht. Weit weg . . . Thailand, die Philippinen, Japan, Malaysia. Wo auch immer man mir Asyl gewähren würde. Aber dann habe ich zu mir gesagt: Nein, ich kann nicht, ich darf nicht. Ich bin schon zu sehr in diesen Krieg hineinverstrickt. Ich bin zum Hierbleiben verurteilt, koste es, was es wolle. Niemals mehr werde ich mich in einen stillen Winkel zurückziehen können zu meiner Musik, meinen Gedichten, meinen Rosen . . .«

Unglaublich, daß er dies alles sagte, ohne daß ich ihn danach gefragt hätte. Ich aber brachte den Mund nicht auf, um ihn zu unterbrechen: Reden Sie doch nicht so, General, das schickt sich nicht, das ist unter Ihrer Würde, Sie sind General Loan, der Schrecken von Saigon, der grausamste Mensch in Vietnam, was würde die Welt dazu sagen, wenn sie sähe, daß Sie wie ein Kind weinen, mein Handgelenk so fest umklammern und ein Jesusbildchen an die Lippen führen, hören Sie doch bitte auf, General, oder lassen Sie mich gehen. Und das Unglaublichste war, daß weder sein Vater noch seine Frau sich um seine Worte, Tränen und Verzweiflung zu kümmern schienen. Sie versuchten erst gar nicht, ihn zu trösten, ihn zu beruhigen. Die Frau rückte die Medizin zurecht, der Vater las unbeirrt in seiner Zeitung weiter. Teilnahmslosigkeit oder Schamgefühl? Nach einer Weile faltete der Vater die Zeitung zusammen und sagte auf französisch, er werde hinausgehen.

»Geh nur, geh nur«, erwiderte Loan. Und suchte nach einem Taschentuch, wischte sich die Augen und putzte sich die Nase. Dann sagte er zu seiner Frau: »Geh auch du, wenn du willst.«

Gehorsam, mit gesenktem Kopf, nahm die Frau ihre Tasche und folgte dem Schwiegervater. »Au revoir«, flüsterte er. Dann schloß sich die Tür hinter ihr, ich blieb mit Loan allein, und diese Worte, die ich so lange zurückgehalten hatte, gingen mir jetzt ganz leicht über die Lippen. Vielleicht, weil ich nicht mehr an sie glaubte.

»Ich war empört über Sie, General.«

»Ja, ja . . . Alle waren sie empört.«

»Sie wissen, wovon ich spreche, General?«

»Ich weiß, ich weiß.«

»Jetzt hat das keine so große Bedeutung mehr. Aber warum taten Sie es, General? Warum?«

»Er war ein Saboteur . . . Er hatte so viele Menschen umgebracht . . .«

»Er war ein Gefangener, General Loan. Mit gefesselten Händen.«

»Nein, nicht mit gefesselten Händen . . .«

»Doch, sie waren gefesselt, General.«

Er drehte das Gesicht zur Wand, ein schmerzliches, qualvolles Schluchzen schüttelte ihn.

»General, ich glaube, schon andere haben Sie danach gefragt: Kannten Sie den Mann? War er einer der Ihren?«

»Nein, nein.«

»War Ihnen damals nicht gut? Waren Sie betrunken?«

»Nein, nein.«

»Sagen Sie die Wahrheit. Schließlich ist es besser, wenn Sie betrunken waren.«

»Nein, nein!«

»Also warum, General? Warum?«

Und jetzt wandte er mir sein Gesicht wieder zu und ergriff auch mein anderes Handgelenk und neigte sich ganz mit dem Gesicht darüber, so daß mir alle Tränen auf den Arm tropften, er wurde ganz naß.

»Weinen Sie nicht, General.«

»Es erleichtert mich, es hilft mir ...«

»Weinen Sie trotzdem nicht.«

»Lassen Sie mich um Gottes willen weinen. Verstehen Sie mich, ich verstehe Sie doch auch. Ich verstehe Ihren Standpunkt. An Ihrer Stelle würde ich vielleicht dasselbe tun. Ich würde zu Loan gehen und ihn fragen: Loan, warum hast du das getan, warum? Loan, du behauptest, daß du das Zarte liebst, daß du die Rosen liebst, und dann tötest du einen Menschen auf solche Weise. Du bist ein Mörder, Loan, weine nicht. Ich aber bin nicht an Ihrer Stelle, ich bin an meiner Stelle. Ob es mir gefällt oder nicht, ich bin Soldat, und in diesem Krieg bin ich nun mal auf der einen Seite engagiert ...«

»General, der Vietkong war ebenfalls ein Soldat. Ein Soldat mit kariertem Hemd, aber ein Soldat. Und auch er in diesem Krieg engagiert.«

»Er trug keine Uniform. Einen Menschen, der schießt, ohne eine Uniform zu tragen, kann ich nicht respektieren. Das ist zu bequem: umbringen, ohne erkannt zu werden. Einen Nordvietnamesen respektiere ich, weil er ebenso wie ich als Soldat angezogen ist und darum auch ebensoviel riskiert wie ich. Aber einen Vietkong in Zivil ... Da hat mich die Wut gepackt. Und der Zorn hat mich geblendet. Ich sagte mir, du Vietkong zahlst nicht den gleichen Preis wie ich für diese verhaßte Uniform, du kannst dich verstecken ... Und so habe ich auf ihn geschossen.«

»Und das ist der wahre Grund?«

»Ja, das.«

»Warum haben Sie es nie gesagt?«

»Weil ich es nicht nötig habe, mich zu rechtfertigen. Und auch nicht, Eigenpropaganda zu machen. Während der Tet-Offensive wurde ich dreimal verwundet, und kein Mensch hat je etwas davon erfahren. Und außerdem, vor wem hätte ich mich denn rechtfertigen sollen? Vor der Presse? Vor den Amerikanern?«

»Vielleicht vor sich selbst.«

»Das habe ich schon. Und auch jetzt, da mein Zorn sich in Trauer gewandelt hat und ich die Dinge mit mehr Sinn für Realität und Maß betrachte, auch jetzt ... kann ich keine Scham und keine Reue empfinden. Es gibt schon Augenblicke, wo ich es möchte, aber ich kann nicht. Sie halten mich für einen bösen Menschen, nicht wahr?«

»Ich weiß nicht, General. Ich weiß nicht mehr.«

»Ich denke ununterbrochen daran und frage mich ununterbrochen, seitdem ich in diesem Bett liege: Bin ich böse? Nachts verstärken sich die Schmerzen in meinem Bein. Anscheinend hält die Klammer nicht, und sie müssen mir das Bein abnehmen ... So kann ich nicht schlafen und frage mich, ob das eine von Ihm gewollte Strafe ist. Und ich frage mich auch: Bist du wirklich ein böser Mensch gewesen? Und gebe mir die Antwort: Nein. Jedenfalls auch nicht mehr als die andern, die in diesen Krieg verwickelt sind. Bin ich böse, sind die Vietkong ebenfalls böse und die Amerikaner und all die andern, die vor uns gekommen sind und nach uns kommen werden. Weil der Krieg böse ist, nicht der Mensch. Der Krieg macht sogar den mildesten, den sanftesten Menschen böse! Vielleicht war ich an diesem Tag wirklich böse, aber war mein Opfer vielleicht besser als ich? Bitte antworten Sie. Glauben Sie, daß er besser war als ich?«

Ich sagte, nein. Und wollte noch hinzufügen, das genügt aber nicht, das hat sogar überhaupt nichts damit zu tun, Loan. Aber es wurde an die Tür geklopft, und es kamen zwei Soldaten mit einem großen Kuvert, und Loan unterbrach endlich sein Weinen und ließ meine Handgelenke los, sie waren schon ganz rot geworden. Das Kuvert enthielt sein Monatsgehalt – in italienischer Währung 27630 Lire und sechzig Centesimi, etwa 185 DM. Er mußte fünf Empfangsbestätigungen unterschreiben, damit er es öffnen durfte. Dann gingen die Soldaten, und wir waren wieder allein, und wieder wollte ich hinzufügen, das genügt aber nicht, Loan, das hat sogar überhaupt nichts damit zu tun, General Loan. Doch er bat mich um die Tabletten und ein Glas Wasser, und ich gab ihm die Tabletten und das Glas Wasser. Ich stützte ihm auch den Kopf, damit er besser trinken konnte. Ausgerechnet ich war es, die ihm den Kopf stützte, ausgerechnet er war es, der sich helfen ließ. Dann blieben wir fast noch eine Stunde zusammen und unterhielten uns in Ruhe. Sein Weinkrampf war endlich vergangen, und er sprach von der Zeit, als er gegen die Franzosen gekämpft hatte. So konnte ich endlich meine Neugierde befriedigen, die mir seit dem ersten Interview geblieben war. Damals hatte ich ihn gefragt: »Auf wessen Seite standen Sie, General?« Und er: »Permettez-moi, Madame, de garder ce secret pour moi.«

»General, jetzt können Sie's doch sagen. Auf wessen Seite standen Sie?«

»Auf der Seite der Kommunisten. Auf der Seite des Vietminh.«

Und wir sprachen über Tri Quang, und er erzählte mir, daß er ihn verhaftet habe, damit man ihn nicht ermorde. »Zweimal habe ich ihm das Leben gerettet, mein Gott, und er begreift es nicht!« Und wir sprachen über die Vietkong, und er sagte, ja, sie sind Brüder, er hält sie für

Brüder, mit einigen hatte er zur Vietminh-Zeit auch gemeinsam gekämpft, aber »jetzt ist jede Verständigung ausgeschlossen«. Zum Thema Vietkong erzählte er mir auch die Begebenheit mit einem Mädchen, das seine Leute verhaftet hatten, doch er hatte ihnen verboten, sie anzurühren, »denn die Niedertracht der Folterung habe ich nie ausstehen können«. Ob er jetzt gelogen hatte oder beim ersten Interview, kann ich nicht sagen. Aber ich meine doch, es war damals, denn der Mensch, den ich heute vor mir hatte, war ein edler und gerechter Mensch, so edel und so gerecht, daß er mir gar nicht mehr häßlich vorkam. Hie und da schien er mir sogar wunderschön.

»Ich erzähle jetzt nichts mehr und habe nichts mehr zu sagen, aber ich würde mich gern mit Giap, mit Ho Tschi Minh treffen und sie auffordern: Einigen wir uns doch um Gottes willen, machen wir Schluß mit dem Blutvergießen, hören wir auf, das Spiel der Fremden zu betreiben! Seien wir demütig untereinander, seien wir mutig, denn zur Demut braucht man Mut! Aber ich kann nicht mit ihnen sprechen und sehe keinen Ausweg aus dieser Tragödie. Ich bin ein praktischer, ein realistischer Mensch, und ich sehe kein Ende dieses Krieges. Zu viele sind an diesem Krieg interessiert, zu viele. Sie reden alle vom Frieden, aber wirklich haben will ihn doch keiner. Und wir fahren fort, uns gegenseitig abzuschlachten ...«

Wir unterhielten uns noch, als der Doktor hereinkam. Ein schwarzbärtiger Franzose, barsch, hochgewachsen. Er berührte Loans Bein, so daß dieser aufschrie, schüttelte den Kopf und meinte, er dürfe sich nicht anstrengen und nicht aufregen.

»Sie haben wieder geweint, nicht wahr, General?«

»Ja, es tut mir gut.«

»Quatsch!« Dann zu mir. »Sie sollten ihn in Ruhe lassen!«

So brach ich auf, doch vor dem Fortgehen fragte ich ihn noch, ob ich etwas für ihn tun könne, Bücher, Zeitungen? Er lächelte geheimnisvoll und überaus sanft und meinte, ein anderer hätte schon vor mir daran gedacht. Und er holte vom Tisch ein Heftchen mit Mickymaus, eines mit Donald Duck, eines mit Batman und noch eines mit dem Titel ›L'Affaire du Collier‹, ich glaube, die Geschichte einer Prinzessin, die eine Halskette verliert, und ihr Traumprinz findet sie und bringt sie ihr wieder.

»Wer hat Ihnen diese Hefte gebracht, General?«

»Un drôle de garçon ... C'est un drôle de garçon, lui ... Ein sonderbarer Junge, nicht wahr? Jedenfalls ein großer Junge. Wissen Sie, ich glaube, er hat sie seinem Sohn gestohlen, um sie mir zu schenken. Vor Jahren sagte ich ihm einmal, daß mich so etwas amüsiert.«

Ich kannte die Heftchen. In der France Presse hatte ich sie gestern abend gesehen. Auf François' Schreibtisch.

25. Mai. Mein vorletzter Tag in Saigon. Ein Tag, an dem es mehr zu sagen als zu tun gibt. Ich habe keine Lust, irgendwelchen Schießereien nachzugehen, das bedeutet jetzt doch nur sinnloses Herzklopfen, lieber bleibe ich im Büro und höre mir den phantastischen Dialog an, den Derek und François für mich improvisieren. Derek hatte das Bulletin vom Informationsbüro der amerikanischen Streitkräfte in Vietnam, François den Pascal vor sich liegen, den ich ihm zurückgegeben habe. Ein jeder sitzt an seinem Schreibtisch, und wer gerade vorliest, steht auf.

Derek: »Gestern flogen Formationen von B 52 elf Luftangriffe im Süden und Südwesten vom My Tho sowie im Osten und Südosten von Hoi An. Weitere einhundertdreiundzwanzig Einsätze wurden in ganz Südvietnam geflogen.«

François: *»Les hommes sont si nécessairement fous que ce serait être fou par un autre tour de folie, de n'être pas fou.* Die Menschen sind so zwangsläufig verrückt, daß man auf eine andere Art verrückt sein müßte, um nicht auch verrückt zu sein.«

Derek: »Heftige Kämpfe in den Provinzen Quang Tri, Quang Nam, Thua Thien, Quang Tin, Toang Thang, Hau Nghia und in der Seeprovinz Ba Xuyen ...«

François: »*Le nez de Cléopâtre. S'il eût été plus court, toute la face de la terre aurait changé.* Kleopatras Nase. Wäre sie kürzer gewesen, hätte sich das ganze Gesicht der Erde gewandelt.«

Derek: »Feindverluste. 103 Nordvietnamesen fielen sieben Meilen nordöstlich von Dong Ha, 122 vier Meilen südöstlich von Trung Kien, 36 acht Meilen südwestlich Dak To, 33 sieben Meilen nordwestlich Hoi An ...«

François: »*Pourquoi me tuez-vous? – Eh quoi! Ne demeures-vous pas de l'autre côté de l'eau? Mon ami, si vous demeuriez de ce côté, je serais un assassin, et cela serait injuste de vous tuer de la sorte; mais, puisque vous demeurez de l'autre côté je suis un brave et cela est juste.* Warum tötest du mich? Wie! Wohnst du nicht auf der anderen Seite des Wassers? Mein Freund, würdest du auf dieser Seite wohnen, wäre ich ein Mörder, wenn ich dich tötete, und würde Unrecht begehen. Da du aber auf der anderen Seite wohnst, bin ich mutig, wenn ich dich töte und im Recht.«

Ich unterbreche ihn und sage, daß er mir die Definition des Krieges ja schon gegeben habe: ein Spiel, um die Generäle zu amüsieren. Jetzt müsse er mir noch die Spielregel liefern.

»Die Spielregel ist einfach«, erwidert er augenblicklich und legt den Pascal beiseite. »Eisenstücke in das Menschenfleisch bringen. Große, kleine, spitze, eckige, runde, zersplitterte. Jedenfalls müssen es Eisenstücke sein, die zerfleischen und töten.«

»Aber kein gewöhnliches Eisen«, fügt Derek hinzu, »sondern geformt von der menschlichen Intelligenz, die groß ist, so groß, daß sie den Mond erreicht.«

François nickt und greift nach einer kleinen bronzefarbenen Patrone, vielleicht zwei Zentimeter lang und einen halben Zentimeter im Durchmesser. Er greift sie mit Daumen und Zeigefinger und hält sie in die Höhe, damit ich sie sehen kann.

»Niedlich, nicht wahr? Ausgesprochen elegant, würde ich sagen. Eine Patrone für das M 16. Eine einzige genügt, um einen Mann zu töten. Ein Feuerstoß ist gar nicht mehr nötig. Denn dieses kleine Geschoß erreicht fast Schallgeschwindigkeit, im Flug hält es gerade noch das Gleichgewicht, und wenn es getroffen hat, bleibt es nicht im Fleisch stecken wie jede andere brave Kugel, durchschlägt auch nicht einen Arm oder ein Bein, nein, da dreht und wendet es sich und reißt und schneidet und läßt dich in wenigen Minuten dein ganzes Blut verlieren. Weißt du, warum die Vietkong so wenige Verwundete haben? Weil sie meistens mit dem M 16 verwundet werden und es daher nicht lange bleiben. Sie sterben immer. Da, nimm sie mit nach New York als Andenken. Und wenn du sie dann bewunderst, überlege dir, daß erst eine ausgedehnte Forschung nötig war, man hatte zunächst auch nicht das richtige Pulver, aber dann fand man's doch: Dupont, denn das hinterläßt keine Rückstände im Lauf . . .«

Ich nehme die Patrone und bewundere sie. »Wirklich gut gemacht. Wer sie erfunden hat? Ein Mensch hat sie erfunden. Und dieser Mensch hat sich eines Tages hingesetzt und hat seine ganze Geduld, sein ganzes Wissen, seinen ganzen Erfindungsgeist, seine ganze Technik darauf verwendet und Form, Gewicht, Pulver, Flugbahn, Aufschlag errechnet, auf Grund dieser Berechnungen eine Zeichnung angefertigt und ein Projekt niedergeschrieben und dieses Projekt einem Industriellen angeboten. Und der Industrielle hat es interessiert geprüft und seine Techniker geholt und ein Muster in Auftrag gegeben, doch unter strengster Geheimhaltung, damit nicht etwa ein anderer Industrieller ihm die Idee stehlen könne. Und sie stellten ein Muster her. Und brachten es voller Freude dem Industriellen, der es betrachtete wie einen Smaragd, wie einen Saphir, und sagte: Jetzt wollen wir sehen, wie es funktioniert. Und dann kam der Test, und das kleine Geschoß wurde abgeschossen. Auf wen? Auf was? Auf einen Hund, eine Katze, ein Stück Blech? Bestimmt nicht auf einen Menschen. Ich hätte einen Menschen ausgesucht, den Erfinder zum Beispiel oder den Industriellen oder auch alle beide. Aber der Erfinder und der Industrielle blieben unversehrt. Und der Industrielle versammelte um seinen Mahagonitisch den Verwaltungsrat und zeigte das kleine Geschoß und beantragte, es patentieren zu lassen und Hunderte von Milliarden kleiner Geschosse herzustellen für die Streitkräfte in Vietnam. Der Verwaltungsrat akzeptierte. Und jetzt sieh dir diese Fabrik an und die Menge Arbeiter, die diese kleinen Geschosse herstellen, die tüchtigen Arbeiter aus dem Proletariat, das von Karl Marx und den Gewerkschaften verteidigt wird, die tüchtigen Arbeiter, die nie schuldig sind, schuldig sind doch nur die Industriellen, sonst niemand, die armen Arbeiter tun ja nur, was ihnen befohlen wird, schließlich müssen sie ja Geld verdienen und die Familie ernähren und sich ein Auto auf Raten kaufen, nicht wahr? Haben sie vielleicht Zeit und Gelegenheit, sich moralischen Problemen zu stellen? Also fabrizieren sie die kleinen Geschosse. Mit Fleiß und Gewissenhaftigkeit. Und sind peinlich darauf bedacht, jedes unvollkommene Stück auszuscheiden, denn wenn es nicht vollkommen ist, reißt und schneidet es nicht und läßt den zwanzigjährigen kleinen gelben Mann, der es verpaßt bekommt, nicht sein ganzes Blut verlieren. Oder den kleinen weißen Mann oder den großen schwarzen Mann. Denn diese Patronen besitzen ja auch die andern, sie werden in Moskau ebenso wie in Peking fabriziert, wo sie kein Industrieller, sondern der Staat in Auftrag gibt, was auf das gleiche herauskommt; und auch die Arbeiter sind die gleichen, vielleicht noch fleißiger, vielleicht noch gehorsamer. Irgendwann will ich so eine Fabrik dieser kleinen Geschosse besichtigen, in Chicago oder Kiew oder Shanghai. Und will allen ins Gesicht sehen, den

Arbeitern, den Direktoren, den Industriellen. Und ganz zum Schluß will ich auch dem Erfinder ins Gesicht sehen, denn er ist der Beste, der Wichtigste von allen: Sein Vater erfand die Guillotine, sein Großvater die Garrotte. Sein Vater war ein Ehrenmann, und sein Großvater war ein Ehrenmann, und er ist auch ein Ehrenmann, davon bin ich überzeugt. Und ein guter Staatsbürger und ein treuer Gatte und ein liebender Vater. Und wohnt er in Chicago oder New York oder Los Angeles, ist er auch ein sehr gottesfürchtiger Christ. Und ist er Katholik, geht er jeden Sonntagmorgen zur Kirche und ißt jeden Freitag Fisch. Und ist er im Tierschutzverein, schreibt er empörte Briefe gegen die Ermordung der Robben in Bergen und Halifax. ›Sehr geehrter Herr Bürgermeister, mit tiefer Abscheu habe ich gelesen, wie alle Jahre in Ihrer Stadt die wehrlosen, kaum erst geborenen Robben abgeschlachtet werden. Man quält sie auf grausamste Weise und häutet sie bei lebendigem Leib vor den Augen ihrer entsetzten Mütter, die man dann blendet, um sie zum Spiel mit dem Ball abzurichten . . .‹ Seine Frau wird sagen, daß sie nie wieder einen Robbenpelz anzieht. Auch sie will ich kennenlernen. Weil ich ihr eine Halskette schenken will aus den kleinen Geschossen, die ihr Mann erfunden hat, mit der Bitte, sie zusammen mit dem Robbenpelz zu tragen; das paßt wunderbar zusammen.«

»Du sollst jetzt nicht mehr daran denken, beruhige dich doch!« sagt François und nimmt mir die Patrone weg.

»Glaubst du denn nicht, daß er empört sein wird über das Abschlachten der Robben?«

Er lächelt bitter.

»Vorige Woche machte ich die Bekanntschaft eines Chinesen aus Hongkong. Die Sanftheit, die Freundlichkeit in Person. Beim Betrachten dieser Patrone für das M 16 hat er fast geweint. Und er wollte mich einmal in Hongkong zum Essen einladen. In ein bestimmtes Restaurant, das wegen seiner Spezialität berühmt ist. Rate mal, was für eine.«

»Was denn?«

»Affenhirn. Weißt du, wie? Roh. Man nimmt den Affen, erzählte er mir, und fesselt ihn. Dann bringt man ihn an den Tisch des Kunden, der mit einem kleinen Messer auf ihn einsticht und ihn hier und dort mit der glühenden Zigarette verbrennt, sie ihm beispielsweise in die Augen stößt. Der Affe wird wütend! Monkey very mad, very mad! Und weil er wütend wird, steigt ihm das Blut zu Kopf. Dann packt man den Affen und spaltet ihm mit einem Hieb den Schädel. Und ißt das Hirn voller Blut. Sehr gut. Very good, very good.«

Der Himmel ist trübe über Saigon. Der Wind vom Chinesischen Meer bringt Wolken, die nach Dak To ziehen. Die Monsun-Periode nähert sich, die Zeit der größten Gemetzel von Robben und Affen. »Affe sehr wütend! Hirn sehr gut!« Die Illustrierte, die das Bild einer Robbe mit Kinderaugen veröffentlicht, erklärt ihren Lesern, daß die Grausamkeit des Menschen gegen die Tiere und gegen seinesgleichen ein und denselben Ursprung hat. Dann wird berichtet, daß mit der Methode des Abhäutens bei lebendigem Leib jährlich 180000 junge Robben und ebenso viele erwachsene ermordet werden. »Wenn dieses wahnsinnige Abschlachten so weitergeht, gibt es 1972, spätestens 1975 keine einzige Robbe mehr.« Richtig. Dieses Abschlachten der Robben muß aufhören. Und das Abschlachten der Menschen? Man sagt, Vietnam habe schon über eine halbe Million Tote gekostet. Andere sagen, fast 800000.

»Und wenn wir beim Tierschutzverein beantragen, auch ein gewisses Tier zu schützen, das Mensch heißt?« ruft Felix. Doch François steht mit einem Ruck auf und sagt, er käme bald wieder, er wolle nur mal rasch nach Cholon, und geht. Und Felix erklärt mir, daß er seit ein paar Tagen dauernd nach Cholon fährt. Obwohl er sich doch immer vor Cholon gefürchtet und es gehaßt hatte. Fragt man ihn, was er dort will, gibt er zur Antwort: »Mal sehen, ob das Geschäft von Bric Brac, meinem Antiquitätenhändler, noch existiert.« Oder: »Ich will zu Luan.« Luan, der mit Loan nichts zu tun hat, ist der dortige Polizeichef, der ihm vor zwei Wochen ein chinesisches Gewehr, ein AK 50, geschenkt hat. Ich war dabei. Dieser Luan schien ein anständiger Mann zu sein, rundlich, gutmütig, gelassen. Aber das Gewehr hat er ihm ohne Magazin geschenkt. Und dieser verrückte François, der nicht einmal auf die Jagd geht, der nicht einmal einen Mistkäfer totmachen kann, ich weiß genau, warum er wieder dort ist, sagt Felix jetzt schon zum zweitenmal, er will sich ein Magazin zum AK 50 verschaffen. Aber ich weiß auch, daß dies nicht der eigentliche Grund ist. Der eigentliche Grund ist dieses Bedürfnis, sein Leben zu riskieren, um sich lebendig zu fühlen, dieses Spiel dauernd auf der Scheide von Wahnsinn und Vernunft, diese Selbsterprobung, die einem nur der Krieg ermöglicht. Es tut ihm leid, Vietnam zu verlassen, und er will es bis zur Neige auskosten.

Er hat schon recht. Wenn ich daran denke, daß ich morgen abfliege, tut es mir auch leid. Sonderbar.

Abends. Der Schrecken stand ihm noch in den Augen, als er zurückkam. Fast hätte er dran glauben müssen. »Rangers, Vietnamesen und Vietkong lieferten sich eine Schießerei, und die Luftwaffe hatte eine Menge Staub aufgewirbelt. Da sah ich den Toten und daneben so viele Magazine zum AK 50, und ich dachte, sie würden mich bei dem Staub nicht sehen. Aber sie sahen mich doch. Wahrscheinlich wegen meiner hellen Hosen. Und schon knallte es. Ich warf mich zu Boden, dicht an den Bürgersteig. Die Schießerei hörte auf. Also erhob ich mich und rannte weg. Und da ging es noch einmal los. Und noch einmal warf ich mich zu Boden und stellte mich tot. Zwanzig Minuten lang. Und jetzt bin ich hier.«

»Das merke ich, François. Aber wozu das alles?«

»Deswegen.« Und er legte zwei Magazine für das AK 50 auf den Schreibtisch.

»Was machst du damit?«

»Ich? Nichts. Außerdem sind die unbrauchbar, sie wurden von einem M 16 getroffen.«

»Sei ehrlich, François, du bist gar nicht wegen der Magazine dort gewesen.«

»Natürlich nicht.«

»Hast du denn immer noch nicht genug vom Krieg, François?«

»Selbstverständlich habe ich genug. Ich verlasse doch dieses Land, oder? Ich habe doch die Tür zu Vietnam hinter mir zugeschlagen, oder? Aber manchmal, nun, manchmal reizt es mich doch, sie wieder aufzumachen und noch einmal hineinzuschauen, um zu begreifen ... Ich verlasse Vietnam nur ungern.«

»Du sehnst dich jetzt schon wieder zurück, nicht wahr?«

»Ja.«

»Und warum, François?«

»Also ... Sagen wir, es tut mir leid, diese Sache nicht bis zum Ende verfolgen zu können, sie mittendrin aufgeben zu müssen. Ich möchte sie ganz und gar erleben, wie ich auch die Tragödie von Dallas ganz und gar erlebt habe, bis zu dem Augenblick, als Ruby auf Oswald geschossen hat. Ruby stand neben mir, da sprang er plötzlich vor und schoß. Und ich möchte an dem Tag hier sein, wenn Ruby auf Oswald schießen wird.«

»Ich auch. Aber warum gehst du dann weg?«

»Weil auch ich nicht mein ganzes Leben in Vietnam zubringen kann. Weil es noch andere Dinge zu sehen gibt auf dieser Welt. Weil ich es leid bin, morgens aus dem Haus zu gehen und dabei denken zu müssen, daß ich vielleicht nicht wieder zurückkommen werde. Weil ich einen Sohn habe und es mir selbst nie verzeihen könnte, wenn ich auch nur verwundet würde. Weil dieser Krieg eben noch zu lange dauern wird.«

»Ich glaube, Vietnam wird dir sehr fehlen, François. Und komischerweise wird es uns allen fehlen, die wir es verlassen.«

»Ich weiß. Im Grunde mache ich mir überhaupt nichts daraus, nach Brasilien zu gehen. Jedesmal, wenn ich dann in Brasilien das Meer sehe, muß ich bestimmt an das Meer von Vietnam denken. Jedesmal, wenn ich dann die Sonne Brasiliens auf mich scheinen lasse, muß ich bestimmt an die Sonne in Vietnam denken. Dieses kleine Land hat uns zu viel gegeben, nämlich das Bewußtsein, Menschen zu sein. Weißt du noch, was Pascal über den Krieg sagt?«

Ich wußte es noch. »Wenn es um die Entscheidung geht, ob man einen Krieg führen soll oder nicht, ob man so viele Menschen umbringen soll, so viele Spanier in den Tod schicken soll, kann nur ein Mensch die Entscheidung treffen, einer, der an dieser Entscheidung interessiert ist. Dieser Mensch ist ein dritter, indifferenter Mensch.«

»Genau. Und ich denke, daß ich dieser dritte, indifferente, obgleich interessierte Mensch bin. Und als solcher sage ich dir, daß unsere Reden gegen den Krieg schön und gut sind, und doch soll man nicht so sehr auf etwas spucken, was da Heldentum heißt. Den Menschen verteidigen heißt nicht nur, sein physisches Abschlachten verhindern. Es bedeutet, ihm helfen, Mensch zu sein, und um Mensch zu sein, muß man manchmal auch sterben.«

»Nein, das nicht!«

»Eben doch! Und dieses kleine Volk, das sich gegen die mächtigsten Heere der Welt geschlagen hat und immer noch schlägt, das seit Jahren mit M 16 und Tausendkilobomben und Napalm überschüttet wird und nicht nachgibt, dieses kleine Volk, das sich bewußt ist, der Tummelplatz allen Zynismus, aller gegenwärtigen und zukünftigen Habgier zu sein, und trotzdem nicht nachgibt, dieses kleine Volk bringt dich fast noch dazu, den Krieg zu akzeptieren. Weil es heute auf der ganzen Welt das einzige Volk ist, das für die Freiheit kämpft. Wenn diese wunderbaren Trottel barfuß gegen die Panzer vorgehen und nachts nicht schlafen, um dann noch einmal anzugreifen, und schließlich einsam sterben, weil nie ein Fotograf dabei ist, der sie verewigt, während sie in den Tod gehen, sie werden ja immer nur schon als Tote fotografiert ... Natürlich wird mir Vietnam fehlen. Dieses Vietnam ist der Schauplatz für das größte Heldentum aller Zeiten, und ohne Heldentum kann man nicht leben.«

Kann man nicht? Damit bin ich nicht einverstanden; oder nicht mehr, François. Eine lange Zeit in meinem Leben krankte ich an Heldentum, und hier in Vietnam bekam ich einen Rückfall, doch jetzt habe ich mir geschworen, es von mir zu weisen. Akzeptiert man das Heldentum, akzeptiert man auch den Krieg. Und den Krieg darf und kann und will ich nicht akzeptieren. Und wenn du mir sagst, daß es dann nur die Alternative Schweiz gibt, so erwidere ich dir, daß es keine Schande ist, guten Käse, hervorragende Schokolade und funktionierende Uhren herzustellen. Jetzt kommen schon wieder diese verdammten Leuchtkugeln, die wie makabre Sternschnuppen in den schwarzen Himmel schweben. Bald wird es eine Explosion geben und noch eine und noch eine. Die B 52 werden heute nacht gute Arbeit leisten. Und wenn sie fertig sind im Morgengrauen, treten die Mörser der Vietkong in Aktion. Man sagt, vorgestern nacht habe sich eine Rakete das Kinderkrankenhaus als Ziel ausgesucht und sei in der Säuglingsstation explodiert: drei Tote und zwölf Verletzte. Man sagt, dies alles sei nur die Einleitung zu einer Reihe noch stärkerer Beschießungen, die dem Stadtzentrum gelten sollen, um die Zivilisten zu treffen und die Pariser Verhandlungen zu beeinflussen. Ganz Saigon ist von Panik ergriffen, die Reichen bringen ihre Familien an die Küste und nach Saint Jacques. Diese Reichen, die nie sterben, weil man mit Geld manchmal auch dem Tod entgehen kann. Aber gewiß, François, man wird nicht nur dazu geboren, um nur Käse, Schokolade, Uhren herzustellen. Man wird geboren, um mit Stolz das Wunder zu erleben, geboren worden zu sein, um sich gegen Privilegien, Ungerechtigkeit, Unterdrückung zu wehren. Und diese wunderbaren Trottel, die Ezcurra und Cantwell und Piggott und Laramy und Birch und noch viele andere umgebracht haben, die sie nicht hätten umbringen dürfen ... Sie sind in der Tat wunderbare, riesengroße Trottel. Ich bin so unsicher, so verwirrt vor meiner Abreise.

27. Mai. Ich bin auf dem Flug nach Europa, erreiche New York nach einer Zwischenlandung in Florenz. Ich habe mich von allen so verabschiedet, als würde ich sie nie wiedersehen. Manchmal war es wirklich bewegend. Wie bei Botschafter Tornetta, der meinte: »Wir werden uns irgendwo auf der Welt wiedersehen. Aber das ist dann nie mehr dasselbe.« Auch Felix sagte das. Der arme Felix. Er muß noch drei Jahre in Saigon bleiben.

»So erlebst du wenigstens das Kriegsende, Felix.«

Und er: »Ich habe es schon einmal erlebt, das Kriegsende. 1954 war ich auch hier. Ich warte immer nur auf das jeweilige Kriegsende in Vietnam. Der Krieg endet und fängt wieder an, endet und fängt wieder an. Kommst du nicht rechtzeitig zum Ende, kommst du bestimmt rechtzeitig zum Wiederanfang.« Dann sang er leise dieses Liedchen vor sich hin:

Bonne Grand' Mère, je crois qu'on va voir les Chinois.

Mais j'espère qu'avant un mois je m'en reviendrai parmi les nôtres ...

Es ist ein bretonisches Lied, schon über hundert Jahre alt, der Brief eines Soldaten in Indochina an seine Großmutter. »Meine gute Großmutter, ich glaube, wir werden die Chinesen sehen. Aber ich hoffe, daß ich noch vor Ablauf eines Monats wieder zu Hause bin ...« Schon vor einem Jahrhundert glaubten sie, Vietnam mit einem Monat und einem Brief an die Großmutter hinter sich zu bringen.

Zum Flugplatz hatte mich François gebracht. Aber der Abschied von ihm fiel mir nicht schwer, denn es war wie der Abschied von jemandem, der mit dem nächsten Zug nachkommt. Aber ich war niedergeschlagen von meiner Ungewißheit und Verwirrung, von den Gesprächen, die wir gestern abend geführt hatten über die wunderbaren Trottel, fühlte mich bedrückt von der bohrenden Idee, man kann nicht ohne Heldentum leben, aber akzeptiert man das Heldentum, akzeptiert man auch den Krieg, und gebannt starrte ich auf die Phantom-Staffel, die auf der Südwest-Piste startete, um Heldentum zu fabrizieren, und als die letzte Staffel abgeflogen war, sah ich ihr nach, bis sie in den Wolken verschwand, und flüsterte dann dieses Gebet, das ich seinerzeit auf der Terrasse der Caravelle gemacht hatte: »Vater unser, der Du bist im Himmel, gib uns unser täglich Massaker ... Erlöse uns von allem Erbarmen und von aller Liebe und von der Lehre, die uns Dein Sohn gegeben ...«

»Was ist das? Übersetze!« meinte François.

»Ein andermal, François. Wenn ich mich davon überzeugt habe, daß es auch stimmt.«

»Worum geht es denn?«

»Nun, mehr oder minder um meine Beschämung, den Verdacht, daß alles Protestieren sinnlos ist. Glaubst du denn, daß meine Arbeit hier irgendeinen Nutzen haben wird? Man kann doch erzählen und beweisen, was man will, sie werden trotzdem sich selbst und uns auch weiterhin umbringen. Auf beiden Seiten. Es ist nutzlos, François. Nutzlos!«

»Démontrer la connerie humaine n'est jamais inutile. Si on croit à l'homme. Den menschlichen Schwachsinn zu beweisen ist nie nutzlos. Wenn man an den Menschen glaubt.«

Das hat er gesagt. Wenn es doch so wäre.

Elftes Kapitel

Du siehst, ich habe Elisabettas Frage nicht vergessen: »Das Leben, was ist das?« Und viele Monate hindurch habe ich nach einer Antwort gesucht, die besser sein sollte als diejenige, die ich ihr vor meinem Aufbruch nach Vietnam gegeben hatte: »Das Leben ist die vorübergehende Zeit zwischen dem Augenblick, wo man geboren wird, und dem Augenblick, wo man stirbt.« Aber ich konnte keine bessere finden. Darf man denn die eigene Bitterkeit einem Kind aufoktroyieren? Ich will dir gestehen, in meinem tiefsten Innern war die Versuchung schon da. Ich dachte, endlich Schluß mit all den Märchen über Häschen und Schmetterlinge und Schutzengel und Schluß mit dem üblichen Schwindel! Kaum bist du auf der Welt, bekommst du sie auch schon vorgestellt als ein Wunder an Milde, Anmut, Güte. Dann wirst du größer und merkst, daß die Schmetterlinge Würmer sind, die Häschen gegessen werden, die Schutzengel nicht existieren. Und wenn wir den Kindern von Anfang an die Wahrheit sagten? Alles drängte mich dazu in diesem Sommer, der unter dem Schatten von Gewalt, Brutalität, Anmaßung vorrückte. Erinnerst du dich noch an den Sommer 1968?

Zwölf Stunden nach dem Attentat auf Robert Kennedy war ich wieder in New York. Im April Martin Luther King, im Juni Robert Kennedy. Ich kam aus dem Blut, um von neuem im Blut zu versinken, und das stumpfe Gesicht von Sirhan Sirhan mit den tierischen kleinen Augen war gewiß nicht dazu angetan, meine Zweifel an jeglichem Optimismus zu zerstreuen. Und auch nicht der elektrische Stuhl, den die bürgerliche Gesellschaft zu seiner Bestrafung vorgesehen hatte. Denn wenn Sirhan

Sirhan im Krieg seine Schieß- und Mordlust abreagiert und auf irgendeinen armen Teufel geschossen hätte, wäre für ihn kein elektrischer Stuhl bereitgestellt worden, dachte ich, sondern er hätte einen Orden bekommen für seine Verdienste um das Vaterland. Und was sah man sonst noch, wenn man seinen Blick von Bobs Blut abwandte, was sonst? Fotografien von Kindern, die in Biafra durch Hunger oder durch Bomben umkamen, von Kämpfen zwischen Arabern und Israelis, von Sowjetpanzern in Prag, vom Vandalismus bürgerlicher Studenten, die es wagen, den Namen Che Guevaras für sich in Anspruch zu nehmen, daheim aber über eine Klimaanlage und einen Koch verfügen und zu den Vorlesungen mit Papas Wagen (Sonderanfertigung) und in den Nachtbars mit Spitzenhemden erscheinen. Komm, Elisabetta, Märchen will ich dir jetzt erzählen. Siehst du den blonden Herrn, der jedem die Hand gibt, weil er Präsident werden will, und plötzlich fällt, um nicht mehr aufzustehen? Das ist das Leben. Siehst du das schwarze Kind, dessen Kopf wie ein Totenschädel aussieht? Das ist das Leben. Siehst du den barfüßigen Soldaten, der sich durch die Wüste schleppt und von einem Flugzeug aus beschossen wird? Das ist das Leben. Siehst du die Panzerkolonne mit dem roten Stern? Das ist das Leben. Siehst du den langmähnigen Idioten, der so tut, als würde er Barrikaden aufrichten, und nicht mal weiß, warum? Das ist das Leben.

In Paris suchten indessen die Repräsentanten des Zynismus und der Macht zum Schein nach einem Frieden in den Salons mit wertvollen Lüstern, weichen Teppichen, vergoldeten Rahmen, und General Ky begleitete seine Frau ins Faubourg St.-Honoré, und die Abgesandte des FLN löste sich den Haarknoten, um Staat zu machen mit ihrem friseurfrischen Haar. Und aus Saigon erreichten mich Briefe, die von Mal zu Mal tragischer wurden.

»Seit zehn Tagen«, schrieb François, »erlebt Saigon einen neuerlichen Terror. Die Vietkong-Raketen schlagen jetzt ins Zentrum ein. Rue Tu Do, rue Le Loi, rue Gia Long, rue Pasteur. Eine Mörsergranate ist in meiner Garage explodiert, eine in meiner Küche, eine in meinem Garten, drei in der Villa nebenan. Ein ganzes Morgengrauen lang hörten wir sie um uns herum heulen und einschlagen, meinen Sohn hatte ich unter die Matratzen gepackt. Als dann Stille war, ging ich hinaus. Auf der Straße ein Schlachtfeld, in der Villa nebenan waren alle umgekommen. Auch das Haus, in dem Felix wohnt, wurde getroffen. Eine Mörsergranate ging durch die Haustür, zwei Frauen wurde von den Splittern der Kopf abgeschlagen. Mörsergranaten fielen auch aufs Postgebäude, genau in den Raum mit den Fernschreibern, wohin Du immer Deine Artikel gebracht hast. Die Madonnenstatue vor der Kathedrale ist zur Hälfte verstümmelt. Und wahrscheinlich hast du schon gehört, daß Polizeichef Luan, der mir damals das chinesische Gewehr schenkte, durch eine Rakete umgekommen ist; ein amerikanischer Hubschrauber hatte sie aus Versehen abgeschossen. Offen gesagt, ich kann es kaum erwarten, nach Rio de Janeiro zu kommen.« – »Khe San ist fast ganz geräumt und wird geschleift«, schrieb Botschafter Tornetta. »Eigentlich ist es schon ein Niemandsland. Alle kommen einmal hin, und keiner bleibt. Ebenso ist es auch anderen vorgeschobenen Stellungen in menschenleeren Gebieten ergangen, einschließlich Dak To, bei allen Toten, die es gekostet hat. General Loan hat sein Bein behalten und kann jetzt wieder gehen, wenn auch hinkend. Aber er ist ein erledigter Mann, und die Metamorphose, die sie bei ihm feststellten, hat ihn auch nicht glücklich gemacht. Er vertreibt sich die Zeit mit Kartenspiel. Seine eigenen Leute haben ihn aufgegeben. Man hat ihm alle Ämter weggenommen. Als oberster Polizeichef ist Armeegeneral Tran Van Hai an seine Stelle getreten, zurückhaltend, schweigsam, noch härter als er. Und was soll ich Ihnen über uns berichten? Wir haben uns an die Beschießungen gewöhnt . . .«

Weißt du, wenn du mich in diesem Sommer gefragt hättest, auf welchem Weg sich meine Seele befand, dann hätte ich dir geantwortet: ins reine Nichts. Die »Heimkehr in den Frieden« hatte mich dermaßen enttäuscht, daß ich an gar nichts mehr glaubte, und kein Zweifel bewahrte mich davor. An die Menschen glauben und sich für sie einsetzen, wozu eigentlich? Stolz darauf sein, daß man als Mensch auf die Welt kam und nicht als Baum oder Fisch oder Hyäne, wozu eigentlich? Und behaupte jetzt nicht, das Urteil eines Journalisten sei verzerrt, weil es sich auf außergewöhnliche Ereignisse gründet und niemals auf den normalen Alltag. Werden denn die Geschicke der Welt vom normalen Alltag bestimmt oder von den außergewöhnlichen Ereignissen, um die sich ein Journalist kümmert? Wird denn die Geschichte von den Guten gemacht, die in der Anonymität bleiben, oder von den Bösen, die sich hervortun mit ihren durch die Fahne gedeckten Verbrechen? Wird sie denn von den Baggern gemacht, die Straßen bauen, oder von den Panzern, die Straßen zerstören? Ich sage, sie wird von den Panzern gemacht. Von einem Guten, der das Gesicht der Erde verändert hätte, habe ich noch nie gehört. Hat es vielleicht Christus verändert? Oder Buddha? Du sagst ja? Dann erkläre mir doch Vietnam, Biafra, den Mittleren Orient, die Tschechoslowakei, Sirhan Sirhan, die bürgerlichen Protestler. Erkläre mir das alles, überzeuge mich, und ich werde stolz darauf sein, daß ich als Mensch und nicht als Baum, Fisch, Hyäne auf die Welt gekommen bin.

Aber dann geschah etwas. Es kam der Herbst mit seinen Olympischen Spielen in Mexico City, und ich geriet in dieses Massaker hinein, das schlimmer war als alles, was ich im Krieg erlebt hatte. Denn im Krieg schießen Bewaffnete auf andere Bewaffnete, wenn du's dir recht überlegst, steckt im Krieg doch ein Untergrund von Fairneß, du bringst mich um, ich bringe dich um. Aber bei einem Massaker wirst nur du umgebracht, und damit hat sich's. Und an dem Abend waren es über dreihundert, einige behaupten sogar fünfhundert, die niedergemetzelt wurden. Jugendliche, schwangere Frauen, Kinder: das Morden des Herodes, dieses Herodes, der immer wieder aufersteht, um Jesus umzubringen, bevor er Mann werde. Und mein Inneres wurde so aufgewühlt, daß sich schließlich meine Seele klärte. Und ich für Elisabetta die richtige Antwort fand. Ich fand sie und bezahlte dafür mit drei Narben, die ich jetzt an mir habe. Du wirst entgegnen: Was sind schon drei Narben? Sicher wenig, sehr wenig, und ich nicke auch, wenn du jetzt noch hinzufügst, daß dies eben mein Berufsrisiko sei. Gehst du schon dahin, wo geschossen wird, passiert dir als mindestes, daß früher oder später auf dich geschossen wird. Und doch, weißt du, wenn ich diese drei Narben nicht hätte, käme ich mir um so vieles ärmer vor. Weil ich mich dann immer noch fragen würde, was es nutzt, geboren zu werden, und was es nutzt zu sterben, und weil mir der Tod all der Menschen, die ich durch Menschenhand habe sterben sehen, nutzlos vorkäme und weil ich dann wie eine Eidechse in der Sonne liegen würde, gleichgültig und unbeweglich und gähnend über meine eigene Lethargie. Denn so hatte ich es getan, ehe ich dieses Herodes-Gemetzel erlebte, ehe mein Inneres so aufgewühlt wurde. Laß mich also berichten, was am Mittwoch, dem 2. Oktober 1968, geschah und was für eine Antwort ich darauf fand.

Da ist dieser Platz, den sie den Platz der Drei Kulturen nennen, weil er Mexikos drei Kulturen symbolisch vereinigt, die aztekische mit den Ruinen einer aztekischen Pyramide, die spanische mit einer Kirche aus dem sechzehnten Jahrhundert, die moderne mit modernen Wolkenkratzern. Ein riesiger Platz, du weißt es, mit vielen Straßen, auf denen man kommen und fliehen kann. Nicht umsonst veranstalteten die Studenten dort ihre Kundgebungen gegen Herodes. Nicht nur Studenten, Arbeiter, Volksschullehrer, wer auch immer den Mut hat, gegen

Herodes zu protestieren, der in Mexiko Revolutionäre Institutionelle Partei heißt und sich als sozialistisch ausgibt, aber man versteht nicht recht, was für eine Art von Sozialismus das sein soll. Die Armen in Mexiko zählen zu den Ärmsten der Welt, auf dem Land verdient man rund 5 Mark die Woche, und wenn gemeutert wird, schießt die Polizei aus Maschinenpistolen, um die Leute zum Schweigen zu bringen. Auch aus diesem Grund protestierten die Studenten. Und dann, weil sie nicht wollten, daß die Soldaten ihre Universitäten besetzten, in ihren Hörsälen biwakierten und dabei ihre Instrumente zerschlugen. Und dann, weil sie in Mexiko keine Olympiade haben wollten. Sie sagten, die verdammte Olympiade kostet Milliarden, man sollte sich schämen, Milliarden auszugeben, wenn dabei das Volk verhungert. Weißt du, die mexikanischen Studenten sind anders als die italienischen, französischen, englischen, amerikanischen. Sie kommen nicht im Auto und tragen auch keine Spitzenhemden, sie sind, besonders am Polytechnikum, Arbeiter- und Bauernsöhne, vielleicht sind sie selbst auch Arbeiter. Aber zurück zum Platz. Er ist rechteckig. Auf der einen Seite wird das Rechteck von einer Überführung abgeschlossen, auf der anderen von einer Freitreppe, deren Stufen zu einem riesigen Gebäude hinunterführen, Chihuahua genannt. Das Chihuahua beherrscht alles, von hier aus siehst du die spanische Kirche und die aztekischen Ruinen auf der linken Seite, den Wolkenkratzer auf der rechten Seite, die Überführung im Hintergrund und die Freitreppe zu deinen Füßen. Jedes Stockwerk des Chihuahua hat eine zehn Meter lange und fünf Meter breite Terrasse, deren Brüstung vielleicht ein Meter hoch ist, während die Lichtöffnung etwa drei Meter beträgt. Diese Maße sind notwendig, damit du verstehst, wie sie vom Hubschrauber hineinschießen konnten. Auf die Terrassen kommt man rechts und links über die Treppen oder auch mit den Fahrstühlen, deren Türen sich an der langen Wand befinden, während die Wohnungstüren an den zwei kurzen Wänden sind, verstehst du. Die Terrassen sind sehr breit und können bequem fünfzig Personen aufnehmen. Um zur Menge zu sprechen, sind sie geradezu ideal.

Die Führer der Studenten wählten stets den dritten Stock. Mit Erlaubnis der Hausbewohner hielten sie von dort aus ihre Reden, befestigten Mikrophone und Fahnen an der Brüstung. Vor vier Tagen hatte ich das schon einmal gesehen bei einer Kundgebung, als man der Toten von Juli und Ende September gedachte. Du weißt, diese Kundgebung hatte mich tief bewegt. Es regnete und war dunkel, die Jungen standen unbeweglich in Regen und Dunkelheit. Dann setzte der Regen aus, und ein Streichholz flammte auf und noch eines und noch eines, ein Feuerzeug und noch eines und noch eines, bis der ganze Platz voller zuckender Flämmchen war, Flämmchen an Flämmchen von der Freitreppe bis zur Überführung, und wer weiß, wer dann auf den Gedanken kam, eine Zeitung zusammenzurollen und eine Fackel daraus zu machen, und alle rollten sie Zeitungen zusammen und machten Fackeln daraus, und die Kundgebung ging mit emem großen Fackelzug zu Ende, eine sich entfernende Lichterkette, die im Chor rief: »Goya, Goya, cachu cachu rara! Cachu rara, Goya, Goya, universidad!« Und der Gegenchor: »Gueu, gueu, gloria a la cachi cachi porra! Gueu pin porra! Politecnico, Politecnico, gloria!« Und ich fragte, was das heißt, und sie antworteten mir: Gar nichts Besonderes, es sind nur unsere Lieder, unsere Kinderlieder. Denn im Grund waren diese Studenten, diese schrecklichen Studenten, die die Olympiade und das Ansehen ihrer Regierung in Gefahr brachten, im Grunde waren sie Kinder. Mir jedenfalls hatten sie gefallen, weil sie Kinder waren mit allem Enthusiasmus, aller Reinheit, aller Oberflächlichkeit von Kindern, und ich hatte mich mit ihnen angefreundet. Mein erster Freund war Mosé, der Eisenbahner, immatrikuliert am Polytechnikum, klein, schüchtern, häßlich, mit zerschlissenem Hemd und einer Jacke voller Flicken. Daß ich in Vietnam gewesen war, begeisterte ihn, und er meinte: »Miss Oriana, vietcong very brave, eh? Sehr tapfer, nicht wahr? Very brave.« Mein zweiter Freund war Angelo, Student der Mathematik und Physik, begeistert von den Beatles und von Mao Tse-tung, und mit einem Gesichtchen, das so traurig war wie Savonarola. Und dann Maribilla, ein achtzehnjähriges Mädchen, ganz hübsch anzusehen, hätte sie nicht diese Hasenscharte gehabt, die ihr Gesicht verunstaltete, mit zwei sanften, lustigen Äuglein und mit einer großen Lebensfreude. Und dann Socrates, ein junger Mann mit Schnurrbart, den Gesichtszügen eines Emiliano Zapata, dem Feuer eines Revolutionärs, der zu jedem Opfer bereit ist. Und schließlich Guevara, ein Doktorand der Philosophie, schweigsam, hart. An jeden einzelnen von ihnen dachte ich am Mittwochmorgen, als ich den Polizeichef General Cueto interviewte und er mir sagte, wir Journalisten würden doch immer übertreiben, »no pasa nada, querida, nada, nichts als Lügen, niemand schießt auf die Studenten, sollen sie doch ihre Kundgebung machen, ich habe sie genehmigt«. Verstehst du, er hatte sie genehmigt und wiederholte immer wieder: no pasa nada, es wird nichts passieren, und dabei hatte er seinen Befehl schon erteilt: schießen.

Die Kundgebung war auf fünf Uhr nachmittags angesetzt. Um Viertel vor fünf kam ich hin, und der Platz war schon halb voll, sagen wir viertausend Menschen, aber kein einziger Polizist, kein einziger Granadero. Ich ging auf die Terrasse. Hier waren Socrates, Guevara, Maribilla, Mosé und noch andere fünf oder sechs Jungen, die ich nicht kannte. Ein Student vom Konservatorium, der italienisch sprach, einer mit schwarzem Kraushaar und einer mit einem weißen Pulli, und da blieb ich stehen, um ihn mir anzusehen, weil er gar so weiß war, daran erinnere ich mich noch. Ich fragte sie, wie die Dinge stünden, und sie sagten, gut, da keine Polizei gekommen wäre, könne man ja nach Casco Santo Tomas marschieren, wo die Granaderos eine Schule besetzt hielten. In diesem Augenblick kam Angelo, außer Atem und bleich.

»Ich bin kaum durchgekommen. Die Soldaten haben uns umzingelt, zwei oder drei Kilometer im Umkreis. Panzer und Lastwagen. Ich habe schwere Maschinengewehre gesehen und Bazookas. Nach Casco Santo Tomas zu marschieren wäre glatter Selbstmord«, sagte er.

»Kommen sie auf den Platz zu?« fragte Guevara.

»Ich glaube, ja.«

»Dann muß man verhindern, daß sich der Platz füllt«, sagte Maribilla.

»Was willst du jetzt noch verhindern?« erwiderte Guevara und deutete auf die stetig größer werdende Menge.

Weißt du, es waren inzwischen acht- bis neuntausend Menschen geworden. Der größte Teil Studenten, aber auch viele Kinder. Den Kindern macht es Spaß dabeizusein, wenn es Kundgebungen gibt. Und viele Frauen von der Vereinigung der Mütter gefallener Soldaten. Und eine Gruppe von Eisenbahnern und eine Gruppe von Elektrikern, die aus Solidarität gekommen waren mit ihren Schildern: »Los ferrocarrileros apoyamos al movimento estudiantil«, »Las aulas non son cuarteles«, »Gobierno de crimenes y dictadura«. Sie standen ganz außen an der Freitreppe, würdig und ruhig, und Mosé sah ängstlich auf sie herab, weil er es war, der sie gebeten hatte zu kommen.

»Mis Amigos, Miss Oriana, mis amigos!«

»Hier muß etwas geschehen, Jungs, man muß sie warnen!«

»Wer spricht zu den Leuten?«

»Socrates, Socrates soll sprechen.«

»Gut«, meinte Socrates. Er trat an die Brüstung und nahm das Mikrophon in die Hand. Es begann dunkel zu werden.

»Sag ihnen, sie sollen ruhig bleiben, Socrates.«

»Gut.«

»Aber gib den Hungerstreik bekannt.«

»Gut.«

Socrates Lippen bebten, das weiß ich noch ganz genau, und mit den Lippen bebte auch sein Schnurrbart.

»Genossen ... Die Soldaten haben uns umzingelt. Tausende von bewaffneten Soldaten. Bleibt ruhig. Beweist ihnen, daß unsere Kundgebung eine friedliche Kundgebung sein will. Bleibt ruhig, Genossen ... wir werden nicht nach Casco Santo Tomas marschieren. Wenn diese Kundgebung vorbei ist, zerstreut euch in Ruhe und geht nach Hause ...«

»Der Hungerstreik, Socrates!«

»Heute wollen wir euch nur noch mitteilen, daß wir beschlossen haben, einen Hungerstreik durchzuführen, als Protest gegen die Olympiade. Dieser Hungerstreik beginnt am Montag vor dem olympischen Schwimmstadion und ...«

Da erschien der Hubschrauber. Ein grüner Militärhubschrauber, genau von der gleichen Art wie diejenigen, mit denen ich in Vietnam immer geflogen war. Die Türen waren offen, und die Maschinengewehre sahen heraus, die gleichen Maschinengewehre wie in Vietnam. In konzentrischen Kreisen kam er herunter, immer tiefer, immer näher, wie in Vietnam. Das gefällt mir nicht, dachte ich, das gefällt mir gar nicht. Und während ich das dachte, warf er die beiden Leuchtkugeln. Die gleichen Leuchtkugeln, wie ich sie monatelang in Vietnam gesehen hatte, diese makabren Sternschnuppen, die langsam absinken und eine schwarze Rauchfahne hinter sich herziehen. Und eine Sternschnuppe kam zu uns, eine andere zur Kirche.

»Achtung!« rief ich. »Das ist ein Zeichen!« Aber die Jungen zuckten nur die Achseln. »Ach, was, Zeichen!«

»Leuchtkugeln wirft man, um die Stelle auszumachen, die man beschießen will!« sagte ich zur Erklärung.

»Tu ves las cosas como en Vietnam. Du siehst eben die Dinge wie in Vietnam!«

»Rede, Socrates, rede!«

»Genossen! Wir versammeln uns vor dem olympischen Schwimmstadion und ...«

Aber auch diesmal brachte er seinen Satz nicht zu Ende. Denn seine Stimme wurde übertönt vom Lärm der Panzer und Lkws, die auf der Überführung ratterten und auf den Straßen rechts und auf den Straßen links und wo immer es eine Straße gab, und von den Lkws sprangen mit Geschrei die Soldaten, das Gewehr im Anschlag, und auf den Panzern drehten sich die Maschinengewehre in Schußstellung, und man mußte schon blind sein, um nicht zu begreifen, daß sie auf den Befehl warteten, nur auf den Befehl, und wirklich begriffen es alle und wollten fliehen, obwohl jeder Fluchtweg versperrt, der Platz zur Falle, zu einem geschlossenen Käfig geworden war. Erbleichend griff Socrates wieder nach dem Mikrophon.

»Genossen, flieht nicht, Genossen! Das ist eine Provokation, Genossen! Bleibt ruhig! Ruhig, ruhig!«

Der erste Schuß krachte. Es war der erwartete Befehl, denn daraufhin krachten die Schüsse gleichzeitig, drüben von der Überführung, von der Kirche, von den Wolkenkratzern, drunten von der Treppe, ein konzentrisches, ununterbrochenes, organisiertes Feuer. Und die Menschenkörper fielen. Der erste, den ich unter den Schüssen fallen sah, war ein Arbeiter, er rannte und hielt sein Schild hoch, auf dem geschrieben stand: »Gobierno de crimenes y dictadura«, und ließ das Schild nicht fallen, aber nachher ließ er es doch fallen und tat einen großen Satz vorwärts, es sah aus wie ein Purzelbaum, weißt du, wie ihn die Hasen machen, wenn sie getroffen sind, und blieb auf der Strecke. Der zweite Menschenkörper, den ich fallen sah, war der einer Frau in gelbem Kleid, und auch sie fiel nicht sofort, sie riß die gekreuzten Arme hoch, dann erst fiel sie, Gesicht nach vorn und mit ihren gekreuzten Armen und so starr, wie ein Baum fällt. Aber sie fielen ja überall, weißt du. Und an der Freitreppe gab es so viele Tote, besonders Frauen, die zu Haufen, sich drängend, über die Treppe fliehen wollten, aber sie kamen nie bis ans Ende der Treppe, weißt du. Und in meinem Bericht für die Zeitung schrieb ich, daß man eine Szene aus dem russischen Film ›Panzerkreuzer Potemkin‹ wiederzusehen glaubt, wo die Menge über eine Treppe flieht und während dieser Flucht getroffen wird, so daß die Körper kopfüber die Treppe hinabrollen und liegenbleiben mit hängendem Kopf, Beine nach oben. Da war eine alte Frau mit schwarzen Strümpfen, die ebenso liegenblieb, auf groteske Weise sah man ihre Strümpfe bis an die Schlüpfer. Dies sagte ich in meinem Bericht und anderes nicht. Du weißt ja, daß ich im Krankenhaus lag und meine Verletzungen mich sehr schmerzten. So sagte ich zum Beispiel nichts von dem kleinen Jungen. Er mag zwölf Jahre alt gewesen sein, er rannte weg und hielt die Hände vors Gesicht, als ihn eine Salve am Kopf traf, die Schädeldecke flog weg, und das Blut schoß wie eine Quelle heraus. Auch von dem andern kleinen Jungen sagte ich nichts, der ausgestreckt am Boden lag. Als er jenen sah, warf er sich über ihn und schrie: »Uberto! Was haben sie mit dir gemacht, Ubertooo!« Ihm durchschossen sie den Rücken und teilten ihn in zwei Hälften.

Erstarrt stand ich auf dem Balkon und blickte hinunter, ohne Schutz zu suchen. In Vietnam wäre ich längst in Deckung gegangen, aber hier kam mir nicht einmal der Gedanke, mich zu bücken. Etwas hinderte mich daran, was ich in Vietnam niemals empfunden hatte: Verblüffung, Ungläubigkeit. Erst beim Geschrei fuhr ich zusammen. Es kam unten von der Freitreppe: »Hijo de la chingada! Hurensohn! Donde vas, hijo de la chingada! Arriba, arriba! Wohin gehst du? Los, komm rauf!« Da wandte ich mich um. Und merkte, daß keiner von meinen Freunden mehr bei mir war. Socrates nicht, Angelo nicht, Mosé nicht, Guevara nicht, auch Maribilla nicht, wirklich niemand mehr. Und ich dachte, wie komisch, sie sind fort und haben nichts gesagt, sie haben sich in Sicherheit gebracht und mich einfach stehenlassen, vielleicht sollte ich auch fort, aber wohin, zum Aufzug komme ich nicht mehr, die Treppen hinunter ist es noch schlimmer, vielleicht ist es wirklich besser, ich rühre mich nicht von der Stelle. So dachte ich, als etwa zwanzig Mann mit gezogenem Revolver herbeistürzten und Mosé und den Jungen vom Konservatorium und den Jungen mit dem weißen Pulli und den mit dem schwarzen Kraushaar und zwei deutsche Journalisten und einen mexikanischen Fotografen von der Associated Press vor sich hertrieben. Mir fiel auf, daß diese Männer mit Revolver alle ein weißes Hemd trugen, und an der linken Hand hatten sie einen weißen Handschuh oder ein weißes Taschentuch. Es war das Erkennungszeichen des Olympia-Bataillons, wie ich später erfuhr, der härtesten Polizei-Einheit, und an dem Tag hatte das Olympia-Bataillon Zivil angezogen, um besser morden zu können, und die erste, die sie mordeten, war Maribilla, als sie fliehen wollte. Drei Schüsse wurden auf sie abgegeben. Im Fallen rief sie: »Por qué? Warum?« und bekam noch einen Schuß ins Herz und sagte nichts mehr.

»Comunista! Agitadora!«

Der Schrei knallte mir ins Gesicht, aber ich verstand nicht gleich, daß er mir galt. Ich verstand es, als ich den auf mich gerichteten Revolver sah und die Hand mit dem weißen Handschuh mich an den Haaren packte und mich an die Wand schleuderte, wo ich mit dem Kopf anschlug und für Sekunden ganz benommen war. An der Wand standen auch Mosé, der vom Konservatorium, der mit dem weißen Pulli, der Kraushaarige und die andern. Vom Platz hörte man dumpf die immer häufiger werdenden Feuerstöße, vom Himmel das Knattern des Hubschraubers, der überall da niederging, wo man Schreie, Flüche, Klagen hörte. Ein Schuß drang in die Balkonöffnung, schlug in die Tür des Aufzugs, nur wenige Zentimeter über Mosés Kopf hinweg.

»Miss Oriana!« hörte ich Mosés bebende Stimme.

Ein zweiter, ein dritter Schuß. Von den Soldaten drunten oder von den Polizisten hinter uns? Wir standen ja mit dem Rücken zu ihnen, konnten sie nicht sehen.

»Wer schießt denn auf uns, Mosé?«

»Die Polizisten, Miss Oriana.«

»Detenidos, silencio!«

»Wenn wir uns wenigstens hinlegen dürften, Mosé!«

Ein fürchterlicher Knall ließ das Chihuahua erzittern. Eine Granate, eine Bazooka? »Detenidos a tierra!«

Wir ließen uns zu Boden gleiten, Gesicht nach unten.

»Hände hoch! Hände hoch!«

Wir hoben die Hände, vom Ellenbogen an aufwärts. Hinter der Brüstung liegend, der einzigen Deckung, richteten die Männer mit dem weißen Handschuh ihre Revolver auf uns, den Finger am Abzug. Für jeden von uns ein Polizist, und der auf mich gerichtete Revolver war keinen Meter von meiner Schläfe entfernt. Von allem, was ich bisher gesehen hatte, war dies hier das Unwahrscheinlichste, Absurdeste, Bestialischste. Im Vergleich dazu ist der Krieg ein geradezu nobles Spiel, denn, ich wiederholte, im Krieg verkriechst du dich in einen Bunker, versteckst dich hinter irgend etwas, und daran hindert dich kein Polizist und richtet den Revolver auf deine Schläfe. Im Krieg gibt es irgendwie noch eine Fluchtmöglichkeit, hier gab es keine. Die Wand, an die man uns gezwungen hatte, war wirklich eine Hinrichtungswand, bewegtest du dich, erschossen dich die Polizisten, bewegtest du dich nicht, erschossen dich die Soldaten. Und nächtelang hatte ich diesen Alptraum, träumte ich von einem Skorpion, der von Feuer umgeben ist: Der Skorpion kann nicht einmal versuchen, sich ins Feuer zu stürzen, weil sie ihn dann umbringen.

»Miss Oriana, verzeihen Sie uns, Miss Oriana ...«

Mosés Stimme kam als kaum hörbares Flüstern unter einer Lederjacke hervor, die er sich über den Kopf gezogen hatte.

»Was soll ich entschuldigen, Mosé?«

»Sie müßten nicht bei uns hier sein, Miss Oriana, sondern drüben, wie diese beiden Journalisten.«

Die beiden Deutschen lagen nämlich bei den Polizisten hinter der Brüstung. Und auch der Fotograf der Associated Press lag bei den Polizisten. Die Männer mit dem weißen Handschuh waren ihnen auf der Treppe begegnet und hatten sie mitgenommen, aber nicht verhaftet, denn die drei konnten ja kaum als Studenten angesehen werden. Ich aber wohl doch, sie hatten mich mit Maribilla verwechselt. Das erfuhr ich später.

»Nichts zu machen, Mosé!«

»Sie müßten ihnen sagen, daß Sie Journalistin sind, Miss Oriana. Vielleicht können Sie sich dann auch hinter die Brüstung legen.«

»Dazu ist es zu spät, Mosé. Sie würden es mir nicht mehr glauben.«

»Detenidos, silencio !«

Dann brach die Hölle aus. Es brach wieder Dak To aus und Hué und Da Nang und Saigon und all die andern Orte, wo der Mensch den Beweis erbracht hat, daß er nur Bestie ist und nicht Mensch, zu welcher Rasse, Zivilisation oder auch sogenannter Zivilisation, zu welcher sozialen Klasse er immer gehören möge. Denn, merke dir, was ich jetzt sage: Es ist doch die gleiche Geschichte wie bei den Arbeitern, die mit Fleiß und Gewissenhaftigkeit das M 16 herstellen und sorgfältig jedes Geschoß aussortieren, das nicht einwandfrei gelungen ist. Wollen wir nicht endlich damit aufhören, die Söhne des Volkes summarisch freizusprechen? Waren vielleicht diejenigen, die am 2. Oktober 1968 die Söhne des Volkes ermordeten, nicht auch Söhne des Volkes? Sie führten nur einen Befehl aus, kann man einwenden. Eben wie die Arbeiter in der Munitionsfabrik. Auch Eichmann führte nur Befehle aus. Mit der gleichen Gewissenhaftigkeit, mit der gleichen Niedertracht. Und er und auch diese Söhne des Volkes verloren nie das Ziel aus den Augen, schossen beispielsweise nie in die Luft. Eine erste Granate traf die Wohnung über uns. Eine zweite die Wohnung unter uns, ein Feuerstoß aus einem schweren MG zertrümmerte eine Menge Fenster, und jetzt schoß auch der Hubschrauber mit dem MG. Die Geschosse schlugen alle in die Wand, wo der Aufzug ist, doch näherten sich immer mehr dem Boden, und ich brauchte Sekunden, bis ich begriff, daß gerade wir im dritten Stock das Ziel waren, daß sie nur deshalb in die Balkonöffnung schossen, weil sie auf uns zielten, die sie für die Anführer der Studenten hielten. Auch die Polizisten begriffen es. Und obwohl sie bei weitem den günstigeren Platz hatten, denn die Schüsse kamen ja diagonal zur Brüstung, hinter der sie in Dekkung gegangen waren, bekamen sie einen panischen Schrecken und schrien, schrien.

»No tiren! No tiren!«

»Batallón Olimpia! Aqui Batallón Olimpia!«

»La cabeza, la cabeza!«

»Abajo, abajo!«

»Ajudo! Batallón Olimpiaaaa!«

Sie schrien in einem fort und richteten die Revolver in die Luft und nicht mehr auf uns, aber wir wurden trotzdem pausenlos weiterbeschossen. Ein Feuerstoß ging zwischen mir und dem Polizisten hindurch, streute einen Streifen stählerner Blumen vor meinen Augen aus, und auf einmal hörte ich ein »Oooch!« Wie ein Röcheln. Ich sah hin, es war der Junge mit dem weißen Pulli, und der weiße Pulli war gar nicht mehr weiß, er war ganz rot vorne, und der Junge wollte sich aufraffen, aber ein Blutsturz kam ihm aus dem Mund, und er fiel mit dem Gesicht ins Blut. Dann traf es den mit dem schwarzen Kraushaar. Die Kugel ging ihm gerade ins Herz, denn er hatte sich bewegt, sich auf den rechten Ellenbogen gestützt. Und er sagte: »Aber . . .«, und schlug augenblicklich hin. Dann traf es eine Frau, die hinten auf dem Boden lag, ich glaube, aus der Wohnung 306. Sie war herausgetreten, um zu sehen, was es da gab, und die Polizisten hatten sie nicht mehr zurückgehen lassen.

Lungenschuß. Dann wurde Mosé an Hals und Händen getroffen, aber er war nur verwundet. Und dann wurde ich getroffen, die ich unten im Brunnen meiner Wahrheit wartete, in diesem Brunnen, den ich immer nur beinahe berührt, doch nie mit beiden Händen angefaßt, den ich immer nur von weitem gesehen, doch stets wieder verloren hatte. Dies Warten dauerte fast eine halbe Stunde.

Das lange Warten in der Gewißheit, daß du es nicht schaffst, daß du deinen letzten Augenblick erlebst. Später fragten sie mich: Kannst du sagen, was du gefühlt hast? Ja, ich kann es sagen. Ich fühlte große Ergebenheit. Aber keine starre Ergebenheit, sondern eine Ergebenheit aus Gedanken, die andere Gedanken hervorbrachten, wie ein Spiel mit Spiegeln bis ins Unendliche, so daß ich vor lauter Hineinsehen in diesen Spiegel wiederfand, was ich verloren hatte: die Liebe zu den Menschen. Ich weiß, es ist absurd, sie gerade in dem Augenblick wiederzufinden, da die Menschen keine Menschen mehr sind und du dich mit dem Gedanken an den Tod vertraut machst. Aber es war so, auch wenn du jetzt darüber lachst, auch wenn du jetzt den Kopf schüttelst, es war wirklich so, ich weiß es noch ganz genau. Und diese vergessene und abgewiesene Liebe, ich fand sie in dem tiefen Brunnen, als ich dachte, so ist das, wenn man ermordet wird, es ist nicht gerecht und nicht logisch, an Altersschwäche sterben ist gerecht, und an Krankheit sterben ist logisch, aber ich kann ja doch nichts daran ändern. Wenn nur meine Mutter nicht so sehr darunter leidet, das Herzeleid würde sie nicht überleben, hoffentlich bringt man's ihr schonend bei und nicht brutal, hoffentlich sagt sie, es war eine Fügung des Schicksals, daß sie gut durch den Krieg kam, um dann auf diesem Balkon zu sterben. Der Krieg. Du hast mir seine Definition gegeben, François, ein Spiel, um die Generäle zu amüsieren, und auch seine Spielregel, eine Menge von Eisenstückchen in das Menschenfleisch zu bringen. Aber das hier ist kein Krieg, und trotzdem schießen sie Eisenstückchen in dich hinein, und da ist schon wieder der Hubschrauber, wie er rattert, wenn er herunterkommt, die Vietkong haben sicher das gleiche Gefühl gehabt damals in Dak To, als wir auf sie hinuntergingen und die Zitronen verloren, und auch damals mit der A 37. Die Menschen sind doch verrückt. Ißt du eine Suppe mit der Gabel, erklären sie dich augenblicklich für verrückt und bringen dich ins Irrenhaus, massakrierst du aber Tausende von Menschen auf diese Weise, sagen sie nichts und bringen dich gar nicht ins Irrenhaus; hier muß doch etwas geschehen, das muß doch verhindert werden, wer weiß, wie viele Menschen da unten schon ums Leben gekommen sind. Aber dann haben die Vietkong doch recht, man muß kämpfen, auch um den Preis, Fehler zu begehen, Unschuldige zu opfern, wie Ignacio Ezcurra und Birch und Piggott und Laramy und Cantwell und all die andern, das ist eben der Preis für den Traum; so, jetzt hat er geschossen, aber diesmal hat er uns verfehlt, wer weiß, wen er an unserer Stelle getroffen hat, arme Geschöpfe; aber wie habe ich's nur fertigbringen können, die Menschen nicht zu lieben, diese in einem fort geschundenen, beschimpften, gekreuzigten Menschen, wie habe ich nur sagen können, es ist alles umsonst, wozu eigentlich geboren werden, wozu eigentlich? Dazu, um Mensch zu sein und nicht Baum oder Fisch, dazu, um das Richtige zu suchen, weil das Richtige existiert, und wenn es nicht existiert, muß man es zum Existieren bringen; demnach hat es keine Bedeutung zu sterben, sondern auf der richtigen Seite zu sterben; und ich sterbe auf der richtigen Seite, bei Gott, Seite an Seite mit Mosé, der immer arm war und immer geschunden und beleidigt und gekreuzigt wurde, und nicht neben einem Polizisten mit weißem Handschuh. So muß es auch ein Vietkong empfinden, wenn der Hubschrauber wieder herunterkommt; und wenn ich jetzt zu Gott bete? Ach was, Gott! Wir haben ihn uns selber erfunden, Gott gibt es doch nicht; gäbe es ihn und kümmerte er sich um uns, würde er doch solches Gemetzel nicht geschehen lassen, würde den Jungen mit dem weißen Pulli nicht ermorden lassen und auch nicht den Jungen mit dem schwarzen Kraushaar und auch nicht die Frau aus der Wohnung 306 und auch nicht das Kind, das Uberto, Uberto rief; folglich muß man sich nicht an Gott wenden, sondern an die Menschen, muß sie beschützen und muß für sie kämpfen, denn sie sind keine Erfindung, und du hattest ganz recht, François: Um Mensch zu sein, muß man auch manchmal sterben.

Und plötzlich hatte ich das sichere Empfinden, daß ich auf der falschen Stelle lag, wegen des Kopfes. Und wie ein Wurm wand ich mich vorwärts, mich auf die Seitenmuskeln stützend. Der Polizist bemerkte es und herrschte mich an: »Detenidos no se mueva!« und richtete wieder die Pistole auf meine Schläfe, aber das war mir egal, ich wußte jetzt, daß ich nicht seine Pistole, sondern den Hubschrauber zu fürchten hatte, der ganz tief herunterkam und mit seinem MG in die Lichtöffnung der Terrasse hineinschoß, und ich machte die Augen zu, um nichts sehen zu müssen, und hielt mir die Ohren zu, um nichts hören zu müssen, und dennoch sah und hörte ich diesen langen, langen Feuerstoß und spürte gleich einen heftigen Schmerz, spürte drei feurige Messer, die in mich drangen und schnitten und brannten, eines im Rücken und zwei im Bein. Ich suchte das Messer im Rücken und fand es nicht, da war nur eine große Schwellung. Ich suchte das Messer im Bein und fand es nicht, da war nur viel Blut. Und mir fiel ein, daß man im Krieg sagt: Eine schöne Verwundung ist ein großes Glück, denn zweimal wird man kaum getroffen. Und mich überkam eine wahnsinnige Erleichterung. Jetzt, dachte ich, bringen sie mich nicht mehr um. Aber dann fiel mir noch ein, daß man im Krieg auch sagt: Du kannst an einer einzigen Verwundung sterben, wenn du verblutest. Also sagte ich: »Ich bin verwundet, helft mir bitte, ich verliere Blut.« Aber der Polizist mit dem Revolver wiederholte nur: »Detenidos, silencio!« und richtete den Revolver noch genauer auf mich, und ich sagte nichts mehr. Und blieb liegen mit meinen drei Messern und den Schmerzen, die in Wellen kamen und gingen, zusammen mit einer großen Müdigkeit. Und manchmal war mir, als schliefe ich in einem Bett und schreckte auf bei einem plötzlichen Knall und schliefe wieder ein. Und im Traum hörte ich Mosés weinende Stimme: »Miss Oriana, oh! Miss Oriana!« Und noch eine Stimme, die sagte: »Por favor! Esta mujer esta grave, se muere!« Welche Frau lag da im Sterben? Warum und über wen weinte Mosé? Über sich oder über mich? Wenn sie mich fortschafften, würde ich Mosé packen und mitzerren. Ich mußte Mosé retten . . .

Später sagte man mir, daß ich über anderthalb Stunden so dagelegen und Blut verloren hatte. Ich weiß es nicht mehr. Ich weiß nur noch, daß der Fotograf der Associated Press, der zwischen den Polizisten ausgestreckt am Boden lag, heimlich Fotos machte; und dann erinnere ich mich noch an eine Hand, die mich an den Haaren packte und wegschleifte, und daß ich versuchte, Mosé zu pakken, aber Mosé verstand nicht, und so packte ich den vom Konservatorium und nahm ihn an Mosés Stelle mit. Und dann erinnere ich mich noch an das Treppenhaus voller Soldaten, und wie mir ein Soldat die Uhr vom Handgelenk streifte, sie mir lachend stahl. Und an einen Raum voller Polizisten mit weißem Handschuh, an eine Tragbahre auf dem Fußboden und dann an einen Guß dreckigen Wassers, das von der Decke kam und zusammen mit Resten von Exkrementen an meinem Magen abprallte und nach Urin stank, weil dieses Wasser aus den beschädigten Rohrleitungen der Klosetts kam. Jemand schrie die Soldaten an: »Rückt sie doch weg, por Dios!« Aber die Soldaten lachten nur und ließen mich genau dort, sie hatten mich ja absichtlich an diese Stelle gelegt, um ihren Spaß zu haben. Neben mir lag ein toter alter Mann, unter dem linken Arm hatte er ein Päckchen, das sah aus wie ein Päckchen mit Süßigkeiten. Tote lagen überall herum in den absurdesten Stellungen. An der

Wand standen die verhafteten Studenten, und einer zog seinen Pulli aus und warf ihn mir übers nasse Gesicht und rief: »Para tu cara! Schütze dein Gesicht!« Und ein anderer Student rief: »Fuerza, Oriana!« Und dies alles, während draußen die MG-Salven weitergingen und die Explosionen immer heftiger wurden, denn das Herodes-Gemetzel dauerte bis Mitternacht. Mehr als fünf Stunden, verstehst du?

Als sie mich in das Sanitätsauto verluden, war es ungefähr neun Uhr abends. Da fingen sie an, das Chihuahua mit Bazookas zu beschießen. Drei Granaten explodierten auf der Terrasse des dritten Stocks, auch ein Polizist kam ums Leben. Und auf dem Platz brachten sie viele, so viele Menschen mit Bajonetten um. Einem Kind schnitten sie die Kehle durch, einer schwangeren Frau schlitzten sie den Bauch auf. So dahingesagt mag es unglaublich klingen, aber wenn du dir die Fotos ansiehst, ist es gar nicht mehr unglaublich, und wärst du mit mir im Krankenhaus gewesen, hättest du dich davon überzeugen können. Wie viele es waren! Und in was für einem Zustand! Ein Mädchen hatte noch die Hälfte seines Gesichts, und an dieser Hälfte hingen seine Lippen. Ein Arzt legte Mullpäckchen darüber, die gleich voller Blut waren, und sagte: »Was soll ich machen? Soll ich sie sterben lassen? Ich lasse sie sterben.« Einigen Ärzten standen die Tränen in den Augen. Und einer, der an mir vorbeikam, flüsterte mir zu: »Schreiben Sie alles, was Sie gesehen haben, schreiben Sie's!« Dann kam ein Regierungsfunktionär und wollte wissen, ob ich katholisch sei. Da ich ihm »Scheiße!« antwortete, richtete er anklagend seinen Zeigefinger auf mich und kreischte: »No es catolica! No es catolica!« Aber das habe ich mehr oder weniger schon alles berichtet. Noch nicht berichtet habe ich, daß ich den vom Konservatorium bis hinein ins Krankenhaus in Sicherheit gebracht hatte und er mich zum Dank als »comunista y agitadora« denunzierte, so daß die Zeitungen schrieben, man hätte mich überführt, ich sei auf der Terrasse des dritten Stocks gewesen, um die Studenten aufzuhetzen, und so weiter. Denn so sind die Menschen. Und die Italiener von Mexico City, fast ausschließlich geflohene Faschisten, die ihren Faschismus mitgenommen hatten, sagten dasselbe und setzten noch hinzu, ich sei gar nicht verletzt, weil es in meinem Kleid keine Löcher gebe. Denn so sind die Menschen. Und mit den Blumen, Telegrammen, die mir alles Gute wünschten, und netten Briefen kamen auch andere Briefe, die mir wünschten, ich solle mein Lebtag an einen Rollstuhl gefesselt sein. Denn so sind die Menschen. Und selbstverständlich fand die Olympiade statt, und keine einzige Delegation zog ihre Teilnahme zurück, und die sowjetische Delegation war die erste, die der Regierung die Ehre erwies. Denn so sind die Menschen. Und Socrates, der zusammen mit Guevara und zweitausend anderen verhaftet worden war, redete und denunzierte seine Kameraden und Freunde. Denn so sind die Menschen. Und wenn du mich an dieser Stelle fragst, wie es denn möglich ist, daß ich sie lieben will, so antworte ich dir: weil die andern nicht redeten. Tagelang ließen sie sich foltern, Elektroschocks auf Ohren und Genitalien wie in Vietnam, fingierte Erschießungen, ließen sich womöglich umbringen, doch sie verrieten nichts. Denn auch so sind die Menschen. Und die, die es überlebten, organisierten sich wieder und sprachen wieder von Freiheit, obwohl die Polizei sie verfolgte und auch einige von ihnen faßte und umbrachte wie jenen Rafael, sechstes Philosophie-Semester, den man auf einem Bürgersteig fand, mit Bajonetthieben ermordet und bedeckt von Zigarettenkippen, die sie auf ihm ausgedrückt hatten bei jeder Weigerung, die Namen seiner Kameraden preiszugeben. Denn auch so sind die Menschen. Und obwohl ich so wütend bin auf die Menschen, obwohl ich sie zuweilen verachte, obwohl ich nie werde vergessen können, daß auch die uniformierten Bestien an diesem Abend Menschen waren, erinnere ich mich doch stets an das, was Nguyen Van Sam zu mir sagte: »Sie sind unschuldig, denn sie sind Menschen.« Für mich aber sind die Menschen Mosé.

Wie durch ein Wunder hatte Mosé auch das letzte Gemetzel auf der Terrasse überlebt, und dann war er in ein Militärgefängnis gebracht worden, wo man ihm Geld, Papiere und Schuhe stahl und ihn neun Tage lang prügelte. Am neunten Tag schickte man ihn dann fort, ohne Geld, ohne Papiere und ohne Schuhe. Er brauchte drei Stunden, bis er zu Fuß in die Stadt kam. Seine Füße bluteten, er hatte Fieber, die Wunde am Hals eiterte, er konnte den Kopf nicht bewegen. Er weinte. Und weinend machte er den Autos Zeichen, daß sie ihn mitnehmen sollten, aber die Autos hielten nicht, oder der Fahrer lehnte ab. In dieser Verfassung suchte und fand er mich. Ich lag in meinem Bett, betäubt von Schmerzen und Arzneien, und träumte, daß mir jemand ganz sanft die Hand streichelte, öffnete die Augen, und dieser Jemand streichelte mir wirklich die Hand: Mosé. Abgerissen, voller Eiter und Schmutz. Mit seinem kleinen Armeleutegesicht, geboren, um zu leiden, immer beiseite geschoben, geschlagen, ausgebeutet zu werden, streichelte Mosé meine Hand und freute sich. »Miss Oriana! You alive! Sie leben!« Und wie ich ihn umarmte! Ich weiß noch, er stank fürchterlich, ich wäre beinahe erstickt, als ich ihn umarmte. Doch ich umarmte ihn, wie ich die wiedergefundene Menschheit umarmt hätte, und ich schämte mich des Gebets, von dem ich eine Zeitlang überzeugt gewesen war.

»Wie lautet dieses Gebet?«

»Das sage ich dir lieber nicht, François.«

»Du mußt aber.«

»Es lautet so: ›Vater unser, der Du bist im Himmel, gib uns unser täglich Massaker, erlöse uns von aller Barmherzigkeit und aller Liebe und aller Lehre, die uns Dein Sohn gegeben. Sie war nutzlos und ist nutzlos. Amen.«

»Daß sie nutzlos war, stimmt.«

»Ich weiß.«

»Und daß sie nutzlos ist, stimmt auch.«
»Ich weiß.«
»Aber es stimmt ebenso, daß sie von Nutzen sein könnte und sollte und daß man dies Massaker verhindern muß.«
»Das begreife ich jetzt.«
»Und damit du's begreifst, mußtest du erst auf dich schießen lassen?«
»Ich fürchte, so ist es, François.«
Wir gingen, das heißt, ich hinkte über die Strandpromenade von Rio de Janeiro. Angelo, von der Polizei verfolgt, doch stets gut informiert, hatte mich vor ein paar Tagen aufgesucht und mir geraten, Mexiko auf schnellstem Wege zu verlassen. »Es könnte dir etwas zustoßen, wie Rafael, irgendein Unglück. Nimm gleich heute abend das erstbeste Flugzeug.« Das erstbeste Flugzeug flog nach Rio. Und in Rio lebte mein gutes Gewissen, François. Wie ich mich freute, als ich ihn auf mich zukommen sah mit seinem raschen Schritt und seinem jungen Gesicht, seinem absurden grauen Haar, seiner brüsken Art eines Bauern aus der Auvergne. »Ca va? Toujours de la chance, toi: une bonne blessure, hein? Du hast auch immer Glück, eine schöne Verwundung, nicht wahr?« Der elegante graue Anzug, die tadellose Krawatte, das feine Hemd mit Manschettenknöpfen hatten ihn nicht im mindesten verändert. Er trug diese *Sofistication*, als würde sie auf ihm lasten, atmete die ruhige Luft von Rio, als würde sie ihn ersticken, sprach von meinen Rükkenschmerzen, als wären sie dem Rheumatismus und nicht einer Kugel zu verdanken. Doch wie ich ihm von Mosé berichtete, wurden seine Augen feucht.
»Es gibt immer einen Mosé, der die andern loskauft. Und die andern ... Wie sagte doch Nguyen Van Sam?«
»Er sagte mir: Sie sind unschuldig, denn sie sind Menschen.«
»Genau.«
»François, was ist aus Nguyen Van Sam geworden?«

»Ich glaube, sie haben ihn erschossen.«

»Und die anderen reden davon, daß sie auf den Mond fliegen werden.«

»Eben.«

»Und was tut sich hier unten, François?«

»Nichts tut sich. Gar nichts. Hier wird keiner erschossen, hier fliegt auch keiner auf den Mond. Hier scheint die Sonne, das ist alles.«

»Aber das ist nicht die Sonne unseres Nguyen Van Sam und unseres Vietnam, nicht wahr, François?«

»Nein. Nicht die Sonne und nicht das Meer und auch nicht die gleichen Menschen. Hast du sie schon betrachtet?«

Und ob ich sie betrachtet hatte! Abertausende von Körpern lagen da ausgestreckt auf dem Sand von Copacabana, um sich bräunen zu lassen, regungslos, teilnahmslos, gewissenlos gegen alles, was auch immer sich in ihrem Umkreis oder auf der Welt abspielt. Eidechsen. Reiche, Arme, Weiße, Schwarze, Junge, Alte, Männer, Frauen. Eidechsen in der Sonne. Und aus der Sonne flitzten diese Eidechsen nur eben mal ins Stadion von Maracanà und schwenkten Fahnen. Weißt du, was für Fahnen? Die Fahnen der Fußballmannschaften.

»Paralysiert und glücklich.«

»Und doch sagt man, das nächste Vietnam wird hier sein.«

»Als ich sie noch nicht gesehen hatte, war ich auch davon überzeugt. Ich dachte an Che Guevara und meinte, ich verlasse die Menschen, um wieder anderen Menschen zu begegnen, in dem Kontinent wird sich ein Erdbeben ereignen, und ich werde dabeisein. Doch Che Guevara ist tot, sie haben ihn umbringen lassen, während sie sich sonnten. Und es wird kein Erdbeben hier geben. Auch sie haben die *piqûre* bekommen.«

»Die ... was?«

»Die *piqûre,* die Injektion. Eine uralte Arznei, erfunden von den Machthabern und heutzutage von den

Amerikanern benutzt. Äußerst wirksam. Und funktioniert immer und überall. In Europa, in Asien und auch hier.«

»Sagtest du Arznei?«

»Ja. Ein Kubikzentimeter, ein Kubikmillimeter genügt schon, um dich fürs ganze Leben immun zu machen.«

»Immun gegen was?«

»Gegen Revolution, Ungehorsam, sogar Unzufriedenheit und Mut. Gegen was denn sonst?«

»Und wer verabreicht sie?«

»Die amerikanische Botschaft, das CIA, die Gewerkschaften, die Regierung, die Kirche. Je nachdem.«

»Heimlich oder gesetzlich?«

»Gesetzlich, als Wohltäter. Alle Mittel sind recht.«

»Wie sagtest du, ist ihr Name?«

»*Piqûre.* Spritze, Injektion.«

»Das ist alles?«

»Das ist alles. Wie's früher war, weiß ich nicht, aber heute heißt sie so.«

»Was ist denn das für ein Zeug, François?«

»Ein Produkt, das sehr komplex und gleichzeitig sehr simpel ist. Denn es ist aus vielem und aus nichts zusammengesetzt, Glück, Gesundheit, Demokratie, Gewerkschaften, Sex, Fernsehen, Kleenex, Jazz, Antikaries-Zahnpasta, Plastikblumen, Holiday Inn Motels, Mond. Ja, auch Mond. Sie werden droben landen und alle Mosé, alle Nguyen Van Sam aus dem Bewußtsein löschen.«

»Also ist sie schädlich und vergiftet.«

»O nein! Im Gegenteil. Wenn du so eine Spritze bekommen hast, fühlst du dich ausgezeichnet. Paralysiert und glücklich. Träumen vielleicht die kommunistischen Länder nicht davon, die gleiche Spritze, die gleiche Droge verpassen zu können? Strebt der Marxismus im Grunde nicht auch nach den gleichen Errungenschaften?«

»Aber die Droge ist doch schädlich. Bist du sicher, daß die Spritze nicht schädlich ist?«

»Ganz sicher. Die Amerikaner wollen doch niemandem ein Leid zufügen, sie haben immer nur gute Absichten. Weißt du noch die Geschichte mit den beiden Touristen, die Christus vom Kreuz nehmen wollten und damit begannen, ihm die Nägel aus den Händen zu ziehen?«

»Ja, und Christus fiel kopfüber nach vorn. Ich mußte daran denken, als ich sah, was sie mit den Montagnards machten.«

»Und ich muß immer daran denken, wohin ich auch komme. Und dann möchte ich allemal laut rufen: Laissez-le tranquille! Laß ihn in Ruhe! Aber das können sie nicht, sie können es einfach nicht.«

»Dann würde ich aber doch sagen, daß diese Injektion auch ein paar negative Auswirkungen hat.«

»Eine. Eine einzige.«

»Nämlich?«

»Sie verhindert, daß man denkt. Folglich, daß man sich auflehnt, daß man kämpft. Was eigentlich dieselbe Sache ist.«

Paralysiert, glücklich brieten die Eidechsen in der Sonne von Copacabana, gerade so wie die Eidechsen, die du in Italien findest und in Amerika und in Rußland und in unserm eigenen heuchlerischen Gewissen, denn wir protestieren, gewiß, aber sonst auch nichts, damit man nicht das wenige verliert, das man hat.

»Diese Injektion hat uns wohl alle schon etwas erwischt, François?«

»Behaupte ich vielleicht das Gegenteil? Fast alle. Ausgenommen ein kleines Volk in einem kleinen Land, das Vietnam heißt. Erinnerst du dich noch, was ich dir sagte, als du mit all deinen Zweifeln von Saigon Abschied nahmst?«

»Du hast gesagt, es ist das einzige Volk auf der Welt, das heute für seine Freiheit kämpft.«

»Und für die Menschenwürde seiner Kinder. Also, deshalb mußt du es einfach lieben.«

»Auch die Mexikaner, die ich sterben sah, François, mußt du einfach lieben.«

»Natürlich. Auch die vierhunderttausend Chinesen, die vor zwei Jahren in Indonesien umgebracht wurden, mußt du einfach lieben, vierhunderttausend innerhalb weniger Tage, abgestochen wie die Schweine, in jeder Stadt, in jedem Dorf, und die Welt brachte darüber keine Schlagzeilen, und die Amerikaner mit ihrer Heuchelei haben nicht eingegriffen. Man klagte die Chinesen an, maoistische Verschwörer zu sein, also nichts wie auf sie: vierhunderttausend. Und sie ließen sich abstechen, das ist es nämlich. Sich abstechen lassen genügt nicht. Mit dem Martyrium allein ist es nicht getan, das ist nutzlos.«

»Nutzlos?«

»Nutzlos. In einem Monat spricht keiner mehr von deinem Mexiko, wie jetzt schon keiner mehr von Indonesien spricht. Aber von Vietnam wird man immer sprechen.«

Wir blieben stehen, um dieses Meer zu betrachten, das nicht das gleiche Meer war, uns in dieser Sonne zu wärmen, die nicht die gleiche Sonne war. Und oben vom Corcovado segnete uns dieser Riesenchristus, beeindrukkend wie eine Vision. Besonders nachts sah er großartig aus, wie ein Stern vom Himmel, der uns erstaunen, überzeugen wollte, daß Wunder wirklich geschehen. Doch wenn man hinaufgeht, merkt man, daß es kein Stern, keine Vision, kein Wunder ist, sondern nur eine wunderschöne Statue, tausendeinhundertfünfundvierzig Tonnen Gestein, angestrahlt von den Scheinwerfern der General Electric. Wir sprachen über vieles, zum Beispiel auch darüber, wieviel Überwindung es kostet, die Spritze zurückzuweisen, wieviel Mut es kostet zu sterben, ohne sich abstechen zu lassen. Und so kam mir auch die Frage über die Lippen, die ich nicht vergessen hatte.

»François, habe ich dir jemals gesagt, was mich meine kleine Schwester gefragt hat, ehe ich nach Vietnam ging?«

»Nein, was denn?«

»Sie fragte mich: ›Das Leben, was ist das?‹«

»Und was für eine Antwort hast du ihr gegeben?«

»Ich wußte keine.«

»Das glaube ich dir.«

»Aber jetzt möchte ich ihr doch eine Antwort geben. Was ist das Leben?«

»Das Leben ... Drei Milliarden Menschen gibt es auf dieser Welt, und jeder wird dir das Leben auf seine Weise definieren. Du mußt doch zugeben, daß es nicht dasselbe ist für einen Inder, der geboren wird und stirbt und es nicht weiß, für einen Amerikaner, der die Injektion austeilt, für einen Vietkong, der mit drei Patronen im Gewehr auf einen Panzer losgeht ...«

»Was ist das Leben, François?«

»Ich weiß es nicht. Aber manchmal frage ich mich, ob es nicht eine Bühne ist, auf die man dich wirft, ob du willst oder nicht. Und bist du erst einmal droben, mußt du sie auch überqueren. Und da gibt es viele Arten des Überquerens, die des Inders, die des Amerikaners, die des Vietkong ...«

»Und wenn du sie überquert hast?«

»Wenn du sie überquert hast, ist Schluß. Du hast gelebt. Du trittst von der Bühne ab und stirbst.«

»Und wenn du gleich stirbst?«

»Da ist kein Unterschied. Du kannst die Bühne mehr oder weniger rasch überqueren. Die Zeit, die du brauchst, spielt keine Rolle, aber die Art, wie du sie überquerst. Es ist also wichtig, sie gut zu überqueren.«

»Und was heißt gut überqueren?«

»Es heißt, nicht in den Souffleurkasten fallen. Es heißt kämpfen. Wie ein Vietkong. Sich nicht abstechen lassen, nicht in der Sonne einschlafen, sich nicht durch die Spritze paralysieren lassen, nicht nur schwätzen, wie's die Heuchler tun und wir letzten Endes auch. Es heißt, an etwas glauben und kämpfen. Wie ein Vietkong.«

»Und wenn du irrst?«

»Halb so schlimm. Der Irrtum ist immer noch besser als das Nichts.«

»François, erinnerst du dich noch an die Hefte, die ich in Saigon vollschrieb?«

»Diese verflixten Hefte. Ja.«

»Ich glaube, daß ich sie verwende, daß ich das Buch schreibe.«

»Gut. Und wenn du irrst, halb so schlimm.«

Und so habe ich es geschrieben und gebe es dir. Und habe ich mich geirrt, irre ich, werde ich irren: halb so schlimm. Da, nimm's. Es ist ein Jahr aus meinem Leben. Ein Jahr ist verstrichen, seit ich es zu schreiben begann. Wieder weht der eisige Wind durch die winterlichen Wälder meiner Toscana, und Elisabetta ist zu mir ins Bett gekrochen, winzig, schutzlos, glücklich. »Der Mond! Sieh, der Mond!« Ein Raumschiff umkreist den Mond, andere werden bald auf ihm landen, um die Grenzen auszuweiten für unsere Perfidie und unseren Schmerz. Sieh nur hin, betrachte ihn dir auf dem Fernsehschirm! Ich liebte den Mond einmal sehr, beneidete diejenigen einmal sehr, die ihn betreten würden. Aber wie ich ihn jetzt sehe, so ganz ohne Gut und Böse, leblos, schon mißbraucht, uns unsere Schuld, unsere Gemeinheiten von hier vergessen zu lassen, uns abzulenken von uns selbst, muß ich an die Worte denken, die du einmal sagtest, François: »Der Mond ist ein Traum für den, der keine Träume hat.« Mir ist diese grüne, weiße, blaue, von Gut und Böse und Leben wimmelnde Kugel lieber, die da Erde heißt. Eine vergiftete Kugel, ich weiß. Betritt man sie, um darauf zu bleiben, so stirbt man, ich weiß. Das Leben, François, ist eine Verurteilung zum Tode. Doch du tust gut daran, es mir nicht zu sagen. Und weil wir zum Tode verurteilt sind, müssen wir sie gut überqueren und ausfüllen, dürfen keinen Schritt vergeuden, dürfen keine Sekunde einschlafen, dürfen keine Furcht haben zu irren, zu zerbrechen, wir, die wir Menschen sind, nicht Engel und nicht Bestien, aber Menschen. »Komm, Elisabetta, meine kleine Schwester. Du hast mich einmal gefragt, was das Leben ist. Willst du es immer noch wissen?«

»Ja. Das Leben, was ist das?«

»Etwas, das man gut ausfüllen muß, ohne Zeit zu verlieren. Auch auf die Gefahr hin, daß es zerbricht, wenn man es gut ausfüllt.«

»Und wenn es zerbrochen ist?«

»Dann ist es nutzlos geworden. Nutzlos. Amen!«